中国教育现代化2035：从规划到实践

朱益明 王瑞德 等 著

CHINA'S EDUCATION MODERNIZATION 2035: TRANSFERRING BLUEPRINT INTO REALITY

上海教育出版社
SHANGHAI EDUCATIONAL PUBLISHING HOUSE

编写说明

Words of editor

2017 年 10 月，党的十九大召开，习近平总书记在大会上的讲话不仅系统而全面地阐述了新时代中国特色社会主义思想，而且描述了 2035 年国家基本实现现代化的目标与措施，这为《中国教育现代化 2035》的研制提供了根本遵循。[①]《中国教育现代化 2035》是在习近平新时代中国特色社会主义思想指导下，按照中国特色社会主义现代化分两步走战略部署的要求制定的。如何全面理解《中国教育现代化 2035》规划文本，并将规划转化为中国教育发展的行动指南与行动方案，是各地教育行政部门、各级各类学校和广大教育工作者面对的新课题。事实上，《中国教育现代化 2035》对中国社会而言是一个新的话题；对国际而言，又是一个中国特色。全面而科学地解读《中国教育现代化 2035》文本，思考将规划落地实施的路径与措施，是教育理论研究者的分内之事，也是一个严峻挑战。

本书在写作上，努力立足于《中国教育现代化 2035》提出的方针、观点、要求与任务，从学理上作进一步阐释，并且更注重结合当前教育发展实践现状与未来教育改革行动需求，提出加快推进国家教育现代化建设的行动路径、行动领域和行动方法等，旨在为如何将《中国教育现代化 2035》这一规划文本转化为教育现代化建设实践，提出深入具

① 习近平. 决胜全面建成小康社会　夺取新时代中国特色社会主义伟大胜利——在中国共产党第十九次全国代表大会上的报告[EB/OL]. (2017-10-27)[2020-07-02]. http://www.xinhuanet.com/2017-10/27/c_1121867529.htm.

体的思考、建议与对策。

全书由十部分组成。“前言”概述《中国教育现代化 2035》的产生背景、内容特点以及实践建议；第一至第九章围绕《中国教育现代化 2035》涉及的相关要求和领域予以深入阐述，努力从学术上讲述“中国故事”。希望读者通过阅读本书能够了解国家教育改革与发展的目标、方向和责任，能够引导教育工作者积极投入到教育改革与发展的实践中，也希望海外读者能够明了中国教育现代化的进展与趋向。

目 录

Contents

前 言

Foreword

2019 年 2 月，《中国教育现代化 2035》正式颁发，全面系统地描绘了 2035 年中国教育现代化的蓝图，成为未来一段时期中国教育改革与发展的纲领性文件。学习、认识和理解《中国教育现代化 2035》的相关要求，并将其转化为实际工作中不断改革与创新的实践，是每个教育工作者应有的意识和行动。

一、《中国教育现代化 2035》产生背景

教育现代化是国际教育发展的趋向，也是当代中国教育发展的目标。自 1978 年中国实行改革开放后，中国教育发展始终按照“教育要面向现代化、面向世界、面向未来”①的方向前进。《中国教育现代化 2035》正是在国内外教育发展的新形势下产生的。

（一）回应 2030 年可持续发展议程

2015 年 9 月，联合国大会通过了《变革我们的世界：2030 年可持续发展议程》。议程提出，从经济、社会和环境三个方面实现人类可持续发展，确立了全球 17 个可持续发展目标（简称 SDGs）。报告认为，教育是 2030 年可持续发展议程的核心，也是实现所有可持续发展目

① 顾明远. 教育大辞典（增订合编本）[M]. 上海：上海教育出版社，1998：1309.

标必不可少的内容。为此，报告将教育目标单列出来（SDG4），“确保包容和公平的优质教育，让全民终身享有学习机会”（见专栏 1）。[①]

专栏 1　2030 年可持续发展议程目标 4 的具体内容[②]

4.1　到 2030 年，确保所有男女童完成免费、公平和优质的中小学教育，并取得相关和有效的学习成果；

4.2　到 2030 年，确保所有男女童获得优质幼儿发展、看护和学前教育，为他们接受初级教育做好准备；

4.3　到 2030 年，确保所有男女平等获得负担得起的优质技术、职业和高等教育，包括大学教育；

4.4　到 2030 年，大幅增加掌握就业、体面工作和创业所需相关技能，包括技术性和职业性技能的青年和成年人数；

4.5　到 2030 年，消除教育中的性别差距，确保残疾人、土著居民和处境脆弱儿童等弱势群体平等获得各级教育和职业培训；

4.6　到 2030 年，确保所有青年和大部分成年男女具有识字和计算能力；

4.7　到 2030 年，确保所有进行学习的人都掌握可持续发展所需的知识和技能，具体做法包括开展可持续发展、可持续生活方式、人权和性别平等方面的教育、弘扬和平和非暴力文化、提升全球公民意识，以及肯定文化多样性和文化对可持续发展的贡献；

4.a　建立和改善兼顾儿童、残疾和性别平等的教育设施，为所有

① UNITED NATIONS. Transforming Our World: The 2030 Agenda For Sustainable Development[R/OL]. [2020-07-02]. https://sustainabledevelopment.un.org/post2015/transformingourworld.

② 中华人民共和国外交部. 变革我们的世界：2030 年可持续发展议程[EB/OL]. (2016-01-13)[2020-02-12]. https://www.fmprc.gov.cn/web/ziliao_674904/zt_674979/dnzt_674981/qtzt/2030kcxfzyc_686343/t1331382.shtml.

人提供安全、非暴力、包容和有效的学习环境；

4.b 到2020年，在全球范围内大幅增加发达国家和部分发展中国家为发展中国家，特别是最不发达国家、小岛屿发展中国家和非洲国家提供的高等教育奖学金数量，包括职业培训和信息通信技术、技术、工程、科学项目的奖学金；

4.c 到2030年，大幅增加合格教师人数，具体做法包括在发展中国家，特别是最不发达国家和小岛屿发展中国家开展师资培训方面的国际合作。

除此之外，在健康、成长与就业、可持续消费与生产、气候变化等其他几个可持续发展目标中也提及教育的目标。总之，教育被视为实现可持续发展目标战略的重要部分。

与此同时，联合国教科文组织（United Nations Educational, Scientific and Cultural Organization，简称UNESCO）、联合国儿童基金会（United Nations International Children's Emergency Fund，简称UNICEF）、世界银行（World Bank）、联合国人口基金会（United Nations Population Fund，简称UNFPA）、联合国开发计划署（United Nations Development Programme，简称UNDP）、联合国妇女署（United Nations Entity for Gender Equality and the Empowerment of Women，简称UN Women）和联合国难民事务高级专员办事处（United Nations High Commissioner for Refugees，简称UNHCR）等联合国机构于2015年5月在韩国仁川举办世界教育论坛，来自160多个国家的1 600多名代表与会，大会发布了《教育2030仁川宣言和行动框架：迈向包容、公平、有质量的教育和全民终身学习》（Education 2030 Incheon Declaration and Framework for Action: Towards Inclusive and Equitable Quality Education and Lifelong

Learning for All)。[①] 该文件围绕联合国提出的《变革我们的世界：2030 年可持续发展议程》的教育目标(以下简称 SDG4)进行了系统的阐述，包括：(1) 愿景、依据与原则；(2) 目标、战略方法、对象和指标；(3) 实施措施。

这一文件旨在为各国实现 SDG4 提供指南。文件归纳了三个全球认可和接受的教育原则。第一，教育是一项基本人权，而且是可获得的权利。教育应致力于人的个性的全面发展，增进相互理解、包容、友谊与和平。第二，教育是一项公共产品，主要由国家负责，同时也需要社会共同承担，教育政策的形成与实施过程要具有包容性。第三，性别平等与全民受教育相互关联，要以权利为基础，保障男女都能够获得和完成教育的年限，而且在教育中和通过教育都能获得同等的权利。

同年，联合国教科文组织发布了报告《反思教育：向"全球共同利益"的理念转变?》(Rethinking Education：Towards a Global Common Good?)，重新阐述了全球化发展进程中关于教育发展的新认知。[②] 报告提出，教育发展还是要回到人本主义的立场，引起全球教育界重大反响。

这些文件、报告与行动对全球教育产生了显著影响。2015 年，经济合作与发展组织(Organization for Economic Co-operation and Development，简称 OECD)启动了"教育 2030：未来教育和技能"项目[③]。2016 年初，我国政府正式启动研制面向未来的中国教育发展中长期规划，并将"确保包容和公平的优质教育，让全民终身享有学习机

① UNESCO. Leading SDG 4 - Education 2030[EB/OL]. [2020 - 07 - 02]. https://en.unesco.org/education2030 - sdg4.

② UNESCO. Rethinking Education：Towards a global common good? [R]. Paris：UNESCO，2015.

③ OECD. OECD Education 2030Project[EB/OL]. [2020 - 07 - 02]. http://www.oecd.org/education/2030/.

会"作为中国教育现代化的目标追求之一。

（二）响应全面建设小康社会的要求

改革开放之后，我国政府对社会主义现代化建设作出战略安排，提出"三步走"战略目标。第一步是解决人民温饱问题，第二步是人民生活总体上达到小康水平，目前这两个目标都已经实现。第三步的目标是，再奋斗 30 年，在中华人民共和国成立 100 年时，建成社会主义现代化国家。2017 年 10 月，中国共产党第十九次全国代表大会提出，高举中国特色社会主义伟大旗帜，决胜全面建成小康社会，夺取新时代中国特色社会主义伟大胜利，为实现中华民族伟大复兴的中国梦不懈奋斗。为此，大会报告提出，综合分析当前国际国内形势和中国发展条件，从 2020 年到 21 世纪中叶可以分两个阶段来安排。第一个阶段，从 2020 年到 2035 年，基本实现社会主义现代化；第二个阶段，从 2035 年到 21 世纪中叶，把中国建成富强民主文明和谐美丽的社会主义现代化强国。①

我国各项事业发展都有制定发展规划的传统经验，表现为五年规划与十年规划，如《中国制造 2025》和《健康中国 2030》；2010 年颁发的《国家中长期教育改革和发展规划纲要(2010—2020 年)》即将完成，未来需要有新的中长期规划跟进。《中国教育现代化 2035》正是为了响应党的十九大报告要求，结合中国国家现代化发展战略部署的整体要求应运而生的。

《中国教育现代化 2035》将中国教育改革与发展置于国家现代化的大背景和中华民族伟大复兴的伟大事业之中，将"优先发展教育事

① 习近平. 决胜全面建成小康社会　夺取新时代中国特色社会主义伟大胜利——在中国共产党第十九次全国代表大会上的报告[EB/OL]. (2017 - 10 - 27)[2020 - 07 - 02]. http://www.xinhuanet.com/2017-10/27/c_1121867529.htm.

业”转化为具体的规划蓝图和行动框架，集中体现“建设教育强国是中华民族伟大复兴的基础工程”与“服务支撑 2035 年国家基本现代化要求、实现新时代中国特色社会主义发展的战略安排”的国家教育发展战略。

（三）顺应人民对优质教育的需求

中国社会经济的全面发展与显著进步举世瞩目，中国已经成为世界第二大经济体，教育发展取得显著进展，各项指标正在向世界先进教育水平靠近（见表 0－1）。随着中国特色社会主义进入新时代，社会主要矛盾已经转化为人民日益增长的美好生活需要和不平衡不充分的发展之间的矛盾。在教育领域表现为，人民群众的教育需求已经不再是“有学上”的机会满足，而是“上好学”的选择要求，人民群众对教育的需求更为多样，教育改革与发展必须顺应这种期盼，加快发展更高质量、更加公平、更具个性的教育，促进社会公平正义与和谐进步。

表 0－1　1978 年与 2017 年中国教育发展主要指标统计（单位：%）①

指　标	1978 年	2017 年
学前教育毛入学园率	10.6	79.6
小学净入学率	94	99.91
初中毛入学率	66.4	103.5
高中毛入学率	—	88.3
高等教育毛入学率	2.7	45.7

中国教育规模巨大，但发展中存在不平衡不充分的现象，地区间、城乡间存在差距，教育供给规模及其质量还不完全适应国家经济社会

① 中华人民共和国教育部. 2017 年全国教育事业发展统计公报[1][EB/OL].（2018－07－19）[2020－07－02]. http://www.moe.gov.cn/jyb_sjzl/sjzl_fztjgb/201807/t20180719_343508.html.

发展和人民群众日益增长的新要求、新期盼，在教育思想观念、教育体系制度、人才培养模式、课程与教学体系、教育服务能力、教育治理水平、教育法律法规等各方面还有诸多需要深化改革的地方。为此，国家教育改革与发展必须应对新时代的新要求：要从数量化扩展转向教育质量的内涵提升；不仅保障所有人的受教育权利，而且教育的获得感、幸福感和安全感要更加充实，更加有保障；建立更加多元而透明的教育治理体系，激发每所学校和每个教师参与教育创新创造的主动性与积极性。

《中国教育现代化 2035》正体现了社会和人民对教育的新要求与新期待，体现全面落实“优先发展教育事业”国家战略，将高质量发展作为教育现代化的主题，满足教育服务于国家现代化建设的需要，将优质教育建设作为教育现代化目标。与国家有关部门之前制定的规划纲要文件相比，《中国教育现代化 2035》的“教育事业发展和人力资源开发主要预期指标”中增加了一些新指标，如“域内义务教育均衡县(市、区)的比例”“学前教育教师接受专业教育比例”“义务教育专任教师中本科以上学历比例”和“新增劳动力中受过高中阶段及以上教育比例”等，力求运用这些新指标进一步保证教育发展的质量。

二、《中国教育现代化 2035》内容特点

《中国教育现代化 2035》包括战略背景、总体思路、战略任务、实施路径和保障措施五部分。综合这五方面的内容，可以归纳出《中国教育现代化 2035》发展规划的三个主要特点。

(一) 理念体现中国要求与国际共识

《中国教育现代化 2035》提出八个基本理念：

更加注重以德为先，更加注重全面发展，更加注重面向人人，更加注重终身学习，更加注重因材施教，更加注重知行合一，更加注重融合发展，更加注重共建共享。①

这些理念充分体现了习近平总书记的一系列教育主张和要求。他提出，必须加强党对教育的领导，教育的根本任务是立德树人，扎根中国大地办教育，坚持以人民为中心发展教育，深化教育改革创新，教育服务于中华民族伟大复兴的使命，把教师队伍建设作为基础工作等。②《中国教育现代化 2035》整个文本围绕这些论述及要求展开。

在提出基本理念的基础上，《中国教育现代化 2035》明确了推进教育现代化的七条基本原则：

坚持党的领导、坚持中国特色、坚持优先发展、坚持服务人民、坚持改革创新、坚持依法治教、坚持统筹推进。

这些原则充分显示了建设中国特色社会主义教育体系的中国实践特征。

《中国教育现代化 2035》的理念思想与国际上“教育 2030”目标及其要求有诸多相同之处。最典型的就是，“2030 可持续发展议程”的教育目标“确保包容和公平的优质教育，让全民终身享有学习机会”在《中国教育现代化 2035》中得到了充分体现。

在《中国教育现代化 2035》的研制过程中，政府高度重视听取国际社会意见，如在联合国教科文组织总部开展中国教育现代化规划的专题研讨，邀请世界银行专家组提供技术支持报告，组织国际性学术研讨会等。国际社会高度关注的教育公平、教育质量、终身学习、融合发

---

① 本节楷体字部分均引用自：新华网．中共中央、国务院印发《中国教育现代化 2035》[EB/OL]．(2019－02－23)[2020－07－03]．http://www.xinhuanet.com/politics/2019－02/23/c_1124154392.htm.

② 习近平．坚持中国特色社会主义教育发展道路　培养德智体美劳全面发展的社会主义建设者和接班人[EB/OL]．(2018－09－10)[2020－07－02]．http://www.moe.gov.cn/jyb_xwfb/s6052/moe_838/201809/t20180910_348145.html.

展等思想，在《中国教育现代化 2035》中都得到了充分反映。

（二）目标任务明确，实施保障得力

《中国教育现代化 2035》阐述了中国教育改革与发展面向 2035 年的目标与战略任务、实施路径和保障措施，旨在确保发展理念与发展目标的全面实现。

《中国教育现代化 2035》提出：

到 2035 年，总体实现教育现代化，迈入教育强国行列，推动中国成为学习大国、人力资源强国和人才强国，为 21 世纪中叶建成富强民主文明和谐美丽的社会主义现代化强国奠定坚实基础。

主要发展目标是：

建成服务全民终身学习的现代教育体系，普及有质量的学前教育，实现优质均衡的义务教育，全面普及高中阶段教育，职业教育服务能力显著提升，高等教育竞争力明显提升，残疾儿童享有适合的教育，形成全社会共同参与的教育治理新格局。

这些发展目标充分显示出中国教育强国的特征。这些目标不仅与各级各类教育相关，也展现出对教育体系及其运行的期待。

《中国教育现代化 2035》在战略任务部署中，聚焦突出问题和薄弱环节，立足当前教育发展基础和现代化目标，提出中国教育现代化必须实施的十大战略任务（见专栏 2）。

专栏 2 《中国教育现代化 2035》提出的十大战略任务

一是学习习近平新时代中国特色社会主义思想。把学习贯彻习近平新时代中国特色社会主义思想作为首要任务，贯穿到教育改革发展全过程，落实到教育现代化各领域各环节。以习近平新时代中国

特色社会主义思想武装教育战线，推动习近平新时代中国特色社会主义思想进教材进课堂进头脑，将习近平新时代中国特色社会主义思想融入中小学教育，加强高等学校思想政治教育。加强习近平新时代中国特色社会主义思想系统化、学理化、学科化研究阐释，健全习近平新时代中国特色社会主义思想研究成果传播机制。

二是发展中国特色世界先进水平的优质教育。全面落实立德树人根本任务，广泛开展理想信念教育，厚植爱国主义情怀，加强品德修养，增长知识见识，培养奋斗精神，不断提高学生思想水平、政治觉悟、道德品质、文化素养。增强综合素质，树立健康第一的教育理念，全面强化学校体育工作，全面加强和改进学校美育，弘扬劳动精神，强化实践动手能力、合作能力、创新能力的培养。完善教育质量标准体系，制定覆盖全学段、体现世界先进水平、符合不同层次和类型教育特点的教育质量标准，明确学生发展核心素养要求。完善学前教育保教质量标准。建立健全中小学各学科学业质量标准和体质健康标准。健全职业教育人才培养质量标准，制定紧跟时代发展的多样化高等教育人才培养质量标准。建立以师资配备、生均拨款、教学设施设备等资源要素为核心的标准体系和办学条件标准动态调整机制。加强课程教材体系建设，科学规划大中小学课程，分类制定课程标准，充分利用现代信息技术，丰富并创新课程形式。健全国家教材制度，统筹为主、统分结合、分类指导，增强教材的思想性、科学性、民族性、时代性、系统性，完善教材编写、修订、审查、选用、退出机制。创新人才培养方式，推行启发式、探究式、参与式、合作式等教学方式以及走班制、选课制等教学组织模式，培养学生创新精神与实践能力。大力推进校园文化建设。重视家庭教育和社会教育。构建教育质量评估监测机制，建立更加科学公正的考试评价制度，建立全过程、全方位人才培养质量反馈监控体系。

三是推动各级教育高水平高质量普及。以农村为重点提升学前教育普及水平，建立更为完善的学前教育管理体制、办园体制和投入体制，大力发展公办园，加快发展普惠性民办幼儿园。提升义务教育巩固水平，健全控辍保学工作责任体系。提升高中阶段教育普及水平，推进中等职业教育和普通高中教育协调发展，鼓励普通高中多样化有特色发展。振兴中西部地区高等教育。提升民族教育发展水平。

四是实现基本公共教育服务均等化。提升义务教育均等化水平，建立学校标准化建设长效机制，推进城乡义务教育均衡发展。在实现县域内义务教育基本均衡基础上，进一步推进优质均衡。推进随迁子女入学待遇同城化，有序扩大城镇学位供给。完善流动人口子女异地升学考试制度。实现困难群体帮扶精准化，健全家庭经济困难学生资助体系，推进教育精准脱贫。办好特殊教育，推进适龄残疾儿童少年教育全覆盖，全面推进融合教育，促进医教结合。

五是构建服务全民的终身学习体系。构建更加开放畅通的人才成长通道，完善招生入学、弹性学习及继续教育制度，畅通转换渠道。建立全民终身学习的制度环境，建立国家资历框架，建立跨部门跨行业的工作机制和专业化支持体系。建立健全国家学分银行制度和学习成果认证制度。强化职业学校和高等学校的继续教育与社会培训服务功能，开展多类型多形式的职工继续教育。扩大社区教育资源供给，加快发展城乡社区老年教育，推动各类学习型组织建设。

六是提升一流人才培养与创新能力。分类建设一批世界一流高等学校，建立完善的高等学校分类发展政策体系，引导高等学校科学定位、特色发展。持续推动地方本科高等学校转型发展。加快发展现代职业教育，不断优化职业教育结构与布局。推动职业教育与产业发展有机衔接、深度融合，集中力量建成一批中国特色高水平职业院校和专业。优化人才培养结构，综合运用招生计划、就业反馈、拨款、标准、评估等方式，引导高等学校和职业学校及时调整学科专业结构。

加强创新人才特别是拔尖创新人才的培养，加大应用型、复合型、技术技能型人才培养比重。加强高等学校创新体系建设，建设一批国际一流的国家科技创新基地，加强应用基础研究，全面提升高等学校原始创新能力。探索构建产学研用深度融合的全链条、网络化、开放式协同创新联盟。提高高等学校哲学社会科学研究水平，加强中国特色新型智库建设。健全有利于激发创新活力和促进科技成果转化的科研体制。

七是建设高素质专业化创新型教师队伍。大力加强师德师风建设，将师德师风作为评价教师素质的第一标准，推动师德建设长效化、制度化。加大教职工统筹配置和跨区域调整力度，切实解决教师结构性、阶段性、区域性短缺问题。完善教师资格体系和准入制度。健全教师职称、岗位和考核评价制度。培养高素质教师队伍，健全以师范院校为主体、高水平非师范院校参与、优质中小学（幼儿园）为实践基地的开放、协同、联动的中国特色教师教育体系。强化职前教师培养和职后教师发展的有机衔接。夯实教师专业发展体系，推动教师终身学习和专业自主发展。提高教师社会地位，完善教师待遇保障制度，健全中小学教师工资长效联动机制，全面落实集中连片特困地区生活补助政策。加大教师表彰力度，努力提高教师政治地位、社会地位、职业地位。

八是加快信息化时代教育变革。建设智能化校园，统筹建设一体化智能化教学、管理与服务平台。利用现代技术加快推动人才培养模式改革，实现规模化教育与个性化培养的有机结合。创新教育服务业态，建立数字教育资源共建共享机制，完善利益分配机制、知识产权保护制度和新型教育服务监管制度。推进教育治理方式变革，加快形成现代化的教育管理与监测体系，推进管理精准化和决策科学化。

九是开创教育对外开放新格局。全面提升国际交流合作水平，推动我国同其他国家学历学位互认、标准互通、经验互鉴。扎实推进“一带一路”教育行动。加强与联合国教科文组织等国际组织和多边组织的合作。提升中外合作办学质量。优化出国留学服务。实施留学中国计划，建立并完善来华留学教育质量保障机制，全面提升来华留学质量。推进中外高级别人文交流机制建设，拓展人文交流领域，促进中外民心相通和文明交流互鉴。促进孔子学院和孔子课堂特色发展。加快建设中国特色海外国际学校。鼓励有条件的职业院校在海外建设"鲁班工坊"。积极参与全球教育治理，深度参与国际教育规则、标准、评价体系的研究制定。推进与国际组织及专业机构的教育交流合作。健全对外教育援助机制。

十是推进教育治理体系和治理能力现代化。提高教育法治化水平，构建完备的教育法律法规体系，健全学校办学法律支持体系。健全教育法律实施和监管机制。提升政府管理服务水平，提升政府综合运用法律、标准、信息服务等现代治理手段的能力和水平。健全教育督导体制机制，提高教育督导的权威性和实效性。提高学校自主管理能力，完善学校治理结构，继续加强高等学校章程建设。鼓励民办学校按照非营利性和营利性两种组织属性开展现代学校制度改革创新。推动社会参与教育治理常态化，建立健全社会参与学校管理和教育评价监管机制。

上述战略任务聚焦在教育发展思想、先进的优质教育、各级教育高水平普及、教育服务均衡、终身学习体系、人才培养、教师队伍建设、教育信息化、教育开放和教育治理体系等各个方面，展现出中国教育现代化在教育各领域的改革与发展。

《中国教育现代化 2035》还提出了实施路径要求，从政策执行角度强调各地区因地制宜、分步推进、有效实施和改革探索，旨在激发各地推进教育现代化建设的改革与创新。在保障措施上，则高度强调各级政府领导、教育经费投入制度保障和全社会参与机制等方面。

非常值得关注的是，《中国教育现代化 2035》明确了“提高教育投入水平”的具体要求，其中包括：“健全保证财政教育投入持续稳定增长的长效机制，确保财政一般公共预算教育支出逐年只增不减，确保按在校学生人数平均的一般公共预算教育支出逐年只增不减，保证国家财政性教育经费支出占国内生产总值比例一般不低于 4%。”这些表述在以往是没有的，充分显示出我国政府办好教育的决心与魄力，也显示了中国教育发展的经济基础。

（三）彰显教育现代化的中国模式

中华人民共和国建立 70 余年来，教育事业的发展取得举世瞩目的成就，充分体现出了中国社会主义制度的优越性，体现出中国共产党领导下的政府执政思想与执政能力。执政为民的思想在教育发展上得到了充分体现，70 余年的新中国教育发展始终坚持国家发展与个人发展的结合，这一思想在《中国教育现代化 2035》中得到了延续与发展。

首先，《中国教育现代化 2035》提出的推进中国教育现代化的指导思想，充分体现了中国教育现代化发展的中国思想与中国特点。这一指导思想体现了中国坚持以人民为中心的发展理念，也体现了教育现代化服务于国家现代化的需要，而且体现出了建设有中国特色社会主义教育现代化体系的自信（见专栏 3）。

专栏 3　推进中国教育现代化的指导思想

以习近平新时代中国特色社会主义思想为指导，全面贯彻党的十九大和十九届二中、三中全会精神，坚定实施科教兴国战略、人才强国战略，紧紧围绕统筹推进“五位一体”总体布局和协调推进“四个全面”战略布局，坚定“四个自信”，在党的坚强领导下，全面贯彻党的教育方针，坚持马克思主义指导地位，坚持中国特色社会主义教育发展道路，坚持社会主义办学方向，立足基本国情，遵循教育规律，坚持改革创新，以凝聚人心、完善人格、开发人力、培育人才、造福人民为工作目标，培养德智体美劳全面发展的社会主义建设者和接班人，加快推进教育现代化、建设教育强国、办好人民满意的教育。

将服务中华民族伟大复兴作为教育的重要使命，坚持教育为人民服务、为中国共产党治国理政服务、为巩固和发展中国特色社会主义制度服务、为改革开放和社会主义现代化建设服务，优先发展教育，大力推进教育理念、体系、制度、内容、方法、治理现代化，着力提高教育质量，促进教育公平，优化教育结构，为决胜全面建成小康社会、实现新时代中国特色社会主义发展的奋斗目标提供有力支撑。

其次，《中国教育现代化 2035》体现了优先发展教育事业的中国经验与国家战略。

众所周知，自 1978 年中国实现改革开放以后，中国实施优先发展教育战略；这种优先发展教育战略是过去 40 年间中国教育取得重大进展的重要经验之一。① 2017 年中国共产党第十九次全国代表大会上再次强调，“优先发展教育事业”“建设教育强国是中华民族伟大复兴的基础工程，必须把教育事业放在优先位置”。②

2018 年 9 月教师节，全国教育大会召开。习近平总书记在会上再次强调，坚持把优先发展教育事业作为推动党和国家各项事业发展的重要先手棋，不断使教育同党和国家事业发展要求相适应、同人民群

① YUAN Z G. Dual Priority Agenda: China's Model for Modernizing Education[J]. ECNU Review of Education, 2018, 1(1): 5-33.

② 习近平. 决胜全面建成小康社会　夺取新时代中国特色社会主义伟大胜利——在中国共产党第十九次全国代表大会上的报告[EB/OL]. (2017-10-27)[2020-07-02]. http://www.xinhuanet.com/2017-10/27/c_1121867529.htm.

众期待相契合、同我国综合国力和国际地位相匹配。①

“坚持优先发展”是《中国教育现代化 2035》的基本原则之一；“加强党对教育工作的全面领导”则是《中国教育现代化 2035》提出的三大保障措施的第一条。“各级党委要把教育改革发展纳入议事日程”“协调动员各方面力量共同推进教育现代化”“建立健全党委统一领导、党政齐抓共管、部门各负其责的教育领导体制”。

还需要指出的是，《中国教育现代化 2035》不是一个高度精细化的、统一的教育行动计划与项目，它是国家教育发展的指引与纲要，是指导各省市推进教育现代化建设的政策，这充分体现在《中国教育现代化 2035》提出的实施路径上（见专栏 4）。

专栏 4 《中国教育现代化 2035》提出的实施路径

一是总体规划，分区推进。在国家教育现代化总体规划框架下，推动各地从实际出发，制定本地区教育现代化规划，形成一地一案、分区推进教育现代化的生动局面。二是细化目标，分步推进。科学设计和进一步细化不同发展阶段、不同规划周期内的教育现代化发展目标和重点任务，有计划有步骤地推进教育现代化。三是精准施策，统筹推进。完善区域教育发展协作机制和教育对口支援机制，深入实施东西部协作，推动不同地区协同开展教育现代化建设。四是改革先行，系统推进。充分发挥基层特别是各级各类学校的积极性和创造性，鼓励大胆探索、积极改革创新，形成充满活力、富有效率、更加开放、有利于高质量发展的教育体制机制。

---

① 习近平. 坚持中国特色社会主义教育发展道路 培养德智体美劳全面发展的社会主义建设者和接班人[EB/OL].（2018 - 09 - 10）[2020 - 07 - 02]. http://www.moe.gov.cn/jyb_xwfb/s6052/moe_838/201809/t20180910_348145.html.

最后，将创新与开放作为中国教育现代化发展的重要抓手，体现扎根中国大地办教育与扩大开放办教育的结合。

以改革促进发展，是当代中国发展的重要经验之一。在教育领域，尤其是教育体制机制的改革与创新，不仅促进了政府办学的积极性和创造力，也带动并促进了我国全社会参与教育的活力，我国九年义务教育普及，高等教育跨越式发展，职业技术教育大力发展，高中阶段教育加快普及，推进教育治理体系现代化建设。改革创新是教育发展的动力，“坚持改革创新”仍然是《中国教育现代化 2035》的基本原则之一。

《中国教育现代化 2035》提出，大力推进教育领域综合改革，充分运用新技术新机制新模式，创新教育服务供给方式，创新办学体系和建立现代教育治理体系等要求与行动。直接相关的战略任务就是，“提升一流人才培养与创新能力”“建设高素质专业化创新型教师队伍”“加快信息化时代教育变革”和“推进教育治理体系和治理能力现代化”。

在重视改革创新的同时，《中国教育现代化 2035》还提出把“开创教育对外开放新格局”作为战略任务之一，突出了“开放”在教育现代化建设中的重大价值。它强调，教育现代化面向国家对外开放全局，积极服务“一带一路”建设，全面加强与世界各国和国际组织的务实合作，不断丰富开放内涵，提高开放水平和国际影响力，为构建人类命运共同体作出重要贡献。为此，要全面提升教育国际交流与合作，积极参与全球教育治理。必须办出更高水平、更为开放的教育，加强教育和人文交流，促进民心相通进而文明交流互鉴，为创造人类美好未来作出更大贡献。

总之，《中国教育现代化 2035》并不只是关注中国教育，也高度注重与国际教育交流交往、共同发展。中国教育现代化不仅要具有鲜明的中国特色，也要符合教育发展的普遍规律；中国教育现代化不仅需要自身的创新改革，也可以借鉴教育发展的国际成功经验。

三、《中国教育现代化 2035》实施建议

如何加快教育现代化，建设教育强国，是广大教育工作者必须思考和回答的时代课题。《中国教育现代化 2035》为加快建设中国教育现代化提供了指南，全面实施《中国教育现代化 2035》需要各方面的努力和投入。

（一）牢记中国教育现代化的要求

中国教育发展具有鲜明的中国特点，体现了服务于中国国家发展、社会发展与人民发展的特征。在当前中国社会转型发展的关键时期，教育要继续服务于社会主义经济建设，更需要服务于建设中国特色社会主义的文化自信。

在当前开放、复杂而多元的国内外形势下，教育必须为建设、创造和传播当代中国特色社会主义文化自信作出贡献，必须以“新时代中国特色社会主义思想和基本方略”为指导而凝聚全社会共识，引导全社会力量共同致力于中华民族伟大复兴的历史任务。所以，在对教育现代化的认识中，必须具有国家高度、国家立场和国家要求；对教育现代化的认识不仅要基于人的发展立场，更要基于国家发展和中华民族复兴的大局。只有这样，才能更好地理解“更加注重以德为先”教育现代化理念的深刻内涵与“培养德智体美劳全面发展的社会主义建设者和接班人”的价值意义。

中国特色社会主义进入新时代，社会主要矛盾的变化意味着社会发展与国家发展的重心必须相应改变。人民日益增长的美好生活需要和不平衡不充分的发展之间的矛盾，意味着教育发展的重点与路径都需要改变。但无论怎样，新时代中国教育现代化进程中，必须更加

重视、传承和发扬中国传统优秀文化基因，需要体现中国特色，必须始终坚持党对教育工作的全面领导，使中国教育在新时代国家发展中发挥更大影响力。

人民群众对教育的要求和期望越来越高，教育是人民群众美好生活需要的一个重要方面。教育发展不能再停留在满足“入学”的机会平等，而是需要创造适合每个人的教育，需要增加教育系统的丰富性与多样性，为人民群众提供教育的可选择性，真正使教育成为促进个体全面发展和提升全体国民素养的根本。

在推进教育现代化进程中，教育行政官员和教育工作者要在深刻领会新时代中国特色社会主义思想的精神实质和丰富内涵的基础上，注重对教育新问题、新现象与新情况的分析，及时发现教育的变化，及时认可教育的需求，务必以“创新、协调、绿色、开放、共享”五大发展理念指导对教育发展的认识，不断改变和改革各种不适合时代需要的教育体制机制，建构具有活力的中国特色现代教育体系。

中国教育现代化，必须更好地落实以人民为中心的发展理念，更好地实现面向人人，使每个人都有人生出彩的机会；必须转变传统的精英教育思维，建立新的教育质量观，科学规划和设计各级各类教育目标、课程内容与办学模式；必须从根本上改变当前影响儿童身心健康、知行合一、全面发展的各种不良教育观念和教育教学行为，全面深化改革学校教育教学方式和考试招生制度，有效消解当前社会的“教育焦虑症”与“教育功利症”。

（二）抓住中国教育现代化的关键

建设教育强国是中华民族伟大复兴的基础工程，是教育现代化的目标所在。在建设这个伟大基础工程的过程中，必须抓住关键环节，带动整个教育现代化建设与发展。

第一，努力做好国家教育现代化的思想建设，强化“四个自信”。正如前文所论述，中国教育现代化必须服务于国家现代化大局，中国特色社会主义的道路自信、理论自信、制度自信、文化自信，必然也是中国教育现代化发展的思想理论根基。

中国教育现代化经过了长久的探索，包括经历了学习其他国家教育模式与思想的过程。回到当下建设世界上最大规模教育体系的中国教育现代化之中，中国教育现代化仍需要传承中国教育优秀传统，也需要学习和借鉴国际教育发展先进思想和经验，但更需要超越西方观念与模式，创造出中国教育发展的新范式，为全球教育发展提供示范与贡献。中国教育现代化需要有中国教育话语系统，要使中国人民有真切获得感，真正践行以人民为中心的发展思想，更多体现增进人民福祉。“四个自信”的中国模式是中国教育现代化的思想根基，引领国家教育现代化发展。

第二，始终围绕教育现代化的育人目标，全面落实立德树人根本任务，培养中国特色社会主义事业的建设者和接班人。培养什么人、怎样培养人与为谁培养人是中国发展的根本问题，中国教育现代化的过程就是全面落实立德树人根本任务的过程。立德树人是教育现代化的中心工作，必须将“更加注重以德为先”贯穿于教育教学全过程，实现全程育人、全方位育人，在教育领域中优先注重中国特色社会主义核心体系教育，全面培育和践行社会主义核心价值观。

必须始终重视德育，注重思想政治教育，这是中国教育在人才培养上取得巨大成果的重要经验之一。在推进新时代中国教育现代化的进程中，还必须继续发挥德育与政治教育的作用，引领整个国家教育沿着正确的轨道前进。在课程体系建设、教师队伍建设、人才培养活动以及教育评价等各个方面，必须始终坚持以德为先，注重将“德”的要求内化为改革与发展的方向与行动。

第三，将教师作为国家教育现代化建设之本，真正实现“教育发展，教师为本”的思想。坚持把教师队伍建设作为基础工作来抓，是习近平总书记治国理政新思想在教育中的要求之一。[①] 2014 年教师节，习近平总书记提出，从战略高度来认识教师工作的极端重要性；[②]2016 年教师节，习近平总书记又提出：“广大教师要做学生锤炼品格的引路人，做学生学习知识的引路人，做学生创新思维的引路人，做学生奉献祖国的引路人。”[③]

加强教师队伍建设，本质上是激发广大教师在教育现代化建设中的参与、创新、创造和贡献，增强教师工作的主动性、创造性、积极性，增强职业成长、专业成功、事业成就的获得感和幸福感。相信教师、依靠教师和发展教师，是新时代教师队伍建设的思想基础。培养高素质专业化创新型教师队伍，是国家教育现代化的发展之本。

第四，以制度创新驱动国家教育现代化发展，推进中国教育现代化。在坚持党对教育事业全面领导的基础上，努力创建中国特色教育现代化政策体系与实践行动，用新技术扩大教育体系规模，促进教与学方式改革，增强教育服务能力，积极探索“互联网＋”、人工智能、大数据等背景下教育发展的中国道路。

当前，我国教育改革与发展实践中，还存在诸多人民不满意的地方，如学生学业负担过重，应试教育方式仍然存在，教师待遇和地位有待提高，缺少高水平世界一流大学和学科，教育公平需要进一步提升，等等。解决这些问题，必须以制度创新为驱动，实现教育结构优化调

---

① 中国教育报.坚持把教师队伍建设作为基础工作——九论学习贯彻习近平总书记全国教育大会重要讲话精神[EB/OL].(2018-09-21)[2020-07-03]. http://www.jyb.cn/zgjyb/201809/t20180921_1229983.html.

② 新华网.凝心铸师魂 立德育新人——以习近平同志为核心的党中央关心教师队伍建设纪实[EB/OL].(2019-09-09)[2020-07-03]. http://www.xinhuanet.com/politics/leaders/2019-09/09/c_1124979499.htm.

③ 光明日报.以“四有”教师为目标做好学生“引路人”[EB/OL].(2016-09-12)[2020-07-03]. http://www.xinhuanet.com//politics/2016-09/12/c_129277439.htm.

整和教育治理体系完善；修改和完善现有的教育法律法规，充分调动全社会关心教育、支持教育的力量与资源，要听取广大人民群众对教育的建议和呼声，征询各行各业对教育的要求和建议，使规划成为推进教育现代化的全社会动员。

（三）建构中国特色教育理论体系

我国实现高水平普及九年义务教育、普及高中阶段教育和高等教育大众化等，都显示出中国教育发展的非常规性。这种发展蕴藏着中国教育制度与体系的优势，蕴藏着中国教育的智慧与思想。需要系统研究和梳理出这种中国特色教育发展的内在逻辑和内在规律，将这种发现上升为中国教育发展的理论，指导教育改革与发展。

新时代中国教育理论工作者，要按照习近平总书记“以精品奉献人民，用明德引领风尚”的要求，[①]聚焦当前教育领域全面改革和全面发展的丰富实践，总结研究出中国教育发展与改革的话语系统与理论体系，用中国教育理论在国际上讲述中国教育故事。要将中国教育发展的内在逻辑、学术话语和成功实践，整合成中国教育理论，并使它与世界教育发展实践结合，使中国教育理论更具世界普遍性价值意义。

总之，中国教育要更自信，更有勇气和能力把中国教育的成功范例、有效经验和理论观点传播到世界各地，在建设“人类命运共同体”的进程中发挥中国教育的影响。建构中国特色的教育理论体系，是新时代广大教育研究者的责任所在。

---

① 光明日报. 以精品奉献人民 用明德引领风尚[EB/OL].（2019-03-06）[2020-07-03]. http://epaper.gmw.cn/gmrb/html/2019-03/06/nw.D110000gmrb_20190306_1-10.htm.

第一章

创建中国特色社会主义教育体系

本章要点

创建中国特色社会主义教育体系，需要关注思想基础、建设内容和行动举措三个方面，它们是 2035 年中国特色社会主义教育体系的成型逻辑和发展路径。

现代化进程和现代性彰显，构成了中国教育体系过往百年的叙事基调。过去 70 余年间，中国教育历经奠基、“文化大革命”和改革开放三个关键性节点，中国特色社会主义教育体系基本成型，坚持教育现代化服务于国家现代化和中华民族伟大复兴的中国梦是中国特色社会主义教育现代化体系建设的重要基础性原则。

中国教育现代化体系的构建完善是立体的和全方位的，要在教育规模、教育结构、教育治理和学习型社会四个方面予以体现。提供面向人人的教育机会，建设结构优化的教育系统，完善教育现代化治理体系，创造终身学习的学习大国，是中国特色教育现代化体系建设的重点任务，它们共同体现教育作为“国之大计、党之大计”的“民生”与“国家”的高度。

致力于建成服务全民终身学习的现代教育体系，实现国民教育体系和学习体系各个关键阶段与环节的全面提升，这些目标与现实之间仍有较大差距。因此，要多途径扩大教育供给，全方位提升教育质量，整体式推进教育治理，加快教育改革发展步伐。

《中国教育现代化 2035》显示中国教育改革与发展的新目标和新定位。2035 年中国基本实现中国特色社会主义现代化，教育现代化将是中国特色社会主义现代化的典型特征之一。中国特色社会主义教育现代化将首先体现为教育体系的现代化，这种教育体系将展现出结构完整性、内容丰富性、功能完备性和发展可持续性等特点。

一、中国教育现代化体系建设的思想基础

所谓体系，是指依据研究或应用等特定需求与周外之物区分开来的对象，是按照某种秩序、规则和联系组合而成的整体，遵从特殊的法则，表现出有别于其他事物的特征，有较为清晰的区分的边界。教育体系的形成首先意味着，人们的认识能力能够确切地将教育从人类交往实践活动的整体中抽绎出来，使其具备认识的独立性和针对性。

（一）教育体系的本质内涵

教育体系既可以指由学校教育、社区教育和社会培训等各种教育机构和组织协同构成的有机整体，也可以指教育系统内部教师、学生、行政管理人员和设施设备等多种教育要素的有序整合。教育体系有广义和狭义之分。广义的教育体系涵盖教育的结构体系、管理评价体系、经费支撑体系、教师体系、考试招生体系、课程教材体系等；狭义的教育体系专指教育的结构体系，聚焦于各级各类教育构成的学制体系。

1. 教育体系的内部要素

一般将教育体系划分为学前教育体系、义务教育体系、高中阶段教育体系、高等教育体系和职业教育体系等，这就是常说的各级各类

教育。这种划分有利于教育事业发展的整体规划与具体工作安排。而教育管理、经费收支、课程教学、教师队伍、学生培养等则是基于各级各类教育内部活动涉及的要素而划分，指向教育系统内部活动的运行。如果将这两种划分视为教育系统的纵、横坐标，则它们将构成教育系统的整体。

任何体系内部的各子系统和各要素始终处于交互作用中。教育体系的子系统，如教师体系，就同管理评价体系、经费支撑体系、考试招生体系等有着一定程度的关联，针对教师培训的改革，都势必同步考虑管理评价、经费拨付、考试招生等体系的配套改革，体现出教育改革的综合性。同理，教育者、受教育者和教育影响等不同要素任意一方的变化，也会引致其他诸方面程度不同的变化。

2. 教育体系与外部因素

中国教育体系根植于中国社会发展与教育发展的历史、现状与未来。任何体系都居于更大的系统内部，并与更大系统内的其他系统始终处于交互作用中。教育体系嵌入社会大系统中，同政治、经济、文化、宗教、军事等体系发生关联。脱离社会体系的教育体系是不存在的，这必然意味着教育体系的改革嬗变会引起其他体系范畴作出相应转变；实现教育体系内部的改革，无论是局部的还是整体性的，都离不开相应的政治环境、经济环境和文化环境的匹配，它们或直接或间接地影响着教育改革与发展的目标达成。这种基于体系的观念符合教育理论的两种基本常识：一是教育负载着政治、文化和经济的功能；二是教育体系的改革不是绝对自主和自我证成的（当然也不是完全被动的）。

同时，在当前全球化和国际化的时代背景下，任何国家的教育体系都很难甚至不可能具有完全意义上的独立性。国家教育体系的建设势必涉及国际对话、国际交流和国际竞争等因素，要与其他国家教育体系之间产生各种程度不等、层次不一、形式不同的互动。简单地说，教育国际化已经成为衡量国家教育体系开放性与教育质量水平的关键指标。不同教育体系间的交流不断形塑着新的教育形态，汲取别国教育体系运作的成功经验与教训，也是教育体系健康发展的有效手段。毫无疑问，中国特色社会主义教育现代化体系同样需要学习和借鉴外部经验和实践，世界各国教育发展是促进中国教育现代化体系发展与成型的元素之一。面向世界，是中国教育现代化体系构建的动力之一。同样，中国教育现代化体系也在为世界提供教育发展的中国方案。

总之，教育体系有一个相对清晰的边界且区别于其他系统，有扎根于国家、民族历史文化传统的源流以保持特色，有不同子系统和要素的交融交汇以维持有机性，有与外部系统的互联互通以彰显渗透性，有国与国之间不同教育体系的碰撞合作以体现国际性。当然，教育自身遵循的基本规律是教育体系不可缺少、无法违背的本质属性。这种复杂复合的特征必然要求教育体系借由持续不断的调整以满足外部适应性、内部有机性和系统间协调性等要求。

3. 教育体系与教育质量

教育体系影响教育质量，在教育系统中具有关键性地位与作用。教育体系是具体教育实践的宏观架构与活动边界，教育质量则是教育运行及其结果的特性与期望，教育质量在本质上首先依赖于教育系统的运转。调整和完善教育体系不仅是优化教育结构、提升教育质量、促进教育公平的重要手段，而且居于影响教育全局的战略高度。

教育质量不仅表现在个体通过教育获得发展的结果上，更表现在教育体系满足经济社会发展的需要上。经济社会发展具有阶段性、历时性和区域性，教育体系要对不同区域不同阶段的经济社会发展需求作出回应，根据经济社会发展阶段性特征对教育体系作出及时调整，并对科学技术的最新进展保持敏锐的嗅觉，从中获得自身改进的活跃因子。

教育质量还表现在教育体系引领经济社会发展的功能上。现代教育体系具有导向功能，教育体系的任何结构性变化总是体现特定的价值取向。保持教育的独立性和自主性，也是意在使教育体系能够在社会文化重塑中具有更多的价值判断和责任担当，这就是教育引领社会发展和经济发展的追求所在。

（二）教育体系的目标形成

教育体系是一个历时性称谓，承载着特定的世界观、价值判断和运转逻辑，因此现代教育或教育现代化体系是一个发展的结果，而不是一个向来如此的固化存在。

1. 教育发展的现代性含义

现代教育是相对于前现代教育而言的。历史地看，现代教育是古代教育和近代教育的承续和扬弃。我们可以在整个现代话语体系中找到现代教育赖以生存的土壤，其出发点是科学对自然秩序的把握带来的全新思维方式，即科学、逻辑和分析真正实现了在理性的法庭面前对思想观念的祛魅化。与思想领域的嬗变并驾齐驱的是经济社会组织秩序在全球范围内的现代化转向，戴维·波普诺（David Popenoe）就认为，“现代化指的是在一个传统的前工业社会向工业化和城市化社会转化过程中发生的主要的内部社会变革”。[①] 诸如中国古代的私塾教育、近代英国传统学徒制，都在工业大生产和自西方向全球范围扩散的现代社会转型中分崩离析，或被重新定义（如现代学徒制）。

① 戴维·波普诺. 社会学(下)[M]. 刘云德，等，译. 沈阳：辽宁人民出版社，1987：168.

知识的扩张以及对理性力量的信任为现代教育奠基。教育的现代转向一方面与经济社会结构合拍，另一方面与教育学、心理学、人类学、社会学等知识的增扩有着切实的联系。这些变化催动教育追求更广泛的民主、更大范围的开放、更深层次的多元以及更大限度的包容。尽管仍然保留了班级授课制、教师对学生传授等近代教育的基本形式，但教育早已在新时代具有了新的表现形式，增加了许多新的内容，这种变化是教育现代性之多重面向。

当然，在现代性全球扩展的过程中，民族国家的教育体系现代化仍然具有强烈的情境性、地域性，保有历史文化的基因。在内外力量的交织、价值共识与地方特色道路选择的博弈之中，现代教育体系在各国的多样化实践中印证了多元现代性的具体含义，提供了其具体例证："如果源自西方的现代性基于理性的普遍性，而理性的普遍性意味着各个民族的全球化，那么，在全球化过程中出现的世界性和地方性这两种相反相成的取向，已然表明，当理性及其现代性从西方这一同样是有限的地域走向整个世界时，它也引发了世界各地不同的历史自然条件和文化之间的强烈的互动。正是通过这一互动，理性和现代性的普遍性越来越成为具体的普遍性而非抽象的普遍性，即同质性或单一性。所谓具体的普遍性，是将许多异质性因素综合于自身的普遍性，这种普遍性表征的显然就不是那种纯然形式的、数量化的工具理性，而是价值理性，是情理的结合。"①

当然，现代教育体系仍然指向一种基于自由、民主、平等、公正等价值共识上的命名，"对多元性和多样性的认可并不意味着否认现代化进程中存在的共性；如果要让现代性的概念有意义，那么必须将之界定为

① 张曙光.现代性论域及其中国话语[M].武汉：武汉大学出版社，2010：15.

几种独特的制度和文化”[①]。中国教育体系的现代化进程也不例外。

2. 中国教育的现代化之路

中国教育体系的现代转型是被动和应对式的。在中国古代，官学与私塾并列，民间私塾负责普通民众的基础教育，科举考试选拔士子进入府、州、县为组构的官学系统；近代洋务运动的教育改革，目的在于通过新式学堂培养清政府急需的翻译人才、军事人才和科技人才，新增的新式学堂与传统私塾并置的二元结构并未动摇中国传统教育的根基；[②]甲午战败，清政府通过新政在教育领域全面推进现代转型。1902 年颁布的“壬寅学制”虽未实行，但它是中国近代教育史上由国家正式颁布的第一个学制，在此基础上制定的“癸卯学制”更为完善，推动了新式教育在全国范围内的快速发展。“壬寅学制”和“癸卯学制”完全不同于中国古代的科举教育体系，形成了以培养具备现代知识和技能的行业人才为目标的全新的国民教育体系。特别是“癸卯学制”(见表 1－1)，它标志着中国传统儒学教育之终结，以及中国现代学校教育制度的建立。

表 1－1 “癸卯学制”的学校体系结构[③]

<table>
<tr><th colspan="2" rowspan="2">基础教育</th><th colspan="3">专门职业教育</th></tr>
<tr><th>师范教育</th><th>实业教育</th><th>特别教育</th></tr>
<tr><td rowspan="3">初等教育</td><td>蒙养院</td><td>/</td><td>/</td><td>/</td></tr>
<tr><td>初等小学堂</td><td>/</td><td>艺徒学堂
实业补习普通学堂</td><td>/</td></tr>
<tr><td>高等小学堂</td><td>/</td><td>初等农工商实业学堂</td><td>/</td></tr>
</table>

① 艾伯特·马蒂内利. 现代化和可持续发展目标：以欧洲联盟为例[J]. 科学与现代化，2016(4)：1－26.

② 蒋纯焦. 从私塾到学校：中国基础教育机构现代转型的史与思[J]. 华东师范大学学报(教育科学版)，2015(2)：82－90.

③ 李细珠. 张之洞与清末新政研究[M]. 北京：中国社会科学出版社，2015：114.

续 表

基础教育		专门职业教育		
		师范教育	实业教育	特别教育
中等教育	中学堂	初级师范学堂	中等农工商实业学堂	/
高等教育	高等学堂	优级师范学堂	高等农工商实业学堂 实业教员讲习所	进士馆 译学馆
	大学院	/	/	/
	通儒院	/	/	/

中华人民共和国成立 70 余年，教育体系沿革经历了三个阶段，分别是中华人民共和国教育的奠基阶段（1949—1965）、“文化大革命”阶段（1966—1976）和改革开放至今（1977 年以后）。教育现代化体系历经了诸多关键性节点。中华人民共和国诞生之初，国家选择了苏联式发展道路，在第一个五年计划完成之时已经构建起一个较为完整的教育模式，其主要特色是高度集中统一，即统一教材、统一教学大纲、统一招生、统一分配，成为社会主义教育体系初期的基本框架。1951 年，政务院发布《关于改革学制的决定》，改革后的学制主要包括幼儿教育（幼儿园）、初等教育（小学、工农速成初等学校、业余初等学校和识字学校等）、中等教育（中学、工农速成学校、业余中学和中等专业学校）、高等教育（大学、专科学校和研究生部）以及各种政治学校、训练班。1951 年学制奠定了中国新学制的基础。1985 年《关于教育体制改革的决定》标志着中国教育体制改革起航。1993 年《中国教育改革和发展纲要》、1999 年《面向 21 世纪教育振兴行动计划》以及 21 世纪若干重大教育改革发展与规划方案，共同塑造了中国教育的现代化体系。我国的教育体系按层次分，有学前教育、初等教育、中等教育和高等教育；按类型分，有普通教育、成人教育、其他类型教育、岗位培训和继续教育等。不同层次和不同类型的教育共

同构成中国教育体系的基本内容(见表 1-2)。

表 1-2 中国教育结构体系①

层次 类型	高等教育	中等教育	初等教育	学前教育
普通教育	(1) 研究生教育(研究生班、硕士、博士) (2) 大学和学院(学士、本科、第二学士) (3) 专科学校、职业技术学院(职业学院) (4) 大学分校、大专班	(1) 中等专业学校(中等技术学校、中等师范学校) (2) 技工学校 (3) 职业中学(高中、初中) (4) 普通中学(高中、初中) (5) 特殊教育学校(班) (6) 工读学校	(1) 小学 (2) 教学点 (3) 特殊教育学校(班)	(1) 幼儿园 (2) 学前班
成人教育	(1) 广播电视大学 (2) 职工高等学校 (3) 农民高等学校 (4) 管理干部学院 (5) 教育学院 (6) 独立函授学院 (7) 普通高等学校附设函授部、夜大学、成人脱产班	(1) 广播电视中等专业学校 (2) 职工中等专业学校 (3) 干部中等专业学校 (4) 农民中等专业学校 (5) 函授中等专业学校 (6) 教师进修学校 (7) 成人中学(职工、农民) (8) 成人技术培训学校(职工、农民)	(1) 职工初等学校 (2) 农民初等学校 (3) 扫盲班	/

① 国家教育发展研究中心主持全国哲学社会科学"九五"规划重大项目"当代中国教育结构体系研究"。随着我国教育事业的发展,教育的部分层次或类型发生了变化,譬如:(1) 1983 年教育部批准在辽宁省沈阳市试点中等专业教育自学考试,2009 年的《中国教育统计年鉴》中仍有中专层次的自学考试报考数,2010 年起再无此数据;2011 年,《教育部关于废止和宣布失效一批规范性文件的通知》(教政法〔2011〕4 号)宣布《关于在部分省开展中专自学考试改革试点工作的几点意见》(教考[1992]2 号)失效,废止《关于开展中等专业教育自学考试工作若干问题的通知》(教考字 013 号);(2) 国家和各地广播电视大学也在经历称谓变更,2012 年,根据《国务院办公厅关于开展国家教育体制改革试点的通知》(国办发〔2010〕48 号)部署,教育部相继批复北京、上海、江苏、广东、云南 5 所省级广播电视大学更名为地方开放大学;2020 年,教育部印发《国家开放大学综合改革方案》(教职成〔2020〕6 号),推动 39 所省级广播电视大学统一更名为地方开放大学;(3) 成人中等学校在 2002 年的《中国教育统计年鉴》中仍有分类(广播电视中等专业学校、职工中等专业学校、干部中等专业学校等),自 2003 年起再无此分类数据。

续 表

层次类型	高等教育	中等教育	初等教育	学前教育
其他类型教育	(1) 军队院校 (2) 高等教育自学考试制度 (3) 学历文凭考试试点民办学校 (4) 民办高等教育机构 (5) 普通高等学校预科班、自考助学班 (6) 宗教学校 (7) 外国留学生学校	中等专业教育自学考试制度	(1) 非正规教育教学点 (2) 扫盲课程	/
岗位培训继续教育	(1) 专业证书班 (2) 职业资格培训 (3) 各种类型的继续教育、技术培训 (4) 普通高等学校短训班、进修班、访问学者出国考察进修	(1) 职业技术培训(就业前、上岗前、在职、转岗) (2) 职业资格教育 (3) 农民"绿色证书"和各种实用技能培训 (4) 各种类型短训班、进修班	/	/

3. 中国教育现代化的目标

现代化进程和现代性彰显，构成了中国教育体系过往百年的叙事基调，它与持续进步的发展信念和民族复兴的美好愿景关联。教育现代化是国家现代化的重要组成部分，现代化教育体系将服务、支撑国家现代化发展，包括 2035 年国家基本现代化目标的达成。坚持中国教育现代化服务于国家现代化和中华民族伟大复兴的中国梦，是中国特色社会主义教育现代化体系建设重要的基础性原则。

为此，《中国教育现代化 2035》提出，到 2035 年中国要建成服务全民终身学习的现代教育体系。[①] 实现各级各类教育纵向衔接、横向沟

① 新华网. 中共中央、国务院印发《中国教育现代化 2035》[EB/OL]. (2019-02-23)[2020-07-03]. http://www.xinhuanet.com/politics/2019-02/23/c_1124154392.htm.

通，基础教育、职业教育、高等教育和继续教育协调发展，学历教育和非学历教育、职前教育和职后教育、线上学习和线下学习相互融合，学校教育与社会教育、家庭教育密切配合、良性互动，形成网络化、数字化、个性化、终身化的教育体系。教育体系结构和人才培养结构更加合理。建成人人皆学、处处能学、时时可学的学习型社会。①

这一目标描述基本涵盖了未来中国教育体系的规模、质量、结构、治理和学习型社会构建等关键内容。概括地说，体系目标的现实起点是"人民日益增长的美好生活需要和不平衡不充分的发展之间的矛盾"，体系目标的未来指向是建成"学习大国、人力资源强国和人才强国，为到21世纪中叶建成富强民主文明和谐美丽的社会主义现代化强国奠定坚实基础"，现实与目标之间的张力构成未来中国教育体系现代化改革的基本动力。

二、中国教育现代化体系建设的重点任务

改革开放以来，中国对教育的认识与定位不断发生变化，从"经济战略重点"到"经济战略的首位"的"经济"认知，再到"优先发展"和"国之大计、党之大计"的"民生"与"国家"高度，体现出中国教育在发展过程中的角色变化与地位提升。中国教育现代化发展要服务于国家现代化的要求，要服务于中华民族的伟大复兴。这种国家认知，充分显示发展中国教育现代化体系的重要性和方向性。为此，中国教育现代化体系的构建完善是全方位的，体现在教育规模、教育结构、教育治理和学习型社会四个方面，它们是中国教育现代化体系建设的重点任务。

① 中国教育报. 教育现代化2035呼应教育强国战略[EB/OL].（2019-03-25）[2020-07-03]. http://www.jyb.cn/rmtzgjyb/201903/t20190325_219252.html.

（一）提供面向人人的教育机会

规模，关系教育体系的资源供给水平与层次，决定教育体系的完善程度，是影响国家教育公平与质量的重要因素。规模是教育普及化发展的重要指标，规模与质量都是教育体系的核心内涵。尽管规模与质量的关系复杂，但没有规模的质量并不是教育的真正质量。过去 70 余年来，中国教育事业发展始终致力于教育体系的扩大，如何解决世界最多人口的受教育需求，始终是中国现代化发展的重要任务。在不同时期，中国教育规划始终将各级各类教育规模与入学率作为教育发展的首要参考指标。

2018 年全国教育事业发展统计显示，中国学前教育毛入学率达到 81.7%；小学学龄儿童净入学率 99.95%；初中阶段毛入学率 100.9%；高中阶段毛入学率 88.8%，比上年提高 0.5 个百分点；高等教育毛入学率 48.1%。全国各级各类学历教育在校生 2.76 亿人。①

显然，目前中国举办着世界上最大规模的教育，这一举世瞩目的国家教育发展成就，是中国教育一直坚持规模发展的结果。面向现代化的中国教育，仍需继续注重各级各类教育的规模发展，并将质量概念作为规模发展的内涵向纵深延伸。中国教育现代化体系将集中体现在普及有质量的学前教育，实现优质均衡的义务教育，全面普及高中阶段教育，职业教育服务能力显著提升，高等教育竞争力明显提升，残疾儿童少年享有适合的教育等各个方面。

1. 满足每个学前儿童的教育需求

学前教育在个体成长中有着奠基性、先导性作用。学前期培养的良好行为习惯和锻造的健康身心对于个体的一生都有着深远影响。

---

① 中华人民共和国教育部. 2018 年全国教育事业发展统计公报[1][EB/OL].（2019-07-24）[2020-07-02]. http://www.moe.gov.cn/jyb_sjzl/sjzl_fztjgb/201907/t20190724_392041.html.

与其他层次教育相比，学前教育的投资回报率是最高的。[①] 早在 1979 年，中共中央、国务院《全国托幼工作会议纪要》就提出“坚持公办和民办‘两条腿走路’的方针”[②]，《城市幼儿园工作条例（试行草案）》等一系列政策法规的颁布，使学前教育在“文革”之后能够快速步入正轨。20 世纪 90 年代，中国政府签署《儿童权利公约》，参与全球全民教育运动，这对中国学前教育发展产生了积极的促进作用，也迎来了学前教育的大发展。尽管在 2000 年前后国有企事业单位改革影响了学前教育的发展，但自 2010 年《国家中长期教育改革和发展规划纲要（2010—2020 年）》颁布之后，学前教育迈入跨越式发展的新阶段，相关政策文件密集出台。2010 年《国家中长期教育改革和发展规划纲要（2010—2020 年）》提出：“建立政府主导、社会参与、公办民办并举的办园体制。大力发展公办幼儿园，积极扶持民办幼儿园。”[③]同年颁布的《国务院关于当前发展学前教育的若干意见》指出：“必须坚持公益性和普惠性，努力构建覆盖城乡、布局合理的学前教育公共服务体系，保障适龄儿童接受基本的、有质量的学前教育。”[④]这从政策角度明确了学前教育的公益普惠属性，强调了政府办好学前教育的责任。中国政府对学前教育不仅高度重视，而且投入力度不断加大，先后出台三年为周期的学前教育发展行动计划，极大促进了全国学前教育规模的扩大，而且在规范办园、科学保育、教师队伍建设、经费保障等制度方面不

---

① 美国佩里学前教育研究显示，接受过学前教育的儿童未来取得高中以上学历的比例为 77%，未接受学前教育的儿童该比例仅为 60%；而且，接受学前教育的儿童在 40 周岁时，投资回报率也是最高的，对儿童每投入 1 美元可以获得 16.14 美元的回报。

② 朱永新，冯晓霞．中国教育改革大系・学前教育卷[M]．武汉：湖北教育出版社，2015：79.

③ 中华人民共和国教育部．国家中长期教育改革和发展规划纲要（2010—2020 年）[EB/OL]．(2010-07-29)[2020-07-03]. http://www.moe.gov.cn/jyb_xwfb/s6052/moe_838/201008/t20100802_93704.html.

④ 中华人民共和国中央人民政府．国务院关于当前发展学前教育的若干意见[EB/OL]．(2010-11-24)[2020-07-03]. http://www.gov.cn/zhengce/content/2010-11/24/content_5421.htm.

断健全完善。

改革开放40年，全国学前教育在园幼儿增加了五倍，毛入园率由1978年的10.6%提高到2018年的81.7%，提前完成了《国家中长期教育改革和发展规划纲要(2010—2020年)》提出的发展目标。其中，普惠性幼儿园占全国幼儿园的比重为68.57%，普惠性幼儿园在园幼儿占比73.07%，公益普惠为主体的学前教育体系基本建成(见图1-1)。[①]

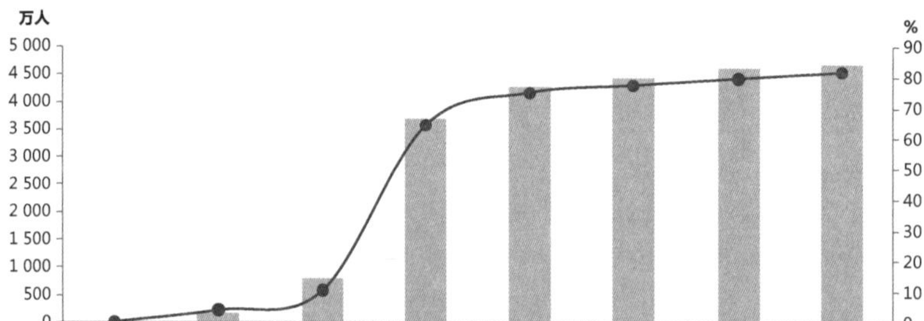

	1950年	1965年	1978年	2012年	2015年	2016年	2017年	2018年
在园幼儿	14	171.3	788	3 686	4 265	4 414	4 600	4 656
毛入园率	0.4	4.2	10.6	64.5	75.0	77.4	79.6	81.7

图1-1　学前教育在园幼儿和毛入园率(1950—2018年)[②]

随着人民群众对教育的认识不断提升，当前学前教育受到全社会关注和重视。继续扩大学前教育规模，努力满足每个学龄前儿童(尤其是3—6岁儿童)接受应有的学前教育，仍是当前发展学前教育的重点所在。

2. 降低义务教育阶段学生辍学率

义务教育是一个人知识、价值观、性格、精神和体魄形塑的基础性关键期，而且对高中阶段教育乃至高等教育都有着持久影响，是整个

① 中华人民共和国教育部. 2018年全国教育事业发展基本情况年度发布[EB/OL]. (2019-02-26)[2020-09-02]. http://www.moe.gov.cn/fbh/live/2019/50340/sfcl/201902/t20190226_371173.html.

② 中华人民共和国教育部. 全国教育事业发展统计公报[EB/OL]. [2020-07-02]. http://www.moe.gov.cn/jyb_sjzl/sjzl_fztjgb/.

国民教育体系的基石。义务教育的质量决定着教育体系的现代化水平。过去40余年间，中国义务教育体系建立经历了基本“普九”、普及攻坚和均衡发展等几个阶段。自1986年《中华人民共和国义务教育法》(以下简称《义务教育法》)颁布到2000年底，中国基本实现普及九年义务教育目标；2000年之后十年，国家全面实现“两基”攻坚目标；2010年以来的十年间，国家全面实现县域义务教育均衡发展。中国义务教育普及是一历史性事件，有着重大的象征意义和深远影响，为国家民族的振兴奠定了坚实的基础，也是当代全球教育发展的一大“奇迹”。

从1986年颁布《义务教育法》至2011年中国所有县级行政单位和省级行政区划全部通过普及九年义务教育和扫除青壮年文盲的国家验收，仅用了25年，远远低于德国、法国、美国等国家普及初等教育所用时间(见表1-3)。中国小学净入学率和初中毛入学率从1978年的94.00%和66.40%，提升到2012年的99.85%和102.10%，并始终保持在高位(见图1-2和图1-3)。

表1-3 世界主要国家普及初等教育时间段及总时间①

国　　家	普及初等教育时间段	普及初等教育总时间
中国	1986—2011年	25年
德国	1763—1888年	125年
法国	1833—1925年	92年
美国	1852—1919年	67年
英国	1870—1918年	48年
日本	1872—1907年	35年

① 柳海民，王澍. 中国义务教育实施30年：成就、价值与展望[J]. 北京大学教育评论，2016(4)：174-184.

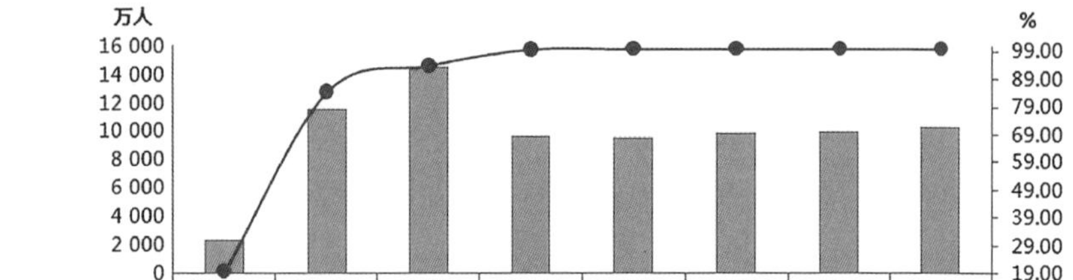

	1950年	1965年	1978年	2012年	2015年	2016年	2017年	2018年
小学在校生	2 439	11 621	14 624	9 696	9 692	9 913	10 094	10 339
小学净入学率	20.00	84.70	94.00	99.85	99.88	99.92	99.91	99.95

图 1－2　小学在校生数和净(毛)入学率(1950—2018 年)①

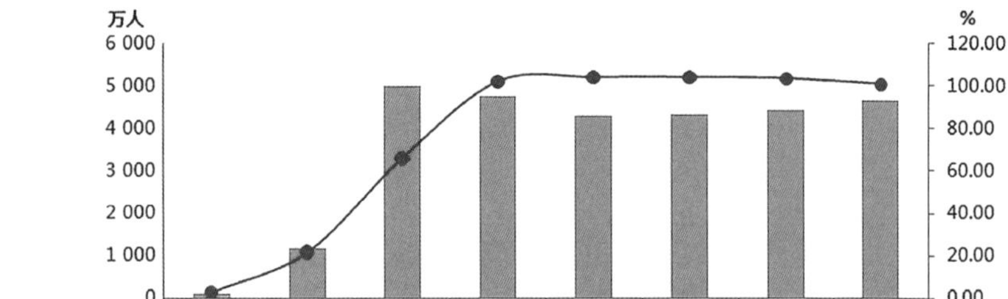

	1950年	1965年	1978年	2012年	2015年	2016年	2017年	2018年
初中在校生	95	1 171	4 995	4 763	4 311	4 329	4 442	4 653
初中毛入学率	3.10	22.00	66.4	102.1	104.0	104.0	103.5	100.9

图 1－3　初中在校生数和净(毛)入学率(1950—2018 年)②

当前，中国已经完全进入“后普九”时代，义务教育工作重心发生明显变化，普及攻坚转向巩固提高，“有学上”转向“上好学”，提高义务教育巩固率和推动区域内义务教育均衡发展成为新的政策焦点。

《国家教育事业发展第十三个五年规划》明确提出，“义务教育巩固率从 2015 年的 93％提高到 2020 年的 95％”，将其作为教育发展“保基本”维度中的一个重要约束性指标，以应对义务教育发展至此面临的“高位波动风险”。③ 国家精准施策，出台了《关于进一步加强控辍

①② 中华人民共和国教育部. 全国教育事业发展统计公报[EB/OL]. [2020－07－02]. http://www.moe.gov.cn/jyb_sjzl/sjzl_fztjgb/.

③ 美国、日本、法国和日本的历史表明，“当教育完成情况达到一定水平时难以稳步提高，会出现反复波动、停滞不前或小幅反弹的现象”，并提出“高位波动陷阱”的发生实质是教育巩固水平不均衡和教育发展不充分交互作用的结果。参见：武芳，刘善槐. 如何跨越“高位波动陷阱”：提高义务教育巩固率的国际比较研究[J]. 比较教育研究，2018(8)：23－30.

保学提高义务教育巩固水平的通知》(国办发[2017]72号)等系列文件，以提高义务教育巩固率。《中国教育现代化2035》将97%的九年义务教育巩固率作为2035年的主要预期指标。减少义务教育阶段学生辍学率，是保障义务教育规模的重要手段(见图1-4)。

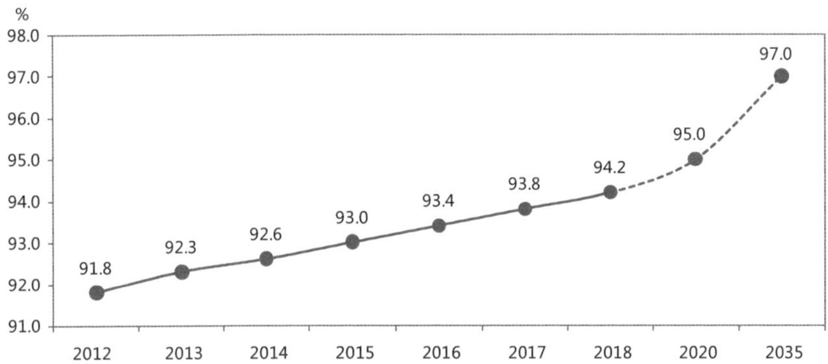

图1-4 九年义务教育巩固率(2012—2035年)①

教育现代化体系建设过程中，必须高度重视义务教育阶段的辍学率问题，必须将降低辍学率与义务教育高质量发展、义务教育体系现代化紧密联系在一起。有效降低辍学率不仅需要更多的教育政策支持和保障，也需要全社会对教育的关心重视和协同参与，更需要学校教育教学改革和教育教学质量的提升，真正建设一个以学生为中心，学生主动参与，学生有获得感、幸福感和安全感的教育环境与教育体系。

3. 发展高中阶段教育的学生选择

高中阶段教育是整个国民教育体系中承上启下、落实分流的关键环节，对于基础教育质量提升和高等教育发展均有着直接影响。与此

① 图中2012—2018年的数据引自：中华人民共和国教育部.全国教育事业发展统计公报[EB/OL].[2020-09-02]. http://www.moe.gov.cn/jyb_sjzl/sjzl_fztjgb/.
图中2020年的数据引自：中华人民共和国中央人民政府.国务院关于印发国家教育事业发展"十三五"规划的通知[EB/OL].(2017-01-19)[2020-09-02]. http://www.gov.cn/zhengce/content/2017-01/19/content 5161341.htm.
图中2035年的数据引自《中国教育现代化2035》文本。

同时，高中阶段教育也受到基础教育和高等教育发展趋势的双重干预，尤其在改革开放后的 40 余年，高中阶段教育在普及九年义务教育和高等教育扩招的“前后夹击”“双向挤压”之下，规模不断扩大。在不同历史时期，中国高中阶段教育发展规划指标处于变化中，高中教育毛入学率在“十五”“十一五”“十二五”和“十三五”期间的要求分别为 60%、80%、87%和 90%。2018 年，高中阶段教育在校生数为 3 935 万人，毛入学率达到 88.8%（见图 1－5），距离 2017 年教育部《高中阶段教育普及攻坚计划（2017—2020 年）》（教基[2017]1 号）提出的全国、各省（区、市）毛入学率均达到 90%以上的全面普及目标并不远。

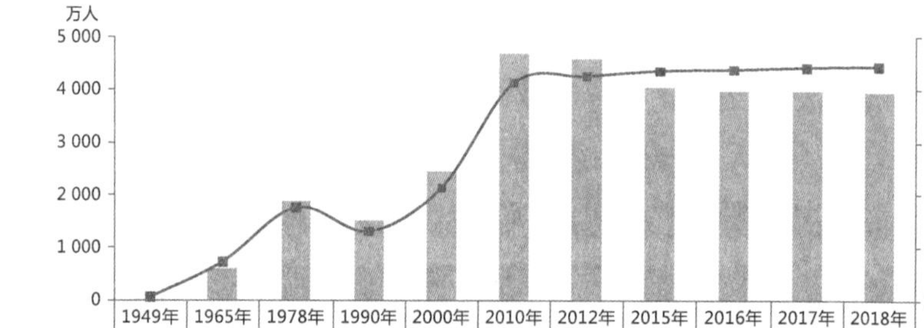

	1949年	1965年	1978年	1990年	2000年	2010年	2012年	2015年	2016年	2017年	2018年
在校生	32	613	1 885	1 529	2 447	4 677	4 595	4 038	3 970	3 971	3 935
毛入学率	1.1	14.6	35.1	26.0	42.8	82.5	85.0	87.0	87.5	88.3	88.8

图 1－5　中国高中阶段教育在校生数和毛入学率（1949—2018 年）①

但是，全国范围内高中教育发展还很不均衡，区域性差异明显。同时，作为基础教育阶段的普通高中教育规模还不能满足人民群众的需求。扩大高中阶段教育内部结构，发展普通高中教育规模，满足人民群众的教育选择，将是中国高中教育现代化体系发展的重点所在。

4. 扎实推进高等教育普及化发展

高等教育为社会培养高素质人才，推动科技创新，服务和引领社会变革，与经济社会的关系尤为紧密。中国高等教育与中国经济、社

① 中华人民共和国教育部. 全国教育事业发展统计公报[EB/OL]. [2020－07－02]. http://www.moe.gov.cn/jyb_sjzl/sjzl_fztjgb/.

会、政治和文化关联融合，在其自身的体系性、结构性改革中，构建了与国家经济社会发展互动共生的协调系统。改革开放后，中国高等教育先后经历了一系列改革，如不断改革高等教育办学体制，不断明确和下放高等教育自主权，不断改革毕业生分配与就业制度，以及不断探索高等学校内部管理体系等。正是在这些持续的改革之中，建立了日益强大的高等教育体系。例如，在高等教育多元办学的改革思想下，不断发展和壮大民办高等教育；在改革传统部委高等院校体系的基础上，建立了中央和省级政府两级管理、以省为主的管理体制。

更为重要的是，1999 年颁布的《面向 21 世纪教育振兴行动计划》明确提出，要有计划、有步骤地扩大高等学校的招生规模，[①]由此，中国高等教育规模迎来了十年的爆发式增长和跨越式发展。这种规模扩大是对中国社会发展、经济发展和人民需求的顺应，也是中国高等教育创新发展的体现。截至 2018 年，中国高等教育在校生 3 833 万人（见图 1－6），是世界高等教育总规模的 1/5，位居世界第一。2020 年，

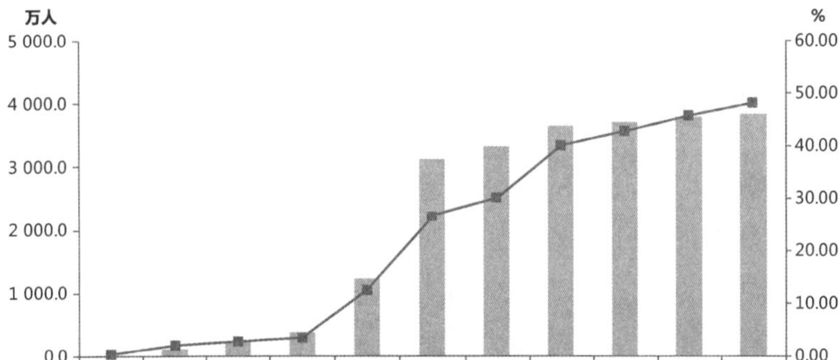

	1949年	1965年	1978年	1990年	2000年	2010年	2012年	2015年	2016年	2017年	2018年
在校生	11.7	109.5	228	382	1 229	3 105	3 325	3 647	3699	3 779	3 833
毛入学率	0.26	1.95	2.7	3.4	12.5	26.5	30.0	40.0	42.7	45.7	48.1

图 1－6　中国高等教育在校生规模和毛入学率（1949—2018 年）[②]

① 中华人民共和国教育部. 面向 21 世纪教育振兴行动计划[EB/OL]. [2020－09－02]. http://old.moe.gov.cn/publicfiles/business/htmlfiles/moe/s6986/200407/2487.html.

② 中华人民共和国教育部. 全国教育事业发展统计公报[EB/OL]. [2020－07－02]. http://www.moe.gov.cn/jyb_sjzl/sjzl_fztjgb/.

中国高等教育毛入学率将达到 50%，实现向高等教育普及化阶段的快速迈进。按照《中国教育现代化 2035》的预期指标，到 2035 年，中国高等教育毛入学率将达到 65%，真正进入普及时代。

显然，扩大高等教育规模仍是中国教育现代化的任务，只是新时代高等教育体系不仅需要规模扩张，还需要不断提升高等教育的内涵与质量，确保中国高等教育迈入高质量发展之路。

为此，在高等教育规模扩张与质量提升的进程中，必须在人才培养模式、专业结构布局和人才培养规格等方面实现全方位改革。当前高等教育分类发展制度设计、双一流建设体系和动态调整机制、地方本科高校目标定位与转型发展等，都是迈向高等教育普及化阶段的重要举措，是进一步增强高等教育知识创新、技术创新和文化创新能力以及参与国际竞争的改革举措。

5. 实现从特殊教育转向全纳教育

特殊教育主要是指包括残疾儿童在内的特殊儿童的教育，它是衡量一个国家教育发展水平的重要标志之一。中国的特殊教育早在 1951 年就纳入国家教育体系。《政务院关于改革学制的决定》明确指出："各级政府设立聋哑、盲目等特种学校，对生理上有缺陷的儿童、青年和成人施以教育。"[①]中国的特殊教育在近 70 年的发展历程中呈现出明显的进展性。在特殊教育对象上，政策先后经历"两类残疾儿童""三类残疾儿童"和"多类残疾儿童"的目标群体表述变化：1951 年《政务院关于改革学制的决定》指出，"设立聋哑、盲目等特殊学校，对生理上有缺陷的儿童、青年和成人施以教育"；[②] 1986 年《义务教育法》提出："县级以上地方人民政府根据需要设置相应的实施特殊教育的学校（班），对视

①② 中央人民政府政务院. 中央人民政府政务院关于改革学制的决定[J]. 天津市政，1951 (29)：1－3.

力残疾、听力语言残疾和智力残疾的适龄儿童、少年实施义务教育”；[①] 1990 年《中华人民共和国残疾人保障法》(以下简称《残疾人保障法》)明确，多类残疾儿童包括“视力残疾、听力残疾、言语残疾、肢体残疾、智力残疾、精神残疾、多重残疾和其他残疾的人”。[②] 这标志着国家对特殊教育目标群体认识的提升。特殊教育与义务教育普及结合推进，对中国特殊教育发展又是一次加速，改变了早期特殊教育不成体系、规模小和边缘化的局面。《义务教育法》《残疾人保障法》和《中华人民共和国残疾人教育条例》(以下简称《残疾人教育条例》)等为我国特殊教育奠定了法律基础。1994 年颁布实施的《残疾人教育条例》将特殊教育学校、特殊教育班和随班就读明确为三种主导特殊教育模式，以普及义务教育为重点，并扩展至学前、高中和高等教育。

2011 年《中国儿童发展纲要(2011—2020 年)》提出，“基本实现市(地)和 30 万人口以上、残疾儿童较多的县(市)建立一所特殊教育学校”；[③]2014 年国家《特殊教育提升计划(2014—2016 年)》要求“义务教育阶段特殊教育学校生均预算内公用经费标准要在三年内达到每年 6 000 元”；[④]2016 年《第二期特殊教育提升计划(2017—2020)》把残疾儿童少年义务教育入学率从第一期的 90%，提高到 95%以上。[⑤] 可

---

① 中国人大网. 中华人民共和国义务教育法[EB/OL]. (2019-01-07)[2020-07-03]. http://www.npc.gov.cn/npc/c30834/201901/21b0be5b97e54c5088bff17903853a0d.shtml.

② 中华人民共和国国务院. 中华人民共和国残疾人保障法[J]. 中华人民共和国国务院公报, 1990(30): 1116-1125.

③ 新华网.《中国儿童发展纲要(2011—2020 年)》[EB/OL]. (2011-08-08)[2020-07-03]. http://www.scio.gov.cn/ztk/xwfb/46/11/Document/976030/976030_2.htm.

④ 中华人民共和国教育部. 国务院办公厅关于转发教育部等部门特殊教育提升计划(2014—2016 年)的通知[EB/OL]. (2014-01-08)[2020-07-03]. http://www.moe.gov.cn/jyb_xxgk/moe_1777/moe_1778/201401/t20140120_162822.html.

⑤ 中华人民共和国教育部. 教育部等七部门关于印发《第二期特殊教育提升计划(2017—2020 年)》的通知[EB/OL]. (2017-07-17)[2020-07-03]. http://www.moe.gov.cn/srcsite/A06/s3331/201707/t20170720_309687.html.

见，普及提高残疾儿童的受教育率，扩大特殊教育资源供给和覆盖面，始终是完善特殊教育体系的工作重心。

中国特殊教育的价值观念更加注重以人为本，特殊教育规模更加扩大，特殊教育法治基础更为坚实，特殊教育经费、管理等保障体系更加完善，特殊教育专业性和科学性更加提高，成为国家教育现代化的重要特征之一。2018 年，全国特殊教育在校生 66.6 万人，是 1978 年的 20 倍；共有特殊教育学校 2 152 所，从事特殊教育的专任教师 5.87 万人，两者分别约是 1978 年的 7 倍和 13 倍（见图 1－7）。

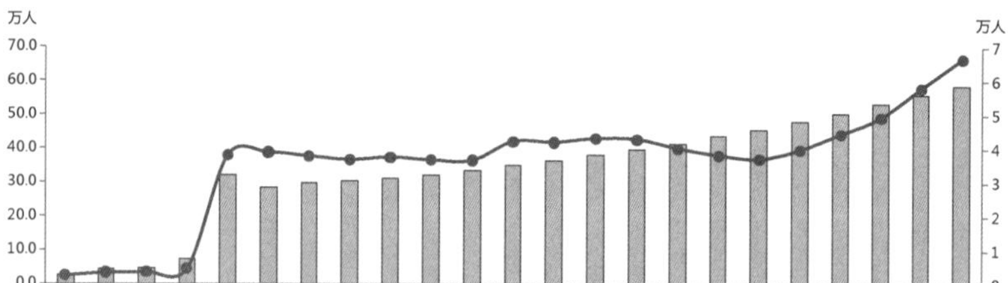

	1965	1978	1980	1985	2000	2001	2002	2003	2004	2005	2006	2007	2008	2009	2010	2011	2012	2013	2014	2015	2016	2017	2018
专任教师	0.26	0.42	0.48	0.73	3.20	2.85	2.98	3.03	3.11	3.19	3.34	3.50	3.63	3.79	3.97	4.13	4.37	4.57	4.81	5.03	5.32	5.60	5.87
在校生	2.3	3.1	3.3	4.2	37.8	38.6	37.5	36.5	37.2	36.4	36.3	41.9	41.7	42.8	42.6	39.9	37.9	36.8	39.5	44.2	49.2	57.9	66.6

图 1－7　中国特殊教育专任教师数和在校生数(1965—2018 年)①

自 20 世纪 90 年代全球全民教育运动兴起，全纳教育（inclusive education，又译融合教育）思想与实践在全球发展，在中国也日益得到认识和普及，并对中国的特殊教育发展产生了重要的积极影响。

在全纳教育思想的指导下，特殊儿童的教育不仅要惠及各种有特殊需求的儿童，使他们得到合适的教育机会和教育服务，也要确保义务教育阶段有特殊需求的学生的教育，而且要在学前教育阶段、高等教育阶段大力发展特殊教育，真正实现全纳教育的理念与目标。全纳教育重视有特殊需求人群的回归主流教育，强调随班就读的教育方式，超越传统的为这些人贴标签的"特殊"教育。因此，全纳教育对整

① 中华人民共和国教育部. 全国教育事业发展统计公报[EB/OL]. [2020－07－02]. http://www.moe.gov.cn/jyb_sjzl/sjzl_fztjgb/.

个教育系统与体系而言，要求创造出适合每个人的教育。这对于教育管理、教育活动、教学方式、教师素养等都是挑战。

（二）建设结构优化的教育系统

教育结构是教育体系各组成部分的互动关系和结合形式，通过教育的种类、层次和布局、形式等决定教育体系的效益和质量。丰富多样的各级各类教育，是教育现代化体系的显著特征。中国教育现代化建设，要在坚持政府主导的基础上，发展全社会参与教育的力量，以终身教育思想为指导，建立公办教育与民办教育共同发展、普通教育与职业教育协调发展、城市教育与农村教育一体化发展、不同区域教育联动发展、中国教育与国际教育合作发展等新格局。为此，不断处理、调整和优化教育体系中公民办、普职、城乡、区域和中外等结构关系，是中国教育现代化体系发展的主要任务之一。这种结构的动态调整和持续优化，能够为每个学习者提供成人成才的通道，促进每个人的个性发展、全面发展和终身发展。

1. 公办教育与民办教育共同发展

公有为主的教育办学体制以中华人民共和国成立初期高度集中的计划经济为基础，实践证明，这种办学体系是 70 余年来中国教育取得巨大成就的主要保障。改革开放后，随着国家经济体制的改革，尤其是社会主义市场经济体制的建立，社会、企业和个人参与办学，逐步发展起了民办教育。

1985 年《中共中央关于教育体制改革的决定》以体制改革为突破口，给地方和社会力量办学松绑，并于 1987 年出台了《关于社会力量办学的若干暂行规定》，鼓励社会力量（局限于国家和集体经济的范畴）参与教育。民办教育的实质性发展是在 20 世纪 90 年代改革开放及市场经济的加速期和深化期，政策性文件提出鼓励，并作出相应规划。1993 年，《中国教育改革和发展纲要》提出："改变政府包揽办学的格局，逐步建立以政府办学为主体、社会各界共同办学的体制。""国家对社会团体和公民个人依法办学，采取积极鼓励、大力支持、正确引导、加强管理的方针。"①

1995 年《中华人民共和国教育法》（以下简称《教育法》）规定："国家鼓励企业事业组织、社会团体、其他社会组织及公民个人依法举办学校及其他教育机构。"②《民办高等学校设置暂行规定》明确，民办高等学校是中国"高等教育事业的组成部分"。③ 1997 年，中国第一个针对民办教育的行政法规《社会力量办学条例》颁布。此后《民办高等学校设置暂行规定》等文件，对社会力量申办高校从行政法规层面给出了条件与程序要求。民办教育的快速发展催生了《中华人民共和国民办教育促进法》（以下简称《民办教育促进法》），该法奠定了民办教育的法律基石，强调"民办教育事业属于公益性事业"，明确"民办学校与公办学校具有同等的法律地位"等。④ 其后，通过《教育法》和《民办教育法》的系列修订，明确了民办教育的营利性和非营利性之分，从而为民办教育分类发展提供了法律依据。

2018 年我国共有各级各类民办学校 18.35 万所，占全部学校总数的 35.36%；从在校学生规模来看，学前教育、小学、初中、普通高中、中职和高校的民办学校学生数占在校生总数的比例分别为 57%、9%、14%、14%、13%、17%。特别是民办幼儿园在学前教育资源供给中发

① 中华人民共和国教育部. 中国教育改革和发展纲要[EB/OL]. (1993-02-13)[2020-07-03]. http://www.moe.gov.cn/jyb_sjzl/moe_177/tnull_2484.html.

② 中华人民共和国教育部. 中华人民共和国教育法[EB/OL]. [2020-07-03]. http://www.moe.gov.cn/s78/A02/zfs__left/s5911/moe_619/201512/t20151228_226193.html.

③ 中华人民共和国教育部. 民办高等学校设置暂行规定[EB/OL]. (1993-08-17)[2020-07-03]. http://www.moe.gov.cn/srcsite/A02/s5911/moe_621/199308/t19930817_81912.html.

④ 中华人民共和国教育部. 中华人民共和国民办教育促进法[EB/OL]. [2020-07-03]. http://www.moe.gov.cn/s78/A02/zfs__left/s5911/moe_619/201805/t20180508_335337.html.

挥了重要作用，2010 年以来，民办园总数增加了 6.4 万所，在园幼儿增加了 1 240.3 万人，全国在园幼儿增量的 70%来自民办园（见图 1－8）。

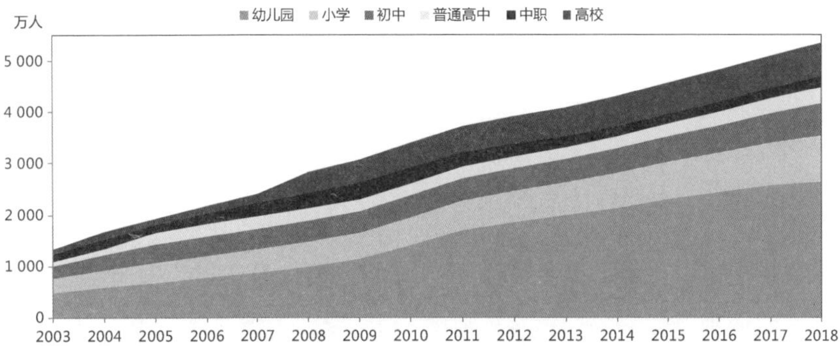

图 1－8　中国各级民办教育在校生规模（2003—2018 年）[①]

当前，中国“以政府办学为主体，全社会积极参与，公办和民办共同发展的格局”已基本形成。面对人民群众对教育需求的多样化，需要从教育供给侧进行结构性改革，推动教育供需之间的动态性平衡。公办教育与民办教育的共同发展，其目的正在于满足人民群众教育需求的多元化，改变单一的供给方式，丰富教育的全社会供给，激发教育系统的内在活力。因此，未来中国教育体系现代化需要在公办教育、民办教育共同发展的基础上有更大的创新性发展。

2. 普通教育与职业教育协调发展

在传统的教育体系中，普通教育与职业教育是两种基本类型，前者主要是指学术型教育，后者主要是指技能型教育。在现代教育体系中，这两种类型的教育仍然存在，而且两者之间的关系正在发生变化。显著的特点是，普职关系的矛盾更多地体现在义务教育之后的中等教育阶段，甚至高等教育阶段。

① 中华人民共和国教育部. 全国教育事业发展统计公报[EB/OL]. [2020－07－02]. http://www.moe.gov.cn/jyb_sjzl/sjzl_fztjgb/.

改革开放以后，中国教育进入大发展阶段，在普及九年义务教育和大力发展中等教育的过程中，如何发展职业教育的问题日益凸显。20 世纪 80 年代初，中国开始对中等教育结构进行调整，主要是增加中等职业学校。比如 1982 年《关于第六个五年计划的报告》提出，要"继续改革中等教育结构，发展各门各类的中等职业学校，特别是农林牧副渔、医护、财贸、政法、文教等方面的职业学校"。①

1993 年《中国教育改革和发展纲要》提出，以发展初中后职业技术教育为重点；②1994 年《国务院关于〈中国教育改革和发展纲要〉的实施意见》提出："有计划地实行小学后、初中后、高中后三级分流，大力发展职业教育，逐步形成初等、中等、高等职业教育和普通教育共同发展、相互衔接、比例合理的教育系列。"③所以，此时通过大力发展专科层次的高等职业教育，推动了高等教育的大众化发展，工作重心也从初等职业教育转向高等职业教育。

进入 21 世纪以来，随着产业转型升级，国家对高技术技能型人才的需求在不断增加，普通教育与职业教育之间的结构问题开始出现在高等教育领域。为此，中国提出探索发展本科层次职业教育，引导一批普通本科高等学校向应用技术类型高等学校转型，重点举办本科职业教育，系统构建从中职、专科、本科到专业学位研究生的培养体系。④总之，中国职业教育体系的层次随着经济结构和产业结构升级逐步提高，规模逐步扩大。

① 中国人大网. 关于第六个五年计划的报告(1982 年)[EB/OL]. (1982 - 11 - 30)[2020 - 07 - 03]. http://www.npc.gov.cn/wxzl/gongbao/1982-11/30/content_1478488.htm.

② 中华人民共和国教育部. 中国教育改革和发展纲要[EB/OL]. (1993 - 02 - 13)[2020 - 07 - 03]. http://www.moe.gov.cn/jyb_sjzl/moe_177/tnull_2484.html.

③ 中华人民共和国教育部. 国务院关于《中国教育改革和发展纲要》的实施意见[EB/OL]. (1994 - 07 - 03)[2020 - 07 - 03]. http://www.moe.gov.cn/jyb_sjzl/moe_177/tnull_2483.html.

④ 中华人民共和国教育部. 国务院关于加快发展现代职业教育的决定[EB/OL]. (2014 - 05 - 02)[2020 - 07 - 03]. http://www.moe.gov.cn/jyb_xxgk/moe_1777/moe_1778/201406/t20140622_170691.html.

实践表明，在高中阶段发展中等职业教育，不仅能满足劳动力人才培养的需求，也能极大地推动高中阶段教育的普及。中等职业教育发展遵循了从“为社会培养优良的劳动技术大军”到“培养高素质的劳动者和技能型人才”，再到“培养兼备良好职业道德、文化知识以及职业技能等的高素质综合性人才”等政策要求的变化，不仅提供了就学途径，也为国家培养了大批技能型人才，优化了高中阶段教育的内部结构，极大地助力了高中阶段教育的全面普及（见图 1－9）。

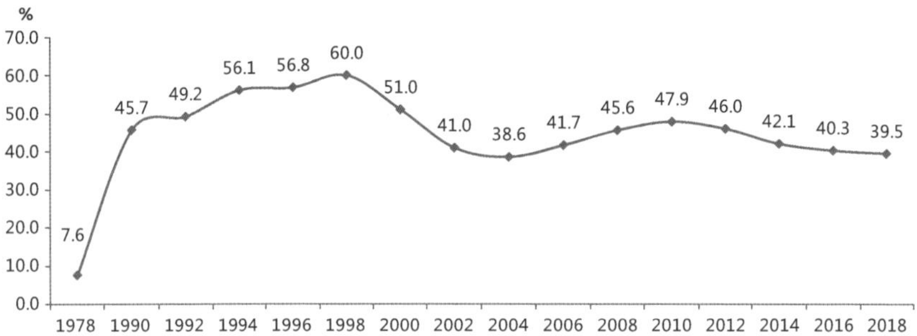

图 1－9　中职在校生在高中在校生总数中的占比（1978—2018 年）[①]

高等教育领域的职业教育，在改革开放之后很快得到恢复与重建。1980 年国家批准建立了汉江大学等 13 所职业大学，标志着中国高等职业院校的诞生；1994 年，《国务院关于〈中国教育改革和发展纲要〉的实施意见》明确了高等职业教育包括高等专科学校、职业大学、成人高校、高等职业班等；[②]《中华人民共和国职业教育法》（以下简称《职业教育法》）和《中华人民共和国高等教育法》（以下简称《高等教育法》）奠定了高等职业教育的法律地位；而且，高等职业教育在高等教育扩招中充当了主力军，高职高专在普通本专科招生中的占比始终在 50％左右。在

① 中华人民共和国教育部. 全国教育事业发展统计公报[EB/OL]. [2020－07－02]. http://www.moe.gov.cn/jyb_sjzl/sjzl_fztjgb/.

② 中华人民共和国教育部. 国务院关于《中国教育改革和发展纲要》的实施意见[EB/OL]. (1994－07－03)[2020－07－03]. http://www.moe.gov.cn/jyb_sjzl/moe_177/tnull_2483.html.

21 世纪，国家围绕高等职业教育的内涵建设、质量提升出台了一系列重要文件和举措。2006 年，教育部等印发《关于实施国家示范性高等职业院校建设计划加快高等职业教育改革与发展的意见》，2010 年出台了《关于进一步推进国家示范性高等职业院校建设计划实施工作的通知》，2015 年出台《高等职业教育创新发展行动计划（2015—2018 年）》，都有力地推动了国家示范性/骨干高职院校建设，对高等职业教育的体系建设产生了积极影响。中国高等职业教育在经济结构和现代产业的转型升级中发挥了强有力的人才与智力支撑作用，出现了产教融合、创新创业、支撑区域经济、服务乡村振兴、开展技术技能培训等办学方式，使高等职业教育成为中国特色高等教育体系的显著特征（见图 1 - 10）。

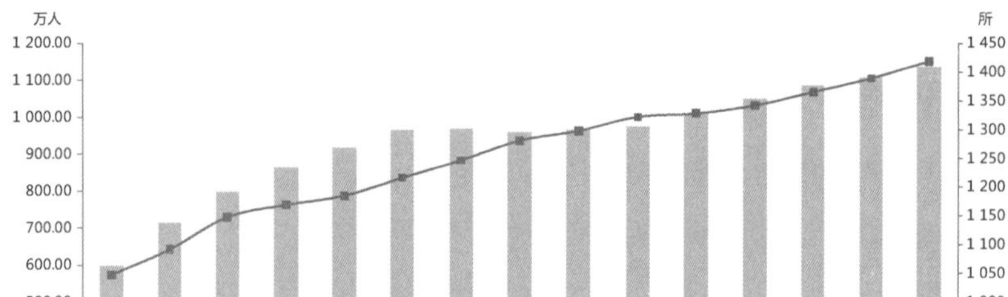

	2004	2005	2006	2007	2008	2009	2010	2011	2012	2013	2014	2015	2016	2017	2018
在校生数	595.65	712.96	795.50	860.59	916.80	964.81	966.18	958.85	964.23	973.64	1 006.6	1 048.6	1 082.8	1 104.9	1 133.7
学校数	1 047	1 091	1 147	1 168	1 184	1 215	1 246	1 280	1 297	1 321	1 327	1 341	1 364	1 388	1 418

图 1 - 10　中国高等职业教育学校数和在校生数（2004—2018 年）

2019 年，国务院《国家职业教育改革实施方案》再次明确指出，“职业教育与普通教育是两种不同教育类型，具有同等重要地位”。[①] 完善现代职业教育体系，不仅是职业教育发展的需求，事实上也是中国教育现代化发展的任务之一。在各级教育体系中，如何实现普职融通与两者协调发展，建立人才培养“立交桥”（见图 1 - 11），为每个人提供教育与发展的通道，是现代教育体系发展的基本要求和未来改革的努力方向。

① 中华人民共和国中央人民政府. 国务院关于印发国家职业教育改革实施方案的通知[EB/OL].（2019 - 01 - 24）[2020 - 07 - 09]. http://www.gov.cn/zhengce/content/2019-02/13/content_5365341.htm.

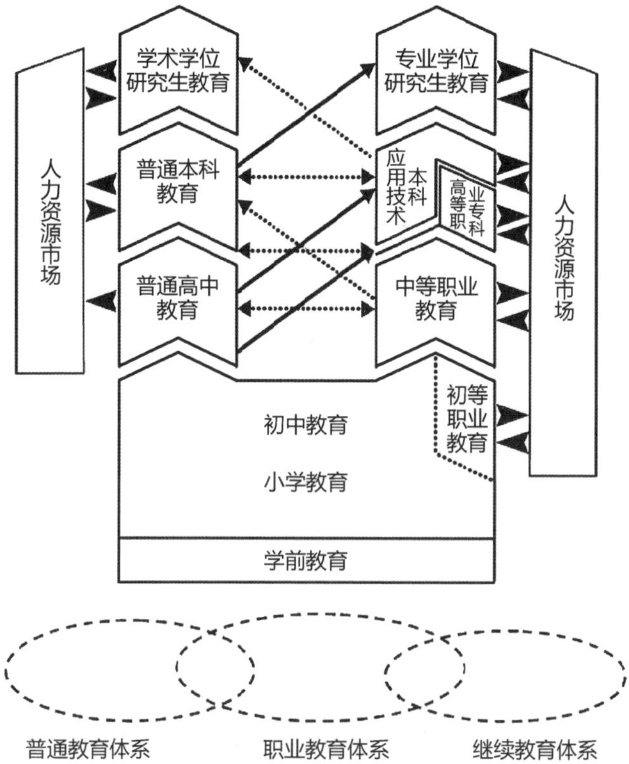

图 1－11　中国普通教育、职业教育和继续教育基本框架示意图①

3. 城市教育与农村教育一体化发展

城乡差异导致城乡差距，这是过去 70 余年来中国发展的一个特点。在中华人民共和国成立初期，中国坚持工业优先发展战略，城乡因统购统销和户籍隔离等政策始终处于“二元分割”格局。改革开放的市场化倾向带动要素向城市集聚，价格双轨和户口政策事实上进一步拉大了城乡差距，造成城乡二元结构和城乡关系失衡。这在教育领域同样存在，无论是教育规模、教育条件还是教育质量，城市教育与农村教育之间都有显著差距。

① 引自《现代职业教育体系建设规划（2014—2020 年）》（教发〔2014〕6 号）。

进入 21 世纪以来，国家充分注意到城乡发展之间的不平衡性和差异性，不断重构资源配置，促进城乡互动，推动一体化发展，着力解决城乡发展不平衡、农村发展不充分的问题。国家在工业化、城镇化快速推进中统筹城乡一体化进程，教育（尤其是义务教育）以城乡基本公共服务均等化为切入点，由政府主导公共产品在城乡的一体化全覆盖，以此面对和解决农村教育这一教育体系现代化的薄弱环节，缩小城乡、区域和校际办学差距，消除义务教育城乡二元结构壁垒。其主要措施包括推动县域内城乡义务教育学校建设标准统一、教师编制标准统一、生均公用经费基准定额标准统一、基本装备配置标准统一和“两免一补”政策城乡全覆盖。

自 2012 年国家《关于深入推进义务教育均衡发展的意见》颁布以后，2018 年全国已有 2 717 个县通过义务教育发展基本均衡认定，占全国总县数的 92.7%，16 个省（区、市）整体通过认定（见图 1－12）。[①] 到 2020 年，全国实现义务教育基本均衡发展县比例达到 95%，目标可及，这也构成义务教育由基本均衡向优质均衡推进的基础。

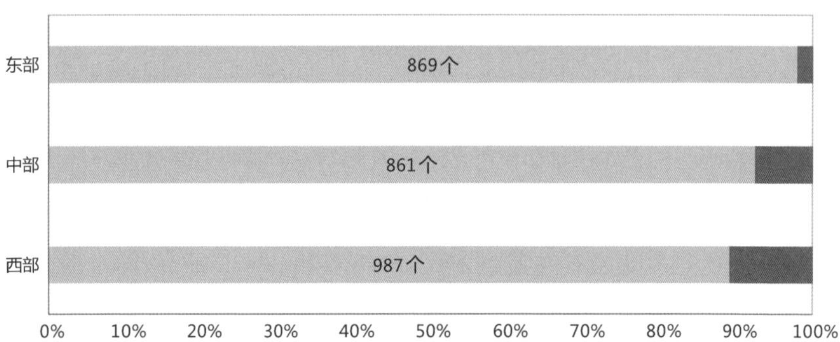

图 1－12　2018 年全国不同地区义务教育发展基本均衡县数量及占比

① 中华人民共和国教育部. 2018 年全国义务教育均衡发展督导评估工作报告[EB/OL]. (2019－03－26)[2020－07－02]. http://www.moe.gov.cn/fbh/live/2019/50415/sfcl/201903/t20190326_375275.html.

随着城乡一体化发展的推进，教育领域也需要更加重视一体化发展要求，既要关注两者发展的共同性与一致性，也要注重两者的差异性和个性化，使两者体现出各自发展的适应性和特殊性，真正实现城乡教育的一体化发展。

（三）完善教育现代化治理体系

从“管理”到“治理”，不仅是术语的变化，而且是思想观念与行为的变化。“治理”是教育体系运作的原则、制度、规范和决策机制，是政府管理教育的手段与工具，也是社会参与教育的渠道与通路。中国明确将“完善和发展中国特色社会主义制度，推进国家治理体系和治理能力现代化”作为全面深化改革的总目标，教育治理体系现代化不仅是国家治理体系现代化的基本构成，而且是教育体系现代化的关键表征。通过政府依法宏观管理、学校依法自主办学、社会有序参与、各方合力推进的格局建设，更有活力、更有效率、更加开放、更加公平公正的教育治理体系现代化建设，进而提升教育系统内部全体个人与全部组织的参与度、满意度和获得感。

1. 顶层设计和基层探索的结合

治理既包括政府机制，同时也包含非正式、非政府的机制，随着治理范围的扩大，各色人等和各类组织得以借助这些机制满足各自的需要，并实现各自的愿望。[①] 教育治理通过全社会共同参与的格局来化解僵化管理下的沉滞与低效，坚持顶层设计与基层探索相结合，推动“管办评”分离和“放管服”改革，促进教育体系活力的复苏。

中国的教育行政管理体制是中央、省、市、县四级管理。基础教育由地方负责、分级管理；职业教育由国务院领导，分级管理、地方为主、政府

① 詹姆斯·N. 罗西瑙. 没有政府的治理[M]. 张胜军，等，译. 南昌：江西人民出版社，2001：4－5.

统筹、社会参与；高等教育由中央和省政府两级管理，省政府管理为主。给予地方政府和基层更多自主权是历次教育体制机制改革的核心。在现代教育治理中，政府和办学主体在教育事业发展中的实践逻辑、行动逻辑在发生转变。政府和教育主管部门的工作重心将是方向引领、顶层设计、宏观管理，学校则应自主办学、自我约束、主动发展。相应地，政府和教育主管部门以往所依赖的直接的行政管理、行政干预和事无巨细的行政介入，必须让位于规划引导、监督评价、标准制定、立法拨款、信息服务和政策指导等间接手段，进而保持政府与办学主体之间的距离，以增加学校办学、社会参与办学的积极性和创造性。

中国坚持顶层设计和基层探索的结合，将其视为教育治理体系的中国特色和优势所在。中国教育发展的典型特征是规划推进，是系统谋划和基层创造性执行的双向互动过程。国家在教育发展的战略规划、每个阶段的工作重心、教育的谋篇布局、促进教育的公平有质量方面承担更多责任，同时充分尊重基层的首创精神，着力于充分调动地方和学校的主动性、积极性和创造性，政府及时将基层成果经验提升为更为普遍、更具效力、范畴更为宽广的制度与政策。对教育规划的倚重，意在克服未来发展方向感的缺乏、资源配置的随机性和随意性、对领域重点的盲目性等，统筹处理整体推进和先行先试、当前问题和长远利益、局部问题和全局利益的关系。

在顶层设计与基层探索相结合的过程中，必须处置好“管办评”的关系，必须推进“放管服”的改革。教育领域的“放管服”改革要以提升管理效能、激发教育活力为指向。为此，教育行政部门必须首先简政放权、放管结合、优化服务，克服以往管理中的越位、缺位、错位等弊端，进而体现尊重学校办学主体地位和遵循教育规律的要求。如大幅减少各类评审、评估、评优、评比和检查等，减少对学校办学的微观干预，简化学校教师的工作内容，使其聚焦学校管理、课程开发和课堂教学，为学校办学、校长治校、教师从教营造良好的生态环境。

坚持放管结合，更加聚焦事中事后的监管与指导。发挥各级督导委员会作用，健全教育决策、执行、监督相互制约、相互协调的权力运行制衡机制。通过“互联网＋教育”“互联网＋政府”建立并完善服务网络，加强一体化在线政务服务平台建设，做好信息收集、管理与发布工作，切实保障社会公众对教育的知情权、监督权、参与权和评价权。

2. 建立全面依法治教的体系

教育的法治程度是衡量教育体系现代化程度的关键指标，依法治教是教育现代化的基本保障。中国特色的教育现代化体系包括政府依法行政，学校依法办学，教师依法执教，社会依法评价、支持和监督教育发展的教育法治实施机制和监督体系。

完善教育法律法规体系是实施教育法治的基石，为教育立法是国家对教育进行治理的关键手段。中国自改革开放以来，加快了教育立法步伐，始终强调科学立法、民主立法和依法立法，并根据时代新要求对法律进行适时修订，不断提高教育法律的针对性、时效性和系统性。按照法律的纵向层次来说，八部基本教育法律和系列教育行政法规、教育部部门规章及大量的地方法规、地方政府规章等共同构成中国特色的教育法律体系（见表1－4）。其中，全国人大及其常委会制定的基本教育法包括《教育法》《义务教育法》《高等教育法》《职业教育法》《中华人民共和国学位条例》（以下简称《学位条例》）《中华人民共和国教师法》（以下简称《教师法》）《民办教育促进法》和《中华人民共和国国家通用语言文字法》（以下简称《国家通用语言文字法》）。国务院制定的教育行政法包括《校车安全管理条例》《中华人民共和国中外合作办学条例》（以下简称《中外合作办学条例》）《普通高等学校设置暂行条例》等。中国相对完善独立的教育法律法规体系，推动教育活动的规范开展和教育事业的科学发展。

表 1-4　中国教育法律基本框架体系

层　次	法 律 名 称	制定部门
教育基本法	《中华人民共和国教育法》	全国人大
单行教育法	《中华人民共和国义务教育法》《中华人民共和国高等教育法》《中华人民共和国职业教育法》《中华人民共和国学位条例》《中华人民共和国教师法》《中华人民共和国民办教育促进法》《中华人民共和国国家通用语言文字法》	全国人大及其常委会
教育行政法规	《校车安全管理条例》《中外合作办学条例》《普通高等学校设置暂行条例》《幼儿园管理条例》《教师资格条例》等	国务院
地方性教育法规	《江西省教育督导规定》《福建省义务教育条例》等	省、自治区、直辖市人大及其常委会
部门教育规章 地方政府教育规章	《高等学校学术委员会规程》《学生伤害事故处理办法》《普通高等学校学生管理规定》等	国务院所属各部委 地方人民政府

全面依法治教需要体现在教育发展实践中，尤其需要体现到学校办学实践中。现代学校制度建立要成为现代化教育体系建设的落脚点。推动现代学校制度建设，必须坚持依法办学、自主管理、民主监督和社会参与的基本要求，在激发管理活力的话语体系下扩大学校办学自主权，以学校内部治理结构的逐步完善、学校自主办学能力的逐步提升为前提条件。学校自身治理能力提升以多种改革形式推进，重点集中在重大问题学校党委集体决策制度的建立和完善，探索社会力量对学校发展开展支持和监督的多元化渠道，研究克服学校内部尤其是大学行政化倾向以推进学术立校，在中小学全面设立家长委员会提高家长在学校发展和学生成长中的参与度，在职业院校实现理（董）事会决策议事制度和监督制度，提高各级各类学校校务信息公开水平，畅通学生、教师、家长和社会各界力量对教育进行监督和表达合理诉求的渠道，增强学校服务学生、应对和化解危机冲突的能力，综合运用信

访、调解、申诉、行政复议以及诉讼等渠道，有针对性地健全相应救济机制，有效提高化解纠纷的能力。

要通过学校章程建设等推动学校内部管理机制的改革创新，实现学校的自我管理、自我改革和自我更新。章程是学校内部治理的“基本法”，是学校实现依法治校、教师依法从教的重要依据和行为参照。教育部曾印发《全面推进依法治校实施纲要》和《中央部委所属高等学校章程建设行动计划（2013—2015 年）》，引领和促进广大学校进行内部改革。

总之，教育领域的法律法规性制度建设，是促进教育现代化体系建设和不断提升教育现代化能力的重要保障。全面依法治教是提升教育治理体系现代化建设与治理能力的根本保障。

3. 以改革创新完善治理体系

改革创新是中国特色社会主义教育发展与教育体系的显著特征，是中国教育现代化发展的驱动力。中国教育发展扎根中国大地，直面中国问题，并作出创新性改革与创造性努力。中国教育改革的每一波浪潮都是在经济社会和教育自身发展的交织、交互中发生的，并通过改革不断将教育体系的现代化建设推向深入。

以义务教育发展为例，中国在改革开放初期将普及九年义务教育作为整个教育发展的基础性环节。正是对义务教育本身的规模现状、普及九年义务教育任务的艰巨性以及义务教育在整个国民教育体系中的关键地位的准确认识与判断，通过颁布《义务教育法》，推行“两基”攻坚全国性工程，以及西部“两基”攻坚专项计划等改革发展举措，解决了义务教育“有学上”的问题。但与此同时，“有学上”发展中的区域差距、城乡差距和校际差距问题逐渐突出，发展不均衡问题成为义务教育面临的紧迫问题，由此带动促进以县为单位的义务教育均衡发展，以此改革举措化解城乡二元结构、农村优质教育资源匮乏、城市大班额等棘手难题。在全国基本均衡县验收进入收官阶段，优质均衡自然作为承接前期改革并为未来发展转型蓄力的新时代探索。集团化办学、现代学校制度建设、课程改革、义务教育质量提升等改革举措成为义务教育新时代发展的新路径。2019 年 6 月，中共中央、国务院发布《关于深化教育教学改革全面提高义务教育质量的意见》，为新时代义务教育高质量发展指明了方向和作出了部署。

在高等教育发展上，改革开放以后，高等教育改革的首要任务是重新树立尊重知识、尊重文明的观念，给予知识分子尊严，恢复高考制度。在此基础上，推动明确三级办学体制，下放高等教育自主权，试行校长负责制等体制机制改革。如 1986 年国务院颁布《高等教育管理职责暂行规定》，提出从经费使用、干部管理、对外交流等八个方面扩大高校自主权；1996 年教育部《高等学校收费管理暂行办法》第三条明确提出“高等教育属于非义务教育阶段，学校依据国家有关规定，向学生收取学费”；①1997 年国务院颁布《社会力量办学条例》，规范民办高等教育发展，推动民办高校建立；1999 年实施高校扩招，推动高等教育大众化，缓解就业压力和刺激教育消费；21 世纪以来，鉴于国家经济产业深度转型，推行地方本科院校向应用技术型高校转型，实现高等教育内涵发展。凡此种种，都是中国高等教育改革创新的成功示范。

中国教育体系的现代化过程，就是教育改革创新持续推进、不断深入的变化过程。历史经验使得国家推动教育改革的动力更加强劲，改革的方法和方法论体系更加完善与健全，不断形成更大的改革共识。改革创新要求中国特色社会主义教育现代化体系成为一个自我改革、自我突破、自我调适、自我成长的自主系统，展现出教育改革创

① 中华人民共和国教育部. 高等学校收费管理暂行办法[EB/OL]. (1996-12-16)[2020-07-03]. http://www.moe.gov.cn/srcsite/A02/s5911/moe_621/199612/t19961216_81884.html.

新的中国经验。其一，教育改革始终对环境保持必要的敏感度。教育体系的现代性体现在被动应变向主动求变的转变，对教育发生的经济社会文化大环境保持敏锐的洞察力，第一时间发现人民群众的呼声、心愿和关切，进而通过改革适应社会、引领社会。其二，教育改革体现综合性、系统性和协同性。以改革推动治理，将切实体现整体性和全局观念，对教育改革发展中的复杂性有更加全面的把握运筹。其三，激发基层活力。教育治理首先体现在始终有来自国家层面的宏观设计提供发展的整体愿景、落实系统思维，进而因地制宜地区域推进，激发广大人民群众的创新活力。其四，不断破除体制机制的弊端，以体制机制改革最大限度地促进实践发展，实现以点带面、化繁为简，抓住教育发展中的重点领域和关键问题，如高考制度改革，带动整个教育系统的综合改革。

（四）建设终身学习的学习大国

当代国际教育发展的显著特点是，从全民教育转向全民学习与终身学习。“学习”代表了教育面向未来的极致开放性、包容性和便捷性，这也是教育体系最大的想象力。倡导终身学习，建立健全终身教育体系是国际社会的普遍共识。1965 年，联合国教科文组织成人教育局局长保罗·朗格朗(Paul Lengrand)在成人教育促进国际会议期间提出“终身教育”的概念，此后，终身教育推广并发展至今，终身教育的理念已深入人心。终身教育在诸多国家教育改革发展的历史变动中充当了重要的思想力量，为各民族国家的教育安排、政策变迁和结构化改革提供了理论指导。

终身教育既是价值体系，也是制度和组织设施体系，有别于通常意义上的国民教育体系。面向 2035 年，中国教育体系建设也充分贯彻了终身教育的基本理念，构建实施终身教育的法律和制度基础，推动建立学习型社会的法律法规、文化组织、基础设施等多重保障。一个“人人皆学、处处能学、时时可学”的学习型强国符合中国的发展需要，也与中国的国家现代化进程相匹配。这种符合与匹配突出表现为，中国特色的终身教育体系为经济的持续高质量发展提供了满足时代需求的人才供给，通过学历补偿、在职培训、社区教育、老年教育和专业技能提升等方式，进一步提升劳动者素质，从而符合快速变革时代的知识要求。更为重要的是，中国特色的终身教育体系以公平正义为基本的价值尺度，突破了纯粹的经济效益和现实功利效益，始终把满足全体国民个性化学习、成长和自我实现作为目标导向。建设学习大国，已经纳入中国教育现代化 2035 的目标体系。

面向 2035 的中国终身教育与终身学习体系构建不仅是一个教育工程，而且是一个社会文化工程和关系民生福祉的幸福工程，包括政策法规系统、资格框架和学分管理系统、社会组织和基础设施系统三部分。政策法规系统构成终身教育体系的基础，资格框架和学分管理系统构成终身教育体系的框架和制度平台，社会组织和基础设施则是终身教育开展的具体实践实体。

1. 建立健全终身教育法律法规体系

制定并颁布终身教育相关法律，是国际社会推动终身教育发展的共同特点。例如，法国国民议会 1971 年颁布《终身职业教育法》，美国 1976 年颁布《终身学习法》(即《蒙代尔法》)，日本 1990 年出台《终身学习振兴法》，韩国 2000 年发布《终身教育法》等，这些国家法律法规为实施终身学习、发展终身教育提供保障。

1993 年《中国教育改革和发展纲要》提到“终身教育”，这是国家层面政策文件对终身教育的首次涉及。1995 年，《中华人民共和国教育法》明确了“建立和完善终身教育体系”的发展目标，历届中国共产党全国代表大会报告均提出，努力“完善终身教育体系”和“建设学习型社会”。2017 年中国共产党第十九次全国代表大会提出“办好继续教育，加快建设学习型社会，大力提高国民素质”要求。

我国尚未制定专门的终身教育法或者终身学习条例，但也有一些地方性条例，如 2005 年福建省率先颁发《福建省终身教育条例》，此后有《上海市终身教育促进条例》(2011)、《太原市终身教育促进条例》(2012)、《河北省终身教育促进条例》(2014)、《宁波市终身教育促进条例》(2015)等地方性法规陆续出台。

未来，中国需加强为终身教育、终身学习和学习型社会建设与发展提供法治基础和法律保障，将终身教育单行法的制定与中国教育法治体系建设并行推进，不断将终身教育、终身学习与高等教育、职业教育、民办教育等各级各类教育相结合，将文化馆、图书馆、美术馆、艺术馆、博物馆、历史展览馆等公共机构作为终身教育的重要环节，使学习型社会更有社会资源与条件保障，促进公共机构以更大的开放性、智慧性和教育性服务人民，为建设学习型社会奠定基础。

2. 完善终身教育制度体系

终身学习是终身教育的目标。终身学习与终身教育理念的核心是可选择性，即通过多样化的选择尽可能满足可能出现的学习需求。为此，需要从供给侧视角审视终身教育体系建设与制度建设，需要借助制度化的设计去打通各级各类教育、校内校外教育、正规教育和非正规教育等不同教育形式之间的结构壁垒。一个公民自由自主参与教育和学习的互联互通的制度平台，是终身教育实践的逻辑前提。

我们需要依托资格框架等国家层面的制度化设计，为教育与学习过程、受教育程度、学习成果、学历层次、职业技能等级等的比价与转换提供一套“标准算法”，进而使得不同个体在不同时段、不同领域、不同时空中的不同学习有迁移比照的可能性。可以采用学分银行等制度设计，使提升教育层次和改变教育类型变得更有可能，也更为便捷，同时唤醒个体终身学习的意识，激发个体保持终身学习的热情。

《国家教育事业发展"十三五"规划》中明确提出，"制定国家资历框架，建立个人学习账号和学分累计制度"，[①]中国加快了资格框架和学分银行的建设步伐。政府主导的资格框架已经推行以下实践探索：在中高职教育机构试行"双证书"教育；在专业学位研究生教育中探索与相应职业资格认证的衔接；以电大系统为中心，与自学考试平台开展合作互认的继续教育学习成果认证、积累和转换实践；北京、上海、江苏等省市开展了城市终身教育体系中的学分银行建设等。

面向 2035 年的中国终身教育体系，在自身文化特色和教育基本制度基础上，需联合教育、劳动、人事、企业行业协会、培训机构、社会公众等主管部门和利益相关者研究制定具有可比性、满足公开透明科学要求的国家资格框架，建立并完善横跨行业、纵贯学历层次、学分可积累转换的制度基础。依托学分银行等制度的建立与完善，学习成果在统一的资格框架、认定标准、学分标准基础上得以存储、累加和转换，不同类型教育之间互联互通的立交桥得以架构，最终打通职业教育与普通教育、学历教育与非学历教育、学校教育与校外教育之间的僵化壁垒，构建起一个现代的、开放的、友好的终身教育体系。

3. 发展全民学习组织设施

建设终身学习的学习大国，除正式教育系统之外，非正式或者不正式的教育与学习系统同样重要。学校外的社会组织机构、基础设施和技术同样是建设学习型社会和学习大国的力量，是终身教育的重要场所和载体。全面建成现代化国家，需要个体的闲暇娱乐、文化学习、精神陶冶、自我实现得到更大程度的彰显，需要各类具有服务功能的

---

① 中华人民共和国教育部. 国务院关于印发国家教育事业发展"十三五"规划的通知[EB/OL]. (2017－01－10)[2020－07－03]. http://www.moe.gov.cn/jyb_xxgk/moe_1777/moe_1778/201701/t20170119_295319.html.

学习型组织，需要公共场所与设施设备的教育功能、文化的传承与创新功能、美感和道德智慧潜移默化的创获功能的凸显。

国家要充分发挥行业企业在促进终身教育体系构建中的市场推动作用，建构国家、省市县行政单位、社区街道自上而下互联互通的终身教育体系，以开放大学、继续教育学院、各级终身教育咨询与服务平台、社区综合服务中心、街道文化与活动中心、老年教育机构等为节点，架构各种学习网络与平台，尽可能满足不同社会群体的教育与学习需求，特别是将不利人群、弱势群体纳入公共性交往学习中，实现全纳的社会理想。行业企业的职工继续教育和在职培训、社会力量举办教育的多途径努力、经济和消费导向的文化教育市场等，也都应该在终身教育与学习理念引导下，发挥推进全民学习和建设学习型社会的独特作用。

要充分发挥互联网背景下新技术在学习大国建设中的巨大潜力，推动教育与信息技术的深度融合，发挥人工智能、云计算、大数据、互联网、物联网、移动计算等新技术对终身教育与学习体系建设的推动作用。要从技术的变革性力量中汲取滋养，通过信息与网络技术扩展我们对于教学模式、教育管理、教育服务、教育供给的想象力，并最终为教育公平和教育质量的提升提供更多的可能性。要通过信息技术为未来学习赋能，更有力地促进“以学为中心”的学习方式和学习型成长团队与共同体的建立，生成更加灵活多样的学习方式、更为丰富个性化的学习资源、更多可使用的学习空间与学习场所。

必须不断完善和创建学习型社会的基础设施与公共场所，提高图书馆、档案馆、历史博物馆、公园、城市广场、艺术长廊等公共场所的开放度和学习功能，将它们打造为知识增进、精神陶冶、品性锻铸的人性空间。特别是要在公共设施的规划布局、建筑形象设计与功能开发、户外群雕的艺术张力、景观河道的文化气韵等方面给予更多的历史关照、人文关怀和时代关注，将人与自身、人与环境、人与人的交往实践引向更深层次。总之，要使学习成为每个人随时随地可触及的活动，真正使学习成为我们的生活方式与生活习惯。

三、中国教育现代化体系建设的行动策略

中国教育现代化体系建设的话语逻辑和实践方法，是教育发展的中国经验与中国模式，是改革开放以来中国教育创新发展的必然结果，是中国特色社会主义制度优势的生动体现。面向 2035，中国教育现代化体系致力于建成服务全民终身学习的现代教育体系，要在国民教育体系各个关键阶段全面提升，并形成全社会共同参与的教育治理新格局。教育体系的现实与目标之间仍有较大差距，未来改革发展的步伐仍需加快。

（一）多途径扩大教育供给

为世界最多人口提供最大规模教育，完全可以视为中国教育现代化进程的标志性成就。但与世界发达国家若干主要教育指标比较，中国教育的规模和层次仍有一定提升空间。

1. 聚焦预期指标

《中国教育现代化 2035》以教育事业发展和人力资源开发主要预期指标的形式，呈现了未来 15 年中国教育体系建设的资源供给重心，主要包括：学前教育三年毛入园率提高到 95%，高中阶段教育毛入学率提高到 97%，高等教育毛入学率提高到 65%。这三项指标的如期实现，将从根本上改变学前教育、高中阶段教育和高等教育的当前结构，预示着学前教育和高中阶段教育的全面普及和高等教育迈向更高

层次的普及化阶段。预期指标对教师队伍亦提出相应要求，教师的学历层次和专业水平将在当下基础上得到极大提升。同时，新增劳动力中受过高中阶段以上教育比例和劳动年龄人口平均受教育年限等人力资源指标也将在现有基础上有显著提高。

这必然意味着，构建具有中国特色的教育现代化体系，仍需进一步扩大教育资源供给，包括学位供给、教师供给、经费供给、设施设备供给、场地供给等，满足人们蓬勃向上的学习和受教育需求，而且未来教育资源的供给将越来越注重个性化和可选择性，提升教育体系对学习需求的辨识力，提升满足不同教育需求的灵活度，使“学有所教”在更高层次上得到保障。

2. 发展主体多元

中国教育现代化体系的丰富性，必须体现为教育资源与教育服务的供给主体的多元，将关心教育、支持教育和投资教育的社会共识转化为中国教育发展的实践现实。

要在“更加注重共建共享”的教育现代化理念指导下，理顺政府和市场在教育资源供给中不同的角色担当。在坚持政府作为公共产品供给的主导地位的基础上，激发企业事业组织、社会团体及其他社会组织和公民个人提供教育产品与服务的积极性。在学前教育等发展基础相对较弱的领域，社会力量参与办学将在很大程度上弥补政府投入的不足，进而满足人民的需求。

为此，要制定并完善发展办学主体多元的教育政策，尤其是民办非营利性教育政策，引领并规范社会力量办学，让更多的社会机构从事教育和发展教育。此外，在进一步扩大对外开放的进程中，通过中外合作办学等形式，引进国外优质教育资源，可让中国教育供给更具备国际元素、国际视野和国际水准，使教育成为对外开放的重要领域之一。

总之，政府和市场、国内和国际、机构与个人等都可以成为教育供给方，注重教育资源供给主体的多元化，将使教育服务更趋多样，更具针对性，更有成效。主体及主体供应的资源之间存在的差异相互碰撞、相互协作和相互激发，是教育竞争的体现，也是教育创新的动力。

3. 促进以人为本

坚持以人民为中心的教育发展思想，是新时代中国教育现代化发展的核心思想之一。以人为本，要求教育资源与服务的类型更加多样。人的需求繁多复杂，围绕教育拓展开来的服务与产品自然也多种多样，基于资源供给角度完善教育体系构建同样要坚持以人为本理念，伸张人性，塑造健全人格。

婴幼儿、青少年、成年和老年等不同年龄的人，不同行业、不同职业、不同区域等不同类型的人，对教育与学习的需求是不同的。就教育与学习本身而言，也有不同的内容与方式，如课堂、网络、论坛、书刊等学习资源，有系统知识学习、职业进修、技能培训、休闲娱乐、考级晋升等学习目的，还有信息、知识、技能、图像、语言等学习内容。

总之，在推进教育现代化进程中，必须针对不同人群需求，开拓不同的供给空间；针对教育与学习的不同需求，开发个性化教育与学习产品，将以人为本思想全面落实到教育供给之中。

4. 保障教育投入

优先发展教育，是中国现代化发展的国家战略之一。不断加大教育投入，是教育现代化体系建设的物质基础和财力保障。未来中国需进一步扩大教育投入，切实保障国家财政性教育经费支出占国民生产总值不低于 4%，并随着国民经济的发展和财政收入的增长逐步提高，接近或达到发达国家教育投入力度。2015 年，全球范围的中位数为

4.7%，欧美国家大多超过5%。①

保障教育投入，需要进一步完善各级各类教育生均公用经费标准，推动建立拨款、资助、收费“三位一体”动态调整机制，加强经费投入的绩效管理，提升经费使用效益。对一些影响教育质量的关键变量，如教师队伍建设，给予更加坚实的政府政策支持，确保教师培养、教师工资、教师专业培训、乡村教师补贴、绩效管理、招聘选拔等获得政策与经费保障，解决教师成长的后顾之忧。

面向2035年中国教育现代化体系建设，要更加积极地应对教育供给体系中的总量性缺口和结构性缺口，关注教育资源与投入的内在结构动态调整，确保中国教育发展整体均衡、全面和可持续性。

（二）全方位提升教育质量

质量是体系的生命线。教育的高质量符合中国特色社会主义现代化强国的国家定位，也是中国特色教育现代化体系的根本特征。从数量化增长到高质量发展，是新时代中国特色社会主义现代化发展的要求。教育领域在规模扩大的同时，还需要不断地通过制定系列政策、落实体制机制改革、推进重大教育工程、深化教育教学改革等措施，提升各级各类教育发展质量与水平。建设中国特色社会主义教育体系，不仅要提升教育服务国家发展、民族振兴与人民幸福的能力，也必须提升中国教育在世界的影响力和竞争力，实现中国教育的高质量发展。全方位提升教育质量，是中国教育现代化建设的重心所在。

1. 建立新的教育质量观

通常，教育质量的概念包括三个内在相关的维度：为教学提供的人与物的资源质量（投入），教学实践的质量（过程），教育成果的质量

---

① WORLD BANK. World Development Indicators: GNI per capita, Atlas method (current US $)[EB/OL]. (2017-8-2)[2017-8-31]. https://data.worldbank.org/indicator.

（产出和结果）。事实上，要在教育质量上形成统一的判定并不容易，人们可能将教育质量归结为学生是否得到充分发展，或者某一教育目标的达成度，或者满足经济社会、家长需求的程度等，质量的多指向性意味着教育构成的多维性。

教育与外部的环境有着实质性联系，又保持着自身特有的体系边界。在教育现代化视野下，教育体系需坚持一种综合的质量观。一方面，贯彻以人为本的思想，让教育回归人的本质，将人视为教育目的而不是结果，教育进一步促进人的自尊、自立、自强、自爱、自信的价值与文化属性，将找到属己的诗意人生作为教育质量的重要考量；另一方面，在社会的基本组织化结构中思考质量，提升教育质量的立体感和现实感，以教育与经济社会有机协调的整体意识思考教育质量所内含的锻造国家凝聚力、文化传承创新、推动经济增长的重要作用。也就是说，中国教育现代化必须服务于中国特色社会主义建设的大局，服务于中华民族伟大复兴的中国梦，教育必须培养德智体美劳全面发展的社会主义建设者和接班人。

2. 创新教育评价体系

教育评价是教育活动的重要内容，也是教育制度的内容之一。教育评价涉及面广，涉及主体多，可引发教育系统体系的多方面——包括教育活动开展、教育程序实施、教育结果呈示、教育考核奖惩、教育等级评定、教育教学模式等——一系列连锁反应，故而对教育质量有着直接影响。教育评价改革一直以来都是历次中国教育体制机制关键性改革的重要内容。国家未来仍将继续通过制度设计推动教育评价改革，充分发挥教育评价的导向性功能，引领教育质量提升。

面向 2035 年，要在基础教育、职业教育、高等教育等各领域实施针对教师、学生和学校的不同评价，在考试招生、学生综合素质评价、一流大学和一流学科建设成效评估、高校科技奖励、义务教育质量监测、学生发展质量、第三方评价、自主招生等关键领域深化改革，从评价队伍、评价平台、评价方法和评价技术等维度推进教育评价的专业化系统体系建设，彻底破除“唯分数、唯升学、唯文凭、唯论文、唯帽子”的制度缺陷，为学校、教师和学生松绑，促进学生的德智体美劳全面发展。

3. 教师队伍面向新时代

教师是影响教育质量的关键性因素，师资队伍建设始终处于教育改革发展的中心地带。教师既是决定教育质量的过程性变量，又是教育质量的具体内容。相比于校舍、图书、教学仪器设备等显性资源，教师具有生长性、文化性、创造性等典型特征，决定着显性资源的支配方式和效益发挥，决定着何种知识与信仰被传承和发扬，也决定着师生交往实践的具体样态。通过教师队伍建设提升教育质量，正是抓住了教师作为“教育发展的第一资源”这一基本判断。

近年来，中国对教师队伍的定位提高，建设明显提速。2018 年初发布的中共中央、国务院《关于全面深化新时代教师队伍建设改革的意见》，是中华人民共和国成立以来党中央出台的第一个专门面向教师队伍建设的重要政策文件。根据中央决策部署，教育部陆续出台《教师教育振兴行动计划（2018—2022 年）》《深化新时代职业教育“双师型”教师队伍建设改革实施方案》《关于加强新时代中小学思想政治理论课教师队伍建设的意见》《关于加强和改进新时代师德师风建设的意见》等推动教师队伍建设的具体文件。

未来需继续扩大学前教育专业教师、职业教育“双师型”教师和特殊教育教师的规模；构建协调有序的教师流动体系，缩小教师的区域差距、城乡差距和校际差距；继续完善教师培训体系，打造教师教育、职前职中培训等一体化成长平台；加强师德师风建设，建立聘用严格、考核规范、监督常态、惩处及时的教师过程性管理体制机制；在教师编制、招聘准入、薪酬待遇、高等学校教师人事制度和中小学教师职称和考核评价等方面促进改革创新。

（三）整体式推进教育治理

教育治理体系是国家治理体系和治理能力现代化建设的重要内容，也是建设中国特色的教育现代化体系的基本保障。基于现代化的基本要求，治理体系对教育各主体和要素的运作逻辑进行系统构建，其关系式和整体式思维模式对于完善教育现代化体系具有奠基性作用。新时代中国推进教育治理体系建设的步伐日益加快，但在理性设计与现实运作之间仍然存在巨大差距，一些教育的重点难点问题仍然久拖不决。整体式推进教育治理体系构建是面向 2035 年中国教育体系现代化建设的当务之急。

1. 健全教育法律与标准体系

健全完善的教育法律、法规和标准体系是实施有效治理的关键，依法治教和依标准治教是教育治理体系建设的基本目标。相比于其他领域的法律法规体系建设，中国教育法制体系仍然很不健全，国家在教育领域立法方面缺乏层次性和系统性，相对较零散，而且在一些关键环节，如学校教育、终身教育、学生权益救济、教育经费保障、考试等诸多方面缺乏法律参照。

值得重视的还有，中国教育标准体系仍然很不健全，各级各类教育标准的质量和国际认可度较低，需要不断更新和完善各级各类教育及其学校建设标准，包括学校与教育机构装备标准、教育运行和管理标准、课程设置与教学标准、教师队伍建设标准、语言文字标准等。

2. 动态调整不同主体间关系

政府、社会与学校之间的关系问题始终是教育发展的主要方面。厘清政府的管理权、学校的自主权及社会的参与权的权限边界，有助于激发各方面的积极性。正确处理政府、学校和社会三方的权责关系，是教育治理体系建设的重要内容。

全面理顺政府、学校和社会的权责关系，关键在政府。面向 2035 年中国教育治理体系建设与治理能力水平提高，首先需要政府继续坚持“简政放权”，从“万能政府”“全能政府”向有限政府、有效政府转变，将政府从“管办评”三重负重之中解放出来。政府要专职于宏观管理和服务管理，特别需要从国家整体利益、区域间协调性、不同群体教育受益度等顶层的视角对教育进行宏观治理，推动教育在国家范围内和不同利益群体内的公平公正发展，凸显政府教育治理中的公平、公正、公共属性。

学校必须在坚持更明确政策、标准与要求的基础上，拥有更多的自主性和更多的创新空间。减少对学校的外部干扰和外部压力，能够使教育发展更具实践创新的活力。此外，要提升社会在教育治理体系中的参与度，在社会关心和支持教育的基础上，发挥社会对政府、学校的监督功能，参与对政府教育部门与学校的评价，传递社会对教育的需求与呼吁，使社会成为教育治理体系中不可或缺的一方，成为教育现代化发展的推动力。

3. 在传承基础上不断努力创新

除了在实践操作层面处理教育要素的现实性运作外，整体式推进教育治理需从生态的角度处理好传统与现代、继承与创新、民族与国际、中国特色与世界标准等对立统一的关系。在优化教育改革发展具体的方法取用之外，厘清和坚持中国教育体系治理的方法论或元方法，其核心要义在于破除二元对立、机械还原、激进幻想和保守退居的思维模式，特别要在经典现代化的正向推动和后现代化的批判性反思的结合点上，融合再出发。

在价值观念上，教育治理要处理好传统与现代、民族与国际的关系问题。发扬和传承尊师重教、知行合一、教人做人、内修外化、有教无类等中华优秀教育传统思想，并始终坚持科学理性、民主法治、自由平等的现代精神，进一步推动教育领域的普及、高效和卓越。同时，在保持民族特色的基础上，着力与国际接轨。

在发展目标上，教育治理要努力实现个性与共性、权利与责任、自由与合作、多元与统一在现代公民中的对等协调。一方面，治理体系要关照受教育者的天性，发扬个体的兴趣，通过教育实现受教育者的自尊自立和自我解放；另一方面，通过教育治理培育受教育者的民族意识、国家意识和全球公民意识，肩负起责任担当。

在管理方法上，教育治理要实现过程与结果、定性与定量、创新与守正的协调统一。继续发挥集中力量办大事和注重顶层设计与基层创新相结合的成功经验，祛除教育领域行政化、应试功利主义等沉疴痼疾。

面向 2035 年，中国教育治理体系理应成为中国教育乃至经济文化社会发展的平衡器、节拍器，协调各方利益，协调各种态度价值与意义追寻，协调中外关系，特别是在建立更加开放的国际教育环境方面传播中国经验，讲好中国故事，努力走出一条具有中国本土特色的现代化路径，为世界贡献教育体系现代化的中国方案。

第二章

聚焦全面落实立德树人根本任务

本章要点

立德树人是中国教育的优秀传统之一，是新时代中国教育现代化的根本任务，是培养中国特色社会主义建设者与接班人的关键，更是回答“培养什么人、怎样培养人、为谁培养人”问题的解决方案。新时代立德树人要基于培育和践行社会主义核心价值观的要求，全面融入教育改革与发展以及人才培养模式创新的实践，要全面体现习近平总书记在全国教育大会上的讲话精神，围绕“六个方面”下功夫。

在全面落实立德树人根本任务的过程中，尽管已经取得进展，但各级各类学校仍面临不少困难与问题：对立德树人的认识不到位，教师队伍专业素养不够，教育教学方式缺乏创新，教育评价模式尚未跟进到位，社会环境和文化影响直接冲击等。

要解决这些问题，必须加强立德树人思想体系研究，完善教育制度与体系建设，全面落实立德树人整体规划；强化师德师风建设，提高教师教育教学能力，促进教师师德与师能共同发展，切实提高教师育人能力；改善课程与教材建设，改革教育教学方式，充分发挥思想政治课程与学科课程的育人作用，推进课程育人；发挥教育评价的引领作用，建立多方参与的评价模式，使教育评价成为推进立德树人的有效手段；充分发挥政府、学校、家庭与社会等各方面的优势，形成“育人合力”，促进学生健康、全面地成长。

教育是国之大计、党之大计。全面落实立德树人是中国教育现代化的根本任务，也是回答“培养什么人、怎样培养人、为谁培养人”这一问题的实践任务。立德树人是中国教育的优秀传统之一，新时代需要将立德树人作为培养中国特色社会主义建设者和接班人的关键，将全面落实立德树人根本任务转化为检验学校工作成效的根本标准。

在迈向教育现代化 2035 的进程中，全面落实立德树人根本任务既要在全社会达成全面落实立德树人根本任务的共识，更要在教育领域将立德树人融合到各级各类教育之中，体现在教育工作的方方面面，成为全体教育工作者的行动依据。

一、立德树人的内涵与实践

立德树人本质上是关乎道德、教育与人的内在关系的思想，既具有深厚的传统文化基因与教育文化传统，也具有鲜明的传承性与时代特征。科学而正确地理解立德树人的内涵与要求，是全面落实立德树人根本任务的前提和基础。

（一）传统文化与发展的探索

立德树人思想由中国传统文化中的“德”和人才培养标准结合发展而来，意指教育、道德与人三者之间的内在统一关系。随着对“德—人”关系认识的不断深化，教育在国家发展战略中地位的提升，立德树人成为新时代教育的最高目标。

1. 中国传统文化中的立德树人

立德树人思想以“德”和人才培养与选拔标准的变化为核心，在不同的历史时期具有不一样的内涵。

在商朝时期，甲骨文中的“德”与道路选择有关，不包含情感、价值判断，可称为“无心之德”。在商、周时期，金文中“德”不仅与行为要求相关，而且与心理、情感标准有关，可简单地表述为“直心为德”。西周时期，周文王姬昌主张“以教育德”，倡导“官人之法”，提出甄别、选拔与任用人才的“九德”，即“宽而栗，柔而立，愿而恭，乱而敬，扰而毅，直而温，简而廉，刚而塞，强而义”。[①] 此乃我国最早论述人才标准的理论。至此，教育、“德”与人才培养标准三者的联系更加紧密，立德树人思想开始发轫。

在秦朝后，篆隶中的“德”被理解为“外得于人，内得于己”，[②]意指道德行为与理念内化及其推己及人的过程。汉朝至唐朝时期，董仲舒提出“性三品”，荀悦将其解释为“一是上智不移，二是下愚不移，三是中人可上可下”，[③]即人性分为三类，上智者无须教育，中人可以通过教育转化为善，而下愚者即使通过教育也无法转化为善。此理论对教育与人的关系的阐述，为“树人”奠定了方法论基础。在此基础上，荀悦提出“立德说”：“人之所以立德者三，一曰贞，二曰达，三曰志。贞以为质，达以行之，志以成之，君子哉，必不得已也。守一于兹，贞其主也。”[④]明确地阐述了“立德”所需的意志与能力。在唐朝，经学家、思想家孔颖达将“立德”置于人生“三不朽”之首，肯定了“德”在人的培养中的重要地位。

宋至明清时期，“张载气学”“程朱理学”“陆王心学”三大学术流派极大地发展了“立德树人”思想观念。具体地说，张载主张教育的核心是“以德育人”，使人“成圣成德”；二程主张德育的主要目标是培养“圣人”；王阳明主张“知行合一”，即德“知”与德“行”合二为一。[⑤] 晚清至

① 许慎. 说文解字[M]. 天津：天津古籍出版社，1991：217.
② 冀昀. 尚书[M]. 北京：线装书局，2007：25.
③ 荀悦. 申鉴注校补[M]. 黄省曾，注. 北京：中华书局，2012：75.
④ 荀悦. 申鉴[M]. 龚祖培，校. 沈阳：辽宁教育出版社，2001：19.
⑤ 参见：刘佳. 中国语境下：立德树人思想发展管窥[J]. 苏州大学学报(教育科学版)，2019(1)：83－84.

民国时期，在国家危亡的情况下，有志之士强调要培养“德才兼备”的人，尤其要培养具有爱国主义精神与民族责任感的人。概括来说，该时期人才的标准就是“德才兼备”“知行合一”，“德”与“才”是教育的一个过程和两个方面。而对于如何落实立德树人任务来说，蔡元培认为既要学校、家庭与社会齐头并进，也要充分发挥个人的主观能动性。

纵观我国古代“德”的词义与人才培养、选拔标准的发展历程，立德树人是教育的一个过程，包括“立德”与“树人”两个方面，“德”居于首要地位。关于“立德”的最早表述可见于先秦时期的《左传·襄公二十四年》：“太上有立德，其次有立功，其次有立言。虽久不废，此之谓不朽。”[①]所谓“立德”，就是树立并践行高尚的道德修养，“立功”就是能建功立业，“立言”则为著书立说。孔颖达将“三不朽”界定为：“立德谓创制垂法，博施济众；立功谓拯厄除难，功济于时；立言谓言得其要，理足可传。”[②]简单说来，孔颖达界定的“立德”为建立法制体系，促进国家不断完善，保护和帮助百姓，此乃“公德”。由上可见，“立德”始终是修身的根本和价值的基石，是人才培养最重要的部分。“树人”最早见于《管子·权修》：“一年之计，莫如树谷；十年之计，莫如树木；终身之计，莫如树人。一树一获者，谷也，一树十获者，木也，一树百获者，人也。”[③]所谓“树人”，就是培养人才。管子认为培养人才远比种植谷物与树木需要更多时间和精力，但是人才培养的收获与成效也是最大的。

追溯“立德树人”思想的起源与发展历程可知，立德树人思想在中国传统文化中有着深厚的历史渊源和极为丰富的内涵，一直引导着教育的发展。

---

① 左丘明. 左传[M]. 蒋冀骋，点校. 长沙：岳麓书社，2006：197.

② 孔颖达. 春秋左传正义[M]. 上海：上海古籍出版社，1990：49.

③ 管仲. 管子[M]. 吴文涛，张善良，编著. 北京：北京燕山出版社，1995：35.

2. 中国教育始终强调立德树人

中华人民共和国成立后，发展教育事业始终是党和国家的工作重点之一。“培养什么人”也始终是党和国家关注的重点问题。要求在新时代全面落实立德树人根本任务，既是对过去70余年中国教育发展成功经验的传承，更是对中国特色社会主义教育现代化发展方向的指引。

立德树人是中华人民共和国历代中央领导集体始终强调的教育主题，是为党和国家培养优秀人才的根本要求。具体来说，教育应该培养德智体美等全面发展的人，德育居于重要地位。

1957年2月，毛泽东在《关于正确处理人民内部矛盾的问题》一文中指出：“我们的教育方针，应该使受教育者在德育、智育、体育几方面都得到发展，成为有社会主义觉悟的有文化的劳动者。”[①]

改革开放之后，邓小平在毛泽东关于人才培养标准的基础上提出，我们要培养“有理想、有道德、有文化、有纪律”的“四有”社会主义新人。1999年6月，江泽民在《教育必须以提高国民素质为根本宗旨》中指出：“以培养学生的创新精神和实践能力为重点，努力造就有理想、有道德、有文化、有纪律的，德育、智育、体育、美育等全面发展的社会主义事业建设者和接班人。”[②]不仅强调教育要培养“四有”新人，而且要培养德智体美全面发展的人。

进入21世纪，“立德树人”的要求与思想得到越来越多的重视和明确的阐述。2006年8月，胡锦涛在中共中央政治局第三十四次集体学习中明确指出：“要坚持育人为本、德育为先，把立德树人作为教育

① 毛泽东.我们的教育方针[M]//中华人民共和国教育部，中共中央文献研究室.毛泽东邓小平江泽民论教育.北京：中央文献出版社，人民教育出版社，北京师范大学出版社，2002：65.

② 江泽民.教育必须以提高国民素质为根本宗旨[M]//江泽民.江泽民文选：第2卷.北京：人民出版社，2006：334.

的根本任务，努力培养德智体美全面发展的社会主义建设者和接班人。”[①]2007 年 8 月，胡锦涛在全国优秀教师代表座谈会上再次强调：“要坚持育人为本、德育为先，把立德树人作为教育的根本任务，加强爱国主义教育，深入开展理想信念教育，加强和改进学生思想政治工作，把社会主义核心价值观体系融入国民教育体系，引导学生树立正确的世界观、人生观、价值观、荣辱观，努力培养德智体美全面发展的社会主义建设者和接班人。”[②]

2012 年 11 月，胡锦涛在党的十八大报告中强调：“把立德树人作为教育的根本任务，培养德智体美全面发展的社会主义建设者和接班人。”[③]立德树人成为我国教育事业发展的主基调、主任务。

新时代全面贯彻立德树人根本任务，不仅是对优秀中国传统文化的继承，而且是中国教育发展的职责所在，还要基于新时代背景，正确理解立德树人的时代要求。

（二）新时代立德树人的要求

《中国教育现代化 2035》基于习近平总书记关于教育的系列论述，尤其是 2018 年 9 月习近平总书记在全国教育大会上的讲话，阐述了教育现代化进程中全面落实立德树人根本任务的要求。

1. 以社会主义核心价值观教育为引领

党的十八大明确提出“富强、民主、文明、和谐、自由、平等、公正、法治、爱国、敬业、诚信、友善”二十四字社会主义核心价值观。其中，

① 胡锦涛. 办好让人民群众满意的教育[M]//中共中央文献研究室. 十六大以来重要文献选编：下. 北京：中央文献出版社，2008：617.

② 胡锦涛. 在全国优秀教师代表座谈会上的讲话[M]. 北京：人民出版社，2007：3.

③ 胡锦涛. 坚定不移沿着中国特色社会主义道路前进为全面建成小康社会而奋斗——在中国共产党第十八次全国代表大会上的报告[R]. (2017 - 10 - 30)[2020 - 07 - 02]. http://19.buaa.edu.cn/info/1007/1100.htm.

富强、民主、文明、和谐是国家层面的价值目标，自由、平等、公正、法治是社会层面的价值取向，爱国、敬业、诚信、友善是公民个人层面的价值准则。显然，培育和践行社会主义核心价值观，是各级各类学校的教育任务，是教育领域全面贯彻落实立德树人根本任务的需要。

2014 年 5 月，习近平总书记考察北京大学期间与师生座谈，并发表《青年要自觉践行社会主义核心价值观》的重要讲话，就广大青年树立和培育社会主义核心价值观提出四点要求："一是要勤学，下得苦功夫，求得真学问"；"二是要修德，加强道德修养，注重道德实践"；"三是要明辨，善于明辨是非，善于决断选择"；"四是要笃实，扎扎实实干事，踏踏实实做人。"习近平总书记还强调："核心价值观的养成绝非一日之功，要坚持由易到难、由近及远，努力把核心价值观的要求变成日常的行为准则，进而形成自觉奉行的信念理念。""全国高等院校要走在教育改革前列，紧紧围绕立德树人的根本任务，加快构建充满活力、富有效率、更加开放、有利于学校科学发展的体制机制，当好教育改革排头兵。"①

2014 年 5 月，习近平总书记考察北京市海淀区民族小学，在师生座谈会上发表重要讲话《从小积极培育和践行社会主义核心价值观》，提出少年儿童培育和践行社会主义核心价值观，"要做到记住要求、心有榜样、从小做起、接受帮助"。"学校要把德育放在更加重要的位置，全面加强校风、师德建设，坚持教书育人，根据少年儿童特点和成长规律，循循善诱，春风化雨，努力做到每一堂课不仅传播知识，而且传授美德，每一次活动不仅健康身心，而且陶冶性情，让同学们都得到倾心

① 习近平．青年要自觉践行社会主义核心价值观——在北京大学师生座谈会上的讲话[EB/OL]．(2014－05－04)[2020－07－08]．http://old.moe.gov.cn/publicfiles/business/htmlfiles/moe/moe_176/201405/167911.html.

关爱和真诚帮助，让社会主义核心价值观的种子在学生们心中生根发芽。”①

2014 年 9 月，习近平总书记考察北京师范大学，并与师生代表座谈，发表了重要讲话《做党和人民满意的好老师》，强调“教师的工作是塑造灵魂、塑造生命、塑造人的工作”。为此，总书记提出“有理想信念、有道德情操、有扎实学识、有仁爱之心”的“四有”好教师要求。②

习近平总书记的上述三个讲话，一方面指出如何在中小学校和大学中培育和践行社会主义核心价值观，另一方面也指出了教师传播、示范和践行社会主义核心价值观的方法与要求。

2013 年 11 月，党的十八届三中全会通过的《中共中央关于全面深化改革若干重大问题的决定》在关于“深化教育领域综合改革”的论述中，再次明确强调“全面贯彻党的教育方针，坚持立德树人，加强社会主义核心价值体系教育”。③ 所以，全面落实立德树人根本任务，必须与培育和践行社会主义核心价值观教育紧密联系在一起，将社会主义核心价值观教育作为立德树人的首要任务。

全面落实立德树人根本任务，除了以培育和践行社会主义核心价值观为基础，还应将其全面融入教育改革与发展，培养德智体美劳全面发展的社会主义建设者和接班人。

2016 年 12 月，习近平总书记在全国高校思想政治工作会议上的讲话中强调：“要坚持把立德树人作为中心环节，把思想政治工作贯穿教育教学全过程，实现全程育人、全方位育人，努力开创我国高等教育

---

① 习近平. 从小积极培育和践行社会主义核心价值观[EB/OL].（2015 - 07 - 20）[2020 - 07 - 02]. http://cpc. people. com. cn/xuexi/n/2015/0720/c397563 - 27331775. html.

② 习近平. 做党和人民满意的好老师[EB/OL].（2014 - 09 - 10）[2020 - 07 - 02]. http://cpc. people. com. cn/n/2014/0910/c64094 - 25629946. html.

③ 袁贵仁. 学习贯彻十八届三中全会精神：深化教育领域综合改革[EB/OL].（2013 - 12 - 17）[2020 - 07 - 02]. http://opinion. people. com. cn/n/2013/1217/c1003 - 23858553. html.

事业发展新局面。"①2017 年 11 月,习近平总书记在党的十九大报告中再次强调:"要全面贯彻党的教育方针,落实立德树人根本任务,发展素质教育,推进教育公平,培养德智体美全面发展的社会主义建设者和接班人。"②

2018 年 5 月,习近平总书记在北京大学师生座谈会上的讲话中指出:"培养社会主义建设者和接班人,是我们党的教育方针,是我国各级各类学校的共同使命。""大学是立德树人、培养人才的地方,是青年人学习知识、增长才干、放飞梦想的地方。""人才培养一定是育人和育才相统一的过程,而育人是本。人无德不立,育人的根本在于立德。这是人才培养的辩证法。办学就要尊重这个规律,否则就办不好学。要把立德树人的成效作为检验学校一切工作的根本标准,真正做到以文化人、以德育人,不断提高学生思想水平、政治觉悟、道德品质、文化素养,做到明大德、守公德、严私德。要把立德树人内化到大学建设和管理各领域、各方面、各环节,做到以树人为核心,以立德为根本。"③

2018 年 9 月的教师节,习近平总书记在全国教育大会上发表重要讲话,指出坚持把立德树人作为根本任务,是教育改革与发展的新思想新观点之一。习近平总书记重点强调,首先要努力构建德智体美劳全面培养的教育体系,形成更高水平的人才培养体系。其次,要把立德树人融入思想道德教育、文化知识教育、社会实践教育各环节,贯穿基础教育、职业教育、高等教育各领域,学科体系、教学体系、教材体

---

① 习近平. 把思想政治工作贯穿教育教学全过程[EB/OL]. (2017-10-16)[2020-07-02]. http://www.moe.gov.cn/jyb_xwfb/xw_zt/moe_357/jyzt_2017nztzl/2017_zt11/17zt11_xjpjysx/201710/t20171016_316349.html.

② 习近平. 决胜全面建成小康社会 夺取新时代中国特色社会主义伟大胜利——在中国共产党第十九次全国代表大会上的报告[EB/OL]. (2017-10-27)[2020-07-02]. http://www.gov.cn/zhuanti/2017-10/27/content_5234876.htm.

③ 习近平. 在北京大学师生座谈会上的讲话[EB/OL]. (2018-05-02)[2020-07-08]. http://www.gov.cn/gongbao/content/2018/content_5294413.htm.

系、管理体系要围绕这个目标来设计，教师要围绕这个目标来教，学生要围绕这个目标来学。凡是不利于实现这个目标的做法都要坚决改过来。最后，习近平总书记还强调，要深化教育体制改革，健全立德树人落实机制。[①]

2. 以围绕“六个方面”下功夫为主抓手

2018 年 9 月，习近平总书记在全国教育大会上指出，全面落实立德树人根本任务，培养社会主义建设者和接班人，关键是要做好六个方面的工作，即在坚定理想信念上下功夫，在厚植爱国主义情怀上下功夫，在加强品德修养上下功夫，在增长知识见识上下功夫，在培养奋斗精神上下功夫，在增强综合素质上下功夫。[②] 同时，《中国教育现代化 2035》明确提出落实立德树人根本任务的努力方向：广泛开展理想信念教育，厚植爱国主义情怀，加强品德修养，增长知识见识，培养奋斗精神，不断提高学生思想水平、政治觉悟、道德品质、文化素养。增强综合素质，树立健康第一的教育理念，全面强化学校体育工作，全面加强和改进学校美育，弘扬劳动精神，强化实践动手能力、合作能力、创新能力的培养。[③]

第一，理想信念教育：立德树人的首要内容。

理想明晰方向，信念决定成败，理想信念教育是全面落实立德树人根本任务的首要任务。2012 年 11 月，习近平总书记在《紧紧围绕坚持和发展中国特色社会主义学习宣传贯彻党的十八大精神》讲话中指出：“理想信念就是共产党人精神上的‘钙’，没有理想信念，理想信念

---

① 习近平. 坚持中国特色社会主义教育发展道路　培养德智体美劳全面发展的社会主义建设者和接班人[EB/OL].（2018 - 09 - 10）[2020 - 07 - 02]. http://www.moe.gov.cn/jyb_xwfb/s6052/moe_838/201809/t20180910_348145.html.

② 习近平. 坚持中国特色社会主义教育发展道路　培养德智体美劳全面发展的社会主义建设者和接班人[EB/OL].（2018 - 09 - 10）[2020 - 07 - 02]. http://www.moe.gov.cn/jyb_xwfb/s6052/moe_838/201809/t20180910_348145.html.

③ 新华网. 中共中央、国务院印发《中国教育现代化 2035》[EB/OL].（2019 - 02 - 23）[2020 - 07 - 03]. http://www.xinhuanet.com/politics/2019 - 02/23/c_1124154392.htm.

不坚定，精神上就会‘缺钙’，就会得‘软骨病’。”[①]这句话虽然是对共产党人讲的，但是对于广大青少年而言，同样适用。

2014 年 5 月，习近平总书记在考察北京大学时说到：“青年的价值取向决定了未来整个社会的价值取向，而青年又处在价值观形成和确立的时期，抓好这一时期的价值观养成十分重要。这就像穿衣服扣扣子一样，如果第一粒扣子扣错了，剩余的扣子都会扣错。人生的扣子从一开始就要扣好。”[②]

加强学生的理想信念教育，把青少年培养成为有坚定信念的人，让他们具有远大的共产主义理想和坚定的中国特色社会主义信念，是教育的责任。要让每个生活在和平新时代的青少年能够认识到，只有社会主义才能救中国，只有坚持和发展中国特色社会主义才能实现中华民族的伟大复兴。不管是历史逻辑还是现实逻辑，理想信念都是教育的核心，它能够促使广大学生增强中国特色社会主义道路自信、理论自信、制度自信、文化自信，立志肩负起民族复兴的时代重任。

落实到实践中，学校要加强中国近现代史、中国革命史、中国共产党党史、中华人民共和国史和中国改革开放史的教育，深入开展中国特色社会主义和“中国梦”宣传教育，弘扬民族精神和时代精神，加强党的基本理论、基本路线、基本方略教育，让学生明白，“中国梦”是全中国人民的共同理想信念，是全中国人民的梦，更是广大青少年的理想之梦。

---

① 习近平. 紧紧围绕坚持和发展中国特色社会主义 学习宣传贯彻党的十八大精神[EB/OL]. (2012-11-19)[2020-07-02]. http://cpc.people.com.cn/n/2012/1119/c64094-19615998-3.html.

② 习近平. 青年要自觉践行社会主义核心价值观——在北京大学师生座谈会上的讲话[EB/OL]. (2014-05-04)[2020-07-08]. http://old.moe.gov.cn/publicfiles/business/htmlfiles/moe/moe_176/201405/167911.html.

第二，厚植爱国主义情怀：立德树人的关键所在。

毫无疑问，爱国主义教育是世界各国教育的基本内容之一。在当今国际国内形势复杂且变化的时代，爱国主义教育显得尤为重要。作为具有悠久历史与深厚文化传统的伟大民族，爱国主义是中华民族的民族心、民族魂，是实现民族独立与民族富强的重要法宝之一。厚植爱国主义情怀教育，是新时代实现中华民族伟大复兴的强大精神力量。

2018 年，习近平总书记在全国教育大会上指出，要让爱国主义精神在学生心中牢牢扎根，教育就要引导学生热爱和拥护中国共产党，立志听党话、跟党走，立志扎根人民、奉献国家。①

2019 年，习近平总书记在纪念五四运动 100 周年大会上的讲话中强调："爱国主义自古以来就流淌在中华民族血脉之中，去不掉，打不破，灭不了，是中国人民和中华民族维护民族独立和民族尊严的强大精神动力，只要高举爱国主义的伟大旗帜，中国人民和中华民族就能在改造中国、改造世界的拼搏中迸发出排山倒海的历史伟力！"②

在实践中，学校应全面加强爱国主义、集体主义、社会主义教育，加强中华传统文化、革命文化、社会主义先进文化教育，引导学生树立正确的历史观、民族观、国家观、文化观，增强爱国意识和爱国情感，增强民族自豪感和自信心。

总之，厚植爱国主义情怀的教育，要围绕著名教育家张伯苓先生提出的"你是中国人吗？你爱中国吗？你愿意中国好吗？"这三个问题

---

① 习近平. 坚持中国特色社会主义教育发展道路　培养德智体美劳全面发展的社会主义建设者和接班人[EB/OL].（2018 - 09 - 10）[2020 - 07 - 02]. http://www.moe.gov.cn/jyb_xwfb/s6052/moe_838/201809/t20180910_348145.html.

② 习近平. 在纪念五四运动 100 周年大会上的讲话[EB/OL].（2019 - 04 - 30）[2020 - 07 - 03]. http://www.xinhuanet.com/politics/2019 - 04/30/c_1124440193.htm.

展开，从儿童抓起，将爱国主义教育贯穿于教育教学的全过程，引导学生将个人理想与中华民族的伟大复兴紧密联系起来，认识个人前途与国家前途的紧密关系。

第三，加强品德修养：立德树人的基础保障。

自古以来，中国人极为重视品德修养。人无德不立，教书育人的根本就是立德。立德为先，修身为本，是教育的精髓所在，也是人才成长的基本逻辑。新时代的优秀人才不仅应该具备专业知识与技能，更应该具备高尚的品德修养与道德信念。在国际多元价值观的影响下，品德修养教育变得越来越重要。

2018 年，习近平总书记在全国教育大会上指出，要在加强品德修养上下功夫，教育引导学生培育和践行社会主义核心价值观，踏踏实实修好品德，成为有大爱大德大情怀的人。[①]

开展品德修养教育，首先要坚持不懈培育和弘扬社会主义核心价值观，将个人品德与社会公德、热爱国家和人民的大德结合起来。各级各类学校应把德育工作作为核心抓手，采用潜移默化的方式渗透进学生的内心。教师在培育和践行社会主义核心价值观上，必须扮演示范角色，担当道德模范，与学生共同成为社会主义核心价值观的坚定信仰者、积极传播者、模范践行者。

其次，在加强品德修养教育的过程中，必须注重法治教育，培养学生遵纪守法的良好习惯，引导学生从小做好小事，管好小节，踏实做事，学会感恩，懂得尊重，谦让宽容，自省自律。

最后，要加强中华传统文化的宣扬与教育，充分发挥传统文化在品德修养方面的独特优势，使传统文化教育成为加强品德修养的重要

① 习近平. 坚持中国特色社会主义教育发展道路　培养德智体美劳全面发展的社会主义建设者和接班人[EB/OL]. (2018-09-10)[2020-07-02]. http://www.moe.gov.cn/jyb_xwfb/s6052/moe_838/201809/t20180910_348145.html.

路径之一。

第四，增长知识见识：立德树人的重要基础。

增长知识是学校教育的核心内容，是智育的体现。有知识才能明辨是非，才能为社会经济发展作贡献。但是，立德树人不只是增加和丰富学生的知识技能，也需要关注学生的理想信念、道德品质、价值精神与身心发展等各方各面。

2018 年，习近平总书记在全国教育大会上指出："要在增长知识见识上下功夫，教育引导学生珍惜学习时光，心无旁骛求知问学，增长见识，丰富学识，沿着求真理、悟道理、明事理的方向前进。"①

在学习知识的过程中，学生还必须注意观察与实践，必须有自己的独立思考，在掌握知识的同时，还要懂得各种道理与真理。新时代的中国学生还要能够胸怀天下，在具有中国心、中国情的同时，具有世界眼光和国际视野，这在当今全球化时代尤为必要，也是建设人类命运共同体的需要。

在弘扬终身学习理念和建设学习型社会的过程中，学生的知识增长不仅局限于学校教育系统，还可能发生在社会生活的各个方面。因此，学校教育在传播知识、传播思想、传播真理的同时，还应关注学生学习能力的培养与习惯的养成，激励学生敏于求知、勤于学习、敢于创新、勇于实践，促进终身学习和可持续发展能力的提升，教会学生终身学习，最终成为具有中国情怀和全球视野的人才。

第五，培养奋斗精神：立德树人的精神需求。

自古以来，中华民族就具有艰苦奋斗的精神，中国的飞速发展离不开中华儿女坚持不懈的奋斗。在新时代，奋斗精神需要脚踏实地、

---

① 习近平. 坚持中国特色社会主义教育发展道路　培养德智体美劳全面发展的社会主义建设者和接班人[EB/OL]. (2018 - 09 - 10)[2020 - 07 - 02]. http://www.moe.gov.cn/jyb_xwfb/s6052/moe_838/201809/t20180910_348145.html.

锲而不舍、敢为人先、敢于斗争、敢于胜利。在实现“中国梦”的过程中，奋斗精神不可缺少。幸福是奋斗出来的，奋斗是幸福的，每个青少年学生不仅要有远大的理想信念，更要敢于担当、勇于进取、不懈奋斗，做到以行促知、以知促行，真正做到知行合一。

2018 年 9 月，习近平总书记在全国教育大会上明确提出：“要在培养奋斗精神上下功夫，教育引导学生树立高远志向，历练敢于担当、不懈奋斗的精神，具有勇于奋斗的精神状态、乐观向上的人生态度，做到刚健有为、自强不息。”①

在实践中，学校、家庭都要承担起培养的职责，为每个学生设立他们经过努力与奋斗能够实现的目标与计划，教会学生以科学的态度和积极的价值参与奋斗，培养学生的责任感、坚强意志和吃苦耐劳的精神。另外，还要让青少年学生认识到，中国现代化是中国人民奋斗与创造出来的，而且是持续不断地艰苦奋斗而来的。2035 年中国国家现代化的实现，则是当代青少年的责任与使命，也将是不断奋斗的过程与结果。

第六，增强综合素质：立德树人的最终归属。

2018 年，习近平总书记在全国教育大会上指出：“要在增强综合素质上下功夫，教育引导学生培养综合能力，培养创新思维。要树立健康第一的教育理念，开齐开足体育课，帮助学生在体育锻炼中享受乐趣、增强体质、健全人格、锤炼意志。要全面加强和改进学校美育，坚持以美育人、以文化人，提高学生审美和人文素养。要在学生中弘扬劳动精神，教育引导学生崇尚劳动、尊重劳动，懂得劳动最光荣、劳动最崇高、劳动最伟大、劳动最美丽的道理，长大后能够辛勤劳动、诚实

① 习近平. 坚持中国特色社会主义教育发展道路 培养德智体美劳全面发展的社会主义建设者和接班人[EB/OL]. (2018-09-10)[2020-07-02]. http://www.moe.gov.cn/jyb_xwfb/s6052/moe_838/201809/t20180910_348145.html.

劳动、创造性劳动。”①

在落实立德树人根本任务的过程中，学校应坚持增强学生的综合素质，把学生培养成为德智体美劳全面发展的社会主义建设者和接班人。在教育现代化 2035 目标指引下，教育应从以下几个方面努力。第一，培养学生的综合能力与创新思维。第二，全面强化学校体育工作，强化对学生身体素质和运动技能的测评，提高学校体育课的水平。第三，将美育融入学校各方面，创设完善的美育课程与环境，提高学生审美和人文素养。第四，弘扬劳动精神，教育要引导学生从思想上改变对劳动的固有认识，树立依靠辛勤劳动可以创造美好未来的观念。强化实践动手能力、合作能力、创新能力的培养。第五，将法治教育全面纳入国民教育体系，加强宪法教育，使遵法学法守法用法成为青少年的共同追求和自觉行动。第六，加强民族团结教育、生态文明教育、国家安全和国防教育，深入推进文明校园创建，营造良好的育人氛围。

在立德树人思想理念的引领下，教育培养的“人”应该是自由而全面发展的人，对社会和世界有用的人。根据马克思关于人的自由全面发展理论，人的自由全面发展包括人的关系、人的素质、人的能力与人的个性的自由而全面的发展。其中，素质主要指人的整体质量和综合素质，包括人的身体素质、人的思想道德素质和科学文化素质，具体指人的德、智、体、美等素质；能力主要指人的各方面能力组成的能力体系，人的体力与智力是其中最重要的两个方面。习近平总书记提出的“六个下功夫”与人的自然发展规律高度契合。因此，我国在全面落实立德树人根本任务上必须坚持“六个下功夫”，逐步推进教育现代化。

① 习近平. 坚持中国特色社会主义教育发展道路　培养德智体美劳全面发展的社会主义建设者和接班人[EB/OL]. (2018-09-10)[2020-07-02]. http://www.moe.gov.cn/jyb_xwfb/s6052/moe_838/201809/t20180910_348145.html.

（三）立德树人实践中的问题

全面落实立德树人根本任务是当前中国教育改革与发展的重要内容。为此，近年来中共中央办公厅、国务院办公厅、教育部等部门颁布多项政策文件，提出一系列实施方案与改革计划，旨在推进各级各类学校全面落实立德树人根本任务，并取得一些进展。但是，对照《中国教育现代化 2035》的要求，立德树人的教育实践还面临着不少实践困难。

1. 认识不到位

立德树人的概念具有丰富性与抽象性，这种丰富性与抽象性导致各级各类学校不能充分认识到立德树人的内涵，对目标体系与内容体系的建设、实现路径研究、评价体制考量、长效机制探索与建设规律的把握度不高。

在实践中，不少学校对立德树人的认识还只停留在名称上，对“立什么德”“树什么人”没有清晰的认识，对于“立德”与“树人”之间的关系也缺乏深刻的理解，导致学校在全面落实立德树人根本任务时工作往往流于形式，过于强调“才”的培养，忽略“德”的培育，无法真正触及立德树人的核心。一些学校与教师往往将立德作为班主任、德育教师或者思想品德与政治课的任务，在其他学科教学中忽视德育的要求和德育的体现。对立德树人认识不到位的还有一些家长，他们始终认为文化成绩高于一切，在对孩子的教育与指导中忽视思想品德与政治方面的引导和指导，导致孩子在学校中不注重德育方面的教育教学活动。

在新时代，各级各类学校必须深刻认识到立德树人的价值意义，使教育成为“立德”与“树人”并驾齐驱、相互融合的整体，在“立德”的过程中“树人”，在“树人”的过程中“立德”，最终培养出德、智、体、美、劳全面发展的社会主义建设者与接班人。学校必须真正认识到，立德树人是学校一切工作的根本任务，立德树人成效是评价学校一切工作的根本标准。

2. 教师专业能力有待提高

在社会多元价值取向的影响下，教师队伍的素质出现参差不齐的现象，主要表现为师德与师能的欠缺与冲突。

第一，教师重科研而轻教学。首先，教师因过于重视科研，教学能力没有得到相应提升，表现出教学能力弱的情况，这严重影响到教学的效果。其次，教师的学术功利倾向严重，有部分教师为了快速生产成果而出现学术不端的行为。究其原因，是教师没有认识到科研与教学是教师工作的两个重要方面，科研应促进教学，教学可促进科研，而不应该单纯关注某一方面。

第二，教师队伍出现师德欠缺现象。近年来，幼儿园多次出现虐童事件，中小学出现教师性侵学生事件，大学出现导师不让学生按时毕业或者侵犯女大学生等行为，这些就是严重的师德欠缺行为的表现。

究其原因，一方面是教师队伍道德素质不高，完全忘记身为人师应该具备的道德品质；另一方面是教师升职、晋升的压力过大，导致重视科研而无暇顾及师德。无论是高校还是中小学，教师评价都更加重视科研成果的发表与课题完成的多寡，师德评价成为一项“软任务”“虚指标”，出现“说起来重要，做起来次要，忙起来不要”的情况。另外，教师教学能力的评价方法大多是“等级评价”或“分数评价”，追踪评价较少，师德评价几乎得不到教师的关注。

3. 教育教学方式落后

学校在追求学业分数的导向下，缺少体现“以德为先”的教学创新，教育教学方式过于陈旧，严重影响到立德树人教育的成效。教学方式是教师为了达到教学目的，在教学原则指导下采用的一系列教学手段，如讲授、问答、讨论、作业等，体现教师个人的专业素养与能力。鉴于分数导向的考核体系，教师在教学中过于注重知识传授与技能技巧训练，忽视品德与道德方面的教学，忽视对学生的思想指导与价值观培育，包括爱国主义、集体主义、团队精神、奋斗精神等多方面的指导和教育。

根据皮亚杰（Piaget）的道德发展理论，在整个儿童时期和青春期，情感生活和理智生活总是平行的，而且情感、道德的发展与儿童认知、智慧的发展程度紧密相关，不同阶段的道德发展程度不同（见表 2－1）。因此，道德教育应根据学生的认知与智慧水平展开。如初中学生处于形式运算阶段，抽象的情感已发展起来，关心、同情与公道的公正感逐步形成，教学方式可以采用理论讲授与实践相结合的方式。而对于小学阶段的学生来说，学生开始形成初步的逻辑思维，对理论的理解不如初中学生，理念传授应以实践体验为主。

表 2－1　皮亚杰道德发展理论中各认知发展阶段的道德发展情况[①]

阶　段	智慧与认识的发展	情感发展	道德发展
感知运算阶段（0—2 岁）	客体稳定性，智慧达到完满水平	乐与愁等人与人之间的情感	
前运算阶段（2—7 岁）	表象思维与直观思维，不可逆性、无守恒性，自我中心	儿童对成人单方面的尊敬情感	他律或强制的道德，客观责任，服从的公正感
具体运算阶段（7—12 岁）	初步的逻辑思维，守恒性、可逆性与整体性	互相尊敬的情感	合作或自律的道德，主观责任，平等的公正感
形式运算阶段（12—14 岁）	抽象逻辑思维，形式运算的结合	对于理想等抽象观念的情感	关心，同情，公道的公正感

① 陆有铨. 皮亚杰理论与道德教育[M]. 北京：北京大学出版社，2012：35－83.

在高等教育中，同样存在道德教育、思想政治教育等教学方式陈旧的现象。思想政治课程教学中普遍存在说教与灌输，学科专业教学中忽视德育要求。高校德育和思想政治教育因教学方式单一，不仅不能取得预期教学效果，而且在一定程度上还会引起学生反感。大学生具有较强的独立自主意识，正在形成自己的人生观、价值观和世界观，教师必须采用丰富多彩的教学方式吸引学生、激发学生和打动学生，进行师生之间的互动，让学生在观察、学习、实践中思考，提高他们的思想觉悟和道德品德。高校在全面落实立德树人根本任务的过程中，必须要求教师改革与创新教育教学方式，将实践与理论结合，将书本知识与其他教育资源结合，将学生放在教学活动的中心位置，教学上要注重发挥先进人物的示范作用，真正把立德树人任务落到实处。

4. 教育评价实践存在困难

教育评价具有导向、鉴定、改进、示范、展示与激励、检查与监控的作用，旨在促进教育目标的实现，促进人的发展。在全面落实立德树人根本任务的过程中，教师与学生的评价制度僵化已成为当前阻碍立德树人根本任务全面落实的重要原因之一。

从学生评价角度来看，“唯分数论”与“唯成绩论”的现象仍然比较普遍，尤其在高中阶段更为明显。在促进评价方式改革，转变以学生成绩为唯一标准的评价方法上，尽管已经开始取得进展，但综合素质评价在实践中仍困难重重，考试方式仍以卷面考试为主，总结性评价仍占据重要地位，品德教育、身体素质与艺术素养等评价内容在实践中未受到充分关注，“唯分数论”等现象仍未得到明显改善。

从教师评价角度来看，教师评价的“唯论文论”“唯课题论”等现象也未有明显好转。师德评价是教师评价的重要组成部分，但在实施评价过程中，仍然存在评价内容以教学课时与科研成果为指标，未能呼应落实立德树人根本任务的要求。这种评价机制严重阻碍了师德师风建设，导致评价沦为职称晋升与奖金获取的工具，不能达到“以评促建”的初衷。

从学校评价的角度来看，升学率与科研成果仍然是学校评价的主要指标。2002 年，教育部发布《关于积极推进中小学评价与考试制度改革的通知》，对评价内容、评价方式、评价主体、评价模式等作了详细阐释，但是在实践中，升学率仍然作为学校评价与学校声誉的重要乃至唯一指标，学校评价改革没有取得实质性改变。同样，早在 1990 年国家教育委员会就发布《普通高等学校教育评估暂行规定》，指出学校评估应包括学校建设状况以及思想政治工作、人才培养、科学研究、为社会服务等方面，但至今，高等学校评价仍然主要关注科研实力、学校名誉、杰出校友数量、教师学历构成等。尤其是近年来，世界大学学术排名过于强调科学研究的比重，导致高校出现严重的重科研轻教学的情况。这种评价制度可以帮助大学了解自己在世界大学中的排名，有利于学校努力寻求办学水平的改进与提升，但是这种侧重科研指标的评价制度在一定程度上影响了立德树人根本任务的全面落实。

5. 社会文化环境的冲击

随着互联网技术与多媒体技术的发展，信息传播速度加快，人们获取信息的渠道变宽。这既给道德培育与人才培养带来了机遇，也带来了不少困难。2019 年 8 月，中国互联网络信息中心发布的第 44 次《中国互联网络发展状况统计报告》显示，截至 2019 年 6 月，中国网民规模达 8.54 亿人，手机网民规模达 8.47 亿人，网民使用手机上网的比例达 99.1%。① 从这一数据可看出，在信息化时代全面落实立德树人根本任务是一个不小的挑战。第一，新媒体的出现使信息获取方

---

① 中国互联网络信息中心. 第 44 次中国互联网络发展状况统计报告[R/OL]. [2020-07-08]. http://www.cac.gov.cn/pdf/20190829/44.pdf.

便、快捷、多元，但同时，各种各样的思想与价值观更容易传递与渗透给青少年，对青少年思想观念的形成产生不容忽视的影响，有些不良的思想与价值观可能导致青少年出现盲目追求个性、崇洋媚外、贬低传统文化等不良情况。第二，部分新媒体缺乏社会责任感，不负责任地传播错误与不良信息，如色情的、不健康的甚至反动的信息，诱导青少年误入歧途，轻则损害身心健康，重则出现违法犯罪等行为。青少年尚处于不能独立分辨是非的阶段，在各种文化与价值观念的冲击下，教育领域的立德树人工作开展更为艰难。所以，必须思考如何在信息技术背景下，为学校开展立德树人工作创造更多渠道与方式。

我国社会正处于转型发展之中，商业经济正在日益发展，社会和一些家庭中出现过度重视商业利益、经济价值、个人至上、金钱主义和实用主义等现象，忽视国家立场、社会价值、人文关怀、道德理性等美好品德的拥有与培养，这也直接冲击教育领域的立德树人工作。

此外，在全球化背景下，随着我国对外开放的深入，在全面落实立德树人的过程中，还需要时刻应对西方社会尤其是敌对势力、反动势力对我国青少年的负面影响。

二、全面落实立德树人的改革路径

为了实现教育现代化 2035 的发展目标，全面落实立德树人根本任务，中共中央办公厅、国务院办公厅发布了《加快推进教育现代化实施方案(2018—2022 年)》，把实施新时代立德树人工程确立为教育现代化的重点任务之一。[①] 除此之外，包括中共中央办公厅、国务院办公

① 新华社. 中共中央办公厅、国务院办公厅印发《加快推进教育现代化实施方案(2018—2022年)》[EB/OL]. (2019-02-23)[2020-07-03]. http://www.gov.cn/xinwen/2019-02/23/content_5367988.htm.

厅与教育部在内的多个部门发布了一系列文件，从体制机制改革、教师队伍建设、强化课程育人、考试评价改革等多个方面全面推进立德树人根本任务的落实。

（一）深化教育体制机制改革

教育体制机制改革一直是改革开放以来我国教育改革的重点、难点任务之一。例如，1985 年《中共中央关于教育体制改革的决定》发布，对基础教育、中等教育以及高等教育办学提出相应的改革意见，并要求充分调动党和政府、全社会和全国人民支持教育体制改革。这一文件为当代中国教育改革与发展奠定了重要基础，它不仅明确了中国教育发展的政府责任，更激发了中国教育发展的社会活力、实践活力和创新发展。

在新时代，为了全面落实立德树人根本任务，推进我国教育现代化的实现，中共中央、国务院及其教育部等政府部门出台了一系列政策文件，尤其是关于教育体制机制改革的文件，旨在深化教育体制机制改革，促进全面贯彻立德树人根本任务的落实。

2013 年，党的十八届三中全会通过《中共中央关于全面深化改革若干重大问题的决定》，就“深化教育领域综合改革”，提出“全面贯彻党的教育方针，坚持立德树人，加强社会主义核心价值体系教育，完善中华优秀传统文化教育，形成爱学习、爱劳动、爱祖国活动的有效形式和长效机制，增强学生社会责任感、创新精神、实践能力”的要求。显然，立德树人不只是政府或者教育部门与学校的事情，而是整个国家和全社会、各方面都需要共同参与的国家教育事业。该文件在深化教育领域改革方面强调：“深入推进管办评分离，扩大省级政府教育统筹权和学校办学自主权，完善学校内部治理结构。强化国家教育督导，委托社会组织开展教育评估监测。健全政府补贴、政府购买服务、助学贷款、基金奖励、捐资激励等制度，鼓励社会力量兴办教育。”①

2015 年，《教育部关于深入推进教育管办评分离促进政府职能转变的若干意见》发布，其中指出：“推进依法行政，形成政事分开、权责明确、统筹协调、规范有序的教育管理体制。”“推进政校分开，建设依法办学、自主管理、民主监督、社会参与的现代学校制度。”“推进依法评价，建立科学、规范、公正的教育评价制度。”②这一文件进一步明晰了政府、学校与社会应该承担的教育责任，鼓励有工作基础的地方积极开展改革试点，为全国深入推进教育“管办评”分离积累经验。由此，部分省市开始推进“管办评”分离试点工作，全国多个地区积极探索。青岛市推进学校自主权清单制度，从人、财、物等方面总结了 10 项清单，出台政府令《青岛市中小学校管理办法》，对长期以来存在的问题进行规范。2016 年 12 月，各地中小学开展学校章程建设，推进现代化学校建设。不过，地方政府与学校之间简政放权的意愿和改革力度不均衡，政府之间的关系不协调，学校章程存在同质化倾向等困难，导致学校办学自主权落实不佳。

全国各个省市都在推进第三方机构的建立，在政策制定、学校管理、学校评估、教师评估等方面引入第三方机构，充分发挥社会的教育力量。全国各地建立了专业性教育评估院，各类教育智库机构不断出现。上海市政府实施委托专业机构管理薄弱学校；重庆引入东北师范大学教育学部、重庆评估院、北京中资信达会计师事务所对学校进行专业评估。总之，第三方参与教育改革与发展的力量不断增加，成效也日益显现。

---

① 中华人民共和国国务院新闻办公室．中共中央关于全面深化改革若干重大问题的决定（全文）[EB/OL]．(2013-11-15)[2020-07-08]．http://www.scio.gov.cn/zxbd/nd/2013/document/1374228/1374228_3.htm.

② 中华人民共和国教育部．教育部关于深入推进教育管办评分离促进政府职能转变的若干意见[EB/OL]．(2015-05-06)[2020-07-03]．http://www.moe.gov.cn/srcsite/A02/s7049/201505/t20150506_189460.html.

2017 年 9 月，中共中央办公厅、国务院办公厅印发《关于深化教育体制机制改革的意见》指出，教育的内外环境、供求关系、资源条件、评价标准都发生了深刻的变化，破除教育体制机制障碍是全面落实立德树人根本任务，加快推进教育现代化，建设教育强国的有效路径。文件专门阐述了“健全立德树人系统化落实机制”的具体要求，其中包括：构建以社会主义核心价值观为引领的大中小幼一体化德育体系；注重培养支撑终身发展、适应时代要求的关键能力；建立促进学生身心健康、全面发展的长效机制。①

实践显示，教育领域的体制机制改革，有效地推动了立德树人系统化落实机制的建立，充分调动了全社会各方面力量积极参与围绕全面落实立德树人根本任务的教育改革实践，有力地凝聚了学校教育、社会教育与家庭教育在立德树人上的合力。

（二）聚焦教师队伍能力建设

教师不仅是全面落实立德树人根本任务的参与者，还是关键性角色。习近平总书记在全国教育大会上提出，坚持把教师队伍建设作为基础性工作来抓。这一思想也成为中国教育现代化发展的基本原则之一。

为此，2018 年中共中央、国务院发布了《关于全面深化新时代教师队伍建设改革的意见》，提出要“着力提升思想政治素质，全面加强师德师风建设”；“大力振兴教师教育，不断提升教师专业素质能力”；“深化教师管理综合改革，切实理顺体制机制”；“不断提高地位待遇，真正让教师成为令人羡慕的职业”。②

① 新华社. 中共中央办公厅　国务院办公厅印发《关于深化教育体制机制改革的意见》[EB/OL]. (2017-09-24)[2020-07-03]. http://www.gov.cn/zhengce/2017-09/24/content_5227267.htm.

② 新华社. 中共中央　国务院关于全面深化新时代教师队伍建设改革的意见[EB/OL]. (2018-01-31)[2020-07-03]. http://www.gov.cn/zhengce/2018-01/31/content_5262659.htm.

《加快推进教育现代化实施方案（2018—2022 年）》明确提出："加强师德师风建设，把师德师风作为评价教师队伍素质的第一标准，实施师德师风建设工程。"[①]主要内容是加强教师思想政治教育，创新师德建设机制，引导教师成为先进思想文化的传播者、党执政的坚定支持者、学生健康成长的指导者。

2019 年，中共中央、国务院发布了《关于深化新时代学校思想政治理论课改革创新的若干意见》，教育部等五部门联合印发了《关于加强新时代中小学思想政治理论课教师队伍建设的意见》，强调要配足配齐思想政治教师，提升思想政治课程教师的能力，健全思想政治教师评价与激励机制。

当前，我国在教师教育领域开始实施"公费师范生"新政策，旨在吸引优秀人才加入教师队伍，提高教师后备力量的水平。同时，各级政府继续高度重视在职教师培训，大范围开展教师"国培计划"和在线培训，实施教师教学技能竞赛活动。近年来，全国开展了"弘扬爱国奋斗精神、建功立业新时代"活动，遴选建设师德师风教育基地，实施"中国好老师"行动，组织创作影视作品和文学作品展示教师时代风貌，发挥典型引领和精神感召作用。在高等教育领域，学科与专业教师逐渐开始探索课程与育人的融合机制。总之，切实提高教师专业素质与能力，尤其是立德树人的素质与能力，成为我国教师队伍建设的重点。

在提高教师立德树人能力方面，各地还高度重视加强思想政治教师队伍建设，组织召开中小学思想政治课教师座谈会，促进中小学思想政治课在全面落实立德树人根本任务上的建设方法与经验的交流与分享。在高校，大力加强思想政治课教师与辅导员的各种专业培

---

① 新华社. 中共中央办公厅、国务院办公厅印发《加快推进教育现代化实施方案（2018—2022年）》[EB/OL].（2019-02-23）[2020-07-03]. http://www.gov.cn/xinwen/2019-02/23/content_5367988.htm.

训，旨在培养一支高质量、高水准的高校思想政治工作骨干队伍与辅导员队伍。教育部还发布了《关于全面落实研究生导师立德树人职责的意见》，要求导师提升育人意识，履行育人职责。

（三）大力推进"三全育人"

2014 年 3 月，教育部发布了《关于全面深化课程改革落实立德树人根本任务的意见》，提出统筹各学段、各学科、各环节、各力量、各阵地，重点推进学生发展核心素养体系和学业质量标准研究，修订课程方案和课程标准，编写与修订高校和中小学相关学科教材，改进学科教学的育人功能，加强考试招生和评价的育人导向，强化教师育人能力培养，完善各方参与的育人机制，实施研究基地建设计划，整合和利用优质教育教学资源，加强课程实施管理。[①] 文件从课程的方方面面提出改进的办法，旨在充分发挥课程的育人作用。

2016 年，习近平总书记在全国高校思想工作会议上指出："要坚持把立德树人作为中心环节，把思想政治工作贯穿教育教学全过程，实现全程育人、全方位育人。"[②]2017 年，中共中央、国务院印发《关于加强和改进新形势下高校思想政治工作的意见》，指出："坚持全员全过程全方位育人。把思想价值引领贯穿教育教学全过程和各环节，形成教书育人、科研育人、实践育人、管理育人、服务育人、文化育人、组织育人长效机制。"[③]"全员育人"要求全体教职员工都要成为"育人者"，其一言一行、一举一动都要履行育人之责，产生育人之效，实现育人无

① 中华人民共和国教育部. 教育部关于全面深化课程改革 落实立德树人根本任务的意见[EB/OL]. (2014 - 04 - 08)[2020 - 07 - 03]. http://www.moe.gov.cn/srcsite/A26/jcj_kcjcgh/201404/t20140408_167226.html.

② 新华社. 全国高校思想政治工作会议 12 月 7 日至 8 日在北京召开[EB/OL]. (2016 - 12 - 08)[2020 - 07 - 09]. http://www.gov.cn/xinwen/2016 - 12/08/content_5145253.htm#1.

③ 新华社. 中共中央　国务院印发《关于加强和改进新形势下高校思想政治工作的意见》[EB/OL]. (2017 - 02 - 27)[2020 - 07 - 04]. http://www.gov.cn/xinwen/2017 - 02/27/content_5182502.htm.

不尽责。“全程育人”要求将立德树人贯穿高校教育教学全过程和学生成长成才全过程，实现育人无时不有。“全方位育人”要求将立德树人覆盖到课上课下、网上网下、校内校外，实现育人无处不在。

目前，高等学校正在大力推进“三全育人”综合改革，将思想政治工作体系贯穿学科体系、教学体系、教材体系、管理体系，构建一体化育人体系。其一，努力提高高等学校思想政治理论课质量和水平，落实教学工作基本要求，实施课程教学方法改革项目与推广计划。其二，成立高等学校思想政治工作委员会，建设马克思主义理论学科国家级协同创新中心。其三，建立高等学校思想政治理论课程教材研究基地，加强学术体系、话语体系、教材体系等研究，提升教材编写水平。其四，加强思想政治理论课教师队伍建设，实施优秀教学科研团队支持计划，建设名师工作室等。2018 年 10 月，教育部公布了首批“三全育人”试点单位名单(试点单位包括 5 个省市、10 所高校、50 个院系)，推动实施高校思想政治工作质量提升工程，非试点高校也依据学校各方面情况开展立德树人实践探索。

2019 年 6 月，中共中央、国务院颁布了《关于深化教育教学改革全面提高义务教育质量的意见》，提出要强化课堂主阵地作用，切实提高课堂教学质量，注重优化教学方式，加强教学管理，完善作业考试辅导等，发挥课程的育人作用。① 思想政治课程是落实立德树人根本任务的关键课程、基础课程，也是培育和践行社会主义核心价值观的根本课程，而学科课程是在承担知识传授、技能培养的过程中渗透德育。同时，全面推动新时代中国特色社会主义思想进教材、进课堂、进头脑。充分挖掘思想政治教育资源，着力提升教材思想性、科学性、时代

① 新华社. 中共中央　国务院关于深化教育教学改革全面提高义务教育质量的意见[EB/OL]. (2019 - 07 - 08)[2020 - 07 - 04]. http://www.gov.cn/zhengce/2019 - 07/08/content_5407361.htm.

性,实现德育与思想政治理论课程教材课程目标一致,使课程内容呈现方式符合学生年龄特点。

2019年5月,教育部发布《关于印发2019年中小学教学用书目录的通知》,规定义务教育阶段道德与法治、语文、历史三门课程全部使用统编教材;高中教育阶段思想政治、语文、历史三门课程全部使用统编教材。① 教材是贯彻思想理念最好的载体,全面落实立德树人根本任务必须严把教材关,充分发挥教材的育人作用。

当前,中小学校与高等学校积极展开课程改革,充分利用各个学科、各个教师、各方资源,朝着全员、全过程、全方位育人的方向迈进。为了增强中小学德育的针对性与实效性,学校从中小学生身心特点和思想实际出发,改进德育方式方法,注重德育的循序渐进、因材施教与潜移默化。一是在语文、历史、政治等重要学科中渗透德育;二是实施学校美育提升行动,以美育人,保障开展美术课程教学,加强学校文化建设,美化校园环境,熏陶学生的艺术素养;三是加强劳动教育和实践育人,构建学科教学和校园文化相融合、家庭和社会相衔接的综合劳动、实践育人机制;四是追求文化育人,将学校文化体系建设纳入学校立德树人的督导评估体系之中。

总之,立德树人成效是检验学校一切工作的根本标准,正在成为教育实践。全员、全过程、全方位育人被广泛认可,课程育人作用开始显现。不断提高学生思想水平、政治觉悟、道德品质、文化思想,成为各级各类学校全面贯彻立德树人根本任务的实践目标。

(四) 增强考试评价育人功能

考试评价制度对学生学习、教师育人与学校办学起着“指挥棒”的

① 中华人民共和国教育部.教育部办公厅关于印发2019年中小学教学用书目录的通知[EB/OL].(2019-05-14)[2020-07-04].http://www.moe.gov.cn/srcsite/A26/moe_714/201906/t20190605_384649.html.

作用，是促进全面落实立德树人的重要手段之一。考试评价制度改革成为我国开展素质教育，深化教育改革与发展的又一重要抓手。

改革开放以来，国家一直积极推进考试评价制度改革，旨在通过制度建设规范学校办学，指导教师教学，引导学生学习和教育事业发展。进入新时代，考试评价制度改革的价值意义更为显现，建立与立德树人相一致的考试与评价制度，能更好地促进全面立德树人根本任务的落实，真正促进全体学生发展，促进全体教师职业道德和专业水平提高，实现中国教育高质量发展。这就是教育现代化发展的需求。

针对全社会高度关注的高考制度，2014 年底，国务院印发《关于深化考试招生制度改革的实施意见》，大力推进考试招生制度改革，其中提出的第一条原则就是："坚持育人为本，遵循教育规律。把促进学生健康成长成才作为改革的出发点和落脚点，扭转片面应试教育倾向，坚持正确育人导向，践行社会主义核心价值观，深入推进素质教育，培养德智体美全面发展的社会主义建设者和接班人。"这项改革的实施意见提出五方面改革任务和措施，包括：改进招生计划分配方式，改革考试形式和内容，改革招生录取机制，改革监督管理机制，启动高考综合改革试点。①

由此，2014 年全国启动了考试招生制度改革工作，旨在建立中国特色现代教育考试招生制度，形成分类考试、综合评价、多元录取的考试招生模式，健全促进公平、科学选才、监督有力的体制机制，全面促进育人质量的提升。

在高考改革试点上，2014 年上海、浙江率先进行首批高考综合改革试点，2017 年北京、天津、山东和海南等 4 个省市启动高考综合改

① 中华人民共和国教育部. 国务院关于深化考试招生制度改革的实施意见[EB/OL]. (2014-09-03)[2020-07-04]. http://www.moe.gov.cn/jyb_xxgk/moe_1777/moe_1778/201409/t20140904_174543.html.

革，2018 年河北、辽宁、江苏、福建、湖北、湖南、广东、重庆 8 省市公布高考综合改革方案。截至 2019 年底，全国已有 14 个省市启动高考综合改革。

2014 年教育部发布的《关于加强和改进普通高中学生综合素质评价的意见》提出，高中学生的评价内容包括思想品德、学业水平、身心健康、艺术素养与社会实践，要促进评价方式改革，转变依据学生考试成绩为唯一标准评价学生的做法。① 山东省在 2014 年下发的《关于推进基础教育综合改革的意见》中明确提出，评价学校和教师将不看分数看育人，引入第三方对学校的办学水平、校长办学业绩、学生体质和课业负担等进行评价。上海市提出“绿色学校”评价，旨在推进学校环境建设，建设学校环境可持续发展机制，保证学生的身心健康，实现学校全方位育人。②

2019 年 6 月，《国务院办公厅关于新时代推进普通高中育人方式改革的指导意见》再次强调，在完善考试和招生制度中，除将综合实践活动课程纳入综合素质评价外，国家课程方案规定的其他科目均实行合格性考试，考试内容为必修内容；优化考试内容，突出立德树人导向，重点考查学生运用所学知识分析问题和解决问题的能力；注重联系社会生活实际，增加综合性、开放性、应用性、探究性试题；逐步改变单纯以考试成绩评价录取学生的倾向，引导高中学校转变育人方式、发展素质教育。③

---

① 中华人民共和国教育部. 教育部关于加强和改进普通高中学生综合素质评价的意见[EB/OL]. (2014-12-16)[2020-07-04]. http://www.moe.gov.cn/srcsite/A06/s3732/201808/t20180807_344612.html.

② 山东省教育厅. 省委办公厅　省政府办公厅关于推进基础教育综合改革的意见[EB/OL]. (2014-12-30)[2020-07-04]. http://edu.shandong.gov.cn/art/2018/11/3/art_12044_7733154.html.

③ 中华人民共和国中央人民政府. 国务院办公厅关于新时代推进普通高中育人方式改革的指导意见[EB/OL]. (2019-06-11)[2020-07-04]. http://www.gov.cn/zhengce/content/2019-06/19/content_5401568.htm.

2020 年 1 月，教育部考试中心发布了《中国高考评价体系》与《中国高考评价体系说明》，明确提出将立德树人融入考试评价全过程，联通“招—考—教—学”全流程；高考从单纯的考试评价转化为立德树人的重要载体与素质教育的关键环节；评价理念由传统的“知识立意”“能力立意”评价转向“价值引领、素养导向、能力为重、知识为基”的综合评价；评价模式从主要基于“考查内容”的一维评价模式转向“考查内容、考查要求、考查载体”三位一体的评价模式。

显然，考试与评价制度在全面落实立德树人中的作用已经得到高度重视，改革计划已经开始付诸实践行动。

三、全面落实立德树人的未来展望

对照中国教育现代化的发展目标，全面落实立德树人根本任务只有进行时，没有完成时。未来，在建立中国特色社会主义教育现代化体系的过程中，还需在顶层设计、教师队伍建设、课程与教学改革、评价体系改革与协同育人体系建设等方面加强研究与实践探索。

（一）继续完善顶层设计

由于立德树人思想具有丰富性与复杂性，各级各类学校在落实过程中容易出现理解偏差，未能真正把握立德树人的内涵与本质，导致立德树人工作实效性不高。因此，需要继续完善顶层设计，支撑全面落实立德树人根本任务的实施与推进。

在政府层面，顶层设计主要是完善相关制度建设，理顺教育体制机制，建立全面落实立德树人根本任务的工作体系，为学校全面落实立德树人根本任务提供保障，为各级各类学校开展立德树人工作提供可参考的依据。具体来说，进一步加强立德树人思想体系研究，形成完善的、学校可参照操作的文本；进一步研制学校评价、教师评价等政策，充分发挥“以评促建”作用；进一步研制家校社教育共同体的融合、共建、共享机制，提升“育人”合力；进一步完善教育治理机制，充分发挥政府的领导作用，激发社会参与评价的动力，保证学校依法办学等；指导学校围绕立德树人在课程体系、教学内容、教学方法、教学过程与教学评价等方面作出系统的整体规划，充分调动教师、学生、家长与社会资源支持立德树人任务的全面落实。

在学校层面，学校应围绕全面落实立德树人根本任务做好校本设计。第一，中小学应该重点关注品德、语文、历史、艺术、体育等学科的育人作用，统筹配置这些课程的教材、教师、教学、考试等；第二，立德树人应该贯穿各门学科，贯穿教育教学的全过程，实现“全过程”育人；第三，学校应充分组织教育专家、管理干部、教研人员、一线教师、社会力量等资源，共同参与育人活动；第四，考虑课堂、校园、社团、家庭、社会等各自特点，合理发挥各自优势育人，真正做到全员、全过程、全方位育人。

总的来说，只有做好理论、政策与实践三个层面的顶层设计，深入开展立德树人的理论研究，及时地完善和充实政策保障，大胆地开展立德树人的创新实践，才能真正全面落实立德树人根本任务。

（二）持续提升师德师能

师德与师能是教师素养的两个方面。教师不仅要传授知识，培养学生智力与能力，而且还要培养学生的道德素质，促进学生全面发展。因此，教师不仅应具备先进的教育教学理念、学科专业知识与学科教学能力，更应具有坚定的理想信念、良好的道德水平。前者是师能，后者是师德，师德优先于师能。

一直以来，教育家都把师德作为教师素质的重要组成部分。汉代董仲舒把“三纲五常”作为教师职业道德的核心，同时又说“善为师者，既美其道，有慎其行”，即教师应具备良好的道德品质、专业能力与合适的言行举止等。在当代，当不良社会风气侵蚀教育系统时，良好的教师职业道德更是不能缺少的。教育部 2008 年修订的《中小学教师职业道德规范》规定，教师应具备爱国守法、爱岗敬业、关爱学生、教书育人、为人师表与终身学习等专业道德。[①] 教师必须具有良好的师德师风，才能做好教书育人的工作，培养具有坚定思想理念、爱国主义精神、勤劳爱奋斗的社会主义建设者与接班人。世界各国都非常重视师德与师能的培养，如芬兰强调“教师的德育专业化”与“德育教师的专业化”，值得学习和借鉴。

师德是根本，师能是保障，教师必须具备专业的教育教学能力，才能完成知识传授、道德教育的职责。而对于如何提高教师能力，建立具有高素质、高水平与创新性的教师队伍，需要从以下几个方面来努力：一要提升教师队伍的准入水平，提高教师队伍的素质基础；二要加强教师教育的专业知识学习与专业技能培养，牢牢把握好教师的“出口”；三要改进在职教师培训，基于教师需求提供必要的指导与培训，提高教师开展自我学习的意识；四是培养教师的终身学习能力，在人工智能时代，知识更新速度快，教师必须与时俱进，树立终身学习的理念，不断实现自我提高。

（三）深入推进学科育人

学科育人价值历来受到教育家关注。德国教育家赫尔巴特(Johann Friedrich Herbart)提出“教育性教学”原则，即“在教学的过

① 中华人民共和国教育部. 教育部　中国教科文卫体工会全国委员会关于重新修订和印发《中小学教师职业道德规范》的通知[EB/OL].（2008 - 09 - 01)[2020 - 07 - 04]. http://www.moe.gov.cn/s78/A10/s7058/201410/t20141021_178929.html.

程中，将知识传授与道德教育结合起来，教学如果没有道德教育，就是一种没有目的的手段；道德教育如果没有教学，就是失去手段的目的”。[①] 当然，学科育人不是仅仅强调学科的德育价值，而是强调学科在实现智育、体育、美育等方面价值时，也要渗透德育理念。学校推进学科课程育人，需要从以下三个方面下功夫。

一是充分发挥非德育学科的育人价值，如中小学要在语文、历史、地理、物理、化学等基础学科中体现德育。具体来说，历史学科中涉及的新中国史、爱国将领与为国浴血奋战的人物等都是开展爱国主义教育的最好载体；语文教材中提及的爱国人物、革命传统教育题材的文学作品等也可以培养学生的奋斗精神、爱国主义精神等。从国际上来看，美国将爱国主义理念教育深深植根于历史与英语课程中，学生需要学习美国历史、美国政治发展史、世界史、美国宪法、美国艰苦奋斗精神与为国奉献精神等内容，达到增强学生的民族自豪感的目的。总之，非德育学科是实现全过程、全方位、全员育人的重要载体，学校应充分发挥这些学科的育人作用。

二是高度重视德育学科课程建设。道德与法治（义务教育阶段）、思想政治（高中教育阶段）、思想政治课程体系（高等教育阶段）已经逐步系统设计学习内容，接下来学校必须做好这些课程的教学工作。在国际上也有类似的经验。新加坡针对公民道德教育编制了《好品德好公民》与《级任老师辅导课》两套教材，并辅之以品格与公民教育校本课、品格与公民教育指导单元，将德育内容螺旋式统整进课程及日常教学中。

三是改进课堂教学方式，增加实践课程。不管是德育学科还是非德育学科，都应根据学生心理发展规律与特点，采用互动式教学、生活

① 顾明远，鲁洁，王炳照，谈松华. 中国教育大百科全书（第1卷）[M]. 上海：上海教育出版社，2012：0121.

化案例等开展教学，保证学生乐于接受相应的思想教育，达到思想观念进头脑、进心灵的效果。另外，实践课程在道德教育中有着独特的效果，因为这不仅增强了学生的体验感与参与感，而且激发了学生学习的积极性与主动性，避免了强制性、灌输性的教学方式。如对大学生来说，可以组织他们参加军政训练、社会调查、生产劳动、志愿服务、公益活动、科技发明和勤工助学等实践活动，使大学生在社会实践活动中受到教育，增长才干，增强社会责任感。对中小学生来说，劳动教育、综合实践活动应继续开展下去，给学生提供理论联系实践的机会与平台。

总之，发挥学科育人价值，改革课堂教学方式，增加实践课程，是全面落实立德树人根本任务的又一重要环节。

（四）创新教育评价体系

习近平总书记在全国教育大会讲话中提到，要“健全立德树人落实机制，扭转不科学的教育评价导向，坚决克服唯分数、唯升学、唯文凭、唯论文、唯帽子的顽瘴痼疾，从根本上解决教育评价指挥棒问题”。[①] 教育评价体系是教育活动开展的“指挥棒”，关系到教育改革的方向的确定、党的教育方针政策的贯彻与教育生态的建设，因此，改革教育评价体系，克服“五唯”是全面落实立德树人根本任务最重要、最重大的课题。

第一，创新评价理念。评价要以学生的发展为中心，改变传统的“知识立意”与“能力立意”评价取向，转向“价值引领、素养导向、能力为重、知识为基”的综合评价取向。而教师评价、学校评价等都应以学

① 习近平. 坚持中国特色社会主义教育发展道路 培养德智体美劳全面发展的社会主义建设者和接班人[EB/OL]. (2018-09-10)[2020-07-02]. http://www.moe.gov.cn/jyb_xwfb/s6052/moe_838/201809/t20180910_348145.html.

生的全面发展为指向,促进教师的道德素质、专业水平得到提升,提高学校的办学环境与办学质量,服务于学生的全面而自由的发展。

第二,建立科学与完善的教育评价体系。教育评价的对象有学生、教师、学校、社会、政府等,针对不同的评价对象应制定合适的评价体系。在学生评价与教师评价上,道德与品德或者德育方面的评价不能再是“虚指标”,需要有科学的测量与评价方法。因此,必须加强对道德评价与德育评价的机制与理论研究,将评价的理论依据、评价标准、评价方法与评价结果等统整,研发具有可操作性的测量工具,使测量方法科学、数据信息可信、结果真实可靠,评价结论具有实践与指导意义。

第三,建立多元参与评价模式,并处理好各评价者之间的关系。多元参与的评价是现代教育评价发展的一个特点,教育评价不宜只是政府(官方)评价与自身评价,还需要充分发挥第三方评价的作用。虽然真正的第三方是否存在目前仍有争议,但是保持客观评价,实现“管办评”分离是目前教育评价发展的趋势之一。在多元参与评价的过程中,要充分关注被评价对象的状态及其特点,发挥“以评促建”的作用,而不是简单的“贴标签”。

第四,制定合理的评价指标体系。教育评价关系到教师、学校等个体或者机构的利益,在制定评价标准时务必考虑周全。基础教育阶段的评价不能只是关注“分数”与“升学”等显性指标,也要有关注学生身心发展方面的指标;高等教育评价必须重点克服“唯科研”“唯学历”“唯帽子”等情况,充分考虑高等学校的类型、层级与办学目标等的差异。评价指标要发挥引导作用,促进学校继续开展特色化与多样化建设,提升教师的师德师能,促进学生自由而全面发展。

(五)协同助力融合发展

教育无处不在,可以发生在学校、家庭与社会等各种场所。因此,需要充分发挥各自的优势与长处，形成教育合力，把学生培养成为合格的社会主义建设者与接班人，全面落实立德树人根本任务。

《中国教育现代化 2035》明确强调“更加注重融合发展”的理念，旨在推动教育向社会开放，促进产教融合、科教融合、军民融合，促进学校教育、社会教育和家庭教育的有机融合，促进人才培养与产业需求、创新需求之间的有效衔接，促进教育与经济社会的深度融合和协同发展。

全面落实立德树人根本任务是一项艰巨而长期的任务，需要从开放发展的理念出发，打造融合发展的育人模式。

第一，学校要坚守住育人的主阵地。学校实施有计划、有组织的教育教学活动，通过系统而规范的课程系统、科学而专业的教学活动，全方面全过程地实施教书育人。立德树人是学校工作的一切，要成为学校中每个教师工作的内容之一，而不只是德育教师或者班主任的工作任务。智育、体育、美育和劳动教育也要围绕落实立德树人根本任务展开。

学校要创造积极向上的校园环境与校园文化，努力实现环境育人和活动育人的目标；要科学地组织学生参与社会实践活动，让学生在观察社会和了解社会的过程中，树立正确的人生观、价值观和世界观。学校必须主动加强与社会、家庭之间的联系，发挥学校作为教育专业机构的作用，在学校教育、社会教育和家庭教育有机融合上承担积极协调者、协同者和组织者的工作。

第二，社会要发挥教育的作用。自古以来，社会都具有一定的教育功能，如原始社会的宗教仪式或者祭祀仪式就具有一定的文化传播和教育意义，对个体德行发展产生重要作用。随着社会发展，尤其在信息技术发展，社会教育资源日益丰富的时代背景下，教育活动愈加多样，影响个体发展的因素更为复杂。例如，社会转型发展中日益多元的社会价值观直接影响着每个人，知识性信息资源激增与开放性学习资源建设，也直接影响个体与传统的学校；这些影响有些是积极的，有些是负面的。全面落实立德树人根本任务，需要有良好的社会环境，社会需要发挥正向教育作用。

加强媒体的宣传与引导作用，营造良好的社会环境，是落实立德树人根本任务的有效路径。其中，在全社会培育和践行社会主义核心价值观，形成富强、民主、文明、和谐的中国文化，自由、平等、公正、法治的社会环境，是当前媒体最紧要的任务。社会各行各业尤其是各种文化机构与场所，要积极地参与社会主义精神文明建设，在青少年培育和践行社会主义核心价值观和成长成才上发挥应有的作用，如提供教育与学习资源、场所和教育者等。教育部与国有资产管理委员会联合启动“国企领导上讲台”，探索“开门办思想政治”道路，就是旨在形成全社会共同关心、支持、服务高校思想政治工作的机制与氛围。

第三，家庭在育人上有重要影响。习近平总书记在全国教育大会上的讲话中指出：“家庭是人生的第一所学校，家长是孩子的第一任老师，要给孩子讲好‘人生第一课’，帮助扣好人生第一粒扣子。教育、妇联等部门要统筹协调社会资源支持服务家庭教育。全社会要担负起青少年成长成才的责任。各级党委和政府要为学校办学安全托底，解决学校后顾之忧，维护老师和学校应有的尊严，保护学生生命安全。”①家庭是基本的社会单位，历来承担着教育下一代的任务，而且重视家庭教育是中国优秀传统文化，“家教”与“家风”就是家庭教育的重要形式。在西方，家庭教育的重要性也受到普遍认同，《爱弥儿》与《教育漫话》等教育著作都涉及家庭教育领域。

家庭育人可以从以下几个方面努力。其一，家庭成员要以身作

① 习近平．坚持中国特色社会主义教育发展道路　培养德智体美劳全面发展的社会主义建设者和接班人[EB/OL]．(2018-09-10)[2020-07-02]．http://www.moe.gov.cn/jyb_xwfb/s6052/moe_838/201809/t20180910_348145.html.

则、示范引领、成为榜样。孩子是父母的镜子，父母的生活、工作与学习等态度、原则与行为习惯对孩子发展产生直接影响，是孩子效仿的样本。其二，家庭要具有积极进取的学习文化与氛围，家长要成为全民终身学习的践行者，这不仅有助于家长自身的发展，更为孩子树立了学习的榜样。其三，家长要注重指导、帮助和引导孩子，向孩子讲述正确的价值观，如自律、诚信、正直、尊重、包容、责任等观念及其重要性，帮助孩子分析问题和学会选择。其四，家长必须具有一定的教养与教育知识，掌握一些科学育人的方法，注重说服教育，能够和声细语、谆谆教导、以理服人。简单武断、盲目奖励或者暴力体罚等都是不恰当的教育方式，要避免以追求考试高分数为唯一的教育目标。

第四，学校、社会与家庭要成为教育共同体。三者在落实立德树人任务方面各有侧重、各具优势，要在整体上产生合力，三者之间必须建立相互支持、相互沟通、相互帮助的合作机制。其一，在立德树人上达成共识，这是产生合力和融合发展的基础和前提。其二，建立信息互享的信任原则，这是融合发展的基石和关键。其三，形成适合每个学生发展的家校社三者合作的教育行动方案，将因材施教的原则体现其中，这是融合发展成功的需要。

第三章

建设高素质专业化创新型教师队伍

本章要点

建设高素质专业化创新型教师队伍，是中国教育现代化的重要战略任务之一。面向2035年的教师队伍建设，需要立足我国教师队伍建设经验与成就，准确把握教师队伍建设中亟须破解的问题，进行更多的战略部署，为未来各地方、各学校的教师队伍建设提出明确的努力方向和实践行动保障。

要树立良好师德师风，推动教师教育发展，为高素质专业化教师养成提供内在依据；优化教师队伍管理，提升教师地位待遇，从外部保障教师队伍的稳定；培养创新型教师，回应知识经济对教育及人才的要求。

面向2035年的教师队伍建设，需要直面当前教师队伍建设中的关键问题，如教师待遇和地位偏低而造成职业吸引力不够，教师队伍管理缺乏创新，教师教育一体化不足等，总结我国各地教师队伍建设的实践与探索，充分借鉴国际教师队伍建设的实践与经验。

必须坚持把教师队伍建设作为基础工作来抓，狠抓政策落实；坚持依靠教师，激发广大教师的奋斗精神与创新热情；坚持师德为先的导向，引导整个社会尊师重教；以信息化、国际化与制度化为抓手，为全面推进教育现代化积蓄教育中的人力资源。

一、教师队伍建设的进展与经验

近年来，我国颁布了很多与教师队伍相关的政策，对教师职业道德、教师管理机制、教师教育体系、乡村教师队伍建设等作出了规定。同时，党和国家不断强调尊师重教社会氛围建设的重要性，并对教师标准等提出期望。这些均为面向 2035 年的教师队伍建设提供了参考依据。

（一）教师队伍建设的主要进展

1. 党和国家高度重视教师队伍建设

兴国必先强师，为弘扬尊师重教的社会风尚，党和国家领导人身体力行诠释尊师重教的国家战略。习近平总书记在多个场合谈尊师重教，并对广大教师提出殷切希望。

在谈及教师的重要作用时，习近平总书记指出："今天的学生就是未来实现中华民族伟大复兴中国梦的主力军，广大教师就是打造这支中华民族'梦之队'的筑梦人。""教师是立教之本、兴教之源，承担着让每个孩子健康成长、办好人民满意教育的重任。"习近平总书记还身体力行，为全社会尊师重教作出表率。2013 年、2016 年到 2019 年，习近平总书记先后以致慰问信、实地看望慰问师生等方式，向广大教师致以节日的慰问，他说："全社会要大力弘扬尊师重教的良好风尚，使教师成为最受社会尊重的职业。""全党全社会要弘扬尊师重教的社会风尚，努力提高教师政治地位、社会地位、职业地位，让广大教师享有应有的社会声望，在教书育人岗位上为党和人民事业作出新的更大的贡献。"①

① 人民网. 向筑梦人致敬！习近平这样谈教师[EB/OL].（2019－09－09）[2020－07－04]. http://edu.gmw.cn/2019-09/09/content_33147266.htm.

习近平总书记对教师满怀期望。他提出“四有”好老师标准，做好老师，要有理想信念、道德情操、扎实学识、仁爱之心。他描述心目中的好老师是“要心无旁骛，甘守三尺讲台，‘春蚕到死丝方尽，蜡炬成灰泪始干’”，“教师不能只做传授书本知识的教书匠，要成为塑造学生品格、品行、品味的‘大先生’”。他希望教师要勇担重任，甘为人梯、注重师风。①

在谈及教师教育时，习近平总书记提出要加强教师教育体系建设，加大对师范院校支持力度，找准教师教育中存在的主要问题，寻求深化教师教育改革的突破口和着力点，不断提高教师培养培训质量。他还说：“要让全社会广泛了解教师工作的重要性和特殊性，让尊师重教蔚然成风。”②

2018 年，《中共中央国务院关于全面深化新时代教师队伍建设改革的意见》颁布，全面部署了新时代中国教师队伍建设的战略目标与具体任务，为建设中国特色社会主义教育体系的教师队伍指明了未来发展路线。其中突出了师德建设的重要性：“把提高教师思想政治素质和职业道德水平摆在首要位置，把社会主义核心价值观贯穿教书育人全过程，突出全员全方位全过程师德养成，推动教师成为先进思想文化的传播者、党执政的坚定支持者、学生健康成长的指导者。”③

2018 年教育部颁布《新时代中小学教师职业行为十项准则》，其中明确规定了师德底线，期望通过准则“引导广大教师努力成为有理想

① 人民网. 向筑梦人致敬！习近平这样谈教师[EB/OL]. (2019 - 09 - 09)[2020 - 07 - 04]. http://edu.gmw.cn/2019 - 09/09/content_33147266.htm.

② 人民网. 习近平对教师们有啥期望？[EB/OL]. (2015 - 09 - 09)[2020 - 07 - 04]. http://www.xinhuanet.com//politics/2015 - 09/09/c_1116514080.htm.

③ 新华社. 中共中央国务院关于全面深化新时代教师队伍建设改革的意见[EB/OL]. (2018 - 01 - 31)[2020 - 07 - 04]. http://www.gov.cn/zhengce/2018 - 01/31/content_5262659.htm.

信念、有道德情操、有扎实常识、有仁爱之心的好老师”。具体的十项准则为：坚定政治方向；自觉爱国守法；传播优秀文化；潜心教书育人；关心爱护学生；加强安全防范；坚持言行雅正；秉持公平诚信；坚守廉洁自律；规范从教行为。[①]

《教师教育振兴行动计划（2018—2020 年）》对师范生和在职教师培养作了进一步规定，培养师德为先的高素质专业化创新型教师队伍是教师教育的重要目标，教书育人是教师队伍建设的重要前提。计划中指出，要在师范生和在职教师中广泛开展中华优秀传统文化教育，注重通过中华优秀传统文化涵养师德，通过经典诵读、开设专门课程、组织专题培训等形式，汲取文化精髓，传承中华师道。将教书育人楷模、一线优秀教师校长请进课堂，采取组织公益支教、志愿服务等方式，着力培育师范生的教师职业认同和社会责任感。[②] 由此指明了未来进行师德教育的路径以及具体的开展方式。

坚持把教师队伍建设作为基础工作来抓，是《中国教育现代化 2035》的重要思想基础之一，建设高素质专业化创新型教师队伍是加快中国教育现代化的关键。总之，教师队伍建设政策已经成党和国家关注的重大事项之一。

2. 中小学教师管理改革取得新成就

近年来，我国在教师管理机制方面进行了诸多探索，有关教师编制、教师职称、教师资源配置等方面的诸多举措，均在稳步推进教师队伍管理优化。

---

① 中华人民共和国教育部. 教育部关于印发《新时代高校教师职业行为十项准则》《新时代中小学教师职业行为十项准则》《新时代幼儿园教师职业行为十项准则》的通知[EB/OL]. (2018-11-14)[2020-07-04]. http://www.moe.gov.cn/srcsite/A10/s7002/201811/t20181115_354921.html.

② 中华人民共和国教育部. 教育部等五部门关于印发《教师教育振兴行动计划（2018—2022 年）》的通知[EB/OL]. (2018-03-22)[2020-07-04]. http://www.moe.gov.cn/srcsite/A10/s7034/201803/t20180323_331063.html.

在教师编制方面，各地加大了编制统筹调配力度，正在建立健全省级统筹、市域调剂、以县为主、动态调配机制。“无校籍管理”概念在一些地方产生并推进，“县管校聘”正在成为教师编制动态管理的一种重要方式。一些地方在教师编制上，采用诸如周转编制、机动编制、购买工勤服务等方式，以解决县域城乡教师编制中的困难。教师与校长交流轮岗目前已经成为一种以制度化、常态化推进的举措，涉及不同形式，其中最普遍的是支教、对口支援、教育联盟、走教、送教下乡、优质教师轮岗等。

《中共中央国务院关于全面深化新时代教师队伍建设改革的意见》提出，未来将“逐步扩大农村教师特岗计划实施规模”；鼓励地方政府和相关院校因地制宜采取定向招生、定向培养、定期服务等教师教育方式；在提升教师任职学历方面，将逐步将幼儿园教师学历提升至专科，小学教师学历提升至师范专业专科和非师范专业本科，初中教师学历提升至本科，有条件的地方将普通高中教师学历提升至研究生。①

自 2013 年起，我国部分省市试行教师资格定期注册制度，在定期注册基础上，逐步建立完善教师退出机制。2015 年起，中小学教师职称制度全面改革，建立起了统一的五级职称序列，改变了小学与中学分开的做法，而且在原有职称体系中增设正高级教师职称。在任职资格上，坚持德才兼备、全面考核、突出教育教学实绩，并实施“师德一票否决制”。在教师职称评审上，完善了评审机构的人员来源范围，倡导评审委员会中重点引入实践经验丰富的一线教师和高水平教育教学专家，提升专家评审有效性与公信力，同时体现出向乡村及艰苦边远

① 新华社. 中共中央国务院关于全面深化新时代教师队伍建设改革的意见[EB/OL]. (2018-01-31)[2020-07-04]. http://www.gov.cn/zhengce/2018-01/31/content_5262659.htm.

地区教师、长期支教教师的倾斜。

3. 教师教育和教师待遇获得改善

建设高水平教师教育体系，是培养新时代高素质专业化创新型教师的基础。教育部《教师教育振兴行动计划(2018—2022 年)》高度关注了教师教育质量改进，计划旨在落实师德教育新要求，增强师德教育实效性；提升教师培养规格与层次，夯实国民教育保障基础；改善教师资源供给，促进教育公平；创新教师教育模式，培养未来卓越教师；发挥师范院校主体作用，加强教师教育体系建设的目标。具体措施包括：师德养成教育全面推进行动；教师培养层次提升行动；乡村教师素质提高行动；师范生生源质量改善行动；"互联网＋教师教育"创新行动；教师教育改革实验区建设行动；高水平教师教育基地建设行动；教师教育师资队伍优化行动；教师教育学科专业建设行动；教师教育质量保障体系构建行动等。此外，在教师教育机构方面，鼓励高水平综合性大学成立教师教育学院，设立师范类专业。[①] 提升新教师培养质量是整个教师队伍建设的需要，也是教育现代化发展的需要。

教师培训也日益聚焦质量与内涵发展，以促进中小学教师专业发展。在教师培训改革与发展中，高度注重推进信息技术与教师培训的有机融合，以技术促进教师学习，使技术素养成为教师专业素养的组成部分；将培训与教师的一线教育教学实践结合起来，提升培训针对性，解决教师遇到的真问题与新问题；从培训选择上，推行培训的自主选择，实行培训学分管理，建立学分银行；从培训机构与培训者角度，健全地方教师发展机构，建立专业的培训者队伍。此外，教师、校长等国培计划还在继续实施，以高质量的培训带领整个教师培训工作的开

① 中华人民共和国教育部. 教育部等五部门关于印发《教师教育振兴行动计划(2018—2022 年)》的通知[EB/OL]. (2018-03-22)[2020-07-04]. http://www.moe.gov.cn/srcsite/A10/s7034/201803/t20180323_331063.html.

展和实施。

提升广大教师待遇，已经成为重要的政策议题和行动内容。当前，我国正致力于健全中小学教师工资长效联动机制，力争用三年时间(2019—2021)解决义务教育阶段教师工资待遇问题，实现与当地公务员工资收入同步调整。据悉，目前教育部正在启动研究改革和完善教师绩效工资总量核定办法，通过提高奖励性绩效工资比例，降低职称在绩效工资分配中的权重，单列班主任岗位津贴，推动提高教师教龄津贴标准等方式，以提升教师工资水平。

对于备受关注的乡村教师，国家实施抓荣誉和树表彰，提高乡村教师地位与待遇，进一步促进乡村教师的教育责任感与使命感。当前，我国实施连片特困地区乡村教师生活补助政策，2013 年以来，中央财政划拨奖补资金 157 亿元，其中 2018 年 45 亿元，惠及中西部 725 个县 8 万多所学校 127 万名教师，补助最高的每月达到 2 000 元。北京、上海、浙江、广东、天津、辽宁、福建、海南等东部 8 个省市自主实施，总投入 62 亿多元，惠及乡村教师 68.8 万人。此外，还实施了乡村优秀青年教师培养奖励计划，2018 年起每年遴选 300 人，每人奖励 1 万元，将连续实施 5 年。同时，还建立了乡村教师荣誉制度，为在乡村学校长期从教教师颁发荣誉证书，截至 2018 年已发放 410 多万份。①

（二）教师队伍建设的有效经验

在建设高素质教师队伍方面，全国各地区进行了大量卓有成效的探索，积累了诸多可供参考与学习的有效经验。以下简要介绍部分社会影响力较大或已经被政府认可并提出推广的经验与方法。

① 人民日报. 中西部百万乡村教师生活补助提高，最高每月补助 2000 元[EB/OL]. (2019-02-26)[2020-07-04]. https://baijiahao.baidu.com/s?id=1626510400092881370.

1. 形成师德师风负面清单和报告制度

在师德师风建设方面，一些地方探索实施师德师风负面清单、师德个人报告制度等，推动师德建设制度化与常态化。

湖南省长沙市教育局于 2018 年制定、发布了中小学师德考核负面清单，将有偿补课、索要或收受学生家长礼金、操办和参加“升学宴”“谢师宴”、公开学生考试成绩排名并按名次排座位、体罚或变相体罚学生等均列入清单。凡有负面清单问题且情节较重的人员，年度考核不能定为合格及以上等次。此外，长沙市要求加强年级、班级微信群、QQ 群管理，严禁通过微信群、QQ 群违规收费和发布不当信息，严禁学校、教师通过微信群、QQ 群违规收费和收取家长礼金；老师和家长不允许在群内公布学生的成绩排名或可以对比学生成绩优劣的信息，不得发布对其他学生（家长）有不当影响的表扬信息等。[①]

山西省为了进一步加强师德师风建设，试行师德个人年度报告制度，2018 年起以各学校为单位，组织全体教师逐人进行了师德报告。其中，要求中小学教师报告在过往一学期，是否存在不遵守教学计划、“非零起点教学”行为，是否存在课上不讲，课后到校外培训机构讲的行为，是否存在诱导或逼迫学生参加校外培训机构培训的行为，是否存在组织或要求学生乱订教辅资料的行为，是否存在接受家长礼品礼金的行为。所有班主任须同时报告本班学生座位安排和调换规则。[②]报告制度将师德与教师问责联系在一起，有效地引发了教师对于师德底线行为的意识与关注。

---

① 中华人民共和国教育部. 长沙：建立师德考核负面清单[EB/OL].（2018 - 05 - 23）[2020 - 07 - 04]. http://www.moe.gov.cn/s78/A10/moe_601/201805/t20180529_337575.html.

② 中华人民共和国教育部. 山西将建立教师个人师德报告制度[EB/OL].（2018 - 03 - 12）[2020 - 07 - 04]. http://www.moe.gov.cn/s78/A10/moe_601/201803/t20180312_329677.html.

2. 创新教师编制与教师职称管理方式

在教师编制、教师职称等方面，山东、安徽等地进行了有益探索，[①]其中一些做法已经取得显著成效，另一些刚推出的政策也在实践层面取得良好反响。

山东省在国家编制政策框架内，强化顶层设计，坚持问题导向，从完备学段编制政策、细化中小学编制标准、完善管理机制、提高编制效益等方面入手，破解编制管理难题。在中小学教师编制管理的具体问题上，采取的策略包括以下几个方面。其一，完善编制配备标准，多渠道增加编制总量。对于不同类别学校（如达到标准班额数的乡村小学、教学点，教学改革任务重、育龄妇女较多的特殊学校等），分别设计不同标准核定编制，同时设立中小学临时周转编制，以满足学校的需要。其二，构建起中小学教职工编制管理逐级联动工作机制。按照“总量控制、统筹城乡、结构调整、有增有减”原则，建立中小学教师编制总量控制、动态调整机制。其三，实施“县管校聘”改革，提高编制统筹使用效益。通过强化县级统筹管理职能、开展跨校岗位竞聘、合理调配富余人员等措施，强化了教育部门对教师资源统筹管理的功能。

安徽省坚持控制总量、盘活存量、提高编制使用效率，按照“标准统一、动态调整、余缺调剂”的基本思路，建立全省统一管理、统筹调配的中小学教职工编制周转池制度，为中小学教师队伍建设提供可持续编制保障。具体的措施包括以下几点。其一，重新核定中小学教职工编制。以市、县（区）为单位，按照统一城乡中小学编制标准，核定中小学教职工编制，并对农村中小学实行倾斜。对规模较小的农村小学、教学点，按照班师比与生师比相结合的办法核算教职工编制。其

① 中华人民共和国教育部. 创新中小学编制管理　提高编制使用效益——山东省、安徽省中小学教师编制改革经验介绍[EB/OL]. (2019-04-17)[2020-07-04]. http://www.moe.gov.cn/s78/A10/moe_601/201904/t20190417_378467.html.

二，建立中小学教职工编制周转池。以设区市或县（市）为单位，在重新核算中小学教职工编制数基础上，采取区域统筹、保障急需、动态流转、定时段平衡的管理办法，按照不超过 5%的比例，建立中小学教职工编制周转池，用于保障临时急需和阶段性用编需求。其三，建立编制动态调整机制。强化省级统筹、市域调剂、以县为主的运行机制，形成全省一体、城乡统筹、余缺调剂、周转使用的中小学教职工编制管理新机制。其四，规范编制使用与管理。加强政策统筹协调，为特岗教师、公费师范生、定向培养计划生，以及学生减少较多但教师满编富余又确需招新教师的地区等，提供编制保障。

另外，义务教育阶段教师缺编现象在一些大中城市较突出。在编制数量紧张的情况下，部分地区实施了地方政策主导、地方财政支持招聘编外教师的改革举措。也就是，地方政府在教师编制以外通过公开的市场化方式，招聘新教师，按照合同约定方式支付报酬与管理，区别于传统编制管理。这些教师可以是个人自主报名参与，也可以是企业代表“投标”，采用劳务派遣方式向教育部门派出教师。这些编外教师与教育部门签订任教合同，除没有事业编制“身份”，享受城镇企业职工养老保险而非事业单位工作人员养老保险外，在薪资水平、职称评定等其他方面与有编教师同等待遇。最近成都等地正在探索的“两自一包”模式，是指地方政府将原属于教育部门的部分教师管理权力、人事部门的教师招聘权力与财政部门的经费使用权力下放给试点公办学校，从而实现学校管理自主、教师自聘、经费包干。

在教师职称改革上，山东省 2019 年颁布《关于建立我省基层中小学教师高级职称制度的通知》，其中包括五项内容。其一，设立专属基层的中小学教师高级职称。在基层中小学任教的教师，可根据自身条件自主选择参加中小学教师职称或基层中小学高级教师职称评审。其二，实行“定向评价、定向使用”。基层中小学教师职称实行评聘结合，仅限在基层中小学中聘用(任)。取得基层职称连续聘满5年，考核合格且按要求完成继续教育的，经中小学教师职称评审委员会考核认定通过后，可换发相同级别的中小学教师职称证书。其三，下放职称评审管理权限。将基层中小学教师正高级、副高级职称评审权限下放至设区的市，结合本地实际做好职称评审、证书发放等工作。其四，调整完善评审内容。坚持立德树人，把教书育人作为教育人才评价的核心内容，突出教育教学业绩评价，注重在基层教育一线的教师实绩与长期贡献。尤其对论文、科研成果等不作硬性要求。其五，完善能上能下用人机制。对课时量达不到规定标准的、考核不合格、达不到岗位要求的教师给予低聘或解聘。①

3. 推行师范院校为主的教师教育改革

在提升中小学教师质量上，广西、福建、广东等地从推动地方师范院校教育教学改革入手，创新人才培养模式，推动教师教育机构之间的协同联动发展。

广西实施以师范院校为主体的高校师范教育专业办学能力提升计划，在2012—2018年6年时间内累计投入近4亿元，重点建设20个教师教育基地，新建500余间实训室，改建400余间实训室，新增1万余套实验实训设备。目前，广西所有教师教育院校都配备了数字微格教室、教师基本技能训练室、教师语言训练室和远程教学观摩室，建设了7门国家级精品资源共享课、50门自治区级精品课程，组建了22个自治区级教学团队，师范专业办学条件明显改善。同时，广西着力加强乡村教师队伍建设，实施农村小学全科教师、县级中职学校教师、小学壮汉双语教师定向培养计划，优先满足深度贫困县和边境县教师

① 山东省教育厅.关于建立我省基层中小学教师高级职称制度的通知[EB/OL].(2019-07-30)[2020-07-04]. http://edu.shandong.gov.cn/art/2019/7/30/art_107055_7735951.html.

补充要求。[①]

福建省为促进师范院校安心、全心办师范教育，也采取了一系列措施。其一，在师范院校定位上，该省提出，师范院校要重点发展师范教育，师范类在校生原则上不低于三分之一，以市为主管理的本科高校要把保障基础教育师资培养作为办学重点之一。其二，在对师范教育的经费支持上，该省提出要加大对师范教育的支持力度，加强师范教育经费省级统筹。其三，在对师范院校的学科支持上，该省在《关于全面深化新时代教师队伍建设改革的实施意见》中，要求加强教师教育学科建设，支持师范院校申报教育硕士、教育博士授予单位及授权点。将具有博士学位授予权的教育学科纳入"高峰"学科支持计划，具有硕士学位授予权的教育学科纳入"高原"学科支持计划。其四，关于师范院校的招生，该省规定，改革师范院校招生制度，扩大学前教育、特殊教育及紧缺学科师资培养规模，研究生招生计划向教育类相关专业倾斜。其五，关于乡村教师的培养，福建省则提出扩大公费师范生培养规模，鼓励各级政府与高校联合公费定向培养"本土化"乡村教师和幼儿园教师。实施"卓越教师培养计划"，分类推进教师培养模式改革，提高师范生培养质量。其六，在具体的教师培养上，以实践为导向优化教师教育课程体系，强化师范生教学基本功和技能训练，且要求师范生教育实践不少于半年。[②]

广东省致力于打造教师教育共同体，创建国家教师教育创新实验区，打造相互依赖、相互支持、相互促进的教师教育共同体。2018年广东省教育厅召开的"新师范"建设工作推进会上，华南师范大学等11

① 中国教育报. 广西大力提升师范专业办学能力[EB/OL]. (2018-10-10)[2020-07-04]. http://www.moe.gov.cn/s78/A10/moe_601/201810/t20181010_350987.html.

② 中华人民共和国教育部. 福建加大师范教育支持力度[EB/OL]. (2018-09-26)[2020-07-04]. http://www.moe.gov.cn/s78/A10/moe_601/201809/t20180926_349894.html.

所本科高校获批为“广东省创建国家教师教育创新实验区”立项单位。实验区合作共建单位覆盖全省21个地级市，实现了教师教育工作主体的全覆盖。创新实验区建设周期为3年，通过合作共建，整合师范院校和地市的教育资源，着力实现形成教师教育校地发展共同体，显著增强师范院校服务中小学教育的能力，提高师范生培养质量，促进职前培养和职后培训一体化等4个目标，形成“新师范”建设合力。①

在提升教师教育能力上，教育部于2018年在宁夏和北京外国语大学开展人工智能助推教师队伍建设行动试点。为此，宁夏在人工智能助推教师队伍建设行动试点工作上实施了六大行动：教师智能助手应用行动；未来教师培养创新行动，在相关大学建立教师教育创新基地，与人工智能骨干企业或高水平师范大学联合建立实验室；教师智能研修行动，升级宁夏教师网络研修平台，探索建立教师发展测评系统；智能教育素养提升行动，遴选一批优秀校长和骨干教师，分别开展智能教育领导力研修和教学能力研修；智能帮扶贫困地区教师行动；宁夏教师大数据建设与应用行动。北京外国语大学的试点工作包括：建设一批智能教室，对高校教师进行智能教育素养培训，建立高校教师发展智能实验室，实现教育教学的智能测评和诊断，采集教师教学、科研、管理等方面的信息，形成高校教师大数据，建立教师数字画像等。②

4. 以切实改善教师待遇体现尊师重教

在提升教师福利待遇方面，有的省份在教师薪酬上下大功夫，有的省份则在让优秀的教育人才安心从教上花力气，相对偏远的省份在乡村教师福利待遇上作出了极大努力。虽然着力点不同，但总体上都

① 中国教育报．广东：建教师教育创新实验区[EB/OL]．(2018-06-04)[2020-07-04]．http://www.moe.gov.cn/s78/A10/moe_601/201806/t20180604_338162.html.

② 中国教育报．人工智能助推教师队伍建设行动启动[EB/OL]．(2018-09-03)[2020-07-04]．http://www.moe.gov.cn/s78/A10/moe_601/201809/t20180903_347027.html.

缓解了优秀师资短缺困境，或在一定程度上解决了本地教师生活中遇到的突出问题。

作为国家现代化建设先行示范区，深圳市十分重视教师待遇和报酬，力求以高薪和优待遇吸引高素质新教师加入。深圳一直严格落实国家和广东省关于“两相当”的规定，即县域内教师平均工资水平与当地公务员平均工资水平大体相当，县域内农村教师平均工资水平与城镇教师平均工资水平大体相当。通过几次大的工资制度改革和调整，教师收入水平一直在稳步提高中。据报道，该市龙华区公办学校 2020 年拟面向 2020 届应届毕业生招聘 400 名新教师，待遇包括：提供事业单位正式编制，年薪本科生 26 万元以上，研究生 28 万元以上，全日制博士奖励 20 万元，优秀毕业生奖励 3—8 万元，并为受聘者优先申请人才住房、长租公寓等。①

为加快推进教育系统人才引进及培育，河南郑州管城区高度重视、关心教师的成长和发展，在公租房分配时，从中预留一定数量，专门用于解决教师住房困难问题，为优秀教师尤其是青年教师解决后顾之忧。2018 年第一批 126 名符合申请公租房条件的教师拿到公租房钥匙。入住的教师主要包括通过人才引进的方式进入管城区教育系统的教师、省市名师、各级骨干教师、带头人等不同岗位的优秀教师。如，2018 年 7 月从北京师范大学毕业的一名教师，在入职还不到一年时间中，便由政府负责安排了公租房，解决了生活上的后顾之忧，使教师能全身心地投入到教育事业中去。②

福建省组织实施“乡村园丁关爱工程”，在同级教育部门预算中安排体检专项资金，组织乡村教师在县级以上医院体检，做好乡村教师

① 深圳新闻网. 2020 广东深圳市龙华区教育局校园招聘教师 400 人公告[EB/OL]. (2020-06-25)[2020-07-04]. http://www.sz95559.com/szjy/155247.html.

② 中国教育报. 郑州：首批 126 名教师住进公租房[EB/OL]. (2018-06-18)[2020-07-04]. http://www.moe.gov.cn/s78/A10/moe_601/201806/t20180620_340342.html.

重大疾病救助工作。在乡村教师补助方面，鼓励有条件的地方将偏远镇区所在地教师纳入生活补助对象。要将符合条件的乡村学校教师纳入当地政府住房保障体系政策，地处偏远、交通不便的乡村小规模学校应配建教师周转宿舍。要求各地出台差别化补助办法，不搞平均主义。此外，福建省还决定实施“一揽子”计划提升乡村教师地位和待遇。如实施乡村优秀青年教师培养奖励计划，在进修培训、职称评聘、表彰奖励等方面给予倾斜；实施乡村教师教育振兴行动计划，选拔培养一批全科型乡村小学教师。①

江西省为全面保障乡村中小学教师待遇，通过建立中小学教师平均工资水平不低于当地公务员平均水平机制，统筹义务教育学校实施绩效工资与当地公务员津贴补贴持平，完善农村教师工资经费保障机制等举措，全面保障乡村教师待遇，激励了更多的教师扎根乡村、服务乡村。该省出台相关政策，从制度层面保障乡村教师合法待遇。特别是《江西省乡村教师支持计划（2015—2020 年）实施办法》，明确了乡村教师可重复享受艰苦边远地区农村中小学教师特殊津贴、集中连片特困地区乡村教师生活补助、乡镇工作补贴等三项津补贴。按此项，符合规定条件的最边远乡村教师比县域内同等条件下的城镇教师每月至少可多得 1 200 元津补贴。② 这样极大提高了乡村教师收入。

山东曲阜充分利用本地文化资源，拟建立教师博物馆，发挥博物馆对公众的教育作用，宣传和传播教师积极形象。通过展示古代、近现代以及当代的中国教师活动的文字、图表、照片、影视、实物等文物资料，使公众了解教师职业的历史及其重要作用。同时，利用现代技

① 中国教育报. 福建：实施乡村园丁关爱工程[EB/OL].（2019-01-22）[2020-07-04]. http://www.moe.gov.cn/jyb_xwfb/s5147/201901/t20190122_367614.html.

② 江西省人民政府网站. 江西省全面保障乡村中小学教师待遇[EB/OL].（2018-07-02）[2020-07-04]. http://www.moe.gov.cn/s78/A10/moe_601/201807/t20180705_342098.html.

术增强互动体验感，立体展现中国历代名师名家风采，描绘教师职业、身份的变迁史，讲好感人至深的教师故事、教师品格。[①]

在国家层面，教育部于 2017 年正式启动了新时代教师风采公益广告征集活动，广泛宣传和展现新时代教师阳光美丽、爱岗敬业、无私奉献的良好形象，弘扬师道尊严，在全社会进一步营造尊师重教的浓厚氛围。2017 年 5—8 月，教育部教师工作司联合相关部门，面向全社会开展“当代教师风采”微视频征集活动。这些作品充分向公众展示了教师心灵之美、形象之美、职业之美，体现了新时代广大教师用实际行动践行有理想信念、有道德情操、有扎实学识、有仁爱之心的好老师要求，努力做学生锤炼品格、学习知识、创新思维、奉献祖国的引路人，为培养德智体美全面发展的社会主义事业建设者和接班人作出的积极贡献。[②]

（三）教师队伍建设的关键问题

中华人民共和国成立以来，伴随着政策支撑体系的不断健全与完善，我国教师队伍建设取得了举世瞩目的成就，已经建成一支数量基本充足，结构日趋合理，素质不断提高的教师队伍。然而，在面向 2035 年的教育现代化建设进程中，我国教师队伍建设还面临着诸多挑战，必须直面影响教育现代化发展的关键问题。

1. 教师职业吸引力不强

伴随着信息化的发展，近年来教师职业道德形象呈现出两极化状态，教师形象被“神圣化”与“妖魔化”，这对教师队伍的建设与发展是

---

① 新华网. 孔子故里山东曲阜将建设中国首座教师博物馆[EB/OL]. (2018 - 04 - 16)[2020 - 07 - 04]. http://www.moe.gov.cn/s78/A10/moe_601/201804/t20180417_333394.html.

② 中华人民共和国教育部. “当代教师风采”微视频评选结果揭晓[EB/OL]. (2017 - 09 - 01)[EB/OL]. http://www.moe.gov.cn/jyb_xwfb/xw_fbh/moe_2069/xwfbh_2017n/xwfb_20170901/sfcl_20170901/201709/t20170901_312863.html.

不利的。尤其是极少数违背教师职业道德准则与伦理规范的无德教师，使教师队伍整体蒙羞，影响了整个教师队伍的社会形象与职业地位。

在商业化与市场化背景下，一些教师存在职业道德认知偏差，没有确立起正确的道德认知，对是非、善恶缺少清晰的判断。一些教师对职业缺少积极的道德情感，对教学与学生表现出冷漠、偏狭、急躁、虚假等情绪，甚至存在着以罚代管、以罚代教的问题，不仅影响了学校的正常教学秩序，对学生的健康发展也产生了不良影响。个别教师在教书育人的修养方面还有待提高，在困难面前畏缩不前或表现出功利主义取向。这些都是师德师风有待改进与提升的问题所在。

当前，我国中小学教师队伍建设正面临的一个现实问题是，一方面，国家加大了教师队伍建设的力度和强度；另一方面，报考师范院校的优秀高中毕业生、选择从教的优秀师范生不多，教师职业吸引力问题不可回避。有研究表明，改革开放后，尤其是 2000 年以来，师范生生源质量并没有得到改善，教师行业仍难吸引优秀人才。教师行业收入平均水平在总体上低于卫生、社会福利、科学研究、技术服务等相关行业。① 实行绩效工资使中小学教师待遇总体有所提升，但未能发挥鼓励教师终身从教的作用，未能发挥吸引人才和稳定人才的作用，促进教师队伍建设的作用有限。

在城镇化进程下，乡村教师面临着巨大压力与挑战。从工作量角度考察，他们的教学任务繁重，工作量超负荷，职业满意度较低。学生群体中“留守儿童”多，使他们的心理压力与教育责任增大。同时，以城市教育为导向的教育改革，尤其是课程改革与教育评价方式，更使他们的压力、负担增加，新问题增多，导致职业成就感、幸福感不高。

① 张炜. 改革开放 40 年教师职业吸引力嬗变的循证研究——基于教师教育现代化视角[J]. 教师教育研究，2018(2)：29－36.

如何使乡村教师在数量和质量两方面都满足乡村教育发展的实际需要，是面向 2035 的教育现代化建设中亟须解决的重大课题。

2. 教师管理缺乏创新

城乡二元结构是我国社会的重要特征之一，教育发展中的城乡二元现象十分明显。教师管理仍沿袭传统的统一管理、计划管理和城乡区别管理等体系，难以适应新时代的发展形势。

以教师资源配置为例。目前，教师资源配置方式与教育发展实际不符，现行教师编制标准不仅存在城乡差异，而且存在着明显不符合城乡发展现状的情况。同类型学校在农村、县镇和城市教师标准上有别的政策虽然符合以往教育数量化发展的情形，但与当前教育内涵式发展、追求优质教育的新形势很不符合，与人口自由流动的社会环境、乡村振兴的国家战略和坚持以人民为中心的发展观等都不一致。在现行教师编制标准下，一些中小学校运转和发展的实际需要与人员编制数不匹配，尤其是广大农村地区。此外，受环境和经济发展水平影响，农村教师流向城市或者转行，客观上造成了农村教师队伍的短缺。相比于农村，优质教师更多在城市与县镇。

在教师准入条件上，我国于 1993 年开始实施面向社会的教师资格考试，为没有接受过系统教师教育课程培训但通过教育学及心理学考试的社会人员开启了从教大门，适应了当时普及义务教育发展的教师需求。这部分人通过了资格考试，但并没有接受过教师教育课程的系统培训。很显然，这种教师招聘方式与当今高度强调教师职前培养、高度重视教师专业化的新要求之间，存在不一致。我国 2011 年制定了《教师教育课程标准(试行)》，这不仅是对教师教育机构课程设置的要求，其实也是每个教师职前学习的系统内容。以往教师资格考试只能看成是当下教师准入的条件之一，而不是唯一。

在教师招聘上，公开招聘是教师人事管理的特点之一，价值意义重大。但是，实施公开招聘的方式在各地并不一致，需要进一步发挥教育部门，包括学校在教师招聘上的专业优势和责任意识，使教师招聘能够真正招到乐教且适教的教师。

教师队伍管理中的职称管理缺乏创新。中小学教师职称制度涉及职称结构、教师职责、任职条件、考核与评审等多方面内容，其中职称结构的政策性最强。当前，我国中小学教师职称在结构上存在着较为明显的各级职称结构比例不合理现象，没有体现教师职称作为一种资源优化配置方式所应具有的特点。如在高级职称教师比例上，不仅在各省之间存在明显差异，西部与中东部之间也有差距。此外，乡村教师和低学段教师中，高级职称比例也偏低。在中小学教师职称评核中，一些地方及学校存在评定标准不科学的问题，将学历、资历、论文等作为依据，对难以量化的育人工作内容缺少认真考虑，导致一些教师过分关注这些指标化的量度，忽视了真正有意义的教育工作内容。

教师考核评价也难以发挥问责与促进教师发展的功能。当前学校内部进行的教师评价，或流于形式只是简单地走过场，由学校为教师分配优秀、良好等不同等级，未能真正体现出教师的成就与贡献；或过分重视可量度、可见指标，其中最直接的便是考试成绩，教师评价被等同于考试成绩。忽视教师评价后对教师进行有方向性的反馈，难以使他们透过评价发现自己的问题与优势，在未来工作中提升个人的专业成长。

3. 教师教育一体化不足

一段时间以来，师范院校“去师范化”的现象削弱了我国教师培养体系的优势。在招生、经费、社会声誉等诸多利益的驱动下，包括高等学校过于关注排名竞争的压力下，师范院校纷纷“去师范化”，摘掉“师范”的帽子，努力成为综合型大学。与师范院校“去师范化”相伴，传统教师培养中如教育学、心理学、教学法、基本功、实习等体现“师范性”

的内容被削弱，学习内容上非师范的专业化与学术前沿类学科性课程则越来越多。这些均在不断削弱原有师范院校培养教师的优势，师范生实践能力弱化成为突出问题。

不仅如此，在提倡多元开放教师教育改革的背景下，我国教师培养机构中非师范教育机构数量不断增多，但这些机构主要以综合性地方院校为主，而不是期待的真正高水平综合大学的参与。从生源上看，受 20 世纪 90 年代末高等教育扩招、师范教育并轨收费和自主择业等影响，不同层次和水平的教师培养机构自身的生源质量也在下滑。之后的免费师范生培养计划并未得到有效实施，公费师范生培养计划还需要不断地调整。

当前，我国教师教育机构方面存在的最大问题之一是，职前培养与在职培训脱节，教师教育一体化尚未形成。师范大学、师范学院、师范学校与教育学院、教师培训学校、教师培训中心等两类机构合并，并未产生应有的效用、效应和效果。教师培养部门与教师培训机构在教师发展上仍缺乏有效的沟通和协调，在学习内容上缺少系统化安排，没有明确分工的意识与行为。

此外，在职教师的培训更多以一种自上而下的方式进行，缺乏教师的主动参与、积极参与、自主选择。自上而下的教师培训，很多情况下忽视了教师的实际需要，难以引发教师的兴趣，最终无法转化为真正的教师学习。教师培训的专业化、科学化与信息化还有待加强。

二、教师队伍建设的要求和目标

自 1949 年中华人民共和国成立之后，教师队伍在相当长一段时间里被纳入国家干部队伍之中。1993 年《中华人民共和国教师法》首次从法律角度将教师界定为“履行教育教学职责的专业人员”，由此奠定了教师行业作为专业的合法地位。近年来，伴随我国教育改革不断推进，教师专业发展与教师专业化问题不断凸显。国家不断出台教师政策，先后通过教师学历提升、教师资格考试、教师继续教育等方式促进教师专业发展，提升教师质量。

（一）高素质专业化创新型的要求

对于教师的专业化而言，至少包含着与地位、权利相关的外在诉求以及与教师知识、运用与伦理相关的内在向度，前者即教师专业化，后者则是教师专业发展的重要内容。从理论上讲，建设高素质专业化创新型教师队伍的目标，不仅内蕴着教师专业发展这一与教师服务相关的向度，也提出了促进教师专业化的外在保障。培养面向新时代的创新型教师是变革时代教师队伍建设的应有之维。

1. 高素质是专业的内在向度

在教育研究中，经典的教师专业性主要依据特质模式进行界定。特质模式的基本思路就是努力寻找一把标尺，用它可以将专业与非专业区分开来。而在传统的社会学研究中，经典的专业即医生和律师。透过对这两个专业的分析，不同研究者总结出能够将专业与普遍职业区分出来的各种特质体系。透过他们各异的界定，可发现，专业性涉及三个核心维度，即特殊的知识基础或共享的技术文化，以顾客需要为旨趣的强烈服务伦理，以及专业人士的自我管理。

在教师知识方面，需要具备专业的教育理论、专业知识与胜任工作的能力。[①] 其中，教育理念包括教育观、学生观、教育活动观等。在专业知识方面，教师需要具备科学与人文的基本知识与工具性知识，有关所教学科的专门性知识与技能，教育学科类知识。除此之外，教

① 叶澜.新世纪教师专业素养初探[J].教育研究与实验，1998(1)：41-46+72.

师还需有胜任教学工作的各种能力，最重要的如理解他人的能力，与他人交往的能力，管理能力和教育研究能力。

教师自主意味着在专业工作中，教师对本专业相关事宜拥有自主判断与行动的独立性，并对自己的行动负责。其中包括教育教学、学术研究、对学生进行指导评价和自身进修培训等方面的自主。教师在其受聘岗位上，有从事科学文化知识和品德方面教育教学的权利，同时也有根据课程标准要求，对教学内容、教学方法、教学环节与教学组织形式等进行改革的权利。在学术研究方面，对于中小学教师而言，他们有参与学术交流、加入专业学术团体并在其中表达学术观点的自由。在教师的指导评价权方面，中小学教师有根据学生具体情况进行因材施教以及对学生采取相应的表扬、奖励或批评、惩罚的权利。此外，教师自主还包括专业发展上的自主权，他们有参加专业学习的权利，并在参与进修或培训期间，享受与在岗教师相当的工资福利待遇。

就专业伦理建设而言，教师负有对社会、对他人、对自我的道德责任。他们的良好道德表现对社会道德建设起着积极的示范和正向引导的作用。同时，作为道德教育者，教师的道德直接构成和影响着显性教育内容的选择、安排与呈现。而在隐性课程层面，教师的道德品质与价值观念也会于教学及师生互动中体现，并通过道德示范作用成为学生人格完善或道德成长的重要条件。不仅如此，伦理也是教师专业发展的内在要求与重心内容，是教师作为专业人员所必须具备的专业准则。

面向 2035 年的教师队伍建设将师德建设放在重要位置，注重推进基于教师教育、教师发展、教师资格体系建立等的教师群体知能提升，同时关注教师的自主发展与政策参与。这些目标与方向，均为教师队伍提升内部的专业主义特性提供了清晰指引。

2. 用制度保障教师的专业化

通常情况下，专业的职业群体可以获得较多经济资源、较高社会声望与一定的政治地位。对于一个行业与职业而言，要实现专业化，外在制度支持与保障是必要的。

教师职业专业化或者说教师专业化，要在制度层面建立必要的支撑，使教师队伍成为受人尊敬、值得羡慕的行业，成为专业性强、无法替代的专业工作。这就需要提高教师的社会地位，突出教师对于社会、国家和民族的重要性，切实改善教师在公众心中的形象，形成尊师重教、尊重知识、尊重人才的社会风尚。促进教师专业化，也需要对教师教育与教师专业发展进行持续的鼓励与支持，改变师范教育体系，推进教师持续学习，以及建立相应的教师资格专业制度，使得教师队伍的整体知识基础得到提升，并由此提升内在的专业性。改善教师工资待遇，使教师享有较佳的收入与福利，过上体面的生活，这同样是教师专业化的题中应有之意。

面向2035年的教师队伍建设，明确关注了与以上教师专业化相关的各个方面，在教师管理制度、教师教育制度、教师福利待遇方面，均指明了清晰方向，并明确提出要提升教师的政治地位、社会地位与职业地位。这些均为教师队伍的专业化提供了有力的外部保障。

3. 时代变革需要教师的创新

当前，世界经济全球化和科学技术迅猛发展，正日益深刻地改变着人类的生产和生活方式。在以创新知识为基础的知识经济中，知识的功能从传统的创造、积累和传承文化变成创造资源、资本和财富。对于一个国家和民族而言，知识经济的全球化时代，更需要培养更多创新型人才。世界各国越来越重视教师的作用和价值。

创新教育与变革教学必须需要中小学教师的参与，他们是教育教学创新的主导力量，也是培养当今时代创新型人才的关键。教师能否成为新知识、新技术的重要传播者和创造者，在一定意义上直接影响着基础教育创新人才的培养。在“互联网＋”时代，随着移动互联、人工智能、云计算等新技术的发展，教师必须具有创新意识、创新精神、创新能力和创新行为。培养创新型教师，必须纳入教师培养与教师发展的体系之中。

创新型教师能够将信息技术应用于教学变革之中，科学运用信息技术，实现技术与教育教学的深度融合，提升人才培养质量。同时，信息技术也成为创新型教师发展与学习的工具与内容，成为教师专业发展的有效载体。教师可以在技术支持下获得新型专业发展，更好地完成传播知识、传播思想、传播真理、塑造灵魂、塑造生命和塑造新人的时代重任。

（二）新时代教师队伍建设的目标

教育现代化需要人才支撑，教师是从事教育教学工作的专业人士，他们的质量在一定程度上关乎 2035 年教育现代化目标达成的程度。在面向 2035 年的教师队伍建设方面，至少有以下四个目标。

1. 树立良好师德师风

师德师风建设历来是我国教师队伍建设的重中之重。在迈向教育现代化 2035 的过程中，必须继承并延续我国师德建设的优良传统，将提高教师思想政治素质和职业道德水平摆在建设高素质教师队伍的首要位置。在具体的师德师风建设中，至少有以下几个层次的目标。

其一，做“四有”好老师。在教师个体层面上，时刻牢记党和国家对教育与教师的期待，具备较强的个人政治意识与政治素养，承担个人的专业职责与使命，谨记个人作为教育者的道德责任。每位教师都应以德立身、以德立学、以德施教、以德育德。有理想信念、有道德情操、有扎实学识、有仁爱之心,是新时代教师发展的要求。未成年人正处于世界观、人生观不成熟的时期,在相互冲突甚至是偏颇的政治观点面前,他们还缺少一定的判断力。教师必须有坚定的政治立场,不把课堂作为表达个人政治观点的地方,避免造成学生不必要的观点混乱,甚至是在未全面了解政治之前便形成错误认知。同时,在求知过程中,教师要本着善的宗旨,探索课程、学科、学生发展等领域的知识真谛,求真知识,本着求真的态度,追寻对学生发展有益的知识体系。在施教过程中,教师一方面要谨记所教知识本身的道德价值,另一方面要注意个人道德风貌对学生的道德影响,注重个人的言传身教。如此,方可担得起为师之名。

其二,树立教师队伍的正面形象。在教师队伍整体层面,充分重视伦理及其规范的价值与意义,用道德引导专业队伍的建设,营造和维护教师队伍的良好形象。伦理与道德既是教师行业获得公众信任的基本依据,也是专业用以引导与约束成员的重要内容。任何专业都具备道德内核,并以实践标准的形式加以表述。在提升教师专业地位的过程中,教师行业人士也理应获得这种道德上的肯定,向社会及公众表明行业的道德立场与道德操守,获得公众的信任与尊重。师德师风关系到教师在全社会的形象,关乎立德树人这一教育根本任务的落实,关乎党的教育事业的发展。师德师风不正,将会严重损害人民教师的光辉形象和崇高声誉,必然给教育事业发展与改革带来不良影响。

其三,推进师德师风建设长效化与制度化。发挥制度对教师群体与个体道德的引导与督促作用。各级教育行政部门将师德评价列为评价教师素质的首位,透过建立科学规范的考核评价体系,基于多种方式对教师道德表现作出判断。同时,在教师聘用、职称评审、人才推荐、评优评先、年度考核、干部选任等方面,将师德情况作为考查教师的首要标准。对于触碰教师专业道德底线的行为，不论其知识与技能、团队合作、专业发展等如何，坚决实行“一票否决”。

2. 优化教师队伍管理

整体而言，我国已经基本形成适应教育发展的教师管理体制机制。但从地区与区域内部角度考察，教师配置方面还存在诸多问题。师资结构、教师准入与考评等相关制度有进一步改革的必要与提升的空间。面向 2035 年中国教育现代化，在教师管理体制机制层面，需要确立如下目标。

其一，探索形成更为合理的教师资源均衡配置路径与方式。合理配置教师资源，是推进教育现代化发展的重点工作之一。面向 2035 的教师资源配置，首先要加大教职工编制统筹配置和跨区域调整力度，实现诸如省级统筹、市域调剂、以县为主等路径。其次，教师资源配置更为灵活。要能够根据本地区县域内、城乡间、学校间、学校内、学科间的教育发展状态，从整体上盘活教师队伍资源，适应课程教学的需要。再次，教师资源配置动态优化。根据学生与学校数量的变化，动态调整区域、学校的教师总数与结构配置，避免出现各种师资错配与错位现象，从根本上保障教师资源配置供给及其优化。最后，教师资源配置具有创新性。探索教师身份多元化的方式，改变传统单一的“编制”概念，由“学校人”变成“系统人”“自由教师”“共享教师”或者“候选教师”等不同形式的“教师”，进一步扩展教师资源的政府统一配置、市场优化配置和教师自由选择等多元化的教师队伍建设路径。

其二，完善教师资格体系和准入制度。在教师资格政策上，逐步将修习教师教育课程、参加教育教学实践作为取得教师资格的必备条件，转变单一的资格证书考试方式。在教师准入方面，逐步提升教师准入的学历标准，依据教育行业和地区特点，逐步实现各类学校教师学历的提升。建立建全新教师招聘办法，探索职前培养、入职资格、招聘入职与在职管理等各方面的改革，使适合从教与乐于从教的人才进入教师队伍。

其三，健全教师职称和考核评价制度。在面向 2035 年的教师职称制度方面，各地应确立中小学不同职称教师的比例，依据教育人才结构比例、层次、年龄等，动态地调整中小学教师职称结构比例，畅通中小学教师职业发展通道。在教师岗位设置上，要根据学校特点，设立相关岗位及其管理制度，实现职称与教师聘用衔接。在教师考核评价中，要注重问责的发展功能，引导教师在评价基础上明确专业工作中的问题与进步空间，使评价成为既具有区分度又能促进教师成长的有效工具。

3. 推动教师教育发展

建设高质量的教师队伍，需要教师职前培养与在职工作的协同化与一体化。面向教育现代化 2035，要形成开放、协同、联动的中国特色教师教育体系，实现职前培养、在职工作与职业发展的有机衔接，推动中国教师队伍持续发展。

其一，建立中国特色教师教育体系。建立以师范院校为主体、高水平非师范院校参与、优质中小学(幼儿园)为实践基地的开放、协同、联动的中国特色教师教育体系。这意味着，首先要办好作为教师教育主体的师范院校，确保师范院校具有培养教师的动力和能力，从建立标准、增加投入、提升水平等方面，支持师范院校办好师范教育，培养出高质量的教师。同时，支持高水平综合大学参与教师教育，运用多学科优势，创新教师教育的课程体系与学习内容，培养知识宽厚、底蕴深厚的新型教师。

其二，推进教师教育的“三位一体”。在教师教育过程中，充分重视地方政府、高等学校与中小学(幼儿园)在培养教师上的各自优势，发挥政府在教师教育中制定政策的支持与引导作用，突出高等学校在教师培养上的专业优势与研究优势，重视中小学（幼儿园）在教师培养中的实践价值，形成三方联动、相互支持、相互补充的协同培养教师机制，促使教师既具备优良的师德师风，又具有称职的学科素养和专业的教学能力。

其三，实现职前培养与在职发展的有机衔接。教师教育不是阶段性的、终结性的，而是终身的。教师教育的终身性意味着教师的职前教育、在职发展是一个联动的进程，需要打破职前教育与在职发展两个阶段各自为政、相互割裂的局面，着眼于高素质专业化创新型教师的整个职业成长生涯，审视不同阶段发展的价值与重点，使各阶段在教师终身发展方面定位清晰、前后联通、互为支持。

其四，建立教师持续专业发展机制。这其中至少包括三层含义。一是推动教师终身学习。终身学习贯穿人生命始终，教师在职业生涯过程中，要从各种学习场所中进行学习和观察，更要在实践中注重主动学习、合作学习和反思学习。二是推动教师专业自主发展。努力扭转教师“被发展”的困局，突出教师学习的个体性与自主性，激发教师的创造性和创新性。三是不断提升教师适应教育改革发展和信息化、人工智能等新技术变革的挑战，成为具备创新意识与变革能力的新型教师。

4. 提高教师地位和待遇

教育发展，教师为本。2035 年的中国教师必须真正拥有崇高的社会地位和令人羡慕的职业待遇，教师职业在全社会具有普遍吸引力，教师普遍具有职业自豪感、职业认同感、职业幸福感，教师职业成为人人信任、人人敬佩、人人向往的热门职业。

其一，教师具有一定的政治地位与社会地位。全社会尊师重教成为现实，而不再是口号。提升教师的政治地位，要求各级党委和政府从战略和全局高度充分认识教师工作的极端重要性，通过强化保障，把教师工作置于教育事业发展中的重要支持战略。让教师多参政议政,使他们有机会作为专业的教育人士在相应政治生活中发声。进一步营造尊师重教的社会氛围,使全社会认识到教师工作的特殊意义与重大价值,从制度层面上加大对教育行业与教师职业的支持,使他们拥有一定的权力、声望与财富。当然,对于教师队伍而言,也要自觉维持行业的尊严与声誉,使教师成为人人信任的职业。

其二,完善教师待遇保障制度。提升中小学教师工资待遇,健全教师工资的长效联动机制,全面落实《中共中央国务院关于新时代全面深化教师队伍建设的意见》中的相关要求,进一步健全中小学教师工资长效联动机制,核定绩效工资总量时必须真正统筹考虑当地公务员实际收入水平,必须真正确保中小学教师平均工资收入水平不低于或高于当地公务员平均工资收入水平。

其三,优先发展农村教师队伍。农村教育一直是党和国家关心的重要内容,支持乡村教师发展,也是中国教育现代化发展中不可忽视的任务之一。面向 2035 的教育现代化,需要进一步落实农村教师队伍建设,实施农村教师各项支持计划,使广大农村教师成为新时代中国农村发展、乡村振兴和国家全面发展的重要力量之一。特别重视农村教师职业发展、工作生活等方面各项政策的全面落实,进一步吸引更多优秀人才到特困地区从教,促进教育公平、推进国家教育现代化整体进程。

(三) 借鉴教师队伍建设的全球实践

我国教师队伍建设中面临的一些困境事实上并非我国独有。诸如乡村或偏远地区难以招募教师,教师地位与待遇不高,教师教育质量参差不齐,难以招募优秀学生从教,学校教师员工数量无法满足学生需求等,是许多国家和地区致力于解决的棘手问题。当然,在解决这些问题上，也存在着一些可供参考的做法。教育现代化始终是在改革开放的背景下进行的，学习和借鉴国际上教师队伍建设的实践与经验，也是中国教育现代化过程中不可忽视的一个方面。只有在学习国外思想与实践的基础上，才能创造出具有中国特色的社会主义教育体系。

1. 打造教师崇高地位保障

日本教师的社会地位非常高，与医生和政治家等一样，他们被尊为“先生”，其意表明，教师作为长者更成熟与更有智慧。即使在学校以外，日常生活中人们也会称呼教师为“先生”。

日本教师的高地位在一定程度上还可以归因于教师被视为政府公务人员。日本的教师由他们所在市或者地方进行雇用，而不是由学校。作为政府公务人员，他们在行为水平上被要求高于普通公众，在教师职前培训时便会一直向他们说明，作为教师，在校内与校外，其行为均会受到同行以及大众检视。① 甚至当学生涉嫌法律问题时，警察最先联系的是教师而不是学生的家长。

日本教师的工资要高于公务员。日本教师的工资由政府统一制定，以避免各地教师工资不一。20 世纪六七十年代，日本教师工会曾经展开大规模的抗议活动，要求提升工资。自 1974 年起，政策增加了教师工资。此后，所有中小学教师的工资相比于与其有相同工作年限的公务人员高 10%，以此来吸引更多高质量人才进入教育行业。所有教师都会基于他们获得终身教职的年限而得到基本相同的工资，同时还会获得附加福利。② 1971 年，日本中央教育审议会发表题为《关于今后学校教育综合扩充整备的基本举措》的咨询报告，其中强调必须

---

① CANESTRARI, ALAN S, BRUCE A. MARLOWE. The Wiley international handbook of educational foundations[M]. New Jersey: John Wiley & Sons, 2018: 196 - 202.

② FACTS AND DETAILS. Teachers in Japan: skilled, respected and very busy[EB/OL]. [2020 - 07 - 04]. http://factsanddetails.com/japan/cat23/sub150/item831.html.

提高教师工资，以便让优秀人才积极选择教师职业。日本政府采纳了这一建议，并于三年后出台了《关于确保义务教育学校教职员人才的特别措施法》，明确规定义务教育教师工资应高于普通公务员。此外，由于中小学教师加班现象普遍，日本文部省还特别制定了《教师工资特别法》，确保教师能够获得标准工资 4%左右的加班津贴。①

鉴于日本教师的高社会地位、高工资、高福利及稳定性，教师职位考试的竞争非常激烈。申请教职的人员通常毕业于全国性大学或者优秀的私立大学。据 2005 年统计，在日本，申请中小学教职，大约 8.3 人中仅有 1 人通过。日本教师在通过地方考试后，将由地方教育部门分配到学校中去。结束一年实习以后，他们会被授予终身教职(当前日本亦在推行教师定期注册制度)。地方教育部门会安排教师每 3 至 5 年进行一次轮岗，以保证所有学生获得高水平的教育。

2. 实施教师专业伦理教育

在世界范围内促进教师专业化，并引入教学专业标准的背景下，作为专业教育重要构成的职前教师专业伦理课程，在一些国家与地区也越来越受重视。教师教育者认为，职前教师专业伦理课程至少在四个方面对未来教师至关重要：学习与了解教师作为专业人员的义务；促进教学中专业价值的实现；提升他们对专业背景中伦理议题的敏感性；帮助学生意识到教师专业性中包含的各项要求。故此，专业伦理课程以不同的方式在机构与项目中展开。

加拿大一项针对 40 所大学中 124 个教育学院系进行的研究表明，约 53%的项目中至少将一门伦理相关的课程作为必修内容。这些职前教师专业伦理课程有不同的名称，如“教师作为领导者：专业的角色”“学校与社会”“关键议题与政策”“作为专业人员的自我”，同时

① 徐洋洋，彭湃. 日本教育公务员制度：历史背景、问题和启示[J]. 外国教育研究，2019，46(9)：29-43.

“教育哲学”课程也是围绕教育伦理议题展开的。[①]

以加拿大安大略省为例，在其开设职前教师教育的 15 所公立大学教育学院中，设置专业伦理教育课程的情况见表 3－1。

表 3－1 加拿大安大略省大学教育学院中的教师专业伦理课程[②]

大 学	涉及的课程	主要构成	渗透在项目之中
布鲁克大学	专业性、法律与安大略教育者	安大略从教中的专业性、法律与原则	/
湖首大学	专业实践	民主与教育	教育伦理学渗透于课程为本的学科中
劳伦森大学（法语）	安大略二十一世纪学校教育规范与课程法	/	/
劳伦森大学（英语）	社会与法律议题	/	/
尼皮辛大学	教育的法律与社会基础	/	/
皇后大学	学校法律与政策	/	学校与课堂
特伦特大学	教育法律、伦理与专业行为	安大略教师的伦理与法律责任	基于课堂管理的理论与实践策略建构积极的学习环境
安大略理工学院	教育法律、政策与伦理	/	I：计划与准备 II：课程理论与实践； III：长线设计与评估

① MAXWELL B, TREMBLAY-LAPRISE A A, FILION M. A survey of ethics curriculum in Canadian initial teacher education[J]. McGill Journal of Education, 2015, 50(1): 15－37.

② SMITH K A, BECKFORD C, DANIEL Y, COBB C, SALINITRI G, ROLAND K, PETAHTEGOOSE P. Initial Teacher Education in Ontario: The first year of four-semester teacher education programs[C] // PETRARCA D, KITCHEN J. Initial Teacher Education in Ontario : The first year of four-semester teacher education programs. Canadian Association for Teacher Education, 2017: 243－262.

续　表

大　学	涉及的课程	主要构成	渗透在项目之中
渥太华大学(英语)	/	通过实践中的探究成为一名教师； 在专业实践中开展合作探究	/
多伦多大学渥太华教育研究所(文学硕士)	教育研习	/	教育研习 II
多伦多大学渥太华教育研究所(教学硕士)	专业性、伦理与法律； 中等教育问题	教学与学习的基本要素	反歧视教育
温莎大学	法律、伦理—学校治理	/	/
韦仁郭大学(原西安大略大学)	安全的学校； 社会基础	/	/
劳瑞尔大学	学校与社会； 专业学习研习班	/	/
约克大学	教育中的伦理与法律研究	/	/

从以上安大略省相关教育学院职前教师教育的情况看，主要透过两种方式促进候选人专业伦理成长，即专门的伦理课程，以及渗透在其他课程中的专业伦理教育。在具体的专业伦理课程中，通常会运用案例研究的方法，特别是研究有关道德困境的案例。近年来，也有项目倾向于提供一些个体化与高度描述化的教育实践，以使得未来教师能够思考教学的伦理向度，并使伦理教育走进学生的“内部世界”。典型项目如“建立伦理自我”，在该项目中，项目开发者不仅致力于帮助学生形成道德思考，而且促进他们对于自身生命的一种内在体悟。①

① MAXWELL B, SCHWIMMER M. Professional ethics education for future teachers: A narrative review of the scholarly writings[J]. Journal of Moral Education, 2016, 45(3): 354 - 371.

可见，以多样的路径，将专业伦理教育直接加入或渗透在职前教师教育中，至少在加拿大安大略省是一个受重视的议题。

3. 探索教师助手与社区为本的教师教育

英国、加拿大等国家和地区设置了“教师助理”这一职位（teacher assistant）［在不同地方有不同名称，如课堂助理（classroom assistant）、教师助手（teacher's aides）、教学助手（instructional aides）、专业人士辅助员（paraprofessionals）、教育者辅助员（paraeducators）等］，以减轻教师的工作压力，并更好地为不同类型的学生提供服务。

加拿大温哥华省的一些地区要求教师助理持有高中毕业证书，其他地区则要求至少有两年在学院中受教育的经历，或者是拥有准学士学位（专科毕业）。其中，拥有准学士学位或是高中文凭者旨在使教师助手具备开发教育材料、观察学生以及理解课堂中教师角色的能力。①

在加拿大温哥华省，中小学、幼儿园都会聘请教师助手，他们的工作一般包括如下内容：（1）强化教师的课堂教学，与学生以个别或小组的方式共同复习课堂上教师讲的内容；（2）强化学校与课堂规则，帮助塑造学生的适当行为；（3）帮助教师做一些日常记录工作，如学生的出席情况以及分数计算；（4）帮助教师准备上课需要的一些材料，或者是调试设备，如开电脑等；（5）帮助在课堂、课间休息、午餐时间以及研学活动中辅导学生。此外，一些教师助理会专门辅导学校中的特殊儿童，或者在学校中的特定地点如实验室、计算机室工作。②

最近一些年，一些国家、地区中的教师教育项目开始尝试实行一种“社区为本的教师教育”。其基本理念是在难招募教师的边远地区，培养“家中成长的教师”（home grown teachers），他们来自农村地区，

---

① CAREEREXPLORER. How to become a teacher assistant［EB/OL］.［2020-07-04］. https://www.careerexplorer.com/careers/teacher-assistant/how-to-become/.

② CAREEREXPLORER. What does a teacher assistant do?［EB/OL］.［2020-07-04］. https://www.careerexplorer.com/careers/teacher-assistant/overview/.

而且将长久待在农村地区。按照这种思路,一般的方法是招募高中毕业生定向进入大学,再回自己家乡工作,但事实表明,很多在外受过教师教育的学生不再愿意回归家乡。因而,在"社区为本的教师教育"项目中,进行了一些新的尝试,以培养愿意长期待在自己社区的专业人士。

加拿大西南部卡尔加里大学韦克隆德教育学院(Werklund School of Education)于2015年实施"社区为本的教育学士项目",允许学生以暑期面对面、进校课程与秋冬两季在线课程修读的方式来获得教育学位。其中,在暑期的两周课程时间内,学生进入大学中学习,与大学教师以及其他同伴进行学术、职业以及学生支持上的交流。两周大学内集中学习之后,这些学生将进行在线、互动式的合作学习。项目中还设计了在当地学校的实习工作,由社区中的教育者担任学生们的辅导教师,以使学生更为了解当地的文化规范与社区价值。据统计,截至2018年,该项目在3年时间内吸引了诸多来自乡村与偏远地区的学生。这些学生主要是年龄在30—35岁的女性,她们中大部分人都有自己的孩子,而且需要一份可以养家的工作。因为全日制项目显然不适合她们,而这种"社区为本的教育学士项目"只有假期课程,平日在线课程一般安排在16:30或18:00,学生可以在顾及家庭与原有工作的基础上完成学业,而且不受空间的限制,可以在家中进行秋冬季的线上学习。①

4. 完善教师教育的质量保障

国际上许多国家建立了针对教师教育机构与项目的质量保障体系。美国早在1998年《高等教育法案》中,便开始以规程的方式,要求各州按年度报告教师教育项目表现,以推动各州对教师教育质量的关

① EDCAN NETWORK. Community-based teacher education[EB/OL]. [2020-07-04]. https://www.edcan.ca/articles/community-based-teacher-education/.

注与提升努力。

2016 年，美国教育部对该法案进行了进一步修订，其中为各州明确了对教师教育项目进行质量问责的内容与规程。其中，明确建立了联邦—教育部—州—机构的四级质量报告体系，要求各机构以单个项目为报告单位，依托雇佣表现、学生学习结果、调查、项目特征等对各项目质量进行报告（见表 3－2）。

表 3－2　美国教育部教师教育质量评估指标①

指　标	表　　现
雇佣结果	(1) 新教师就职率（整体的与在高需求学校中的就职情况） (2) 第一、二、三年的教师留任率（整体的以及在高需求学校中的情况）
学生学习结果	(1) 学生成长 (2) 教师评价量度 (3) 各州确定的与计算学生学习成果相关的量度，包括学业表现，以及可以有效区分不同教师的量度 (4) 上述(1)(2)(3)三项的任意结合
调查	(1) 对教师的调查 (2) 对雇主的调查
项目特征	(1) 获得特定的认证 (2) 各州需保障项目培养的候选人：拥有内容与教育学知识；接受过高质量的临床实习准备；达到严格的教师候选人准出资格

与质量报告相关，联邦政府要求各州必须建立起与结果相关的问责后果体系，按照项目在指标上的表现，将它们区分为"低表现""濒危""有效的"三个水平，并建立与表现水平相关的奖励或惩罚措施。此外，对于被识别为"低表现"的项目，联邦政府还要求各州为其提供相应的技术协助，并提供相应的建议性指导，以促进质量提升。

① US DEPARTMENT OF EDUCATION. Teacher Preparation Program Reporting System[EB/OL]. [2020－07－02]. https://www2.ed.gov/documents/teacherprep/teacher-prep-reporting-guidance.pdf.

三、教师队伍建设的策略与建议

建设高素质专业化教师队伍，是中国特色社会主义教育现代化体制中的基础性工作，必须在继承教师队伍建设改革与发展中已经取得的经验与借鉴国际教师队伍建设实践的基础上，结合中国教育现代化发展的需求，扎根中国大地，加快教师队伍建设步伐。

（一）把政策落到实处

2018 年 1 月，中共中央、国务院印发《关于全面深化新时代教师队伍建设改革的意见》，提出“高素质专业化创新型”教师队伍建设目标。① 这是党的十九大以后党中央国务院出台的专门针对教师队伍建设的重要文件，具有里程碑式的意义。2018 年 3 月，教育部等五部门印发了《教师教育振兴行动计划（2018—2022 年）》，从师德教育、培养规格层次、教师资源供给、教师教育模式、师范院校作用五个维度提出五大目标任务和十大行动。② 2018 年 9 月，教育部印发《关于实施卓越教师培养计划 2.0 的意见》，旨在通过实施卓越教师培养计划，“培养造就一批教育情怀深厚、专业基础扎实、勇于创新教学、善于综合育人和具有终身学习发展能力的高素质专业化创新型中小学（含幼儿园、中等职业学校、特殊教育学校）教师”。③ 上述政策充分体现了“坚

① 新华社. 中共中央 国务院关于全面深化新时代教师队伍建设改革的意见[EB/OL]. (2018-01-31)[2020-07-04]. http://www.gov.cn/zhengce/2018-01/31/content_5262659.htm.

② 中华人民共和国教育部. 教育部等五部门关于印发《教师教育振兴行动计划（2018—2022年）》的通知[EB/OL]. (2018-03-22)[2020-07-04]. http://www.moe.gov.cn/srcsite/A10/s7034/201803/t20180323_331063.html.

③ 中国教育报. 教育部印发《关于实施卓越教师培养计划 2.0 的意见》[EB/OL]. (2018-10-11)[2020-07-04]. http://www.moe.gov.cn/jyb_xwfb/s5147/201810/t20181011_351107.html.

持把教师队伍建设作为基础工作”的精神。

1. 各级政府带头落实要求

各级地方政府必须以习近平总书记关于教师队伍建设的系列论述为指导，结合本地实际，切实落实国家关于教师队伍建设的系列新政策，扎实做好教师队伍建设各项工作。在实际工作中，尊重教师职业的专业性，重视教师教育的规律性，倾听广大教师的声音，调动并发挥广大教师积极参与教育改革与发展的积极性、主动性、创造性。以“真金白银”和“真心实意”制定保障教师地位的工资福利待遇政策，认真落实健全中小学教师工资长效联动机制，实现教师工资与地方公务员工资收入同步调整等相关要求，并切实付诸实践之中。在乡村教师队伍建设上，要健全相应的社会保障制度，形成乡村教师专门的准入和退出机制，同时，各地要在国家政策的统筹下制定与本地相适宜的乡村教师编制动态调整机制。各地要坚决落实将教师队伍建设作为国家教育现代化推进中重要领域来抓的任务，使之成为教育领域坚持以人民为中心思想的表现之一。

2. 每个学校抓好队伍建设

全面深化学校教育教学改革，其关键就是要投资于教师，相信和依靠教师，将教师队伍作为学校发展的根本。实践表明，教师才是学校改革与发展中的能动力量，只有赋权于教师，使教师成为参与和推动学校发展的主人，他们才会以一种积极、开放、智慧的方式全身心投入，在具体的实践中以创造性的方式真正承担起自身的专业责任。各级各类学校要以具体的措施和制度保障教师参与学校教育教学改革与发展的地位，推行学校管理与教育教学决策中的赋权，运用多种渠道提升教师参与专业工作的能力，在学校中以教师参与作为贯彻“人民当家作主”的方式，真正使教师在学校中有获得感、幸福感和安全感。

（二）体现师德为先战略

习近平总书记在全国教育大会上强调，做老师就要执着于教书育人，有热爱教育的定力、淡泊名利的坚守。这是对师德的精确概述。习近平总书记关于教师队伍建设一系列论述的核心之一，就是突出教师立德树人的职责，强调教师队伍建设必须坚持师德为先。

1. 师德为先是新时代的重要要求

《中共中央国务院关于全面深化新时代教师队伍建设改革的意见》中把“突出师德”作为五个基本原则之一，强调“把提高教师思想政治素质和职业道德水平摆在首要位置，把社会主义核心价值观贯穿教书育人全过程，突出全员全方位全过程师德养成”。① 教育部等五部门在《教师教育振兴行动计划（2018—2022年）》中也把“落实师德教育新要求，增强师德教育实效性”作为五大目标任务之首，并把“师德养成教育全面推进行动”作为十大行动的首要行动。② 这些要求都必须全面切实落实到实践之中，转化为教师队伍建设成果。

2. 师德为先是中国教师的特色

学高为正，身正为范，是中华优秀教育传统之一。师德为先在本质上强调的就是教师在品德上的以身作则和行为示范。所以，只有师德为先的教师培养培训，才能使广大教师率先成为践行社会主义核心价值观的先行者和示范者，才能使他们在学校教育中有效地传播社会主义核心价值观，培育广大青少年践行社会主义核心价值观，成为社会主义事业的建设者和接班人。

完善教师专业伦理教育，是落实师德为先的有力抓手。教师教育

---

① 新华社. 中共中央国务院关于全面深化新时代教师队伍建设改革的意见[EB/OL].（2018-01-31）[2020-07-04]. http://www.gov.cn/zhengce/2018-01/31/content_5262659.htm.

② 中华人民共和国教育部. 教育部等五部门关于印发《教师教育振兴行动计划（2018—2022年）》的通知[EB/OL].（2018-03-22）[2020-07-04]. http://www.moe.gov.cn/srcsite/A10/s7034/201803/t20180323_331063.html.

能否以合适的方式促进候选教师的道德成长，关乎未来教师队伍建设的道德底色。遵循师德为先的教师培养，一方面要求广大教师教育机构不仅要开设专业伦理课程，以多样的课程学习方式与方法，促进未来教师成为有道德的专业从业者，面对具体实践能够作出符合伦理的决策并采取相应的道德行动；另一方面，也要将课程思政落实在教师培养的各项活动与各个环节之中，培养未来教师的政治意识与政治素养，使他们具有立德树人的责任感与使命感。

3. 加强党建是师德为先的策略

加强学校党建工作和发挥教师党员的示范引领作用，是落实师德为先的坚实基础。坚持党对教育工作的领导，坚持社会主义办学方向，是新时代国家教育改革与发展的大政方针之一。师德为先体现了中国教师队伍建设的政治要求与思想要求。师德为先是对整个教师队伍建设的要求，更是对教育战线广大教师党员的要求。重视学校教师队伍的党建工作和教师党员的示范引领，应成为学校教师队伍建设的主要任务之一。

在师德为先的教师队伍建设中，才能进一步培养教师的职业认同感和社会责任感，注重传承中华师道，强化教育事业情怀，夯实教师专业素养。只有这样，建设高素质专业化创新型教师队伍才更有意义、更有价值。

（三）依靠教师努力奋斗

习近平总书记在2018年新年贺词中说，“幸福都是奋斗出来的”。广大教师要在国家教育现代化的进程中有所作为，必须辛苦耕耘和不断学习，勇于担当，勇于负责，切实履行立德树人的光荣使命，为培养德智体美劳全面发展的建设者和接班人作出贡献，不辜负党和国家将教师队伍建设作为基础性工作的要求。要实现“广大教师在岗位上有幸福感、事业上有成就感、社会上有荣誉感，教师成为让人羡慕的职业”目标，需要国家和社会的支持和关心，更需要广大教师自身的努力和贡献。

1. 教师以高标准要求自己

习近平总书记对广大教师先后提出“三个牢固树立”、“四有”好老师、四个“引路人”、“四个统一”“三传播”和“三塑造”等一系列重要论述与要求。在全国教育大会上，习近平总书记又对教师队伍建设提出新的更高要求，也对全党全社会尊师重教提出新的更高要求。人民教师无上光荣，每个教师都要珍惜这份光荣，爱惜这份职业，严格要求自己，不断完善自己。做老师就要执着于教书育人，有热爱教育的定力、淡泊名利的坚守。[①] 广大教师必须以这些高标准作为自己职业工作的追求与目标，以高标准驱动，以高标准对照，以高标准履行教师的时代使命和国家重任。

2. 教师发扬艰苦奋斗精神

进入全面建设小康社会决胜期，教育成为人民群众美好生活的需要之一。教育事业发展从数量扩张进入内涵式发展，建设公平而有质量的教育成为当务之急。每个青少年接受学校教育的出发点与追求目标不尽一致，个性化教育与个别化教学显得更为迫切。在社会价值观日趋多元的情形下，传播与培育社会主义核心价值观的责任更为重大。教育与学习的观念正在发生变化，不正确的教育观与学习观还较广泛存在，最典型的就是因课外补习而出现的“教育焦虑症”。这一系列的问题，迫切需要广大教师参与，不仅要在学校中、课堂内全面贯彻党的教育方针，展现教育公平，提升教育质量，还要积极参与社会教

---

① 习近平. 坚持中国特色社会主义教育发展道路 培养德智体美劳全面发展的社会主义建设者和接班人[EB/OL]. (2018-09-10)[2020-07-02]. http://www.moe.gov.cn/jyb_xwfb/s6052/moe_838/201809/t20180910_348145.html.

育，传播正确的现代教育理念与科学的人才观，为每个孩子的健康成长保驾护航、尽心尽力。只有教师发扬艰苦奋斗的精神，才能创造风清气正的教育环境。

3. 教师自觉提升能力水平

高标准教师并不只是指教师职业入职的高门槛，也意味着教师职业工作持续保持高水平。为此，广大教师必须用自觉意识和积极行动确保自身职业水平的高标准。在一个快速变化的世界中，每个教师都必须具有与时俱进的先进思想，有扎实而系统的科学知识，有丰富而多元的教学技能，有不断探索和改革的创新实践。只有这样，才能培养出新时代社会主义事业的接班人和建设者，也才能建设好中国特色的社会主义教育。因此，教师们不仅需要在个人的专业实践中透过阅读、行动、反思、改进等不同的方式提升自身的教育教学能力，也需要不断总结与梳理个人行动理论，并在共同体中交流与分享个人的行动之知，促进同行及共同体的成长。如此，教师队伍便可获得更多的源于实践、可供传播与复制、创造的真知。

（四）创新教师队伍建设

《中共中央国务院关于全面深化新时代教师队伍建设改革的意见》中指出："明确教师的特别重要地位。突显教师职业的公共属性，强化教师承担的国家使命和公共教育服务的职责，确立公办中小学教师作为国家公职人员特殊的法律地位。"①如何真正实现教师地位的提升和保障，显然需要新思路和新举措。

1. 确立教师职业地位的新认识

习近平总书记在全国教育大会上指出："教师是人类灵魂的工程

① 新华社. 中共中央国务院关于全面深化新时代教师队伍建设改革的意见[EB/OL]. (2018-01-31)[2020-07-04]. http://www.gov.cn/zhengce/2018-01/31/content_5262659.htm.

师，是人类文明的传承者，承载着传播知识、传播思想、传播真理，塑造灵魂、塑造生命、塑造新人的时代重任。”[①]显然，新时代的教师地位已经提到新高度。

因此，对教师的教育教学工作要有敬畏之心，对教师的职业地位要有尊重之意。教育改革并不是革教师之命，而是与教师合作，发动教师参与，共同改革教育实践，促进教师和学生的共同发展。

2. 以信息化加速教师队伍建设

近些年，人工智能、大数据、云计算等科学技术飞速发展，教育信息化成为教育现代化的重要方面。《教师教育振兴行动计划（2018—2022 年）》提出“‘互联网＋教师教育’创新行动”，[②]教育部《关于实施卓越教师培养计划 2.0 的意见》提出“深化信息技术助推教育教学改革”的举措。[③]

信息化作为教师队伍建设的关键，是要将教师作为主体的学习者与发展者，使教师在工作和学习的实践过程中，不断养成并发展其信息化素养、信息化技能、信息化思维与信息化实践。教师需要成为教育信息化的主力军，成为信息化教育的推动者。

3. 以国际化助推教师队伍建设

建设中国特色的社会主义教育道路，需要扎根中国大地和融通中外教育相结合。在当前日益开放而多元的全球化世界，非常有必要加强与国际教育界的交流与合作，学习国外先进的教育教学思想和

---

① 习近平. 坚持中国特色社会主义教育发展道路 培养德智体美劳全面发展的社会主义建设者和接班人[EB/OL]. (2018-09-10)[2020-07-02]. http://www.moe.gov.cn/jyb_xwfb/s6052/moe_838/201809/t20180910_348145.html.

② 中华人民共和国教育部. 教育部等五部门关于印发《教师教育振兴行动计划（2018—2022年）》的通知[EB/OL]. (2018-03-22)[2020-07-04]. http://www.moe.gov.cn/srcsite/A10/s7034/201803/t20180323_331063.html.

③ 中国教育报. 教育部印发《关于实施卓越教师培养计划 2.0 的意见》[EB/OL]. (2018-10-11)[2020-07-04]. http://www.moe.gov.cn/jyb_xwfb/s5147/201810/t20181011_351107.html.

经验。

改革开放 40 年教育发展成就中，既有我国自身的努力和创造，也有国外先进思想和经验的学习与借鉴。未来在教师队伍建设中，需要进一步加强“走出去”和“引进来”的力度，要让广大教师在异域的教育场景中能够实地观察、体验和学习，形成自身的教育思想和专业视野，在国际交流交往中介绍中国教育经验、讲出中国教育故事。这才是高素质专业化创新型教师的体现。

4. 以制度化支撑教师队伍建设

各项教师管理制度的改革与完善为科学化、均衡化的教师队伍建设提供了有力支撑。未来需要进一步完善教师资格考试和准入制度，建立“考育结合”的教师资格制度和严格的师范生遴选制度，并形成规范化的入职标准，由此把好教师队伍的入口关。同时，建立教师专项编制管理机制，实行中央统一领导，省级统筹、分级管理、专编专用的教师编制机制。此外，为解决部分地区师资紧张导致的大班额或者教师负担过重问题，在不占用学校编制的情况下，可以适当设立教学助理职位。

第四章

创新教学模式与变革学习方式

本章要点

创新教学模式和变革学习方式，是适应现代化教育要求和全面提升教育质量的关键。当前，教与学中存在课堂效率低、活动形式化、学生自主性与能动性不够、技术背景下情感交流不畅等问题。面对这些问题，要在借鉴国际经验的基础上，将立德树人作为教与学的根本任务，将“五育”并举作为教与学的重要目标，将改革创新作为教与学的变革动力。

中国教育现代化对教与学的变革内容作出新规定：一是推进现代化课程体系建设，完善国家课程、地方课程、校本课程等三级体系；二是创新课堂教学的关键环节，变革教学内容、手段、组织形式和评价方式；三是变革学习的主要内容，重塑学习理念，重建学习内容，重构学习方式。

以现代化新理念创新教学模式与变革学习方式，一是要聚焦以德为先与全面发展的教与学，培育社会主义核心价值观，贯彻落实全面发展要求；二是要迈向面向人人与终身学习的教与学，体现教育公平，发展终身学习的教与学服务平台；三是要着力于因材施教与知行合一的教与学，坚持以人为本和学以致用；四是要实现现代科学技术和教与学的融合，运用现代科学理论与信息技术促进教学发展。

发展中国特色世界先进水平的优质教育，要全面落实立德树人根本任务，完善教育质量标准体系，加强课程教材体系建设，创新人才培养方式，以及构建教育质量监测评估机制等。创新教学与变革学习方式是创新人才培养方式的有效途径，对于确保每一个孩子接受高质量教育，促进教育公平具有重要而深远的意义。

一、教育现代化的教与学要求及问题

教与学是教育现代化的要素之一。正确的、科学的、高质量的教与学，既是教育现代化的要求，也是教育现代化的内容。为此，需要以中国教育现代化思想与要求审视教与学的新要求以及当前面临的困难与问题。

（一）教育现代化的教与学要求

教育就是教与学的过程，教育现代化在本质上也是教学现代化。教与学必须体现以人的发展为中心的思想，体现面向每个人的发展，促进每个人的积极参与和实现人的最优发展。

1. 教与学中全面落实立德树人

2017 年党的十九大提出，要全面贯彻党的教育方针，落实立德树人根本任务，发展素质教育，推进教育公平，培养德智体美全面发展的社会主义建设者和接班人。① 2018 年习近平总书记在全国教育大会上再次提出关于教育的首要问题和根本任务的重要论断，阐述要深化

① 习近平.决胜全面建成小康社会　夺取新时代中国特色社会主义伟大胜利——在中国共产党第十九次全国代表大会上的报告[EB/OL].（2017 - 10 - 27）[2020 - 07 - 02]. http://www.xinhuanet.com/2017 - 10/27/c_1121867529.htm.

教育体制改革，健全立德树人落实机制。[①]

《中国教育现代化 2035》更是将“注重以德为先”作为推进教育现代化的八大基本理念之一。在“发展中国特色世界先进水平的优质教育”的战略任务中，进一步明确指出要全面落实立德树人根本任务，广泛开展理想信念教育，弘扬民族精神和时代精神，厚植爱国主义情怀；加强品德修养，坚持不懈弘扬社会主义核心价值观；增长知识见识，成为具有中国情怀和全球视野的人才；培养奋斗精神，不断提高学生思想水平、政治觉悟、道德品质、文化素养。[②]

为此，在创新课程教学与变革学习方式中，必须将立德树人作为教与学的首要指导思想和最终追求。在教与学之中，体现学校的德育工作要求与思想，把德育摆放在教与学的首要位置，培养和践行社会主义核心价值观，把“培养什么人”“怎么培养人”“为谁培养人”作为教学创新与学习方式变革的出发点和立足点。教师在教学内容设计、教学方法选择、教学评价使用等方面，充分注意德育的要求与融合，真正使教与学成为教育、指导和引导学生健康成长的实践过程，使学生不仅学会知识与文化，更学会成人成事。

2. 教与学中切实体现“五育”并举

中国特色社会主义建设进入新时代，培养德智体美劳全面发展的社会主义建设者和接班人，加快教育现代化建设，办好人民满意的教育，是中国特色社会主义教育现代化体系建设的目标。新时代的教育现代化赋予“德智体美劳”新的内涵与新的要求。

首先，将德智体美劳全面发展贯穿教育的各个领域，从学前教育、

① 习近平. 坚持中国特色社会主义教育发展道路 培养德智体美劳全面发展的社会主义建设者和接班人[EB/OL].（2018 - 09 - 10）[2020 - 07 - 02]. http://www.moe.gov.cn/jyb_xwfb/s6052/moe_838/201809/t20180910_348145.html.

② 新华网. 中共中央、国务院印发《中国教育现代化 2035》[EB/OL].（2019 - 02 - 23）[2020 - 07 - 03]. http://www.xinhuanet.com/politics/2019-02/23/c_1124154392.htm.

小学教育、初中教育、高中教育到职业教育、高等教育等，注重培养学生适应新时代要求的核心素养与关键能力。这具有重大的时代性、现实性意义。“五育”并不是某个学段的特殊要求，而是贯穿教育教学的各个阶段，具有一体化、全方位、各阶段的推进性。教学是实现教育目标和任务的主要手段和重要载体，需要建立与德智体美劳全面发展的教育相一致的教学系统，使教学更好地服务于全面发展教育的需要。

其次，在教育实践过程中，不能机械地将“五育”割裂，德智体美劳不能靠单一的、片面的教学推动发展，如通过开设德育课来培养德育，开设艺术课来提升美育，开设体育课解决体育等，而是要在整个教育教学过程中，让学生在德、智、体、美、劳五个方面都得到发展，真正实现人的全面发展。这对教师是一个极大的挑战，教师必须全面而正确地理解“五育”的各自特点及其相应要求，并在教育的过程中予以体现，还需要引导学生积极地学习、主动地学习和有效地学习。

最后，从过去的“德智体美”到新时代的“德智体美劳”，意味着国家对教育在现代化发展中的作用有了新的期待。劳动教育在新时代有了重要意义，要求发挥劳动育人的功能，加强学生生活实践、劳动技能和职业体验等方面的教育。很显然，教与学中也需要体现当代劳动教育的需求，培养学生的劳动精神、劳动品德、劳动方法和劳动能力。

总之，教与学要成为实现“五育”并举的重要方式。教与学并不是单一的、片面追求知识传授与技能培养的智育，而是要实现“五育”并举的全面发展教育的载体。

3. 教与学中积极实施改革创新

各级教育高水平高质量普及是实现教育现代化的重要基础。改革创新是提高教育水平与质量的关键手段，是教育现代化的本质要求，也是实现世界先进水平教育的重要途径。课堂教学创新与学习方式变革必须始终坚持改革创新思想，以改革创新课堂教学与变革学习方式。

教与学的改革就是要更新教与学的观念，创新教与学的方式，探索教与学的模式。随着基础教育改革的不断深化，个性化、差异化的教与学改革诉求愈发强烈，这势必要求多种多样综合的教与学改革。教与学的改革要适应新时代的需求，满足学生个性化的诉求，树立现代化的教育与学习理念；针对学生的个体差异，创新课堂教育与学习方式，为每位学生提供最合适的教与学方式；探索以人为本的多样化的教学模式，为学生提供多种多样的教学组织模式，培养学生的创新和实践能力。

《中国教育现代 2035》明确提出，要推行启发式、探究式、参与式、合作式等教学方式以及走班制、选课制等教学组织模式。[①] 深化教与学领域的改革，就是要创新这些多种多样的教学方式、学习方式和教学组织模式。信息技术的进步推动了人才培养模式的改革，也给教育带来了更加便利的教授知识和获取知识的方式。为此，教与学的方式必须适应时代的变化，适应科学技术的进步，必须探索实现多媒体交互式教学、远程教学、网络学习等新形式，满足不同个体的不同学习需求。教育现代化要求教育教学中利用虚拟现实和增强现实技术等新型技术，建设智能学习空间和学习体验中心等，推进场景式、体验式、沉浸式学习，培养学生的学科核心素养，激发学生的创造和实践能力。

在教与学的改革创新中，必须建构现代新型师生关系，要在师生平等的基础上，更好地促进共同学习、共同成长的教学相长。现代教师必须具有不断学习的精神与态度，包括向学生学习的思想。教师了解、尊重和认可学生，其关键是要有向学生学习的认识和行为。

---

① 新华网. 中共中央、国务院印发《中国教育现代化 2035》[EB/OL]. (2019 - 02 - 23)[2020 - 07 - 03]. http://www.xinhuanet.com/politics/2019 - 02/23/c_1124154392.htm.

（二）教与学中存在的主要问题

教与学是学校教育的中心工作之一，是促进学生全面发展的基本途径。现代课堂发生了翻天覆地的变化，改变了传统课堂中教师“大一统”的局面，学生有更多的参与。改革开放以来，课堂教学的改革从未间断。但是，由于应试教育的根深蒂固，高考“指挥棒”的导向，再加上教育资源短缺、教师素养局限等问题，教与学的改革出现课堂效率低，教与学的活动流于形式，部分学生缺乏学习自主性，过分依赖技术，师生缺少情感交流等种种问题。

1. 课堂效率低，活动形式化

传统教学改革在高考“指挥棒”下，总摆脱不了片面追求升学率的误区。“唯分数是从”，大幅度提高学生的分数，才会得到各方的追捧，才似乎是成功的教学改革。传统课堂大部分采用“填鸭式”教学，一味追求所谓的教学效率，忽视了教学的创新性和学习的自主性，使得学生产生厌学情绪，反而导致低效率的课堂。21 世纪以来，新课程改革声势浩大，伴随着新技术追求现代高效的课堂。但如今课堂中，效率更高了吗？现代课堂的一节课真的比传统的一节课更有效率吗？其实不尽然，大量的低效课堂，过分依赖技术的低效、无效教学，学生的被动、应付学习，依然屡见不鲜。

过分技术化也是目前课堂教学的突出问题。部分教师把现代教育技术设备当成提高课堂教学效率的“法宝”，过分追求课堂信息多元化，借助信息技术过分加快教学进程，使学生在课堂学习中应接不暇，严重影响学生的学习兴趣，降低了学习积极性，最终影响教学的质量和效果。更有甚者，在课堂教学中使用“炫酷”的信息技术，忽视实质的教学内容，使得教学内容流于形式，为了运用技术而教学，而不是为了教学使用技术辅助，不但没有真正提高课堂效率，反而本末倒置，严重影响教学质量。

还有过分设计化的课堂，即课堂中充斥着大量提前“精心设计”的教学活动。教师为了体现课堂的现代性，体现对学生自主能力发展的尊重，设计了各式各样的探究活动，有些起到很好的效果，可有些则并不如意。有些学校为应付上级领导的检查，硬性规定教师的课堂教学中必须有活动，如探究活动、小组合作活动以及任务单等。教师为达到要求，设计的教学活动往往缺少“灵魂”，只有形式内容，没有实质意义，纯粹为了活动而活动。这导致大量教学时间被浪费，学生并没有真正从教学活动中得到成长。学生的学习只是为了配合教师或学校的需要，生搬硬套，完成各种小组合作学习单、自主探究单等。真正有效率的课堂教学，必须设计贴合的探究活动，让学生在自主探究或合作探究中，自然而然地增长知识，自主发展各种能力。

2. 学生自主性与能动性不够

在传统教学中，教师为中心，教师是课堂教学的中心，以教师讲授为主，学生往往只是被动的知识接受者，这种教学手段就是“灌输”，是无视学生个体差别的集体统一教学。在这种教学环境中，学习几乎是没有个体自主性、能动性的活动，也不可能培养和激发学生的能动性与创造性。针对此现象，现代课堂要求改变“以教师讲解为主”“学生被动接受”的灌输式教学，要求由学生成为探索者，教师充当引导者。这种教学改革理念，尊重学生个体的特点，顺应学生的发展规律，强调学生的主体性、自主性与能动性。

教育本质是追求人的自我完善，让学生学会学习，最终使学习者具备终身学习和持续发展的能力。教师在课堂中的教要与学生的学有机结合，从不和谐的互动合作逐步走向和谐的合作生产。学生要逐渐从被动到主动，从默默接受到积极探索，从学习的低级阶段向高级阶段迈进。目前，传统的教与学还留下很多灌输式教学的烙印，学生还处于缺乏自主性的教育教学活动之中。在现代化的教与学的过程中，教育者们要自我反思“教师真的放手了吗？”“学生真的自主学习了吗？”“学生有多大程度上的自主呢？”等问题。在当前“应试”尚未真正改变的氛围下，仍旧有部分教师的教与学生的学只是表面上的自主，并没有实质性改变。

3. 技术引进忽视了情感交流

随着信息技术的迅猛发展，教育现代化发展还体现在教育技术的广泛运用上。早在 2010 年，《国家中长期教育改革和发展规划纲要（2010—2020 年）》指出“信息技术对教育发展具有革命性影响”。[①] 2018 年，教育部启动“教育信息化 2.0 行动计划”，提出“将教育信息化作为教育系统性变革的内生变量”，通过技术与教育教学的融合创新促进教育的变革。[②]

但在现实的教学中，过分依赖技术，忽视人的情感交流的教学屡见不鲜。例如，为体现教育现代化，体现学校硬件设备现代化，有些学校明确规定教师在教学中必须使用多媒体课件，甚至将课堂中技术使用的“先进”与否，作为评价一节课是否优秀的关键性因素。这导致部分教师挖空心思将技术手段“硬塞”进课堂教学，而忽视教学内容本身。同时，过多的技术手段使得教师手忙脚乱，一直思考技术操作，而不是教学活动本身，进而加剧了教师对学生的忽视，缺乏必要的师生间人际交流与互动。现代教育技术应用成为教学的一种“装饰”，体现“重表演”之嫌。教学中师生的“轻交流”，不利于学生思维和创新能力的培养，与传统方式相比，并没有实质性体现现代技术的教育作用。

---

① 中华人民共和国教育部. 国家中长期教育改革和发展规划纲要（2010—2020 年）[EB/OL]. (2010 - 07 - 29)[2020 - 07 - 03]. http://www.moe.gov.cn/jyb_xwfb/s6052/moe_838/201008/t20100802_93704.html.

② 中华人民共和国教育部. 教育部关于印发《教育信息化 2.0 行动计划》的通知[EB/OL]. (2018 - 04 - 18)[2020 - 07 - 05]. http://www.moe.gov.cn/srcsite/A16/s3342/201804/t20180425_334188.html.

二、创新教学与变革学习的三个关键

改革开放以来，我国教育教学改革持续深入，从传统教学日益向现代教学转变。尤其是进入21世纪以来，随着现代化进程加快，课程、课堂教学与学习方式变革在全国掀起一股改革热潮。变革教学组织形式，创新教学手段，革新学生学习方式，成为促进人才培养现代化的选择。课程、教学、学习三者之间紧密联系，不可分割，共同构成了现代教学模式创新与学习方式变革的三大关键领域。

（一）以课程体系建设促进教学创新

课程是保障人才培养质量的必要环节，是教育思想、目标和内容的重要载体，在学生成长成才中发挥着重要作用，是促进教学模式创新和学习方式变革的基础。所以，首先必须重视并加强课程体系建设，带动创新教学模式与变革学习方式，进而实现提高课程实施质量和人才培养质量。

《中国教育现代化2035》明确提出，加强课程教材体系建设，科学规划大中小学课程，分类制定课程标准，充分利用现代信息技术，丰富并创新课程形式。健全国家教材制度，统筹为主、统分结合、分类指导，增强教材的思想性、科学性、民族性、时代性、系统性，完善教材编写、修订、审查、选用、退出机制。① 课程计划、课程标准和以教科书为主的课程资源构成完整、统一的课程体系。它为国家教育方针规定的教育目标层层落实，提供了时间保证、内容保证和资源保障，保证了国家教育的基本质量。这种现代化课程体系为创新教育提供了广泛的

① 新华网. 中共中央、国务院印发《中国教育现代化2035》[EB/OL]. (2019-02-23)[2020-07-03]. http://www.xinhuanet.com/politics/2019-02/23/c_1124154392.htm.

支持和可能。

1. 国家课程提供创新教与学的基础

教育的本质是培养人，国家课程的设置和实施是为国家培养人，培养国家所需要的人才。国家课程就是国家制定的课程，集中体现国家在教育领域的意志，是专门为培养未来公民而设计的，是依据未来公民所要达到的素质和水平而设计的。国家课程是其他一切课程的基础和核心，是课程体系中最具统一性的课程，任何学校都必须落实国家课程的基本要求。创新教学模式与变革学习方式，离不开教育与教学的基本要求和基本规范。统一的国家课程有助于教与学在创新过程中保持正确方向和基本要求。所以，加强国家课程体系建设，是确保教学模式创新和学习方式变革的需要。

2019 年 6 月，中共中央、国务院《关于深化教育教学改革全面提高义务教育质量的意见》中明确指出："开齐开足开好国家规定课程，不得随意增减课时、改变难度、调整进度。"①国家课程具有一定的基础性，主要体现在以下三个方面。

首先，学校在实施国家课程时必须遵从国家的政治需求，满足国家的教育需要。国家课程具有一定基础性、权威性和统一性，任何学校都必须严格遵守和执行国家课程，严格按照国家课程计划来组织和开展教育教学活动。这是国家教育质量的保障，任何学校都必须严格遵守国家规定的教育教学基本要求。

其次，学校在实施国家课程时必须坚持面向人人，面向所有的学生。国家课程是面向全国范围内所有学生的课程。实施国家课程确保了所有学生具有形成品德道德、获得学习知识、发展能力的基本权

① 新华社. 中共中央 国务院关于深化教育教学改革全面提高义务教育质量的意见[EB/OL]. (2019 - 07 - 08)[2020 - 07 - 04]. http://www.gov.cn/zhengce/2019 - 07/08/content_5407361.htm.

利。国家课程是全体公民素养的基本保障，只有严格执行国家课程，才能保障最基本的国民素养。

最后，国家课程是其他一切地方课程、校本课程的基础。地方课程和校本课程的开发实施是为了更好地落实国家课程，根据地方和学校特色作出的国家课程的补充。任何地方课程和校本课程都不能违背国家课程的基本要求，不能用地方课程、校本课程取代国家课程，也不能为了地方课程或校本课程而放弃国家课程。

2. 地方课程增强创新教与学的普遍性

地方课程为教学创新与学习变革提供了空间。无论是创新教学模式还是变革学习方式，都基于不同的背景和不同的需求。教学创新的本质则是多样化和多样性的实现，是更好地促进每个人的学习与发展。发展地方课程，也是促进教学创新的需求所在。

1999 年全国教育工作会议上首次提出“建立新的基础教育课程体系，试行国家课程、地方课程与学校课程”。2001 年，教育部印发《基础教育课程改革纲要(试行)》，明确“为保障和促进课程对不同地区、学校、学生的适应性，实行国家、地方和学校三级课程管理”，在保证实施国家课程的基础上，鼓励地方开发适应本地区的地方课程。[①] 地方课程作为国家教育课程体系的重要组成部分，具有重要意义。2010 年，《教育部关于深化基础教育课程改革进一步推进素质教育的意见》进一步指出：“在达到国家规定的基础教育基本质量要求的前提下，有条件的地区和学校可逐步提高地方课程和学校课程的设置比例。各地要因地制宜地做好地方课程和学校课程的规范管理和分类指导。”[②]

① 中华人民共和国教育部. 教育部关于印发《基础教育课程改革纲要(试行)》的通知[EB/OL]. (2001-06-08)[2020-07-05]. http://www.moe.gov.cn/srcsite/A26/jcj_kcjcgh/200106/t20010608_167343.html.

② 中华人民共和国教育部. 教育部关于深化基础教育课程改革进一步推进素质教育的意见[EB/OL]. (2010-06-01)[2020-07-05]. http://www.moe.gov.cn/srcsite/A26/s7054/201006/t20100601_92800.html.

2019 年 6 月，中共中央国务院《关于深化教育教学改革全面提高义务教育质量的意见》中明确，“省级教育部门制定地方课程和校本课程开发与实施指南，并建立审议评估和质量监测制度”，加大对地方课程的开发指导。同时，“完善义务教育装备基本标准，有条件的地方可建设创新实验室、综合实验室”。① 地方课程的内容及其安排必须以国家基础教育课程结构和内容为基础，根据地方经济建设、社会发展和学生成长的需求，精选适当的课程内容，确定适当的要求，并且用适当方式组织和表达。

由此可见，国家十分重视地方课程建设。地方课程必须结合本地历史文化、地域民族风俗、地方方言、地方经济发展等地方特点，开发具有适应性的地方课程，使课程更具生活意义，更贴近学生生活，更能激发学生的兴趣。

3. 校本课程实现创新教与学的实践性

教学创新必须基于实践、来自实践和发展实践，基于学校的教学创新才是可能的、有可持续性的。为此，要将校本课程建设看成是创新教学模式与变革学习方式的一个方面。

在三级课程管理体制下，国家课程决策权力不断下放，以增加学校在课程开发、管理过程中的自主性，学校可以根据本校学生需要以及所在社区及学校的资源，开发多样化的、特色的校本课程。2003 年，教育部关于《普通高中课程方案（实验）》中提出：“赋予学校合理而充分的课程自主权，为学校创造性地实施国家课程、因地制宜地开发学校课程，为学生有效选择课程提供保障。”②在这之后，从校本课程的

① 新华社. 中共中央 国务院关于深化教育教学改革全面提高义务教育质量的意见[EB/OL]. (2019 - 07 - 08)[2020 - 07 - 04]. http://www.gov.cn/zhengce/2019-07/08/content_5407361.htm.

② 中华人民共和国教育部. 教育部关于印发《普通高中课程方案（实验）》和语文等十五个学科课程标准（实验）的通知[EB/OL]. (2003 - 03 - 31)[2020 - 07 - 05]. http://www.moe.gov.cn/srcsite/A26/s8001/200303/t20030331_167349.html.

开发与实施中收获了很多经验和教训，国家也出台了一些政策，对校本课程的实施不断进行修正。

按照2019年《关于深化教育教学改革全面提高义务教育质量的意见》规定，校本课程原则上不编写教材，义务教育学校不得引进境外课程、使用境外教材。校本课程的开发与实施不是学校完全自主甚至天马行空，校本课程需要符合国家课程建设的要求和基本规范。在校本课程的开发中，需要学校有方向正确的课程领导力，有良好的机制促进教师创造性地开发校本课程，实施校本教材，积极地为学生的个性化发展提供有针对性的校本课程。在校本课程开发与实施中，需要学校不断创造条件，挖掘和利用相关的课程资源，把握课程内容与学生生活以及现代社会和科技发展的关系，关注学生的学习兴趣和经验，基于学生的全面发展与个性化需求而开发丰富多彩的校本课程，为学生提供更多的课程选择机会。①

（二）日常课堂成为教学创新的阵地

课堂教学是教师和学生日常教育教学活动的主阵地，必然是教与学创新与变革的重要领域之一。课堂教学创新可以体现在教学内容、教学手段、教学组织形式等方面。

1. 拓展教与学的内容资源

随着现代化、信息化、全球化时代的到来，传统的“以教科书为中心”的教学内容，即教材和相关辅导用书，已经不能满足现代社会的需要。现代教学内容应该更多元，包括更为广泛的教学资源。这些多样的内容资源主要有以下三种类型。

① 新华社. 中共中央 国务院关于深化教育教学改革全面提高义务教育质量的意见[EB/OL]. (2019-07-08)[2020-07-04]. http://www.gov.cn/zhengce/2019-07/08/content_5407361.htm.

一是数字化资源。在信息化的时代，大量优秀教学资源，如微课程、图片资源、音频、视频资源等，会通过互联网、信息技术等手段共享在教育教学网络平台，供教师自由选用。由此，教学内容不再仅限于传统的纸质教科书上的内容，而是可以进行基于选择的组合，给学生带来丰富多彩的教学体验。同时，大中小学均可开发一批在线课程，共享教学平台，给学生更多选择的机会，增强学习自主性。

二是地方性教学资源。随着地区和学校教学自主权的扩大，教学内容越来越具有地域或校区特色。教学内容不再仅仅局限于国家统一教材，也可以建构更多的地方课程和校本课程。教师可以利用相关区域文化与社会经济发展背景资源，研发相关的教学资源及材料，并将它们作为教学内容而运用，形成具有地方特色的教学内容。

三是个性化资源。教师根据学生的个体差异、兴趣爱好、性格特征等，开展个性化课程，开设多种多样的选修课，适合不同学生的需求。在个性化资源课程教学中，注重学生的知识生成与建构。随着教师自主权扩大以及学生主动性发挥，教师和学生可以在教学过程中共同创生出个性化教学内容。而随着大数据技术与深度学习的进步，未来教学将可能开发出适合每一位学生自己特点的个性化教学内容。

2. 发展教与学的信息技术

教学手段主要是指师生开展教学活动所使用的工具设备以及所借助的技术条件。随着信息技术在教育中的广泛应用，传统教学迎来了全方位、现代化的冲击，教学手段在我国教育教学实践中不断得以丰富和优化。现代化教学手段的日新月异，至少体现在以下两个方面。

一是运用现代信息技术，增强教学的可视性。传统课堂是“一块黑板，一支粉笔”的天下，现代课堂更多是设备现代化的“技术”课堂。各种现代化教学设备引进课堂，教师可以将教学内容生动形象地呈现在学生面前。现代信息技术促进了教学技术的不断发展，也带来了教学方式的更新。所谓的“智慧教室”就是利用了先进的技术手段辅助教师教学，支持多种授课模式，优化教学内容呈现。当然，现代化教学技术要求每位教师都应该具备教学手段创新的能力。

二是互联网技术发展，搭建了新的教学平台。教学不再是局限于教室里的教学。通过网络技术，教师可以突破地域限制，实现教与学中的师生互动。学校可以搭建更多信息化平台，展示本校优质课堂与教学，为优秀教学资源的传播和分享提供可能。慕课平台不仅为学习者提供随时随地的优质课堂，增加了学习的便利性，也为教师与学生之间增进交流提供了途径。翻转课堂也实现了线上和线下教学的结合，线上自主学习和线下面对面学习成为一种教学方式，有助于提高课堂教学效率。

3. 丰富教与学的组织形式

教育改革要求从同质化教育向个性化教育转变，要求关注学生的不同特点和个性化差异，发展每一个学生的优势潜能。为此，在教学组织上，出现了分层教学、走班制、学分制、导师制等改革。

《中国教育现代化 2035》要求推行启发式、探究式、参与式、合作式等教学方式以及走班制、选课制等教学组织模式。① 教学组织形式改革旨在实现教学相长，引导学生主动思考、积极提问、自主探究。为此，可以运用传统与现代技术手段，探索基于学科的课程综合化教学，进行研究型、项目化、合作式学习。

传统的班级授课制往往实施满堂灌与题海战术，注重知识传授。现代课堂则突出强调“课程统整”“合作教学”“行动研究”等新观念，打破积习已久的教学规范，自主寻求多样化的创造性教学模式，使教学内容与教学过程由预设和封闭走向生成和开放。教学组

① 新华网. 中共中央、国务院印发《中国教育现代化 2035》[EB/OL]. (2019-02-23)[2020-07-03]. http://www.xinhuanet.com/politics/2019-02/23/c_1124154392.htm.

织必须超越班级授课制，积极探索和实践分层教学、走班制教学、小班教学、小组合作、远程教学、人机教学等新形式，为学生制订更适宜的学习计划，同时，促进信息技术与教育教学深度融合，支持学校充分利用信息技术开展教学组织形式的改革，逐步实现个性化、多元化的组织形式。

4. 实施多元化的教学评价

传统教学评价在考试指挥棒下，过度依赖"纸笔测试"的测量，考试分数往往就是评价标准。这是"一刀切"的教学评价，分数至上，不仅忽略了人的主体性、个性化与差异性，也难以对评价结果进行合理的解释并运用于改进教学。随着教育现代化的深入，教学评价对学生个性化发展需求的关注日益加强，以人的发展为导向，注重综合性评价，采用多样化的评价指标，使用多元化评价方法。

在素质教育的理念下，2011 年《基础教育课程改革纲要(试行)》指出，要改变课程评价过分强调甄别与选拔的功能，发挥评价促进学生发展，教师提高和改进教学实践的功能；[①]2014 年教育部《关于全面深化课程改革落实立德树人根本任务的意见》继续强调，加强发展性评价，发挥评价促进学生成长、教师发展和改进教学实践的功能。[②]

由此可见，现代教学评价弱化评价的"甄别、选拔"功能，更加关注教学过程，强调动态评价，以发展的眼光看待每一个学生，关注每一个学生的发展。同时，强调师生互评、自评与他评相结合，实现多元化主体的评价，改变以往评价主体的单一化。随着信息技术的发展，评价要使用信息技术的功能，实现质性与量化相结合的评价，不仅使评价

① 中华人民共和国教育部. 教育部关于印发《基础教育课程改革纲要(试行)》的通知[EB/OL]. (2001-06-08)[2020-07-05]. http://www.moe.gov.cn/srcsite/A26/jcj_kcjcgh/200106/t20010608_167343.html.

② 中华人民共和国教育部. 教育部关于全面深化课程改革　落实立德树人根本任务的意见[EB/OL]. (2014-04-08)[2020-07-03]. http://www.moe.gov.cn/srcsite/A26/jcj_kcjcgh/201404/t20140408_167226.html.

注重个体差异，而且也能体现评价的全面性和客观性。

（三）重塑教学创新中有效学习的概念

“教”与“学”是一对紧密相连的概念，课堂教学改革必然带来学生学习方式的转变，这种转变不仅要求学习理念的重塑、学习内容的重建，还要求学习方法的重构。实现有效学习，提高学习质量与学习效率，是教育现代化对教与学的本质要求。在当前教育变革的新背景下，从教育到学习成为一种取向，有效学习的概念正在发生变化，需要重塑有效学习的概念，确立有效学习的新要求。

1. 学会学习与终身学习

传统的学习理念将学生学习看成是被动学习的过程，同时也是有阶段性的。具体来说，一是强调学生在教师指导下学习，将学生看作被动的学习者，片面地认为教育过程就是“教师教、学生学”的过程，而忽视学生的自主性、主动性；二是将学习看成阶段性的任务，只有学生时代才要学习，一旦毕业就没有学习可言了；将学习看成是学生在学校的活动，而不是伴随一生的、持续的自我学习。很显然，在教育现代化背景下，必须改变这种传统的学习观。

要把学习建立在人的主动性、能动性和独立性的基础上，而不是过分强调人的客体性、受动性和依赖性。学生是有能动意识的个人，具有很强的学习能力，学生要有主动学习的意识。同时，信息技术和网络手段广泛应用，大量信息知识扑面而来，如果人们仍旧被动地接受知识，而没有发挥主观能动性，消化、转化、吸收知识，那将会深陷于信息泥潭，无法自拔。学习应是主动建构的过程，教师应当引导学生学会学习，教给学生获取知识的方法，而不应是教会学生死记硬背，被动接受。

为此，要树立学会学习和终身学习的理念。1972 年联合国教科文组织在《学会生存：教育世界的今天和明天》中提出学习型社会的概念。1996 年的德洛尔报告《教育：财富蕴藏其中》则重申了终身学习的概念，2015 年联合国可持续发展峰会上呼吁世界各国“确保包容、平等、有质量的教育和提升面向所有人的终身学习机会”。

现代知识日新月异，瞬息万变，为了适应社会无时无处不在的变化，我们的学习也应该时时进行，否则将会被社会淘汰。只有不断学习，不因毕业而终止学习，每个人才能不断成长，不断完善，把自己的生活过得更丰富多彩。因而，现代学习理念应该是学会学习和终身学习。

2. 接受知识与发展能力

当今的世界，人们应该学什么？传统的学习强调知识的客观性和不变性，认为现有知识是人类经验的累积与沉淀，学生学习的内容应该是固定的、传承性的，过分强调学生对知识的熟练掌握，学习就是不假思索的记忆训练。显然，这种固定的学习内容在瞬息万变的现代社会是不可取的。

随着现代化的发展，今天学的知识或许明天就会被大数据取代，今天学的技能或许明天就被信息技术取代。21 世纪信息知识瞬息万变，人必须有能力在自己的一生中抓住和利用各种机会，去更新、深化和进一步充实最初获得的知识，不断提升与认知发展水平相适应的技能，使自己适应不断变革的世界。因而，学习的内容不仅仅是静态的知识，也是学生基于现有知识进行积极主动构造并动态生产的现代化的知识。在动态生产知识的过程中，学生将受用终身的不是死记硬背的知识，而是主动建构知识过程中所具备的各种自主学习的能力，如创新能力、合作能力、终身学习的能力等。

那么传统的静态知识是不是就不用学习了呢？世界文明几千年积淀的文化知识就这样完全被抛弃吗？这显然也是“一刀切”、不理智的。教师可以将静态知识与学生生活及现代社会发展紧密相连，选取现代化学习所必备的知识，引导学生用审视性的眼光，看待已有知识，“取其精华，去其糟粕”，这才是对待已有知识的正确态度。静态的知识是学习的基础之基础，是最基本的学习内容，而在静态知识的接受过程中，学生自主建构的知识和能力才是学习的最主要内容。只有把既有的静态知识与动态中生成的知识相结合，才能构成完整的、现代化的学习内容，才能培养学生具备学会认知、学会做事、学会共同生活和学会生存的能力。

3. 自主学习与合作学习

现代教育日益强调，在致力于传递既有知识的同时，更应该努力培养个体主动获取知识和积极学习的动机与能力。使每个个体形成有效学习的方式方法，显然是教与学变革中必须重点关注的问题。学习方式方法涉及学习习惯、学习意识、学习态度、学习品质等因素，在学校或者课堂中，也涉及教师与学生的关系问题。

传统学习方式往往是教师主导的。学生是被动的，以机械记忆与反复训练为主，学生之间相互独立，相互竞争，学习变成学生之间对抗性的“竞赛”。而现代教育强调学生是学习的主人，倡导“自主、合作、探究”的学习方式。学生的学习可能不完全是教师安排的，而是自我的主动参与；学习不是个人化的、孤独式的学习，而更多是集体式、合作化的团队学习；学习不完全是死记硬背、机械训练，而更多是主动学习、自主探究、积极建构的过程。

学校和教师要为学生提供丰富多样的学习机会与学习活动，如综合性学习、项目式学习、混合式学习、问题引领式学习、探究式学习、合作学习等。同时，随着信息技术的日新月异，越来越多的学习方式不再受时间和空间的局限，线上和线下的学习可以相结合，学习可以随时随地进行。学习方式变革的根本是，鼓励学生自主与合作地学习，追求多样化、个性化和主动性的学习，从而培养学生的创新精神和实践能力。

三、创新教学与变革学习的行动策略

从教育面向现代化到教育走向现代化，再到党的十九大提出的“加快教育现代化”，直至《中国教育现代化 2035》，教与学一直作为现代化教育改革中最为日常和持久的活动，其变革路径是教育现代化改革成功与否的关键。根据《中国教育现代化 2035》的要求，实现教学模式创新与学习方式变革，需要明确以下四个方面的行动策略。

（一）实现以德为先与全面发展的结合

立德树人、以德为先，培养德智体美劳全面发展的社会主义建设者和接班人，是党和国家对人才培养的要求，是中国特色社会主义教育事业的根本任务，这也是教与学创新中必须坚持的首要行动策略。

1. 加强思想政治理论课的教学改革

在全面推进教与学创新的过程中，必须把思想政治理论课的教学改革作为优先事项，要将社会主义核心价值观融入思想政治理论课教育教学全过程，采用系统和渐进式培养，践行社会主义核心价值观，使立德树人成为现实。

2019 年 8 月，中共中央办公厅、国务院办公厅印发《关于深化新时代学校思想政治理论课改革创新的若干意见》明确指出，“在大中小学循序渐进、螺旋上升地开设思政课，引导学生立德成人、立志成才，树立正确世界观、人生观、价值观，坚定对马克思主义的信仰，坚定对社会主义和共产主义的信念，增强中国特色社会主义道路自信、理论自信、制度自信、文化自信，厚植爱国主义情怀，把爱国情、强国志、报国行自觉融入坚持和发展中国特色社会主义事业、建设社会主义现代化强国、实现中华民族伟大复兴的奋斗之中”，要“加强以习近平新时代中国特色社会主义思想为核心内容的思政课课程群建设。在保持思政课必修课程设置相对稳定基础上,结合大中小学各学段特点构建形成必修课加选修课的课程体系”。[①] 显然,改进和完善思想政治课程学科内容体系,是实施思想政治课程教与学改革的重要方面。

加强思想政治理论课程教学改革,还必须高度重视教与学思想的转变和革新。正如上文提及的,需要重塑有效学习的概念。思想政治理论课程不只是传播知识、思想与理论,更在于帮助学生、引导学生学会掌握和形成正确的思想理论和思维方式,尤其是马克思主义思想方法,如历史唯物主义与辩证唯物主义。教师必须对思想政治理论课程教与学有新的认知与定位,将思想政治课程定位为哲学的方法论课程,进而改变传统的说教式、灌输式与考试式的机械的教与被动的学。

加强思想政治理论课程教学改革,需要在教与学的方式方法上有广泛的、直接的体现。教师在教学中要充分注重学生的特点,组织学生积极参与,注重将理论学习与社会现状相结合,引导学生学会学习和合作学习,让学生在学习中学会思考,有助于提升学生学习的动力和激发学生学习的兴趣。

2. 将立德树人全面渗透到学科教学中

课程教学是学校工作的中心任务,教与学不仅承担着知识传递和能力培养的功能,还要发挥情感、态度和价值观的养成功能。课堂教学是落实立德树人任务的主渠道,是培养学生道德认知、情感态度的主要途径。在课堂教学中要将立德树人根本任务融入教与学的全过程,发挥课堂教学在立德树人上的主渠道作用。

---

① 新华社. 中共中央办公厅 国务院办公厅印发《关于深化新时代学校思想政治理论课改革创新的若干意见》[EB/OL]. (2019-08-14)[2020-07-05]. http://www.gov.cn/zhengce/2019-08/14/content_5421252.htm.

近年来，我国各地各校在加强课程建设和教学管理中，努力将中小学德育内容融入学校教育教学的全过程，大力推动社会主义核心价值观进教材、进课堂、进头脑，充分挖掘课程中蕴含的育人价值资源，促进学生思想道德水平提升；发挥各学科独特的育人价值，将学科知识价值与育人价值有机结合，让立德树人贯穿学科学习的始终，使社会主义核心价值观融入学生的实践。

在课堂教学中突出社会主义核心价值观的教育要求，要建设一支高素质的教师队伍，发挥教师在教学中以身作则和示范引领的榜样作用，实现教书育人。这也是高度重视教师师德师风建设与教师德育能力提升的重要原因。教师要有能力根据学生的特点，在学科教学中挖掘出育人价值，并将育人价值融入课堂教学实践中，通过营造良好的课堂教学环境氛围，采用体现核心价值观要求的方式方法，使核心价值观内容成为学生参与学习活动和取得学习成效的重要组成部分。

3. 将全面发展的培养目标落实在“六个方面”

教与学是学校的主要活动，是人才培养的具体措施，是培养全面发展的社会主义建设者和接班人的重要途径。构建德智体美劳全面培养的教育体系，形成更高水平的人才培养体系，需要通过教与学的活动体现出来。学校、课程、教师都要围绕全面发展这个目标开展有效的教和组织有效的学，学生也要从全面发展目标出发，积极参与到各项教与学活动之中。凡是不利于实现这个目标的做法都要坚决改过来。习近平总书记提出教育要在“六个方面”下功夫，这是努力构建德智体美劳全面发展人才培养体系的需要。各级教育机构以及每个教师在教学中务必做到在“六个方面”下功夫。

在坚定理想信念上下功夫，意味着教师首先必须有坚定的共产主义理想信念，注重加强学生的马克思主义理论教育，加强中国历史文化教育，引导学生肩负起民族复兴的时代重任，引导青少年树立共产主义远大理想和建设中国特色社会主义的信心。在厚植爱国主义情怀上下功夫，意味着青少年成长中必须养成强烈的国家情感；在教与学中，要培养学生在思想上与党中央保持一致，做到爱党、爱祖国、爱人民、爱社会主义，并在实际行动中体现深厚的爱国主义情怀，将个人命运与国家发展紧密结合，为国家发展奉献力量。在加强品德修养上下功夫，要求在教与学中，加强品德、道德、伦理、法律等各方面的学习、修养和提升，形成积极的人生态度和高尚的道德品德，学会谦让、学会宽容、学会合作、学自省、学习自律，乐于助人、乐于分享，成为有大爱大德大情怀的人，传承中华优秀文化。在增长知识见识上下功夫，意味着要在教与学中引导学生认真学习，掌握现代科学与人文知识，同时不断地丰富自己的学识和见识，在观察中知晓全球化发展和信息化发展等道理，明白事物发展的规律，善于求知、勇于实践、积极创新、求真务实，不断地明事理，不断地成长成熟成人。总之，要让学生具有全球视野，致力于国家发展与构建人类命运共同体。在培养奋斗精神上下功夫，要求在教学中培养学生的坚强意志、吃苦精神和责任担当。中华民族是勤劳的民族，具有奋斗不息的精神力量，这在建设中国特色社会主义现代化的伟大实践中尤其必要。要把艰苦奋斗精神融入日常教学的全过程，让每个学生认识到幸福是奋斗出来的，奋斗是幸福的道理。在增强综合素质上下功夫，意味着教与学中要致力于提升人的综合素质，要培养学生的好奇心、想象力、创新思维与实践能力等，要让学生学会自我管理、自我学习，成为文理兼备的复合型人才，真正实现全面发展。

“六个方面”体现了“五育”并举的要求。在教学过程中，要体现德育要求，切实使教书育人成为实践；着力培养认知能力，促进思维发展，激发创新意识；坚持健康第一，关注学生的身心发展特点，减轻学生的学业负担，保障学生充足的睡眠时间；严格落实音乐、美术、书法等课程的开设与有效教学，注重以美育人、以文化人；将劳动教育思想体现在教与学之中，将完成作业作为劳动教育的方式方法之一，培养学生良好的劳动意识、劳动习惯和劳动精神。

总之，教与学的改革应该围绕“六个方面”下功夫，打破德智体美劳各育之间的区隔与分离，促进“五育”融合。

（二）体现面向人人与终身学习的要求

“教育公平”与“教育质量”是当代教育改革与发展的两个关键词。面向人人是追求教育公平的需要，实现终身学习体现教育质量的要求。所以，教学创新必须始终体现面向人人和终身学习的思想与要求，体现中国教育现代化发展的基本原则。

1. 教育公平引领教与学的创新

《中国教育现代化 2035》中提出，坚持有教无类，保障每个人平等受教育权利，努力提供公平、优质、包容的教育，使教育选择更多样、成长道路更宽广，让教育改革发展成果更多更公平惠及全体人民，让人人都有人生出彩的机会。为此，教与学都必须为此而努力，必须践行教育公平。

为此，要为全体受教育者提供统一的基础课程，即实施国家课程、必修课程等，保障养成基本的国民素质，保证每个人得到平等的教育权利。同时，教育公平还意味着为每个孩子提供合适的教育，尊重个体的差异性。由此，学校课程不再仅仅是整齐划一的统一性课程，需要越来越多的特色课程、多样化课程，以满足不同特质、不同兴趣爱好的学生。学生可以根据自己的需要，选择性地学习。多样化课程的建构中，不仅要充分彰显当地社区和学校的特色，而且需要根据受教育者的个性特征、多样性和差异性，开发不同类型、不同层次的课程，满足每个学生的个性化需求。总之，现代化教育的面向人人，意味着让每个学生个体在学校生活中体验到更多的自主权与选择权，这是促进教育公平的重要手段之一。

教育现代化还需要在传统班级授课制基础上，满足不同个体的学习愿望和学习特点，需要多样化、综合化、个性化的教与学，实现班级教学、小组教学和个别教学的优化组合，促进每个学生的全面发展。随着当代网络与信息技术的发展，学习共同体、走班制、远程教学、人工智能协调教学等新型教学组织形式，拓宽了教与学的途径，更好地实现了面向人人的目标，有助于更好地提高教育的整体质量。采用多元的教与学组织形式，有助于为受教育者提供更加公平、包容而有质量的教学，这就实现了教育面向人人的理念。

2. 评价体系促进教与学的创新

随着课程多样化、教学组织形式多样化，教学评价体系必然也更加多元化。教育现代化要求教学评价是适合每个人的适应性评价。实现教学评价的创新，也是保障教育公平的重要方面。

首先，必须重视多元主体参与评价。教学评价不能只是一家之言，应注重多方人员的参与，如教师自评、同行互评、学生自评与互评、家长的评价、专家的评价等。多元主体的参与，增加了评价的多样性，能使评价更加客观与公正。

其次，评价方法要多样。以往的评价往往重视量化的统一的常模参照评价，忽略对学生个体差异的关注，忽略学生发展的不平衡性，导致“排行榜”式评价。教育现代化要求教学评价注重量化与质性相结合，在数据化的量化基础上，融入描述性评价和个性化评价建议，由此更加客观、综合、全面地评价学生。

最后，教学评价需要参与到教与学的两方面及其全过程，不再仅仅关注结果，也关注教与学的投入背景、投入状况与实施过程等；关注知识获得之外，还要关注态度与品德，关注学生能力提升，关注学生创造性和发展性的培养。

3. 教学创新聚焦终身学习素养

《中国教育现代化 2035》提出“更加注重终身学习”的理念，将学有所教与终身受益作为衡量教育发展水平的重要指标，提出要加快建成伴随每个人一生的教育，努力为每个人在人生不同时期提供丰富多彩的学习机会、开放优质的学习资源、灵活便捷的学习方式、绿色友好的学习环境，让学习成为生活习惯和生活方式。

现代化社会要求学习者具有灵活便利的学习方式，在日新月异的信息时代，学习的时间和空间不再受到局限，越来越灵活便利，适应社会的瞬息万变。学习者能够自由选择时间、地点，实现无处不在、无时不在的学习。学习变成可以在任何地方、任何时间发生的一种行为。网络与信息技术，为现代化的学习方式提供了媒介支持，如远程教育，让随时随地的学习成为可能。随着人工智能技术的发展，人们的学习方式将有可能越来越多样、越来越灵活，一些已经出现或即将出现的学习方式，如泛在学习、碎片化学习等让终身学习变得更加便利。随着移动智能设备的发展与普及，人们可以利用多种便捷设备，如平板电脑、智能手机等进行碎片化、移动式的学习。

为此，学校教育中的教与学，必须为培养学生的终身学习精神、终身学习习惯、终身学习方法等提供支持和保障。丰富学生的学习方式，在本质上是为学生学会终身学习服务。学校需要引导学生认识学习的新要求、新方法和新趋势，培养学生主动学习的精神、积极学习的态度、有效学习的方法。有效的教与学必须有助于促进每个人的全面学习、全民的自由发展和全体的自我完善。

总之，终身学习是人们适应社会发展所必需的，终身学习有利于全民整体素质的发展。

（三）实现因材施教与知行合一的融合

因材施教与知行合一是中国教育文化传统思想，也是中国教育现代化的核心理念。因材施教面向学习者个性化、多样化的学习和发展需求，努力使不同性格禀赋、不同兴趣特长、不同素质潜力的学生都能接受符合自己成长需要的教育，促进学习者主动学习、释放潜能，获得发展自身、奉献社会、造福人民的能力。知行合一要求坚持能力为重，将教育与生产劳动和社会实践紧密结合，提高学生的学习能力与实践能力，以知促行，以行促知，学以致用，形成适应未来发展的职业素养和创新创业能力。

1. 坚持学生为中心创新教与学

因材施教是重要的教育教学原则之一。改革开放以来，我国教育十分关注人的个性发展，重视学生的个性差异，强调基于个体差异的因材施教，努力促进学习者的全面而有个性的发展。因材施教意味着要关注学生的不同特点和个性差异，发展每一个学生的优势潜能；要在统一的教学之中，注重为每个学生的学习提供专门的针对性的指导和帮助。

因材施教的本义就是学校教师的教要尊重每个学生的个性、本性和天性，面向全体学生，让每个学生的身心都得到健康发展，最大限度地促进每个人的全面发展。教师的教要适应每个学生发展的需求，要根据学生发展与学习的需要，注重采用启发式、探究式、参与式、合作式等不同的教学方式以及走班制、选课制等教学组织，致力于培养每个学生的创新精神与实践能力。教师必须充分了解学生的背景差异、身心差异、学习差异、学习动力差异等各种要素，选择合适的教学契机、教学内容、教学要求与教学目标等，实施面向每个学生、满足每个学生的学习需求的教育，促进每个人最大化的发展。很显然，因材施教是一项高难度的要求，需要教师在教学上具有高度的专业能力与高超的专业水平。

因材施教也涉及学生的学习方面，意味着每个学生可以具有各自不一样的学习活动、学习方式与学习结果，学生可以有自主选择学习的权利并获得相应的教师服务。随着现代信息技术的快速发展，自由而自主地选择多种多样的学习方式成为可能。因材施教同样意味着促进学习者主动学习、释放潜能，获得发展自身、奉献社会、造福人民的能力，由此促进学生形成自己独特的个性、独特的思维方式和个性化的学习风格。只是现今课堂中，学生经常被要求用统一的学习方式去学习，“一刀切”或者“统一化、标准化”的学习导致因材施教的缺失，导致学生学习兴趣与学习效果的大打折扣。

总之，“因材施教”的教与学必将培养出多样化、创新性的人才。因材施教就是要求尊重学生在学习方式方面的差异，帮助每个学生充分发挥他们在学习方面的特长和潜力。

2. 以实践结果评判教与学创新

教与学服务并促进人的全面发展，而人的全面发展需要体现在社会实践之中，服务于社会与国家发展。培养创新精神和实践能力，是教育现代化发展的需求，也是检验教与学是否有效、是否成功的指标。言行一致是现代社会对每个个体的基本要求之一，而知行合一则是教育要求，没有知行合一，难以有言行一致。现代化教学中，不仅要关注课程与教材中理论知识的直接传授，而且要让学生具有实践能力，能够适应不断变化的社会，具有持续胜任工作岗位的能力。

教师在教学中注重将理论知识与实践应用相互关联，为学生运用书本知识参与社会实践做好准备。学生在学习中，不能只是死记硬背书本知识和理论，要注重运用知识分析现实问题与解决实践难题，将知识运用到实践之中，并从实践中获取更多知识与智慧。这就是知行合一的思想，以知促行和以行促知。事实上，美国教育家杜威“学校即社会”“教育即生活”的观点，我国教育家陶行知的“做中学”，都是强调知行合一。所以，教学创新与变革学习方式，需要把握认识与实践相统一、实践出真知等哲理，服务于将学到的知识转化为实践贡献与价值的需求。

为实现知行合一，可以将知识性学科与实践性学科相融合。当今课程改革朝着课程综合化方向发展，打破原有课程的壁垒和界限，跨学科地对教学内容进行重组。采用跨学科融合模式，打破传统的学科间壁垒和界限，使课程资源、课程要素和环境整体化产生聚焦效应，促进了教与学的根本变革。

知行合一要求学校增加社会实践活动，将学生在学校的学习所得真正运用到实践中，提高能力的同时强化实践活动环节。劳动教育也是实现知行合一的方式之一。教育与生产劳动实践相结合，是中国教育现代化发展的重要方向。

（四）运用现代科技新成果变革教与学

伴随着知识经济时代的到来，快速发展的现代科学技术已成为当今世界发展与人类发展的重要影响因素之一。脑科学、认知科学、互联网、人工智能、大数据、物联网等现代新技术，不仅可能改变整个社会生产与人类生活，而且也直接影响着教育发展与改革，包括日益影响着教学内容与体系的变革、教与学的方式方法以及教与学的结果预期等。创新教学与变革学习方式，必须依靠现代科技，必须注重信息技术与教育的深度融合。

1. 借助脑科学成果创新教与学

自21世纪以来，脑科学研究不断取得新进展、新成果、新发现，脑科学研究成果对教育学和心理学产生了直接影响。现代脑科学研究成果推动着教育观、教学观、评价观的转变。教育现代化需要促进每个学生的全面发展，有效开发学生的兴趣、潜能与特长；需要运用现代脑科学理论改革教与学，改变教与学设计与方法，满足学生个性化的发展需求，包括有特殊需求的特殊学生。

认知神经科学是 21 世纪最活跃的前沿学科之一。有关大脑结构和脑功能成像技术的研究，可以直接观察到人类的大脑怎样学习和思考，如何产生情绪情感以及其他各种社会行为。脑科学与认知科学的研究表明，教师在课堂上使用的不同教学方法能够对学生大脑的结构与功能发挥重要的塑造作用。

脑科学为课堂教学设计奠定了科学基础。学校和教师可以进行教育教学的优化设计，使教学内容、教学手段、教学方式更加科学，更加贴合学生大脑的发展规律，更加有利于学生的发展。教师了解大脑学习机制和大脑的认知功能、情绪功能和自我意识等科学理论，有助于他们根据学生大脑发育和活动的规律进行有针对性的教学，设计并实施适合学生的教学，帮助学生科学地学习和认知。同时，基于科学化的指导，教师可以为不同年龄层和拥有不同需求的学习者设计出最佳的学习课程，采用与学生认知能力发展特点相适应的教育教学方法、教学组织策略和教育评价方式等，以充分发挥每个人大脑的学习潜能，开发并实施“基于脑、适于脑、促进脑”的教学设计，不断提高教与学的质量和效率。现代脑科学研究还表明，大脑发展存在各种关键期，在每个关键期有针对性的教学，将能大大提高个体发展的效率。为此，教学设计中，教师应能抓住大脑各种功能发展的关键期，合理地组织教学内容，并运用有效的教学方法，帮助学生充分开发大脑的潜能。在教学内容的组织上，根据不同关键期的特点，为学生适时地讲授教学内容和组织恰当的教学活动，促进他们学得更好更快，促进学生能力的发展。

教学过程本身就是开发学习者潜能（包括大脑）的过程。现代化教学过程中，必须更多地借助脑科学的研究成果，充分重视个体发展的关键期，实施更有针对性的教学设计。改善教学方法，提高教学效果，最大限度地开发学生的大脑潜能，这是创新教学之追求，变革学习方式之目标。

此外，基于脑科学的迅速发展，人们能快速准确地了解大脑的机制，对特殊儿童能尽早甄别和尽早干预，在判断发病源的基础上提出治疗和干预方案，并能给予特殊教育的指导，以利于特殊儿童的发展。研究表明，脑科学技术对于学习障碍群体中的神经机制异常者而言，能够及时、准确地甄别异常机制，能够为教育干预提供重要的依据。

2. 运用信息技术创新教与学

随着互联网、物联网、云计算、大数据、区块链技术的迅速兴起，信息技术在社会各领域得到广泛应用。依托信息技术构建的多媒体和网络教学环境，为多元教学方式的实现，提供了技术和场所的支撑。

基于信息技术和大数据的现代化背景，教育领域高度重视加强信息时代课堂教学、学生学习方式、学习行为等方面的研究，高度关注利用现代技术加快推动人才培养模式改革，支持基于大数据分析制定符合学生发展需求的个别化培养方案。随着信息技术的迅速发展，大数据在教育领域的运用越来越广泛，给教育带来了更加现代化的教学手段和更加个性化的学习方式。《中国教育现代化 2035》进一步强调，利用现代技术加快推动人才培养模式改革，实现规模化教育与个性化培养的有机结合。①

完善学校信息化教育设施设备，全面提升每个教师的信息技术素养与教育技术能力，培养学生的信息素养，开设信息技术类课程，在传统课程学科中增加信息技术因素等，都是信息技术与课程教学深度融合的表

① 新华网. 中共中央、国务院印发《中国教育现代化 2035》[EB/OL]. (2019-02-23)[2020-07-05]. http://www.xinhuanet.com/politics/2019-02/23/c_1124154392.htm.

现。信息技术使教学内容更加宽泛，时间、地点与方法更加灵活，过程更可持续，能够真正实现教与学的个别化和个性化，有助于促进每个人的全面发展和终身学习。在线的课程、课堂、资源与不在线的电子化课程、教材与资源等，为创新教学和变革学习方式提供了支持和保障。

3. 建设智能化的教与学空间

"互联网"在教育中应用，需要建设智能化校园，建设一体化的智能化教学、管理与服务平台。充分利用虚拟现实和增强现实技术，建设智能学习空间和学习体验中心等，推行场景式、体验式、沉浸式学习，是创新教学与变革学习方式的重要选择之一。

建设智能化学习空间，首先需要建设丰富的在线的或者电子化的教育教学资源，如数字化图书馆、数字化博物馆等，形成人人共享的开放学习资源库。教师利用这些资源组织教学，学生利用这些资源开展学习。其次，要研发有效的教学软件工具，创生广泛的、随时随地可以进行的便捷的教学活动，突破时间和空间的限制，让学生随时随地参与课程的学习和交流。最后，要让课堂具有智能化环境，使传统的课堂教学成为新型的学习空间，能够开展基于互联网的教与学，而不再是简单的面对面的授课。

近年来人工智能日益发展，对教育教学影响巨大，推动着人工智能在教育领域的应用。人工智能改变了传统的教育思想、教育者角色、课程体系和教学要求等。2018 年 4 月，教育部发布《教育信息化 2.0 行动计划》，提出"推动人工智能在教学、管理等方面的全流程应用，利用智能技术加快推动人才培养模式、教学方法改革，探索泛在、灵活、智能的教育教学新环境建设与应用模式"，[①]这是我国人工智能

① 中华人民共和国教育部. 教育部关于印发《教育信息化 2.0 行动计划》的通知[EB/OL]. (2018-04-18)[2020-07-05]. http://www.moe.gov.cn/srcsite/A16/s3342/201804/t20180425_334188.html.

在教育领域推广应用的重大部署，标志着我国教育信息化向教育智能化的转变。

智能化作为教育信息化新的技术形态，要体现在教学创新与学习方式变革的各个层面、各个环节。运用人工智能实施教学创新与学习方式变革，一是要转变教师教学方式，改变以往教师自身单方面参与教的情况，要让人工智能技术参与到教的过程中，帮助教师及时地面向每个人提供帮助和指导。二是要注重运用人工智能技术在教学过程中提供的即时信息与数据，进行即时的教学诊断与改进反馈，使教学过程不断改进生成。三是要转变学生的学习方式，帮助学生适应教室内的课堂学习与互联网上的线上学习相结合、教师传授与个人自主学习相结合、面对面传授与远程指导相结合等不同的学习场景，学生要借助人工智能技术，学习如何促进自身的知识建构、思维发展、创新实践、团队合作等素养的提升，实现自主学习、探究性学习和永久性学习。四是要将人工智能技术运用到学校管理与教育评价中，提高学校基于数据的治理水平。

总之，人工智能技术参与教育教学，要让教师从繁杂、机械、重复的事务中解放出来，使教师能够发挥自身的主观能动性和积极创造性，使教师与每个学生有更多的人际交流和师生互动，充分了解学生，促进每个学生的全面且个性化的发展。

>>>>>

第五章

实现高等教育从大国迈入强国

本章要点 >>>>>

迈向高等教育强国的战略目标，为我国高等教育改革与发展指明了方向和路线。需要从理念转变、关键路径和机制保障三个层面入手，应对高等教育强国建设中遇到的现实问题和发展要求，从高等教育发展的理念转变、人才培养创新和体制机制改革等方面展开。

理念是行动的先导，促进发展理念的转变是实现高等教育强国战略目标的前提基础。高等教育发展与改革应当坚持走内涵发展的教育现代化发展道路，将坚持以人民为中心的发展理念转化为高等教育发展的实践。

人才培养创新是实现高等教育强国战略目标的关键路径。创新创业人才是促进社会可持续发展的动力引擎，是支撑高等教育强国建设的智力源泉。高等教育改革发展应当持续推进创新创业教育，实现人才培养模式创新，促进多元主体参与的共同体建设。

体制机制改革是实现高等教育强国战略目标的根本保障。需要进一步规范相关高等教育中的主体权责利益关系，全面落实自主办学机制，优化教师队伍发展机制，改进教育资源配置机制，从而促进办学效益、质量和公平的协同发展。

《中国教育现代化 2035》指出，“高等学校已成为我国创新发展强有力的驱动力量”，提出“到 2035 年，总体实现教育现代化，迈入教育强国行列，推动我国成为学习大国、人力资源强国和人才强国”。① 促进我国由高等教育大国到高等教育强国的转变，是《中国教育现代化 2035》提出的战略目标，具有极其重要和关键的意义。实现这一战略目标必须基于社会主义现代化强国的整体部署，进一步发挥高等学校的创新驱动作用。

如何基于现实，面向未来，促进高等教育强国战略目标的实现，是高等教育现代化面临的迫切任务和挑战。结合《中国教育现代化 2035》的发展要求、我国高等教育发展的现实基础与国际高等教育变革的整体趋势，实现我国高等教育大国向高等教育强国转变，基础前提在于由外延转向内涵的发展理念转变，关键路径在于深化创新创业人才培养转型，根本保障在于促进高等教育的体制机制改革。

一、高等教育现代化的特点与要求

理念是主导事物发展方向的内在性力量，任何事物的变化发展都是在一定理念指导下进行的，教育发展自然也不例外。不同历史时期，教育发展面临着不同的矛盾，需要不同的理念加以指导。改革开放 40 年来，我国教育发展虽然取得巨大成就，但也经历重重挑战和挫折，新的教育发展理念正是在这样的成就、挑战和挫折中得以诞生并不断影响着中国教育改革实践的前进方向和历史进程。

《中国教育现代化 2035》提出，建立完善的高等学校分类发展政策体系，通过分类设置、分类指导、分类支持、分类评估，引导高等学校科

① 新华网. 中共中央、国务院印发《中国教育现代化 2035》[EB/OL].（2019 - 02 - 23）[2020 - 07 - 05]. http://www.xinhuanet.com/politics/2019-02/23/c_1124154392.htm.

学定位、特色发展。这一要求体现了高等教育发展理念的转变，核心在于促进高等教育多元化，关键在于实现内涵发展。内涵发展理念是新时代我国为应对新的社会发展矛盾与教育系统内部矛盾而提出的，与传统外延式发展有区别的新理念，是促进高等教育大国向高等教育强国转变的必由之路。

（一）高等教育现代化的特点

教育现代化是国家现代化的基础和先导，实现高等教育现代化、迈向人力资源强国是新时代高等教育改革发展的重大使命。从 1977 年恢复高考，尤其是改革开放以后，我国高等教育在迈向现代化道路上取得了显著进展，在短时间内经历了精英化到大众化，再到即将迈入普及化的历程。当前，在全面建设小康社会进程中，高等教育要实现现代化，在供给与需求、生产与消费、标准与特色、规模与质量等方面遇到了挑战。

1. 供给与需求的匹配性

供需矛盾是高等教育人才市场中最基本的矛盾，受到教育内外部市场中多重复杂变量的综合影响。旧矛盾解决往往意味着新矛盾出现，高等教育现代化发展中的供需矛盾也是如此。随着产业行业发展的转型升级和人类基本社会需要的动态变化，高等教育的供需矛盾也在悄然发生改变。

当前，处于大众化阶段的中国高等教育发展，其发展的矛盾关系主要表现在，高等教育人才培养与供给数量巨大，或许说能够应对社会经济发展和个人发展需求，但是这种供给在结构上与社会经济发展需求和个人教育愿望之间存在不匹配性，也就是说，高等教育发展在适应市场变化、经济创新发展、个人需求多元化等方面的能力不够。

作为供给侧的高等教育或者高等学校，现有的学校、学科及其专业设置存在低水平重复的现象，难以及时有效应对社会经济发展加速和受教育者个体学习需求变动加快的情况。在传统的高等教育精英化阶段，鉴于高等教育规模有限，大学生人数少、比例低，大学生因而被称为“天之骄子”，接受高等教育就意味着拥有更多的选择机会、更好的发展平台，在就业与职业发展上处于优势地位。在大众化高等教育阶段，高等教育资源得到较大程度扩增，高等教育规模扩展，入学机会增多，在学人数扩大。相对来说，在人才数量增多的情况下，大学毕业生就业的竞争压力增加，“就业难”情况开始涌现。随着普及化高等教育时代的来临，高等教育体系更为开放，单一的考试选拔式门槛被多元入学制度替代，人人都能够有机会接受高等教育。高等教育现代化首先意味着普及化高等教育的实现，但更为关键的是，高等教育现代化必须为整个国家现代化发展与人的现代化服务，并作出贡献。

当前，互联网、人工智能、大数据应用等新兴产业不断涌现，不仅使新行业新职业新岗位不断出现，而且也促进了传统产业行业的转型和改造，如传统制造产业的不断升级。这些变化对人才培养提出了新要求。毫无疑问，高校必须为此作出相应的改革，在办学思想定位、学科专业设置、课程教学内容、人才培养方式等方面全方位改革。在现代化视角下，高等教育必须满足国家、社会、个体的需求，改革高等教育，显然是高等教育内涵发展的关键所在。

高等教育系统是整个社会系统的重要子系统。从整个社会系统看，我国正面临着跨越中等收入陷阱的新挑战，亟待由投资和要素驱动转向创新驱动，以保障社会经济的可持续发展。加快高等教育现代化，正是处在这样一种创新驱动发展的新形势，诸多原有产业行业可能消失或升级、新兴产业行业会不断涌现，社会分工将可能发生新的分化和重组，对人才素质结构要求也可能发生诸多颠覆性变动，而这无疑都对高等教育的人才培养质量和模式提出新挑战。

2. 生产与消费的平衡性

生产与消费是人类社会的两项基本活动，接受高等教育既是关照个体收益和社会效应的生产性活动，也是关照生活体验、人生幸福的消费性活动。但长期以来，在经济决定论的工具思想倾向下，教育被认为是投资，其生产性价值被过度强调，而消费性价值却没有得到足够的关注。

改革开放以来，在以经济建设为中心的原则下，高等教育往往被认为是为经济建设培养人才、提供服务的生产性工具。“上大学有什么用”之所以成为一个人人关注的时代话题，深层原因在于高等教育被简单地认为是生产性事业，进而导致高等教育现代化过程中的个体功利主义和社会功利主义。在市场经济背景下，高等教育受到工具理性的过度侵蚀，而忽视高等教育对精神生活的影响，这也导致整个高等教育发展盲目性的存在。

在物质生活极大丰富的新时代，教育现代化要求高等教育在提升综合素质、增加个体收入、促进社会流动、促进国家发展和人类和谐等各个方面发挥作用。高等教育在其生产性价值得到彰显的同时，更要注重教育的消费性价值体现。生产与消费也是当代高等教育发展中遇到的基本矛盾关系之一。

从根本上讲，教育是一项民生事业，应以人的健康成长和生活幸福为终极旨归。也就是说，接受高等教育不是目的，目的是让接受高等教育的人感到幸福，感受到生命的价值与意义。中国教育现代化提出更加注重面向人人、面向全面发展、因材施教等基本理念，高等教育也必须更加关注每个受教育者的学习体验、学习过程和学习结果等，更加关注每个受教育者的感受，而非只是传统的文凭符号所代表的生产性价值（如直接就业）。

不可否认的是，高等教育消费性价值的发挥离不开生产性价值的彰显。当前高等教育现代化过程中,需要合理处置调整高等教育者生产与消费之间的关系问题,不能再是单一的以经济建设为中心的生产价值论,而是要注重两者的平衡,注重实现以健康成长和生活幸福为中心的消费性价值实现。

3. 标准与特色的差异性

兴起于第二次工业革命时期的工业生产标准化极大地解放了生产力,提升了生产效率。为了改善办学条件,提升办学效益,促进高等教育发展,20 世纪 80 年代起,高等教育领域也掀起了一场“标准化运动”,主要包括学校的标准化、课程的标准化、教学流程的标准化、管理的标准化等。20 世纪 90 年代,甚至有人提出标准化的水平,是促进改革开放、加快现代化建设步伐的需要。这与当时我国高等教育发展的各项规则体系尚不健全、各地办学条件差异巨大,具有很大的关系。但是,21 世纪以来,我国高等教育实现了跨越式发展,当前我国高等教育的硬件设施得到极大的改观,高等学校办学条件、管理评估、教育教学等各个方面都已经有比较完整的规章制度和准则体系。但是,在大众化迈向普及化的过程中,需要重新审视高等教育办学的标准化概念及其价值。过度标准化的负面影响就是高校办学特色丧失、学科专业低水平重复设置、高校发展缺乏创新驱动等现象的产生。

高等教育现代化需要体现国家领导下的高等学校办学自主和特色发展。事实上,最近 10 年来,我国在落实高校办学自主权,促进高等教育分类管理、特色发展上已经开始取得显著成效。例如,一些高校出现办学章程,一些地方院校向应用型大学转变,上海开始试行高等学校分类管理制度,等等。这些都是高等学校特色发展的实践探索。

从现代化进程看,随着多元文化发展的影响和个性化需求的扩增，标准化遭受到了越来越多的质疑，规范统一的高等学校发展越来越无法满足人们主体性发展的需求和学校特色化发展的需要。由此，特色化将是普及化时代高等教育发展的选择，也是高等学校走向内涵发展的基本要求，同样是我国建设人力资源强国、提升高等教育国际竞争力、建设教育强国的关键所在。

在过去一段时间内，我国高等教育始终处于“追赶式”发展阶段，学习和参照美国、英国、德国、日本等西方发达国家高等教育发展与改革的实践与经验。很显然，新时代的中国高等教育发展需要坚持扎根中国大地办教育的原则，坚持以人民为中心的发展理念，坚持建设有中国特色社会主义教育体系的方向，中国高等教育现代化要走出符合中国国家现代化发展需求、实现中华民族伟大复兴与实现中国人民幸福的特色发展之路，在服务国家现代化的同时，也能更好地满足人民群众对于高等教育的个性化需要。

同时，高等教育现代化的过程中，更需要每个高校办出特色、办出水平。目前，我国高等教育领域正在探索的分类管理，就是促进高等学校特色发展的一个重要举措。未来的中国高等学校必须在确保高等学校办学达标的基础上形成各种类型和各自特色，实现中国高等教育的丰富性和多样化。

4. 规模与质量的统一性

规模与质量是高等教育现代化进程中的两个密切联系但又矛盾冲突的变量。学界往往将规模与外延发展联系起来，将质量与内涵发展联系起来。但从内涵发展与外延发展的关系看，二者受到规模层面变量和质量层面变量的综合影响，切不可将二者完全对立起来。在精英化高等教育发展阶段，高等教育整体规模较小，入学机会稀缺，竞争比较激烈，因而接受过高等教育的教育者往往具有较高文化素养，高等教育质量往往并不是突出问题。在大众化高等教育发展阶段，高等教育规模得到扩增，入学机会同样大幅增加，入学竞争与选择更多体现在高水平高等学校方面，由此，不同高校的教育质量问题开始日趋显现并不断增多。纵观整个高等教育发展的历史，规模与质量问题始终是相伴相生、动态变化且始终存在的。

我国高等教育从精英阶段到大众化阶段的跨越式发展时间短，在规模扩张的过程中，原有部分高等学校难以一下子适应大众化高等教育的步伐，新增加的高等学校也难以一下子成熟，从而产生备受关注的高等教育质量和效益问题。更具挑战的是，中国高等教育大众化阶段也只是短短的不到 20 年时间，2020 年我国高等教育将迈入毛入学率 50%的普及化阶段。①

普及化时代的高等教育规模可能趋于稳定，但高等教育质量的话题将更为显现。如何认识高等教育的质量、如何提升高等教育的质量，是新时代高等教育内涵发展的关键性问题。最直接的是，精英化阶段、大众化阶段和普及化阶段，高等教育发展的外部环境不一样，服务人群也不一样，高等教育的质量观也不能一样。

推进高等教育现代化需要动态把握办学规模与质量的关系，着力抓住规模与质量关系中的主要矛盾和矛盾的主要方面。普及化时代的高等教育的主要矛盾发生了重大转移，办学规模已经是一个变化较小的稳定变量，如何提供满足人民群众需要的优质高等教育服务将是未来面临的主要矛盾和矛盾的主要方面。普及化高等教育现代化将意味着高等教育规模与高等教育质量之内在的一致性和统一性，它们之间的关系不应该是非此即彼，而应该是协调统一。实现这种规模与质量的内在统一，是高等教育现代化的题中之意。

① 中国网.袁贵仁：到 2020 年我国高等教育毛入学率为 50%[EB/OL].(2016 - 03 - 11)[2020 - 07 - 05]. http://www.moe.gov.cn/jyb_hygq/hygq_bzsy/201603/t20160311_233107.html.

（二）高等教育现代化与内涵发展

概念的理解总是随着立场和时代的变化而变化，在实际应用中不可过度泛化。从已有文献看，内涵发展与外延发展实际并非最早出现在教育领域。事实上，这两个概念在 20 世纪 80 年代的经济领域就已经提出。理解高等教育现代化内涵发展与外延发展需要结合高等教育的特殊性以及时代背景和立场。

1. 内涵发展的产生背景

《辞海》中，"内涵"有两层含义：一是指内在的涵养；二是指概念所反映的对象的特有属性。经济领域有"内涵式扩大再生产"之说，主要是指不依靠增加劳动力和原有生产设备数量，而是依靠技术进步、采用更先进的设备、提高劳动力素质来扩大生产规模。

早在 1992 年，国家教委《关于加快改革和积极发展普通高等教育的意见》就提出，"要坚持走内涵发展为主的道路"。1993 年，中共中央、国务院印发的《中国教育改革和发展纲要》明确指出"高等教育的发展，要坚持走内涵发展为主的道路，努力提高办学效益"，[①]但对"内涵发展"到底是什么却没有清晰界定，时至今日仍然存在诸多分歧和争议。比较普遍的观点是，教育内涵式发展是指教育要以人为中心，旨在充分激发人在教育中的能动性和自主性，使每个人得到发展。高等教育的内涵式发展表现为，推动高等学校依法自主办学，不断创新人才培养方式，全面提高高等教育质量，提升高等学校服务国家社会经济发展的能力。

在加快教育现代化的过程中，之所以强调高等教育内涵发展的新理念，是与之前我国高等教育发展扩大招生人数、增加学校数量、强调学校硬件条件和增加学科专业等外延发展方式相对而言的。外延发

① 中华人民共和国教育部．中国教育改革和发展纲要[EB/OL]．(1993-02-13)[2020-07-03]．http://www.moe.gov.cn/jyb_sjzl/moe_177/tnull_2484.html.

展依靠政策手段，追求速度和规模，在一定程度上满足了社会对高等教育的需求，刺激了高等学校数量的增加。

与传统的外延发展相比，内涵发展是一种新的发展观，主要包括三个维度。一是作为发展方式理解，内涵发展是以事物内生力量作为动力和资源基础的发展方式，表现为高等学校独立办学与自主发展等。二是作为发展目的理解，内涵发展是一种事物内在属性发展的目的状态，表现为国家高等教育内部的结构优化与要素协调等。三是作为发展内容理解，内涵发展是事物属性自身的变化发展，表现为高等教育体系制度规范与文化生成等。

外延发展和内涵发展是高等教育现代化进程中的矛盾统一体，也是高等教育现代化必然要经历的不同阶段。正确认识和处理高等教育现代化发展的内涵与外延关系是普及化时代高等教育必然要面对和解决的问题。2018 年我国高等教育毛入学率已经达到 48.1%，预计 2020 年将达到 50%，这标志着高等教育发展将从大众化转向普及化。中国教育现代化 2035 的发展目标是，实现从高等教育大国迈向高等教育强国。很显然，从外延发展转向内涵发展，成为我国高等教育发展的必然选择。

2. 高等教育内涵发展的前提基础

内涵发展与外延发展虽然在目的指向、方式选择、结构内容上有所差异，但二者并不是完全对立的割裂关系，而是有着深层的内在一致性。改革开放以后，我国对于各级各类学科专业人才的需求急剧扩张，但高等教育却面临着资源稀缺、招生数量少、入学机会少，无法满足人民群众日益增长的接受高等教育的需要。为着力解决好“有学上”问题，国家在办学资源、规模和招生人数方面进行了改革创新，显著改善了高等教育入学难的局面。

从规模层面看，我国高等教育取得伟大成就，有效改善了我国高校学科专业人才供给总量不足的问题。现阶段，"有学上"的问题已经基本得到解决，人民群众对高等教育提出新的更高期待，但绝不能否认外延发展在高等教育现代化进程中的历史地位和作用。没有高等教育的扩招就没有现阶段更高层次的新需求，也就没有现阶段的内涵发展。

3. 新时代要求高等教育内涵发展

随着高等教育发展变革与社会新技术、新思潮、新业态、新矛盾的不断涌现，新问题、新挑战、新要求、新知识也不断产生，高等教育现代化发展正是在这种持续的动态变革中经历着一次又一次的分化与重组。2017 年，我国有 795 万高校毕业生面临就业，[①]又一次被媒体称为"史上最难就业季"。事实上，2013 年、2014 年、2015 年、2016 年都曾因庞大毕业生规模而被冠以"史上最难就业季"。但同时我国"长三角""珠三角"等经济发达地区则在每年春节过后都会出现大规模"用工荒"，用人单位纷纷上演"抢人大战"。

目前我国高等教育毕业生供给与劳动力市场人才需求之间存在不匹配的现象。高校在专业设置、能力培养等方面与社会需求之间存在脱节，这在一定程度上导致结构性失业问题。在科学技术快速发展与产业结构调整、行业与岗位变动加快的背景下，我国高等教育尽管数量不断增大，但学科与专业设置、人才培养方式、毕业生就业能力等并没有跟上社会与市场的需要，造成大学生就业率下降与劳动力市场人才需求无法满足的困境。

高等教育普及化极大地满足了人民群众接受高等教育的需求，较好地解决了高等教育领域"有学上"的难题。但是，在更好地提供社会经济发展与为国家现代化发展所需要的更多人才方面，高等教育显然需要着力在"办好学"上下功夫。高等教育需要实现"供给侧"改革，从

① 人民日报. 全国普通高校 2017 届毕业生预计 795 万人[EB/OL]. (2016 - 12 - 01)[2020 - 07 - 05]. http://www.moe.gov.cn/jyb_xwfb/s5147/201612/t20161201_290552.html.

国家发展、社会发展、经济发展和人的发展等立场，实现内部结构优化调整与人才培养方式创新，通过更加注重内涵发展实现高等教育的高质量发展。

（三）坚持以人民为中心思想

坚持以人民为中心的发展理念是中国特色社会主义现代化建设的核心。高等教育现代化也必须致力于提升学习者受教育的水平，提升个体自我发展的综合能力，使受教育者成为更具创新性和创造力的人才，进而促进社会经济发展和国家发展等。坚持以人民为中心的理念，是高等教育内涵发展的本质所在，是国家应对新时代社会发展矛盾与教育系统内部矛盾的重要依据。实现内涵式发展是促进国家高等教育治理体系和治理能力现代化建设的关键，是建构具有道路自信、理论自信、制度自信和文化自信的中国特色社会主义高等教育体系的必然要求。为此，坚持以人民为中心的思想，推进高等教育内涵发展，需从高等教育的价值转向、职能转变、机制转型、重心转移四个方面着手。

1. 更多关注高等教育的个体生命价值

正如上文所说，高等教育不仅是一项生产性事业，也是一项消费性事业。长期以来，在“GDP 主义”的导向下，教育被功利化和工具化，教育中的“具体人”成为“抽象人”“工具人”，其消费性价值和本体性价值并没有得到足够重视。教育现代化本质是人的现代化，未来教育应当更加关注具体的、生动的、有生命的人，不仅要注重其生产性价值，更应关注其消费性价值。

工业化物质生产极大地满足了人类的物质财富需求，但也使得人被工业生产绑架和束缚，沦为工业化推进的工具，而作为个体的人的精神家园开始走向荒漠化。教育现代化就在于更好地关照个体的精神生活、生命尊严和生活幸福，更关注人类社会的健康、和谐、可持续。

教育现代化将不再是教育的“异化”，而是要考虑如何让人从工业化物质生产中解放出来，回归到追寻人生意义的幸福生活。

高等教育现代化服务于人的现代化。从根本上看，人的现代化是个体对于生活的体验和幸福的感知，是一种生命性感受。教育中的人应当是鲜活的、具有生命质量和生命热度的个性化存在。教育过程中，每一个生命个体都应该被尊重，都应当得到关注和公平的学习机会，每一个生命个体都可以散发出绚丽的色彩。作为一种体验方式，教育与学习要成为个体的日常生活方式与生活内容之一。教育需要直面生命个体，为人的全面发展、终身发展和个性发展等奠基，这不只是基础教育的任务，同样也是高等教育的使命。尊重个体差异、注重生命关怀、促进生命质量提升的个性化教育发展应当成为普及化时代高等教育内涵发展的价值追求之一。

2. 更多注重高校自主办学和特色发展

长期以来，鉴于传统的计划经济管理模式的影响，我国高等教育都处于以外控式管理为主的状态，高等学校缺少自主办学和独立发展的空间，导致高等教育管理中严重的行政化弊病。在高等教育从大众化迈向普及化的过程中，高等学校自主发展的动力不足，成为饱受社会各界诟病的问题之一。

高等教育现代化意味着高等学校必须具有相对独立性和自身内在发展动力，政府对高等教育发展不能完全沿袭以往的行政管理主义手段和方式。新公共管理主义理论和教育治理理论倡导多元主体的多元参与，强调政府的教育职能由“大政府”向“小政府”转变，更加关注其服务监督职能，主张给予高校充分的办学自主权，鼓励其自主办学和特色发展。

高等教育的内涵发展需要政府进一步将办学权下放给学校，落实和扩大高校办学自主权。办学自主权的落实和扩大能够充分调动学校自主办学的积极性和创造性，这也是高等教育内涵发展的基础和前提。政府应在鼓励高校自主办学与特色发展方面，进一步转变自身职能，减少微观层面的过度行政干预，充分发挥高等教育市场在资源配置中的作用，推进高等教育制度的供给侧改革，为高校办学和改革提供空间。

近年来，我国全面深化教育领域体制机制改革，其中包括推行“放管服”，旨在为我国高校自主办学和特色发展减少一些体制机制性障碍。高等教育现代化发展，需要建立与现代化相一致的治理体系和提升治理能力。其中，政府职能转变尤为关键。

面向2035年的中国高等教育，要求政府改变传统的行政化管理方式，更加尊重高等教育现代化发展规律和未来趋向，充分调动各方主体积极性、主动性和创造性，激发高等学校办学的内在活力，更好地提供人民满意的、优质高效的高等教育服务。

3. 更好激发高校办学活力和办学创造力

高等教育内涵发展就是要发挥内因的主导作用，内因是主导事物发展的根本性力量。当前，我国高校在发展中仍存在习惯性依赖政府的问题，学校自主发展动力缺乏、能力不足，导致高等教育改革难以跳出“一管就死、一放就乱”的怪圈。建设高校内部治理体系和提升治理能力现代化，已经成为学术界关注的焦点和热点。毫无疑问，有序推进高等教育现代化离不开外部资源和力量的助推，但从根本上看，目前外部资源和力量助推还是处于“输血”状态，要实现真正的高等教育现代化，必须激发高校自身的动力活力和办学热情，进而提升和健全高校发展自身的“造血”功能。

高等教育现代化要最大限度地发挥高校的主体性作用，突出高校内部治理能力和治理体系现代化，以提升高校的自主办学能力，实现由外生力量主导到内生力量为主的转变，从而迈向更高水平的内涵发展。内生增长理论认为，外部支援虽然能够促进主体发展，但这种发展不具有可持续性，而且长期的外部支援会弱化主体自身发展的能力。内部动力的生成是一个长期的过程，具有高度复杂性和系统性。促进高等教育发展的动力机制转换，其本质就是重构高校的内部治理生态系统，凝聚教师、学生和其他利益相关者的行动共识，充分发挥学校章程在高校管理与发展中的制度力量，培育出高等学校的办学激情与办学创造力。

4. 更大提升高等教育的人才培育能力

高等教育内涵发展，意味着高等教育在硬件条件现代化的基础上，更需要加强制度文化的现代化建设。从历史演变看，精英化和大众化阶段高等教育发展更多关注物质层面的硬件条件改善。但近年来，随着高等教育经费投入的不断提升，我国各级各类学校的办学条件得到显著改善，硬件设施和条件不再是影响办学质量和效益的根本性因素，而教育内外部系统的结构、制度和文化的重要性地位以及紧迫性问题则进一步彰显。从国际比较看，我国高等教育硬件条件与英、美等国之间的差距正在日趋缩小，但在高等教育制度与文化方面仍有诸多问题和差距。

我国高等教育现代化建设的重心是，进一步提升高等教育的包容性和开放性，着力构建以人才培育能力提升为核心，基于“党委领导、校长负责、教授治校、民主参与”的现代大学制度文化体系。如果说精英化、大众化阶段的高等教育现代化是以硬件条件改善为重心，那么普及化阶段的高等教育现代化则是以制度文化生成为重心。高等教育内涵发展就是意味着高等教育发展的重心转移。

二、大力推进创新创业人才培养

创新创业人才培养是促进社会可持续发展的动力引擎，也是实现由高等教育大国向高等教育强国转变的关键，在国家现代化进程中具有特别突出的地位。《中国教育现代化 2035》指出，一流的人才培养与创新能力是衡量教育现代化水平的重要标准，必须抓紧培养能够适应和引领未来发展的一代新人，特别是培养集聚大批拔尖创新人才。

在此背景下，大力推动创新创业人才培养成为新时代的重大战略选择，其不仅是政府与社会的责任，更是高校的责任。在由投资和要素驱动向创新驱动转型的新形势下，如何弥补传统人才培养模式短板，提升大学生创新创业能力，适应和引领国家经济社会的发展升级是我国高校当下面临的迫切议题。创新创业教育关涉政府、学校、教师和学生等多重主体关系的解构与重构，具有高度复杂性和系统性，其不仅处于学校自身的内部生态系统之中，而且嵌构在整体教育乃至社会的大生态系统之中，推进创新创业教育不可能脱离整体社会和教育生态改善而独立实现。

（一）完善创新创业教育

推进高校创新创业人才培养政策实施是全面深化人才培养机制改革，实现创新驱动发展与满足经济转型需要的重大举措。作为推动创新驱动发展战略、深化人才培养模式改革的重大举措，“创新创业教育”在我国受到前所未有的重视。

教育部曾提出，2016 年起，所有高校都要设置创新创业教育课程，对全体学生开发开设创新创业教育必修课和选修课，纳入学分管理。[①]为此，各级政府及高校开始了积极的创新性实践探索，学界也以此为核心进行了深入的系统理论研究。但从具体的政策实施来看，创新创

① 中华人民共和国教育部. 教育部关于做好 2016 届全国普通高等学校毕业生就业创业工作的通知[EB/OL]. (2015-12-01)[2020-07-05]. http://www.moe.gov.cn/srcsite/A15/s3265/201512/t20151208_223786.html.

业教育在我国仍然面临着诸多现实困境，缺乏可供借鉴的成熟参考模式。如何克服传统人才培养模式弊端、适应经济社会发展的新常态，走出一条独具特色的创新创业教育实施之路是我国高校需要竭力探索的重大命题。

1. 强化创新创业教育的通识特征

当前我国高校的创新创业教育实践，主要是基于政府政策要求和促进大学生就业率提升的外部推动，带有明显的功利化倾向。当前，追求“短、平、快”的各类创新创业竞赛名目繁多，但实际效果却有待考量。在校大学生创业的规模和比例虽然在不断攀升，但创业的质量和影响力却有待提升。创新创业教育的组织领导和课程设置虽逐步完善，但学生整体的参与度与积极性却普遍不高。

创新创业教育更需要强调学生创新创业精神及其基本素养的培育，更加关照学生个体的全面终身发展，因此其在注重专业教育的同时将创新创业教育纳入通识性教育的范畴，为学生提供多元化的课程选择，而且是面向全体学生。创新创业需要时间的积累和沉淀，需要合适的机遇和条件，培育学生的创新创业精神及其基本素养才是创新创业教育的关键所在。只要学生具备了创新创业精神及其基本素养，即使在校期间没能创新创业，那么毕业以后也仍然可以大有作为。我国高校在实施创新创业教育时应由现阶段的外部推动转向内部驱动，更加关注学生创新创业精神及其基本素养的培育，更加注重激发学生创新创业的激情和意识，进而提高全体学生的参与性和积极性。

2. 搭建创新创业教育的实践平台

创新创业的实践属性决定了创新创业教育必须走出书本、走出课堂、走出教室、走出校园。单纯的知识传授式教育很难满足创新创业的实践属性。当前，我国高校创新创业教育还处于尝试性探索阶段，实施过程中的形式化问题非常突出，部分高校的创新创业教育仍然停留于一种口号化的呐喊或者象征性地开设几门有关创新创业的理论传授式课程。

不可否认，理论知识学习是创新创业教育不可或缺的重要内容，但不可过度理论化。国内外实践表明，创新创业教育过程中尤其要注重体验式、实践性教学，通过与企业、研究机构、地方政府等联合设立研究中心、创新创业基金等，为学生打造全方位、立体化的学习平台，促进知识成果的转化，推动产教一体化。

实践性是创新创业的本质属性，脱离了实践性的创新创业教育是没有生命力的。完善创新创业教育的实践平台，一方面要建立高校、企业等多元主体之间的立体化合作机制，更加关注学生实践能力的培养；另一方面要激发学生参与创新创业的活力，为学生参与创新创业实践提供多元化的优质服务。

3. 建立创新创业教育的对接机制

创新创业教育具有一定的特殊性，全面推进创新创业教育需要关注学生的个体差异性，不能偏离因材施教的教育理念。必须建立正确而全面的创新创业教育观，充分关注个体发展的差异性，实施满足社会需求与学生愿望的创新创业教育。

当前我国创新创业教育的实施过程中，确实出现盲目跟风、整齐划一的同质化倾向。在推进创新创业教育时，必须非常注重学生的个体差异，坚持为学生提供精细化、精准性教育服务，处理好个体发展与市场需求之间的关系，避免个体发展的差异性被忽略，培育出的学生无法满足市场需求局面的出现。

建立创新创业的对接性机制，使高校创新创业教育与市场需求之间产生对接，在尊重学生个体发展的多元化需求的同时，又满足并促进社会经济创新驱动发展的需求。建立这种对接性机制，需要政府的引导和支持，也需要社会与市场的积极反馈，更需要高等学校自身的努力，包括对创新创业发展市场需求的评估与对学生参与创新创业教育的潜能与愿望的测评，将创新创业教育作为学校现代化发展的选择，而不是简单的提高就业率的工具。

4. 实现创新创业教育的协同推进

实践表明，创新创业教育的成功不单是因为课程实施体系的完善以及教育教学的先进，更为重要的是构建起创新创业教育的生态系统，使高校与产业之间产生互动。

当前，我国高校服务地方经济社会发展的能力尚不足，国家、地方、高校、企业等在创新创业教育上的协同发展意识缺失，尚未建立起创新创业教育的生态系统。创新创业教育不是高校的“独舞”，它既需要内部生态系统的完善，也需要外部生态系统的支持。推进高校创新创业教育需要有协同推进的力量，发挥国家、地方、高校、企业、教师和学生等多方主体的力量，从制度与文化层面来打造具有地方、学校和产业特色的生态系统。

需要特别强调的是，高校创新创业教育的实施离不开国家政策的支持，离不开高校办学自主权的贯彻落实。整体来看，国家应避免整齐划一式的盲目推进，应给予高校充分的自主性空间，以便更好地服务于地方经济社会的发展，形成高校创新创业教育实施的自身特色。

（二）变革人才培养模式

正如联合国教科文组织在《反思教育：向“全球共同利益”的理念转变？》中所指出的，教育是全球共同利益，是人的生存和发展的权利。未来教育必然会伴随人的生存与发展需要而走向终身化和个性化，而且终身化学习与个性化教育将取代教育信息化和教育全球化成为教育现代化的新标志。

在高等教育现代化的进程中，我国正在实施“双一流”大学建设计划。这种基于政府力量进行的、自上而下的宏观政策是必要的，但同时也需要基层学校进行自下而上的创新实践。反思传统教育改革存在的突出矛盾，对我国教育现代化顺利推进具有重要价值。

1. 建立基于全生命周期的学习制度

未来的学习将是一种基于"兴趣—问题"导向的开放式学习，学校边界将越来越弱化，学习方式将越来越灵活，学习者的自由度将越来越高，大学将为不同层次、不同年龄阶段的人提供全方位终身学习的机会和服务。与现阶段相对固定的课程教学和学习制度不同，现代化大学应当建立一种基于全生命周期的学习制度。

一方面，从制度供给上突破学校教育的年龄限制，弱化学习的时空边界，坚持学习的结果导向，从过程上放宽学习的制度性要求。现阶段，学校教育仍然带有很强的自我封闭性，学习的年限、时间、空间、方式和载体等都有多重的制度性束缚，从客观上限制了不同年龄阶段、不同学习需求者进入大学学习的机会，而基于全生命周期的学习制度将给予不同年龄阶段、不同学习需求的人以公平进入大学学习的机会，进一步提升大学的开放性。

另一方面，从需求服务上扩增学习者个体自由选择的空间，更加注重满足其个性化教育需求。"全生命周期"意味着学习不再是特定年龄阶段、特定时间范围的固定活动。学习者可以根据自身需要自主的、间断性安排学习时间，工作与学习可以穿插进行、紧密结合。建立基于全生命周期的学习制度是对学习者的一次新的"解放"，使得学习不再是一项负担，而是基于个体自由意志的自由选择。

2. 提供智能化应用的私人定制服务

尊重学生个体化差异、满足学生个性化的差异需求，已经成为教育现代化实践中的共识。只是由于科学技术发展程度的局限，如何认识和理解学生的个体化差异、进而提供个性化服务，仍然是现阶段学校面临的重大挑战。

早在 20 世纪 80 年代，美国未来学家托夫勒（Toffler）便在其著作《第三次浪潮》中提出“大数据”（big data）的概念，近年来大数据更是成为各界广泛提及的高频热点词汇。哈佛大学教授加里·金（Gary King）直言：“这是一场革命，庞大的数据资源使得各个领域开始了量化进程。”这也使得分析和了解学生的个性化需求有了更大可能。随着人工智能技术、大数据、互联网等科学技术的快速发展，信息化教育与教育信息化已经成为发展的趋势，进入教育现代化的范畴。①

可以预计，未来的大数据应用和人工智能发展将进入一个全新的阶段，不仅会使人类的生活和生产方式产生深刻的变革，更会对学习和教学方式产生革命性影响。人工智能技术的应用和大数据深度挖掘的突破将为认识和理解学生的个体化差异提供定制化服务，“智慧校园”（smart campus）将取代现阶段的“数字校园”（digital campus），成为集校园移动互联技术、学习分析技术、学习情景识别与环境感知技术、社会网络技术、数字资源的组织和共享技术为一体的新型教育空间。

由此，高等教育现代化发展需要在教育智能化上下功夫，需要为以学习者为中心的学习服务提供更具针对性的支持。私人定制式教与学成为变革高等教育人才培养方式的选择之一。

3. 面向终身发展与幸福的教育目的

正如英国学者纽曼（John Henry Neman）在其著作《大学的理想》中所言：“知识本身即为目的。”但自第一次工业革命以来，人类便陷入一场无休无止的物质化运动之中，大学的工具性价值被无限放大，而作为追求知识真理的本体性价值日渐式微。

---

① 转引自：于福志. 大数据时代[M]. 长春：吉林文史出版社，2017：3.

随着高等教育大众化的推进，进入大学学习已经不再是一种竞争性工具，作为大学学习象征的学位证书也不再是市场筛选人才的关键手段，学习将成为一种生活方式、生活体验与人生经历，就像旅游一样。心理学有研究表明，现阶段我国大学生普遍存在焦虑心理，学历层次越高精神压力越大，对人生幸福的感知也就越困难，而这与陷入无休止竞争的“教育工具化”和“工具化教育”高度相关。

教育现代化旨在扭转现阶段的“教育工具化”和“工具化教育”倾向，更加关照个体的生命性感受和教育的消费性价值。丰富人的生活体验、提升人的生命质量和温度是未来教育变革的目的所在，也是未来终身教育的价值追求。教育过程中，每一个个体的生命都应该而且值得尊重，每一个生命个体都应当得到关注和公平的学习机会，每一个生命个体都可以散发出绚丽的色彩。

4. 培育具有责任担当的新时代人才

美国经济学家托马斯·弗里德曼(Thomas Loren Friedman)在其著作《世界是平的》中把全球化划分为三个阶段：“全球化 1.0”“全球化 2.0”和“全球化 3.0”。根据他对这三个阶段的特征描述，有理由相信 2035 年人类将全面进入“全球化 3.0”的时代，作为生命个体的人的主体性将更加凸显，肤色或东西方的文化差异不再是合作或竞争的障碍，人类进入一个命运共同体的时代，全球性的共通问题将不断涌现。2035 年，我国将步入一个更高的发展阶段，将基本实现现代化，在构建人类命运共同体方面担当责任和使命。为此，教育需要在未来人类命运共同体建设中扮演重要角色。

教育不仅要关照个体的生活体验和幸福，更要关注人类社会的健康、和谐、可持续。地球是人类共同的精神家园，如何避免战争冲突、促进文化融合、共同应对全球难题将是未来人才培养取向变革的一个重要方向。培育关注全球问题和具有人类责任担当的新型人才，将成为未来教育的新使命。不可否认，现阶段的教育带有一定的狭隘性、边界性和国别性，但随着未来人类命运共同体的逐步成型，教育在人类命运共同体中的责任担当和历史使命将进一步彰显。

2035 年，中国不仅应当成为一个世界教育大国，更应成为一个教育强国，要以全球化视野关注全球性问题的解决，培育具有人类历史使命和责任担当的新型公民，进而为人类的文明进步作出中国的教育贡献。

（三）推进共同体的创建

建设创新创业教育共同体是创新创业教育的需要，在本质上是创新创业教育主体之间的一种关系性存在。教育生态理论视域下，这种关系性存在主要表现为主体基于整体目标和共识而达成的和谐共生场景和整体行动逻辑。构建创新创业教育共同体需结合共同体的结构特征和创新创业的内在属性，从政府、高校、教师、学生和企业等多元主体的内在生态关系改善着手，从而实现创新创业教育的生态式推进。

1. 开展需求导向的教与学

内涵特色是创新创业教育走向成功的必由之路，坚持需求导向是彰显高校创新创业教育内涵特色的逻辑起点和根本保证。创新创业教育过程中，需求导向主要包括学生需求和市场需求。

一方面，创新创业教育归根结底仍然是一种教育，要以学生为中心，凸显学生的主体性。尽管从外部看，创新创业教育在我国已经形成一种新风潮，受到前所未有的重视，很多高校也提出建设创新创业型大学的远大目标。但从学生角度看，现有创新创业教育的课程安排、教学内容等是否尊重了学生的创新创业需要，是否提升了学生的创新创业能力，还有待充分论证。

另一方面，创新创业教育成效最终需要接受市场与实践的检验。在知识生产更新快速变革的时代，传统僵硬的课程安排方式和陈旧的课堂教学内容已经很难满足创新创业的市场需求。如何实现课堂教学与市场需求的对接是创新创业教育面临的重大挑战，也是构建基于需求导向的教学共同体亟待突破的重大命题。

构建基于师生互动的创新创业教学共同体，首先要发挥教师在平衡学生需求与市场需求中的中介作用，推动教师与学生平等的沟通互动，为学生创新精神的激发注入生态活力。其次要基于学生性格、专业、性别等方面的差异，结合高校自身的优势学科和特色，进行精细化的课程设计，满足学生多元化的个性学习需要。最后要积极对接市场需要，及时更新教学内容，灵活选择教学方法，使教师所教、学生所学能够满足市场所需。

2. 建设创新创业校园文化

文化是构成学校凝聚力和向心力的关键所在，是主导学校发展的无形之手。创新创业文化内隐于学校整体的发展理念、环境和制度之中，是创新创业教育的内生性动力。当前，我国高校创新创业教育主要以外部政策驱动为主，内生性动力明显不足。创新创业教育面向的是全体学生，但学生的整体参与性和参与度却普遍不高，而且教师的创新创业教育意识和能力较为欠缺，出现消极性应对和疲于应付的问题。整体而言，学校一级在整个创新创业教育过程中处于支配的强势地位，学院一级自主权过小。

构建基于校内治理的文化共同体，需重构学校与院系的关系模式，发挥院系在创新创业教育过程中的主体能动性，充分激发学校全体成员的生态活力，提高学校全体成员参与的热情和激情。首先，从制度文化层面来看，创新创业教育需要自由的开展空间。在进行制度设计和安排时需以保障师生参与创新创业的主体性自由为文化根基，为师生主体能动性的充分发挥预留足够的制度空间，如扩大院系层面的自主权等。其次，从物质文化层面来看，高校的空间结构布局和基础服务设施是影响创新创业教育的重要因素，楼宇的背后应该是文化，应该有故事，建设创新创业的物质文化可从校园的一棵树、一条标语着手，合理开发和利用校友资源和物质资源。最后，从精神文化层面来看，创新创业需要的是一种冒险精神，有着很高的失败概率，在推进创新创业教育时需要给予学生足够的人文关怀和精神激励，更加注重培育学生愈挫愈勇的创业精神。

3. 形成产学研合作共同体

知识成果是最重要的学术资本，也是高校创新创业最大的优势。基于知识传承、知识创造、知识应用的角度，实现学术资本转化，大学才能真正履行知识应用的使命。当前，我国高校知识成果转化程度较低，对于知识产权保护不够，企业、高校、科研院所、政府等几方面力量各成体系、各自为战的局面尚未真正扭转，分散、封闭、低效仍是我国科技创新存在的主要问题。

创新创业教育需要构建基于校企合作的产学研共同体，促进知识成果转化和应用，推动协同创新，使创新创业教育由理论走向实践。既要拓展高校大学生创业科技园的功能，加强知识成果孵化，打通产学研一体的全线链条，使得大学生创业科技园成为产学研共同体的实体支撑和载体，还要完善企业与高校的合作渠道、合作方式和合作深度，从制度上扫清校企合作的壁垒和障碍。除常规的建立校企联合研究院，举办校企创新创业大赛，设立校企创新创业合作基金等方式外，校企双方还可以通过相互购买服务的方式进行多渠道、多路径的深度合作，推动知识成果的实践应用。

4. 实现高校与地方联动发展

高校创新创业教育的成功之路应当是基于地方经济社会发展转

型需要和高校自身学科优势的特色之路。当前，我国高校创新创业教育存在严重的跟风化和形式化倾向，出现千校一面的同质化问题。实际上，在创新驱动发展的国家战略背景下，高校创新创业教育和地方经济社会发展具有高度的内在一致性。高校与地方政府应当是一种相辅相成、合作共赢的关系。构建基于校地联动的发展共同体，不仅是高校创新创业教育的需要，也是地方经济社会转型发展的需要。推进创新创业实践离不开地方政府的政策支持和引导，地方经济社会发展的转型离不开创新创业型人才的支撑。

为了实现校地联动发展，建立发展共同体，高校和政府可从以下三方面进行重点突破。首先，高校创新创业教育应结合地方产业结构变迁进行灵活调整，建立学科专业的动态调整机制，以供给侧改革为地方经济社会发展转型提供创新创业型人才支持。其次，政府应当减少对高校的行政管理，充分尊重高校的办学自主性，为高校创新创业教育的开展提供优质化的教育服务和政策支持。最后，建立高校和地方政府的常态化合作机制，政府可以以购买公共服务的方式向高校购买服务，高校则可以通过为政府提供公共服务来开展创新创业教育。

目前，我国建立的以清华、北大等高校为中心的中关村创新创业共同体模式，以华中科技大学为中心的武汉光谷创新创业共同体模式等值得国内其他地区和高校学习与借鉴。

三、促进高等教育系统的创新发展

《中国教育现代化 2035》提出，要面向社会主义现代化强国建设需求，特别是产业布局和区域发展的战略需要，优化教育体系结构和学校布局结构，分类建设一批世界一流高等学校。实现这一要求的关键机制保障在于促进高等教育办学体制机制改革。现阶段，我国高等教育治理正处于向现代化转型的过程中，政府、高校和社会对于自身在知识生成中的职能定位正日趋明晰。尽管学术自由已经成为学界共识，但从“内化于心”到“外化于行”的过程仍将反复曲折、任重道远。政府应明晰自身在高校学科专业建设中的职能定位，充分尊重高校的独立办学自主权，为学术自由和百家争鸣营造宽松的文化氛围，避免以行政权力过度干预学科专业建设的具体过程。高校应提升学科专业发展的自主能力，把握知识生成转化与学科专业建设内在的关系一致性，保持高校作为知识和学术殿堂的定力，而不是一味迎合社会市场需求。社会则不可将过多责任转嫁给高校，不能让就业率绑架学科专业建设，应为高校学科专业建设提供人、财、物等全方位的资源支持。

（一）全面落实高校自主办学

关于高校办学自主权的讨论越来越多，国家在法律层面规定了高校拥有九项办学自主权，但如何落实高校办学自主权，仍然是一个现实困境。高校内涵式发展为办学自主权的实现提供了很好的机遇，是落实和扩大高校办学自主权的有效载体。

1. 激发自主办学的内生动力

建立内生发展机制是实现高校内涵式发展的必备条件和必然要求，而办学自主权的落实和扩大就为高校发展提供了内生动力机制和内生运行机制的基础和前提，主要表现在三个方面：一是使学校由无权的责任主体逐渐转变为有一定权力的办学主体；二是使学校由被动的执行者转变为积极的管理者和组织者；三是使学校积极担负起自主发展的责任，形成一种自我发展的自觉性。

内因是事物发展的根本原因。必须认识到，办学自主权是大学长期发展过程中自主形成的，是维系大学生存、促进大学发展的基础。

所以，在大学内部建立健全内生发展机制，促进学校积极主动地应对外部挑战，积极主动地开展内部教育教学实施活动，高质量地回应社会和国家对高校的要求，有利于高等学校培养出更多的人才，真正承担起促进社会发展、国家发展和人的发展的责任和担当。

2. 实现治理规范化与科学化

办学自主权的落实和扩大能够充分调动学校自主办学的积极性和创造性。自古以来，我国就是一个典型的中央集权制国家，政府既是教育的举办者，又是教育的管理者。学校长期在外控的管理模式之下对政府形成依赖性，自身只是被动执行或者不作为。政府对于学校办学的评价标准也更多地站在政府的立场，对于学校办学特色和效益重视不够，缺乏有效评价方法，导致学校盲目追求“大”和“全”。学校管理者、教职工、学生和学生家长等在学校管理中都处于一种被动的消极状态。

改革开放以来，我国在落实和扩大高校办学自主权方面作出很多努力，《中华人民共和国教育法》授予高校九项权利。但是当前，行政配置资源的能力与影响仍然过于直接和强大，政府对高等学校管理过于具体，这在一定程度上损害了广大高校自主办学的积极性、主动性、创造性。高校内涵式发展是一个系统而复杂的过程，而政府的能力是具有局限性的，它不要求政府对高校发展中的所有方面予以规范管理，不需要政府解决高校发展出现的所有问题。高等教育领域内的权力下放，意味着政府给学校更多的权利，学校积极成为高等教育发展的主体。这也是高等教育现代化中内涵式发展的表现。在内涵式发展的过程中，还是需要治理的规范化和科学化，而不是高校的盲目、随意和任性的发展。

3. 理顺办学权与利益的关系

以规模为主的外延式发展主要凭借外部资源支持，高校对于外部资源的供给依赖性很高，对于学校办学自主权的要求还不够迫切。但随着高校向内涵式发展的转变，学校需要对内部的人力、物力、财力等资源进行合理的优化分配，选择什么样的分配方式以及怎样分配就牵涉到办学自主权的问题，学校对于办学自主权的要求变得更加迫切。

办学自主权之所以在实践层面难以具体落实，其中的一个重要原因在于没有找到有效的实践载体。在条件还不成熟的状态下盲目的扩大高校办学自主权，必然会产生一系列问题，如招生腐败、弱势群体的利益得不到有效保障等。办学自主权的落实需要借助一定载体来实现，内涵式发展顺应了高等教育普及化的发展趋势，在政府政策指导下，实现分类指导，分类放权，分层建设，分层管理，引导不同类别、不同层面的高校自主创新，实现科学定位、特色发展。

如果说外延式发展阶段扩大和落实高校办学自主权的现实条件还不成熟的话，那么在内涵式发展阶段扩大和落实高校办学自主权是提升办学质量和效益的必然要求，政府可以根据内涵式发展的实际需要逐步将权力下放给高校，实现政府利益和学校利益的统一。

（二）优化高校教师队伍发展

《中国教育现代化 2035》指出，高素质专业化创新型的教师队伍是加快教育现代化的关键，但我国现阶段还存在教师队伍建设尚不能满足教育现代化需要的问题，需要完善教师管理和发展机制，吸引和汇聚优秀人才从教，激发教师专业发展活力，努力建设一支有理想信念、有道德情操、有扎实学识、有仁爱之心的教师队伍。在此背景下，构建支撑高等教育强国建设的高校教师发展机制，需要从体制机制出发，重点关注教师管理制度的变革和教师专业发展能力的提升。

1. 改进高校教师管理方式

我国高校的自主管理能力还不强，在学校教师建设方面同样能力不够。正在探索中的取消高校教师事业编制，实际上是将教师管理的人权和财权下放给高校，这对高校的自主管理能力而言无疑提出了更高的要求和挑战。当前，我国一些高校中还存在着以公谋私、权力寻租等不良现象，存在以行政权取代学术权、教育家办学精神缺失等突出问题。如果教师管理权利用不好，确有可能造成上述问题。

提升高校自主管理能力，是取消高校教师事业编制管理和创新教师队伍管理方法的重要条件。首先要坚持依法办学，以章程办学，规范教师聘任和解聘的程序和规则，避免教师管理权力使用的随意性和独断性。其次要拓展和完善学术委员会的学术职能，推进教授治校和学术自由，坚持行政权为学术权服务的基本价值导向。最后要构建教师聘任解聘的信息公开平台，及时公布相关真实信息，接受社会公众和舆论媒体监督。

2. 健全高校教师权益保障

保障高校教师的各种权益，是促进教师从事教育教学工作、积极奉献祖国、服务人的基础和前提。如取消高校教师事业编制，打破了教师的“铁饭碗”，但不能影响其在编制内享有的一系列权益，否则可能出现高校教师离职潮现象。要明确的是取消高校教师事业编制的实践基础是保障教师权益不受损害，促进教师健康合理流动。

当前，我国高校教师权益保障问题主要体现在两方面：一是聘任制的配套法规建设严重滞后；二是教师权利救济渠道单一。高校教师事业编制取消后，这两方面的问题将会进一步突显和加剧，因此完善教师权益保障机制就显得尤为必要。首先要完善教师权益申诉制度。现阶段虽然很多高校已经建立了教师申诉制度，但离程序正义与实质正义的要求还有较大差距，《教师法》关于教师申诉的现有规定存在明显不足，需要进一步从国家层面出台具体实施细则。其次要完善教师的社会保障制度。编制取消后教师的社会地位和福利待遇有可能面临被削弱的风险，因此要从住房保障、医疗保障、养老保障等方面全面提升教师待遇，保证优秀人才进入高等教育领域。最后要健全教师奖惩评价机制。奖惩评价对高校教师具有重要的导向功能，奖惩评价机制的完善程度直接影响到教师工作的积极性和主动性，直接影响到学校整体的教学科研风气。

3. 培育高校教师流动市场

建立合理有序的教师流动机制，是高校教师队伍建设与发展的需求，也是保障教师权益的体现。虽然当前取消高校教师事业编制为教师自由流动扫清了制度性壁垒，但我国并没有真正形成合理有序、公平健康的高校教师人才流动市场。高校教师仍然是一个相对封闭的群体，不仅向高校系统外部（如科研院所、企业、公益机构等）流动甚少，而且在高校系统内部的流动性也严重不足。

充分的流动性是保障教师资源合理配置的重要基础，是高校保持蓬勃发展的内在动力。培育健康的高校教师人才流动市场，是高校教师队伍管理的关键举措。一方面，要建立教师退出机制，形成可进可出、优胜劣汰的基本格局。为了促进教师流动、激发教师活力，美国高校普遍采用了“教师非终身”和“非升即走”制度，目前国内也有很多高校借鉴了这样一种制度。另一方面，要打造公平、诚信的市场环境，形成完善的、符合教师流动逻辑的市场规则体系。当前，我国高校教师流动存在一个突出的矛盾，即教师对自身的工作单位和环境满意度很低，却不愿意换一个新的工作单位和环境。虽然原因多种多样，但人才流动市场的不健全是其中的重要影响因素。

高校教师人事制度改革必须有配套政策和协同措施的支持。要以政策文件形式明确政府与高校在教师管理中的职责权限、中央政府与地方政府在教师管理方面的职责权限以及高校内部人事部门与学术委员会的职责权限。要优化调整教师队伍结果与重新定位教师队伍发展方向，对原有编制内的教师要有相应的配套政策支持，对新入职教师和已有的编制外教师也要有相应的配套支持。此外，还要厘清和理顺财务部门和人事部门的财权和人权，具体包括中央财政部门与教育部门的财权与人权问题，地方财政部门与教育部门的财权与人权问题，中央财政部门、地方财政部门与高校的财权与人权问题等。

（三）改进高等教育资源配置

高等教育现代化要求以动态调整促进开放竞争与资源配置优化，实现高等教育健康发展。在过去，我国高校因身份固化而饱受社会各界诟病。在资源配置过程中，具有“重点建设”身份符号的高校和学科往往具有更强的资源获取能力，这一方面与它们相对较强的办学实力有关，另一方面也与相对固化的身份优势有关。需要特别注意的是，当身份成为获取资源的绝对优势时，资源配置的有效性和公平性就会受到挑战和质疑。这种“挑战”和“质疑”已经体现在高等教育发展的方方面面，并且正在成为影响我国高等教育现代化发展的重要因素。我国高等教育发展需要基于公平竞争的资源配置机制，打破身份固化所造成的资源配置僵化和不公平局面，以资源配置的优化激发高校自主办学的活力和热情。

1. 将绩效考核作为依据

优化高等教育资源配置，是推动高校公平竞争、整体发展的关键因素之一，但问题在于依据什么样的指标来进行优化配置。以往的实践显示，政府往往更关注资源投入，高校则更关注资源获取，而对于投入与资源产出的结果及其效益缺乏科学合理的制度化监测和评估。为此，有必要完善高等学校建设的绩效考核与评估的动态监测系统，以绩效考核的结果为资源优化配置提供决策依据。

首先，要完善建设高校办学的绩效考核与评估指标体系，在资源配置过程中更加注重产出的长期效益，突显知识贡献和社会贡献。现阶段的高校绩效评估过度依赖论文、课题、经费等数量指标，而且评估周期过短，导致办学过程中的急功近利问题滋生，低水平的重复性研究滥竽充数，使得效益具有滞后性的基础性研究和具有重大突破的开拓性研究在评估中处于不利地位。

其次，要引入高校办学绩效考核与评估的第三方，参照国际同行评议标准，成立专门的评审委员会，增强考核与评估的专业性、程序性和权威性。绩效考核和评估关涉利益分配，异常复杂，第三方评估可以超越当事人的利益关联而具有中立性或者弥补当事人能力不足的中介性，普遍被认为是高等教育领域中考核与评价改革的国际性趋势。引入第三方评价的绩效考核与评估在一定程度上可以避免市场化和行政化的过度干预，突显高等教育的学术性立场。

最后，要建立高等学校绩效考核的大数据监测平台，改善监测手段，提升监测效果。对高等教育质量与绩效的动态监测，是全球高等教育治理关注的政策热点和研究热点。目前我国在高校办学水平和资源使用效益的监测方面还落后于发达国家，高校学科专业质量监测手段的信息化和智能化程度还不足，公开透明性远未达到公众期待。未来，需要进一步提升学科专业水平监测的信息供给能力，建立基于高校学科专业发展的大数据监测平台，为绩效考核与评估提供更加充分的证据支持。

2. 让合理竞争获得空间

以政府资助为核心的重点高校制度和重点学科制度显著提升了我国高等教育的发展水平，但却引发了资源配置效益与公平的诸多争议，造成了高校发展的严重不平衡。竞争被认为是实现资源优化配置的有效手段，但也有可能导致资助的不稳定性和逐利性。高等教育应充分处理好资源配置过程中的开放竞争问题。

一方面，引入市场竞争机制，打破高校的固化身份，使得高等教育发展处于动态，而不是高校已有标签的凝固。从某种意义上讲，固化的身份标签剥夺了其他高校的公平发展机会。高校的办学投入与办学效益、质量和水平之间的关联，优先关注绩效的资源配置方式，意味着高校与高校、学科与学科之间的有效竞争，有助于实现整个高等教育资源的最优化分配。这就要求政府在高等教育管理上自觉转变职能，由直接的行政干预者转变为间接的服务监督者，更加重视市场竞争在资源配置中的基础性、主导性作用，使得各级各类高校都能在公平的竞争环境中获得相应的发展机会。

另一方面，强调开放竞争的同时，要关注到必要的兜底保障，确保高等学校整体的发展。我国高校已经呈现出巨大的发展差距，强者愈强、弱者愈弱的马太效应已经开始显现。必须意识到，一个国家高等教育发展水平不可能仅依靠顶尖的精英大学，更重要的是看高等教育整体发展水平，而兜底的基本保障则无疑有助于高等教育发展的整体水平提升。有效的基本保障能够使得后发高校也能获得相应的发展机会，并且实现跨越式发展的可能。在竞争的背景下，还必须防止马太效应的产生，避免加剧高校之间发展的不平衡性、挤压其他高校的发展空间。最为明显的就是，中央政府必须加大对中西部高校发展的政策扶持。

3. 以优势特色引领方向

高等教育发展不仅具有自身的内部规律，还与社会经济等外部世界具有紧密联系，高等教育资源配置优化需要体现国家战略和区域发展战略的双重需求，更好地彰显和提升具有世界标准、中国特色的高等教育强国优势和特色，避免低水平重复性投入所造成的资源浪费。

要将高等教育资源优化配置与国家重大战略需求相联系，设置基于重大战略需求的专项资助，体现我国在全球化格局中的战略需求。

在创新驱动发展战略的推进过程中，通过资源优化配置来促进高等学校创新创业型人才的培养。在国家“一带一路”倡议、“中国制造 2025”战略、人工智能创新行动计划等背景下，高等教育资源配置需要在这些方面作出相应的政策倾斜，通过建立专项资助机制来确保我国在国际前沿领域和未来发展方向上的先进科研水平和独特竞争优势。由于高等教育发展成效具有滞后性的特点，在资源配置过程中应当注重长远战略规划和近期发展目标的动态平衡，以更好地迎接未来的教育变革和教育需求。

要将资源的优化配置与区域发展需求相联系，建立地方配套的分级支持机制，更好地促进差异化发展。高校和学科的低水平重复性建设不仅造成教育资源的浪费，而且造成“千校一面”的同质化发展，无法满足社会日益增长的多元化需求和国际化竞争的客观要求。高等教育资源配置上，应根据区域发展需求布局高校与学科的区域结构，根据不同区域的不同特点打造高校与学科的优势特色，服务于本土化发展需要，通过中央和地方的配套资助激发高校发展的活力，更好地满足各地发展的差异化需求。

4. 使办学活力得到释放

优化高等教育资源配置，旨在通过良性竞争提升资源配置效益，更好地激发办学的内在活力和动力。当前，由于办学的财权和事权不统一、经费使用机制未理顺等，高校作为发展主体的能动性并没有得到充分的激发，导致了资源使用效率和效益低下等问题，需要进行相应的制度变革。

首先，政府不宜过度规划，应将经费使用权完全下放给高校。以政府规划为主导的资源集中配置，虽然能够为一些高校办学创造良好的条件和保障，但高等教育现代化的达成还是取决于高校自主办学能力的提升。高校“去行政化”要成为扩大和落实高校办学自主权，促进学术与行政相分离，扩大和落实高校经费使用权的抓手。

其次，推动财权与事权相统一的科研经费管理变革，理清财务报销的不合理事项。目前的科研经费管理机制僵化，报账过程复杂，存在明显的不合理规定。要坚持按照科研规律办事，摆脱计划管理的预算模式，允许科研试错和不确定性探索。加大人员经费的比例和科研人员经费使用的权限，明确科研人员经费使用权限，使科研人员主体地位和劳动成果得到充分尊重，全面激发高校科研人员的积极性和创造性。

最后，充分尊重高校办学的自主选择与创新探索。现代高等学校具有教学、科研、社会服务和国际合作等多方面的职能。政府在优化资源配置过程中，要加强与高等院校之间的对话协商，改变以往简单的经费预算与资金拨款方式，要尽可能实现资源配置与学校发展定位及其模式之间的最优匹配。在注重绩效考核与评估的背景下，也要关注到高校发展的差异性和特殊性。只有这样，才能通过资源优化配置，充分释放学校的办学活力。

总之，促进高等教育大国向高等教育强国转变是一个艰巨的奋斗过程，需要政府、高校和社会等多方主体的共同参与。面向 2035 年建设高等教育强国的目标，一方面要全面审视高等教育改革进程中的现实问题与困境，总结具有中国特色社会主义的高等教育发展经验，形成指导高等教育强国建设的中国特色社会主义高等教育理论体系；另一方面要面向未来人类社会发展的趋势和需要，在改革创新中开辟中国特色社会主义高等教育强国道路，在提升高等教育的国际话语权和领导力的同时，更好地促进人类知识生产和文明进步。

第六章

以教育信息技术促进教育变革

本章要点

信息化建设是教育变革的关键领域。《中国教育现代化2035》提出"加快信息化时代教育变革"的战略任务，要求建设智能化校园，探索新型教学方式，创新教育服务业态，推进教育治理方式变革。为此，需要在五个方面着力。

其一，创新教育信息化政策。结合信息技术发展的趋势及特点，建立健全新时代教育信息化政策体系，引领新时代教育信息化、现代化实践发展。

其二，打造智能化现代化学校。建设智能化学校管理平台，加强学校网络与基础设施建设，培养教育信息化建设师资力量。

其三，推动信息技术与教育教学深度融合。建设信息化环境下的教与学空间，探索信息化支持人才培养和个性化教学实践，以新技术引领教育教学系统不断优化。

其四，优化教育资源供给与监管体系。社会、企业与学校共同参与教育信息化体系建设，共建共享数字化教育资源，完善教育与学习成果认证体系。

其五，实施基于信息技术的教育治理。建立"放管服"相统一的教育服务体系，实施基于数据的教育决策与管理，加强电子教育与学习产品监管，重视教育信息化的伦理与法制建设。

教育变革事关国计民生、人民福祉，变革的成败决定国家未来建设者和接班人的培养质量，只有不断地进行改革和探索，才能办高质量的教育，才能培养出社会所需要的人。其中，信息化建设是教育变革的关键领域。党的十九大报告提出要“办好网络教育”。对教育信息化作出国家层面的部署和安排，标志着我国教育信息化建设也进入新时代。

《中国教育现代化 2035》从国家宏观教育政策的高度描绘中国教育的发展蓝图，为教育变革提供了战略方案。其中，第八项战略任务重点论述“加快信息化时代教育变革”，强调建设智能化校园，探索新型教学方式，创新教育服务业态，推进教育治理方式变革，为信息化时代的教育变革提出一条发展之路。[①]

一、把握教育信息化的现状与需求

近年来，我国教育信息化发展的进展有目共睹，尤其是一系列教育信息化发展政策不断出台，教育信息化政策为教育变革提供支持、引领和保障，有力地促进了国家教育变革与教育发展。

（一）教育信息化政策内容

改革开放之后，我国提出“科学技术是第一生产力”，科技进步为社会各领域变革提供引领性的技术基础。在全球化的经济、文化、科技发展影响下，作为国家信息化战略的重要组成部分，教育信息化政策应运而生、蓬勃发展。

① 新华网. 中共中央、国务院印发《中国教育现代化 2035》[EB/OL]. (2019-02-23)[2020-07-05]. http://www.xinhuanet.com/politics/2019-02/23/c_1124154392.htm.

早在 2000 年之前，我国教育就开始了从以往的电化教育、电视教育等向计算机辅助教育、网络教育转变，以信息化促进教育跨越式发展，成为国家教育改革与发展的追求。发展现代远程教育，是 21 世纪前 10 年我国教育信息化发展的重要内容。

2010 年《国家中长期教育改革和发展规划纲要（2010—2020 年）》提出："信息技术对教育发展具有革命性影响，必须予以高度重视。把教育信息化纳入国家信息化发展整体战略，超前部署教育信息网络。到 2020 年，基本建成覆盖城乡各级各类学校的教育信息化体系，促进教育内容、教学手段和方法现代化。"[①]这标志着我国教育信息化进入新的发展轨道。

2012 年 3 月，教育部编制《教育信息化十年发展规划（2011—2020 年）》提出："以教育信息化带动教育现代化，破解制约我国教育发展的难题，促进教育的创新与变革，是加快从教育大国向教育强国迈进的重大战略抉择。教育信息化充分发挥现代信息技术优势，注重信息技术与教育的全面深度融合，在促进教育公平和实现优质教育资源广泛共享、提高教育质量和建设学习型社会、推动教育理念变革和培养具有国际竞争力的创新人才等方面具有独特的重要作用，是实现我国教育现代化宏伟目标不可或缺的动力与支撑。"

2014 年 11 月，教育部等五部门印发《构建利用信息化手段扩大优质教育资源覆盖面有效机制的实施方案》强调："'以教育信息化带动教育现代化'是推进我国教育事业改革与发展的战略选择，是深化教育领域综合改革的重要组成部分，是促进教育公平、提升教育质量的有效途径，有助于优化教育资源配置，促进优质教育资源共享、创新人

---

① 中华人民共和国教育部. 国家中长期教育改革和发展规划纲要（2010—2020 年）[EB/OL]. (2010-07-29)[2020-07-03]. http://www.moe.gov.cn/jyb_xwfb/s6052/moe_838/201008/t20100802_93704.html.

才培养模式、转变教育发展方式。”[①]此后，“全面开展面向区域教育信息化的督导评估和第三方评测，提升各地区和各级各类学校发展教育信息化的效率、效果和效益”。[②]

2015 年 5 月，习近平总书记在致国际教育信息化大会的贺信中指出：“因应信息技术的发展，推动教育变革和创新，构建网络化、数字化、个性化、终身化的教育体系，建设‘人人皆学、处处能学、时时可学’的学习型社会，培养大批创新人才，是人类共同面临的重大课题。中国坚持不懈推进教育信息化，努力以信息化为手段扩大优质教育资源覆盖面。”“逐步缩小区域、城乡数字差距，大力促进教育公平，让亿万孩子同在蓝天下共享优质教育、通过知识改变命运。”[③]

2016 年 6 月，教育部印发《教育信息化“十三五”规划》强调：“信息化已成为国家战略，教育信息化正迎来重大历史发展机遇。”“到 2020 年，基本建成‘人人皆学、处处能学、时时可学’、与国家教育现代化发展目标相适应的教育信息化体系；基本实现教育信息化对学生全面发展的促进作用、对深化教育领域综合改革的支撑作用和对教育创新发展、均衡发展、优质发展的提升作用；基本形成具有国际先进水平、信息技术与教育融合创新发展的中国特色教育信息化发展路子。”[④]

---

① 中华人民共和国教育部. 教育部　财政部　国家发展改革委工业和信息化部　中国人民银行关于印发《构建利用信息化手段扩大优质教育资源覆盖面有效机制的实施方案》的通知[EB/OL]. (2014 - 11 - 24)[2020 - 07 - 05]. http://www.moe.gov.cn/srcsite/A16/s3342/201411/t20141124_179124.html.

② 中华人民共和国教育部. 教育部关于印发《教育信息化 2.0 行动计划》的通知[EB/OL]. (2018 - 04 - 18)[2020 - 07 - 05]. http://www.moe.gov.cn/srcsite/A16/s3342/201804/t20180425_334188.html.

③ 新华网. 习近平致国际教育信息化大会的贺信[EB/OL]. (2015 - 05 - 23)[2015 - 05 - 23]. http://www.xinhuanet.com/politics/2015 - 05/23/c_1115383959.htm.

④ 中华人民共和国教育部. 教育部关于印发《教育信息化“十三五”规划》的通知[EB/OL]. (2016 - 06 - 07)[2020 - 07 - 05]. http://www.moe.gov.cn/srcsite/A16/s3342/201606/t20160622_269367.html.

2016 年 12 月，国务院印发《"十三五"国家信息化规划》强调："到 2018 年，'宽带网络校校通''优质资源班班通''网络学习空间人人通'取得显著进展；到 2020 年，基本建成数字教育资源公共服务体系，形成覆盖全国、多级分布、互联互通的数字教育资源云服务体系。"同时，"促进在线教育发展""创新教育管理制度""缩小城乡学校数字鸿沟""加强对外交流合作"。①

2017 年 7 月，国务院发布《新一代人工智能发展规划》，为人工智能时代下教育的根本性变革指出方向——发展智能教育，即利用智能技术加快推动人才培养模式、教学方法改革，构建包含智能学习、交互式学习的新型教育体系；开展智能校园建设，推动人工智能在教学、管理、资源建设等全流程应用；开发立体综合教学场、基于大数据智能的在线学习教育平台；开发智能教育助理，建立智能、快速、全面的教育分析系统；建立以学习者为中心的教育环境，提供精准推送的教育服务，实现日常教育和终身教育定制化。②

2018 年 4 月，教育部印发《教育信息化 2.0 行动计划》指出："到 2022 年基本实现'三全两高一大'的发展目标，即教学应用覆盖全体教师、学习应用覆盖全体适龄学生、数字校园建设覆盖全体学校，信息化应用水平和师生信息素养普遍提高，建成'互联网＋教育'大平台，推动从教育专用资源向教育大资源转变，从提升师生信息技术应用能力向全面提升其信息素养转变，从融合应用向创新发展转变，努力构建'互联网＋'条件下的人才培养新模式，发展基于互联网的教育服务新

---

① 中华人民共和国教育部. 国务院关于印发"十三五"国家信息化规划的通知[EB/OL]. (2016-12-15)[2020-07-05]. http://www.moe.gov.cn/s78/A16/s5886/xtp_left/s5895/201701/t20170103_293760.html.

② 中华人民共和国中央人民政府. 国务院关于印发新一代人工智能发展规划的通知[EB/OL]. (2017-07-08)[2020-07-09]. http://www.gov.cn/zhengce/content/2017-07/20/content_5211996.htm.

模式,探索信息时代教育治理新模式。"①

2018 年 4 月,习近平总书记致首届数字中国建设峰会的贺信指出:"当今世界,信息技术创新日新月异,数字化、网络化、智能化深入发展,在推动经济社会发展,促进国家治理体系和治理能力现代化,满足人民日益增长的美好生活需要方面发挥着越来越重要的作用。""加快数字中国建设,就是要适应我国发展新的历史方位,全面贯彻新发展理念,以信息化培育新动能,用新动能推动新发展,以新发展创造新辉煌。"②

2019 年 2 月,中共中央、国务院印发《中国教育现代化 2035》提出:"加快信息化时代教育变革。建设智能化校园,统筹建设一体化智能化教学、管理与服务平台。利用现代技术加快推动人才培养模式改革,实现规模化教育与个性化培养的有机结合。创新教育服务业态,建立数字教育资源共建共享机制,完善利益分配机制、知识产权保护制度和新型教育服务监管制度。推进教育治理方式变革,加快形成现代化的教育管理与监测体系,推进管理精准化和决策科学化。"③

2019 年 5 月,习近平总书记向国际人工智能与教育大会致贺信指出:"中国高度重视人工智能对教育的深刻影响,积极推动人工智能和教育深度融合,促进教育变革创新,充分发挥人工智能优势,加快发展伴随每个人一生的教育、平等面向每个人的教育、适合每个人的教育、更加开放灵活的教育。中国愿同世界各国一道,聚焦人工智能发展前沿问题,深入探讨人工智能快速发展条件下教育发展创新的思路和举

① 中华人民共和国教育部. 教育部关于印发《教育信息化 2.0 行动计划》的通知[EB/OL]. (2018-04-18)[2020-07-05]. http://www.moe.gov.cn/srcsite/A16/s3342/201804/t20180425_334188.html.

② 习近平. 以信息化培育新动能　用新动能推动新发展　以新发展创造新辉煌[N]. 人民日报,2018-04-23(001).

③ 新华网. 中共中央、国务院印发《中国教育现代化 2035》[EB/OL]. (2019-02-23)[2020-07-03]. http://www.xinhuanet.com/politics/2019-02/23/c_1124154392.htm.

措，凝聚共识、深化合作、扩大共享，携手推动构建人类命运共同体。”①

2019 年 10 月，习近平总书记致第六届世界互联网大会贺信强调："当前，新一轮科技革命和产业变革加速演进，人工智能、大数据、物联网等新技术新应用新业态方兴未艾，互联网迎来了更加强劲的发展动能和更加广阔的发展空间。""发展好、运用好、治理好互联网，让互联网更好造福人类，是国际社会的共同责任。各国应顺应时代潮流，勇担发展责任，共迎风险挑战，共同推进网络空间全球治理，努力推动构建网络空间命运共同体。”②

习近平总书记对教育信息化建设的重要论述为我国教育变革指明了方向，推进了教育各界对以信息化建设促进教育变革的认识、认知和认同。当前，要按照党和国家对于教育全面布局部署的新要求，以信息化建设促进教育变革。需要在政策层面落实加快教育变革的具体举措，以政策目标和行动方案为指南，真正推动教育信息化发展。同时，要充分把握我国教育信息化建设的政策要义，明确加快教育变革的立足点和攻坚方向。

（二）教育信息化实践成就

自 20 世纪 90 年代以来，中国教育信息化建设在国家实施的一系列重大规划和重大工程支持下得到快速发展，特别是近年来教育信息化建设被提升到国家战略高度，开始从分散建设向整体规划、统筹推进转型，推进教育变革与发展的正向作用日益凸显。

“十二五”期间，我国信息产业发展势头良好，在很多领域都发挥

① 新华网. 习近平向国际人工智能与教育大会致贺信[EB/OL]. (2019 - 05 - 16)[2020 - 07 - 05]. http://www.xinhuanet.com/politics/leaders/2019-05/16/c_1124502111.htm.

② 新华网. 努力推动构建网络空间命运共同体——习近平主席致第六届世界互联网大会贺信引起热烈反响[EB/OL]. (2019 - 10 - 20)[2020 - 07 - 05]. http://www.xinhuanet.com/politics/leaders/2019-10/20/c_1125128992.htm.

举足轻重的作用，逐渐成为我国创新发展的先导力量。其间，首批教育信息化试点取得显著成绩，各地坚持应用驱动、机制创新的基本方针，在规划、投入、环境、资源、应用、机制等方面都取得与当地经济发展和教育改革相适应的工作成效。[①] 同时，教育信息化建设在基本建成人人可享有优质资源的信息化教育环境，基本形成学习型社会的信息化教育支撑服务体系，基本实现校园宽带网络的全面覆盖，推进信息技术与教学融合等方面有显著进展。实践显示，包括云计算、物联网、互联网、人工智能等在内的新一代信息科学技术快速发展，正在引领各个产业变革和行业结构转型。教育领域也不例外，移动学习、非正式学习以及各种学习设备的出现和普及，成为教育变革的重要内容。

“十三五”期间，教育变革进入重要时期，全面提升教育质量、在更高层次上促进教育公平、加快推进教育现代化等任务完成达到更高水平，为教育信息化提供更为广阔的发展空间。当前，教育信息化是整个社会信息化建设中最为重要的一个方面，信息化融入教育，融入教师教学中，融入教师专业发展中，正在成为教育教学实践中的“新常态”。信息化建设极大地拓展了学习者的受教育空间，正在形成有别于传统教育样态的可在虚拟空间开展教育实践的全新的教育图景。

2017 年全国教育事业统计数据显示，基础教育阶段学校的办学条件和设备有比较高的水平，尽管部分指标仍偏低，而且城乡差距仍然明显，不过基础教育阶段的许多学校都已经实现局域网络的全程覆盖，成为学校信息化建设重要的组成，即使在乡村地区，小学接入互联网的比例也达到 94.84%。[②] 根据 2018 年全国教育事业统计数据分

---

① 郭炯，杨丽勤. 教育信息化促进教育系统性变革路径研究——基于教育部首批教育信息化优秀试点案例的分析[J]. 中国电化教育，2019(5)：41 - 48.

② 中华人民共和国教育部. 中国教育概况 1——2017 年全国教育事业发展情况[EB/OL]. (2018 - 10 - 08)[2020 - 07 - 05]. http://www.moe.gov.cn/jyb_sjzl/s5990/201810/t20181018_352057.html.

析发现，这一数据更是达到 97.7%，其他各个学段的网校建设、互联网接入数量、智能教室、计算机多媒体设备配置等均呈现不同程度的增长，基础教育学校信息化建设水平稳步提高。①

当前，我国教育信息化建设工作发展的主要成就是："实现了'三通两平台'建设与应用快速推进，教师信息技术应用能力明显提升，信息化技术水平显著提高，信息化对教育改革发展的推动作用大幅提升，国际影响力显著增强等五大进展；在构建教育信息化应用模式，建立全社会参与的推进机制，探索符合国情的教育信息化发展路子上实现了三大突破，为新时代教育信息化的进一步发展奠定了坚实的基础。"②各级政府在大力推进教育公平、推进教育均衡化发展与提高教育质量的实践中，充分注意到教育信息化建设的支撑和创新作用，教育信息化成为教育现代化发展的路径、内容和特征。

例如，中央电化教育馆 2017 年启动"跨区域同步教学应用试点项目"，利用全景学习平台将上海和北京一批优质学校的教育资源引入山东、浙江、四川、云南等教育相对欠发达地区，让这里孩子享受与教育发达地区孩子一样的教学资源。同时，充分发挥欠发达地区主动性，让这些地区的名校、名师帮扶本地区的教学点，基本实现开齐开足国家课程的教育目标。2019 年又启动"跨区域教研共同体协同提升项目"，将上海和北京优质的教研资源引入新疆阿克苏地区下辖的 40 所学校，"以点带面"，解决了这些地区教研资源严重匮乏的难题。这些教育信息化建设项目不断涌现，为以教育信息化建设政策引领区域间和区域内教育变革提供有力支持，教育信息化建设政策也为教育变革

① 中华人民共和国教育部. 中国教育概况——2018 年全国教育事业发展情况[EB/OL]. (2019-09-29)[2020-07-05]. http://www.moe.gov.cn/jyb_sjzl/s5990/201909/t20190929_401639.html.

② 中华人民共和国教育部. 教育部关于印发《教育信息化 2.0 行动计划》的通知[EB/OL]. (2018-04-18)[2020-07-05]. http://www.moe.gov.cn/srcsite/A16/s3342/201804/t20180425_334188.html.

构筑政策保障。

可以预见，随着第五代、第六代等通信技术的快速发展，高速、便捷、低价的技术资源，将使教育变革更为必要、更有可能和更快实现。人工智能等新技术更是教育变革的催化剂、孵化机和加速器。走向发展“更有质量更加公平的教育”的新时代，2035 年要全面实现教育现代化的战略目标。显然，这个目标的实现要在现有信息化发展成就的基础上，更加注重信息化与教育的结合，实现信息技术与教育的全面、深度的融合，以教育信息技术促进教育变革。

（三）教育信息化发展需求

信息技术是促进教育变革的内生变量，信息化建设正有力地冲击着传统教育格局，教育秩序正不断被重构，教育资源供给方式变化显著，施教主体及教育时空等呈现多元化发展态势，变革过程机遇与风险并存。为此，教育信息化发展不仅要有政策支持和保障，更需要更多新的行动举措，以建立教育信息化发展的长效机制，促进教育变革与发展的持续发生。当前，我国教育信息化发展有三方面迫切需求。

1. 提升教育信息化实践能力水平

教育信息化是教育现代化的表现之一，也是促进现代化实现的手段。教育信息化需要在教育实践与教育结果上体现出来。学校是实施教育信息化的实践阵地，学校的教育信息化实践能力是评判教育信息化发展的重要方面之一。

为此，在学校教育信息化基础设施设备完善的情况下，学校领导与教师要具有相应的认识、能力和水平，使用信息化促进教育教学变革，服务全体学生，促进学生全面发展，为学生终身发展奠基。

首先，教育信息化政策需要更加关注如何培养和提高广大校长和教师的教育信息化素养与能力（即教育信息化领导力）水平，如何为新教师培养设置相关的信息技术类课程与活动，如何将校长教育信息化领导力和教师信息化素养与水平作为他们岗位资格和工作考核的基本要求，真正使信息技术融合到全体教师的专业成长和职业工作实践之中。

其次，在教育改革与发展实践中，教育部门要为学校和教师实施基于信息技术的学校变革和教学创新，提供持续的指导、支持和服务，组织广大校长和教师参与基于信息技术的教育教学创新实践活动，包括专题研讨、教学展示、实践观摩等，引导他们在实践中学习与观察、反思与行动。

最后，要全面提高学校教育信息化实践能力水平。学校内部要有教育信息化建设领导机构和职能部门，注重教育信息安全管理制度和信息化设施运维保障与应急处置机制建设，在学校内有计划地推进教育信息工作，实现以信息化促进教育现代化的目标。

2. 建立教育信息化共建共享体系

学校是教育信息化的主阵地，但教育信息化并不只是学校的事情。开放是信息化发展的特征，教育信息化在本质上也是一种开放的状态和过程，需要各方面参与到教育信息化发展实践之中，建成教育信息化的共建共享体系，由此促进教育变革与发展。

为此，需要关注以下具体方面。一是改变一线学校相对孤立、封闭的局面，要在政府部门的指导下，动员并组织外部力量，包括教育信息化企业与教育信息化专业研究机构，共同参与和支持学校引入信息化基础设施技术和运用教育信息化学习资源等，实现教育信息化活动及其资源的共建共享、优势互补。二是注重教育信息化领域的特殊性和实践性，鼓励互联网教育企业根据教育教学需求开发数字化教育资源与教育技术手段方法，为学校教育教学提供个性化服务，促进学校教与学的改进和提升，实现校企双方的目标与利益达成，真正实现信息技术产品（服务）的教育应用性和教学有效性。三是加强理论基础研究，积极鼓励高校和专业机构参与到教育信息化实践与创新探索之中，在实践研究的基础上开展基于证据的科学研究，从学理上分析教育信息化带来的优势与不足、问题与挑战，科学研判教育信息化发展的方向，使教育信息化发展具有科学理论支持，而不是基于技术的改变。

3. 创设教育信息化建设长效机制

教育信息化是教育现代化的重要内容之一，信息技术日新月异。教育信息化发展不仅需要经费保障，而且需要不断提升教育工作者运用信息技术开展教育教学工作的能力，同时具有促进教育信息化发展的长效机制。

首先，建立持久的基于学校改革与发展的教育信息化体系，鼓励学校间开展合作。信息化时代，学校不再是唯一的教育或者学习场所，信息化设备设施及其相关教育系统的引入使得学校与学校之间、学校与非学校之间不再是各自为政的状态，彼此间可以借助现代技术，实现教育资源的流动与共享，让每个学生能够得到更多的教育支持，进而推动以学生的学习与发展为核心的学校共同体建设。

其次，鼓励并支持社会各界参与“互联网＋教育”行动，支持信息技术企业参与教育改革与创新活动，探索互联网与学校教育共生融合、协同发展的新形态，为升级适应未来学校教育发展的教育装备奠定基础、创造条件，使教育信息化系统进入良好的运转状态，促进学校教育的转型与变革。

最后，建立教育信息化发展监测与评估系统。教育主管部门和学校不能满足于现有的以计算机与多媒体教育应用为代表的智能化校园建设水平，要大力倡导和推进以大数据、云计算、人工智能、“互联网＋教育”为代表的新兴信息技术在教育教学中的广泛与深入应用，使数字化校园与数字化课堂成为教学创新与全体学生自主学习、积极学习、全面发展的场所。

二、建设智能化现代化学校环境

学校是教育的主阵地，学校是教育变革的实践场，学校信息化水平一定程度上决定学校现代化水平。《中国教育现代化 2035》强调，教育现代化就是要运用新技术新设备促进学校创新，建设智能化的智慧校园，建设智能化现代化的学校环境。这种环境建设需要体现在以下四个方面。

（一）搭建智能化学校管理平台

智能化学校建设的第一步是学校的信息化基础设施建设，没有信息化、智能化基础设施的学校不能称为智能校园。建设智能化学校是实现学校教育提质增效、转型升级的关键。

智能化学校显现学校教育的数字化和网络化。智能化学校管理平台则是指运用互联网、物联网、大数据、人工智能等技术构建智慧化的校园学习、生活环境，将教学、科研与校园生活等内容管理进行融通，即注重学校的普通教室、学科专用教室、各类实验室、学生公共活动空间、教师办公环境、图书馆（图文中心）等场所的智能化设计与管理，进而实现校园管理智能化、校园生活一体化、校园设施数字化、课堂教学生动化、家校沟通无缝化。所以，现代智能化的学校管理与传统的以人为调控安排督导为主的管理不同，智能化的学校管理平台将学校内部各要素以一种“融通互联”的方式统合在一起，运用现代信息技术和设备降低人力投入，提高学校管理效率。

智能化学校管理平台需要具有以下功能。一是办公管理：结合校园内部各类办公业务，通过对工作流、信息流的整合，为学校提供基于电脑端、手机端的便捷高效办公软件，解决校内信息高效流转和协同办公问题。二是学生管理：学籍管理、学生请假、学生分班、班级检查等。三是教师管理：教师安排、教师档案、教师考评、教务管理等。四是课表管理：行政班排课、选修课管理等。五是考务管理：考试设置、学生考场分配、监考教师分配等。六是校务管理：校产管理、工资管理等。

此外，智能化学校管理平台还可以具有校园建设的功能，为校园文化宣传以及宣传手段提供智能化设计服务，可以在学校运用电子宣传方式让校园宣传更具系统化、高效便捷，助力校园文化建设信息化、智慧化、智能化，使校园文化内涵式建设成为智能化学校管理平台建设关注的重点工作之一。

（二）完善学校的网络设施建设

网络建设是教育信息化建设的关键，缺少网络就很难谈及信息化建设，加强学校网络与基础设施建设，实现网络在学校范围内的全覆盖是当今教育信息化建设的必要前提和准备。

打造智能化现代化的学校环境，要继续完善以“三通两平台”为主的中小学信息网络建设，加速推进“宽带网络校校通”“优质资源班班通”“网络学习空间人人通”，基本实现各级各类学校无线网络全覆盖，使互联网成为缩小教育资源供给差距的有效手段。

强化政府在基础设施建设中的责任，鼓励并支持企业参与学校信息化基础设施建设，重点改善农村地区、贫困地区和少数民族地区学校的网络条件，将互联网设施建设作为推进区域教育均衡发展的重要指标之一，基本实现全国范围内教育领域的互联网互联互通。基础条件较好的地区，全面建成宽带城市，实现光纤宽带网络基本覆盖全市域，以社会网络的普及惠泽学校信息化网络和基础设施建设。同时，提高移动通信用户普及率，扩大网络覆盖区域，优化公共场所无线局域网布局，增加无线接入点，为学校信息化建设奠定坚实的基础。

更重要的是，学校的网络建设要与学校的教室和场馆设施建设的技术更新同频共振，多功能教室、数字化图书馆、学校体育活动场所等设施，要体现为学生身心发展服务的思想，警惕校园网络设施建设中重硬件轻软件、重投入轻产出、重外延式拓展轻内涵式发展的痼疾。

（三）打造学生中心的智能校园

学校是一个复杂的学习共同体，智能校园建设要立足于对这一共同体特性的理解，既要关注其内涉的基础设施建设，更要关注其精神文化建设。古今中外，学生是学校的主要关照群体，缺少对于学生关注的教育变革势必举步维艰、成效微小。

正如加拿大教育学者富兰（Michael Fullan）曾经指出，当今的教育体系依然成本高而效率低，而且每一个孩子都会告诉你学习超级无聊。[①] 所以，在教育信息化建设中，学校智能化校园建设的最大功用要体现在学生身上，要以学生为中心。推进信息化建设改革要聚焦学生的学习参与和学习体验，发挥学生积极性、主动性、创造性是智能化校园的核心要领。

教育信息化建设从 1.0 时代到 2.0 时代，传统的、相对固定的对应关系正在转变为不断变化的动态关系，传统的教师中心、课程中心和课堂中心，转为学生中心与学习中心。以大数据和人工智能等技术应用为代表的信息化建设要关注每个学生、服务每个学生，让教师拥有更多教育教学技能和手段，能够不断地改进教育教学工作。学校信息化建设须惠及每个个体，更好满足每个人的不同需求，教育装备设

---

① 迈克尔·富兰. 极度空间：整合科技、教育学和变革知识[M]. 于佳琪，黄雪锋，译. 重庆：西南师范大学出版社，2016：8.

计要坚持以人为中心的核心原则，显现智能化校园建设面向人人、面向学习、面向发展。

第一，使教育信息化的思想与要求成为学生的认知内容，成为学生对教育、学习与发展等概念理解的关键要素之一。学生也需要认识到，学校信息化建设不是信息技术与传统教育的重复叠加，不是增加学习的负担，而是一种教育变革的常理常规，是改变学习方式的需要，是教育现代化发展的取向。

第二，智能校园不应该以“管控”或者“规范”学生为导向，而应该以促进学生更为自主参与学习为目标。智能校园建设，要从创新学校信息化组织模式、服务模式、课堂呈现模式等角度出发，聚焦学生参与到学校活动中的思想状况、心理特点和实际基础，力求通过校园环境的智能化、网络化、个性化的变革和改进，增强学生在学校中的主体意识和自我存在感。

第三，智能校园建设必须体现关注学生身心健康，促进学生自信心的培植。例如，技术设施的运用不仅不能损伤学生身体的正常成长与发育（如眼睛、耳朵等），而且也不能牺牲学生的个人隐私。技术不仅要改进教与学，更要促进教师与学生间的情感交流和思想互动。

第四，智能校园的核心要促进因材施教的实施，让每个学生获得应有的教学支持和服务，使每个学生获得最优化发展和最大可能进步。智能校园要改变传统校园中统一化的教育方式与要求，更大程度地实施多样性的个性化教育活动，确保并提升每个学生在学校中的获得感、幸福感和安全感，使学生从受教育者的被动位置，发展成为教育活动的积极参与者。

（四）提升教师信息技术领导力

人才培养的关键在教师，教师队伍建设是教育发展的基础性工作。以信息技术智能化应用为特征的人工智能技术，在可预见的将来并不会取代教师这一职位，但是智能技术能够为教师赋能增能的现实已被普遍认可。建设智能化现代化的学校环境，推进教育改革与发展的过程中，教师不可或缺。为此，需要注重教师在教育改革与发展中的价值，注重教师素养的提升，培养适应教育信息化建设的师资队伍，发挥教师对教育变革的关键作用。加拿大学者富兰在其《极度空间：整合科技、教育学和变革知识》中指出，信息化时代的教师是作为变革中介的教师，主要扮演四种角色：重新组织者、鼓励者、促进者和拓展者。①

建设智能化现代化的学校环境，教师必须在教育教学方面具有信息技术领导力，要以信息技术促进教师发展，以教育信息化新装备、新技术和新产品"武装"教师。如，人工智能技术要让教师的教学方法、内容、技术、工具发生相应的改变。教师需要重新思考信息化环境中教与学的关系，需要注重以新技术解决教育教学中的问题。基于信息化建设的教育装备与产品，改变了传统意义上的书本知识学习，为学习者提供了与学习、工作、生活密切相关的知识与技能的情境与环境，需要教师教会学生如何更好地学习与思考，培养学生提高解决实践问题的能力、合作与沟通能力、批判性思考、创造力与想象力、团队精神等。这就是高阶能力的养成和终身学习能力的培塑。

教师信息技术领导力表现在教育实践中运用技术的意识、能力与效果上。教师要在拥有信息技术及其运用的知识基础上，自觉、积极地将技术运用于教与学的变革实践之中，促进教育现代化理念与要求的实现。教师不是智能化校园的客体或者客户，而是智能化现代化校园建设的主体和用户，是建设者和创造者。

---

① 迈克尔・富兰. 极度空间：整合科技、教育学和变革知识[M]. 于佳琪，黄雪锋，译. 重庆：西南师范大学出版社，2016：43.

提升教师信息技术领导力，第一要为教师提供理解信息技术本质的理论培训课程，加强教师信息网络安全、数据伦理意识，增进教师对于信息技术本质与优势的理解，以适应数字化时代教育发展的需要。第二，为教师提供线上或者线下的跨区域教研机会，创建教师之间的专业学习、研修共同体，加强同一学段、同一学科的教师基于问题导向的教学经验沟通。第三，为教师提供教学自主性空间，赋予教师在教学中渗入传统教学经验、采纳信息技术融入教学的话语权。第四，要针对职前和在职教师的特点进行互联网教育方面的培训，确保教师能够有效使用技术和资源，促进学生合作学习、自主学习、泛在学习、探究性学习。第五，为教师提供良好的信息化环境，优化学校的信息网络和教育装备，提高教师信息化教学能力的同时减少教师教学过程的技术性故障。

三、以信息技术改变传统的教与学

以信息技术促进教育变革，重点需要聚焦传统教与学方式的变革，要在实现信息技术与课程教学深度融合上下功夫，要从教学空间、教学活动、学习方式以及教与学评价等方面予以建构。

（一）创设智能化教学空间

教学空间是教学活动发生处在的环境，教学空间建设是信息化教学重点关照的领域，没有现代化的教学空间就没有现代化的教学，更没有现代化的教学活动的开展与实施。信息技术的产生并不断换代，从工业领域延展至教育教学领域，技术成为教学的手段和工具，不断促使教学发生改变。在 20 世纪，20 年代至 50 年代视听教育繁盛，50 年代出现广播电视教育，90 年代则兴起现代远程教育。显而易见的是，信息技术发展速度高于教学改革速度，信息技术更新使教学创新被寄予厚望。

教学空间是教学实效性获得的重要基础，传统的学校与教室是教学空间的主要表现，现代信息技术为改变这种传统的教学空间概念提供了支撑。智能化教学空间是智能化校园的组成要素之一，它指向信息化环境下教与学流程的重构再造，推进虚实结合的混合教学，支持教师在线协作备课与授课以及学生课堂作业的精准推送和智能评测。空间环境的改变影响甚至决定教学效果。智慧教室、虚拟教室、虚拟实验室、虚拟学社等就是智能化教学空间的表现所在，它们是教育数字化、网络化、智能化等信息技术集成产生的教育新概念，是交互智能硬件成熟与教育系统软件开发不断跟进的结果，是一种新型的教学环境和教学空间形态，让教学在一定程度上可以摆脱传统的物理空间和时间限制。这种智能化教学空间建设，有助于超越传统的班级授课制形态。

为此，教学空间要体现出与传统课堂的不同，体现“技术＋终端＋网络＋平台＋资源”一体化的信息化教学要求，改变传统的“师教生学”“一支粉笔一把戒尺”的“书院式”教学。需要在教学空间中引入信息技术与设备，如计算机、投影、音响、控制台、DVD 播放器等，在教学中实现声音、图像的有效传输和播放，创设真实的学习情境，呈现与知识相关的现实情境，让学生获得身临其境的感受，进而促进学生理解、学习知识，并在感悟中真正掌握知识。总之，教学空间不只是场所的物理概念，而是为学生学习提供全方位支持的教育概念，是教育信息化发展的重要领域之一。

（二）实施个性化教学活动

教育对象是人，教育的目的是培养人。人的多变性与差异性需要个性化教学活动与服务。在教育信息化的背景下，个性化教育并不都是昂贵的，现代技术正在将大规模的个性化教育变成现实，即不再让同一年级或者班级的所有人都学习相同的年级或者班级课程，而是让每个人学习各自的个性化课程。这也是教育现代化发展的重要特点之一。

运用技术实施个性化教学活动，就是运用信息技术加快人才培养模式的变革，为学习者提供“按需所求，量体裁衣”式的教学计划和多样化的学习资源与学习机会，实现规模化教育与个性化培养的有机结合。其中，教学设计是基于特定的教学情境和经验的，而不是普遍的、一般的、千人一面式的传统。教学设计中不仅体现教师作为设计者的个性，更体现对学生个体的具体关照和个性化培养目标。总之，教学设计立足于学生中心，展现个性化、个别化教学的特征。

为了确保实施个性化教学活动，学校和教师可以借助各种力量，在立足技术基础上开展教与学，注重引导学生参与教与学过程和活动，运用技术实施教学过程及其效果的技术诊断与反馈。通过信息技术支持，实施以学定教或者分层教学，促进每个学生学习能力养成与学习成绩提升。

实施个性化教学活动，要关注到教育装备和系统对于教学的直接或者间接的影响，注重装备与系统的换代更新。教育者可以利用现代化教育设备设施收集并整理学生成长的过程性数据，可以对教学过程的相关数据进行收集、处理、挖掘与利用，为教学管理、教学评价以及学校决策提供支撑，并为学生展示真实的自己，以及为学生准确的自我评价奠基。

总之，实施个性化教学活动，还要重点关注师生互动与情感交互，改变师生、生生之间关系的淡漠，运用教育信息化装备动态调适教与学活动，以个性化教学促进学生的发展。

（三）丰富学生的学习方式

信息化时代学习变革的注意力要放在寻找到更好、更多的学习方式上。信息化对学习方式已产生巨大影响，当前社会迫切需要通过发展新范式来系统地变革学习方式。使用信息化技术，丰富学生的学习方式，为学生提供全方位的信息资源和学习支持，是信息化时代学生学习方式变革的重点。

第一，开展合作学习。传统学习往往是一个人"单打独斗""书斋式"的学习，靠一个人的力量进行对未知的探索。信息时代的学习者需要向创新性学习转变，由一个人独自学习扩大到群体间合作学习，以合作和互助的方式从事学习活动，共同完成学习任务，实现共同进步的学习目标。合作学习强调小组中的每个成员都积极地参与到学习活动，共同分担学习任务，彼此合作、群策群力、取长补短，发挥学习者的潜能，在共同完成学习任务的同时不断提高学习能力与工作效率，增进学习者之间的感情交流，激发学习者的最高学习水平。

第二，发展自主学习。自主学习强调学习者学习的主动性、独立性、自控性，这是学生主体性的体现。信息化时代知识获取的途径由单一的学校场域转向多元的社会空间，各种各样的学习资源通过互联网在世界各个角落传播，知识的大量增加驱动学习者学会有目的、有选择地自主学习。自主学习是信息化时代重要的学习方式之一，自主学习突出学习者的学习主动权，强调学习者围绕学习主题，提出问题，开动脑筋，自发、自觉地投身学习，让学习者成为学习的主人，使学习成为学习者的生活方式和生活习惯，促进自我发展。

第三，推广泛在学习。信息技术不断发展使得人的认知、知识、经验不仅存在于人的大脑中，也广泛地分布在人群中、物理空间、社会空间，学习资源也广泛地存在于各种空间。学习者可以在任何地方，随时使用手边能够取得的科技工具来进行学习活动。所以，泛在学习意指学习的普遍存在，即任何人、任何时间、任何地点、任何设备和任何方式，都可以开展学习。为此，要关注学习者泛在的学习需求，用信息技术装备实现泛在学习。

第四，进行探究性学习。信息化时代的学习要求从以往简单的“师教生学”的传授模式，转向强调学习者在主动的实践活动中学习，主张在体验中学习和在沉浸中学习，推进学生探究性意识和探索性精神的培养。探究性学习帮助学生主动探究知识，提高解决实际问题的能力，是一种有利于终身学习、发展的学习方式。它具有三种特征。一是问题性。问题意识会激发学生的学习愿望，激发学生的认识冲动性和思维活跃性，激发学生的求异思维和创造思维。二是开放性。提供开放的学习空间，探究活动由课堂延伸到课外，探究空间由学校扩展到社会，学习由面向书本转向面向社会、面向生活。三是过程性。学习过程是发现问题、分析问题、解决问题的过程，探究性学习强调学生探索新知识的学习经历和获得新知识的学习体验。

（四）完善教与学的评价系统

评价是教育管理的需要，是教师教学的需要，也是学生学习的需要。教育管理中对教师、对学生做好评价，不仅需要了解备授课过程中产生的大量过程数据，也需要了解实际教学过程中学生产生的信息与数据。基于大数据、全过程、个别化的评价系统，可以提供教师教学与学生学习的过程性数据。分析这些数据能够对教师和学生参与教与学的各个环节进行合理评测，让教师与学生及时了解到学生与自身学习和发展中存在的优势与不足。评价结果引领教学调整，是助推教师“教”和学生“学”提质增效的关键。

教师的教学评价不仅要了解备课设计的依据与数据，也要了解实际教学过程的信息与数据，综合把握和处理教学投入、过程和结果之间的关系，才能够实施科学的评价。当前的教学评价中，信息技术从多维度介入收集教与学的全过程数据，如家校沟通、听课评课、课件制作、课上互动、课后交流、学生成绩等，为科学评价教师教学提供了支持。传统课程教学评价与研究往往基于观察者的主观判断和部分指标，难以系统采集到师生言行之外的更多数据。信息化时代的评价者可以根据不同类型的学习目标和学生对知识的掌握程度，运用技术收集相应的数据，系统地将所获得的学习者的学习数据反馈给知识创建者或者教师，使之更了解所有学习者的学习状况，构建满足不同学习者需求的评价方案。

同样，学习评价是判断学习是否有效的重要手段，对促进教与学有着重要影响，是任何学习都不可或缺的关键环节。随着信息技术设备与系统的升级更新，学生学习评价的开展可以借助录像技术采集课堂教学的各种信息与数据，进行系统而全面的分析，了解每个学生的学习过程、学习表现和学习成效。换言之，信息技术可以建立科学的、高效的、易统计、易传播、多维度的课堂行为统计与分析平台，由此，调动学生的积极性，让学生更主动地学习，让教师可以更快地诊断学情，从而更好地开展教学。

教育活动实施是系统的过程，基于程序化的教育测量与分析，有助于更好地了解每个学生的真实学习效果。典型实例就是计算机适应性测量，改变传统的一张试卷面向全体考生的格局，为每个学生提供最能测量其学习成果的试卷。同时，基于信息化手段的数据采集与储存，能够记录和保存学生学习与成长的各阶段各方面的数据，建立学生发展的电子化评价档案，提升学生课业评价与综合素质评价的针对性和有效性。

四、创造教育信息化服务的新业态

技术不是简单的手段，而是教育环境和生活的内容之一。信息时代的教育变革需要注重教育服务业态的创新，为优化教育供给方式和建立监管体系做好准备。

（一）利用互联网发展的特点

互联网技术从 1.0 到 2.0 的变化，充分反映出互联网发展中供应者与使用者之间新型人际关系的变化，即由传统的、相对固定的对应关系日益转变为当前不断变化的动态关系。

第一，互联网发展体现以人为中心。当今互联网发展日益体现出用户需求、使用者中心、以人为本的特点。正如习近平总书记所提出的，“让互联网更好造福于人民”①“坚持以人民为中心的发展思想”。②这是我国互联网发展的重要基础。互联网必须惠及每个个体的不同需求。这一点与教育现代化思想完全吻合，所以，发展基于互联网技术的教与学改革及其创新，需要更好地以人为本的思想和立场。

第二，互联网发展体现创新与探索。互联网的发展历史是一个不断想象与实现的过程，体现了不断的创新与探索。互联网改变了传统的常规性思维模式，跨越了各种边界（包括国家与地区、行业与部门、产业与企业、学科与教育、生产与消费等），实现了不断拓展的联结与分享。这一点对于超越传统教育，实现教育与生产、生活及个人成长与发展的一体化，具有重要意义。我们需要考虑运用互联网等技术丰富教与学的方式方法、改变传统的教育形态、促进学习与发展的更好实现。

第三，互联网精神在于共建与共享。互联网是现代科技发展的显著成果，互联网的日益壮大与发展，充分显示出人人参与的重要性和

---

① 新华社. 习近平：让互联网更好造福国家和人民[EB/OL].（2016 - 04 - 19）[2020 - 07 - 06]. http://www.xinhuanet.com/politics/2016 - 04/19/c_1118672059.htm.

② 央广网. 习近平主持中共中央政治局第二十八次集体学习并讲话[EB/OL].（2015 - 11 - 25）[2020 - 07 - 06]. http://china.cnr.cn/news/20151125/t20151125_520590357.shtml.

必要性。互联网为社会生产生活提供一个新的载体与平台，使每个人都有机会参与到其中，实现每个参与者的平等定位。正是由于人人参与的特点，互联网正在成为一个共建共享的公共平台，建立起大众参与的新机制。所以，互联网融入教育，应该而且能够促进基层的教育创新与发展。加快信息时代的教与学变革，切忌推广统一的教育或者学习，而应该鼓励教育者与学习者创造性地利用互联网进行学习。

第四，互联网中有各种社区。互联网创造了一个在线的虚拟世界。在这个虚拟世界中，按照一定规则，根据参与者的背景、兴趣、愿望、爱好等建立了诸多的共同体，即形成了各种社区。这些社区尽管是虚拟的，但他们也都是真实存在的一种关系。它们与现实生活中的真实存在之间有区别，但也有联系。这种虚拟与现实的结合，或者说，线上与线下的融合，成为当代社会发展的一个重要特征。每个人在互联网中的表现，使互联网成为一个不断扩展的大数据平台，而这些大数据的收集、分类、处理与加工，又成为人类不断改进生产生活的有效工具。互联网的社区及其大数据特征，对于实现教育变革，促进学习方式转变，改变教与学模式，提升教育质量等，都具有非常重要的价值和意义。可以建立不同的学习社区，体现学习的差异性。在学习社区中，学习既是获得，也是分享。

总之，创造教育信息化服务新业态首先是把握互联网的特点，使互联网与教育融合相通，而不是将互联网等信息技术简单地作为一种工具。

（二）建立课程开发的新模式

课程是学校建设的核心点，是学校品质的生命线。现代学校教育是超越传统学校、课程、教材、课堂、教室与专任教师等既有框架的教育，课程是其中的关键之一。其中，最早感知到特定课程产品稀缺的主体并不是课程生产商，而是一线教师。一线教师中有很多的教学能手，他们不但能够感受到课程的缺陷，而且有能力消除这些缺陷。当前，设计与实施个性化课程需要将教师信息技术能力建设纳入职前教师培养体系和在职教师培训中，提高教师使用和利用各种信息化教学工具的能力，推进信息技术与课程设计及实施的融通。

第一，国家课程的教学坚持“稳步推进，质量为先”的原则。在教学过程中不断总结不足、积累经验，保证国家课程的教学效率与教学成果的取得。

第二，师生协作开发信息化校本课程与教材，让教师和学生在“做中学”，为其开阔其信息视野，普及信息化教学常识、常理创建课程基础。

第三，注重课程审议，引入教育和技术的专业力量对既有课程进行统整，汇聚课程资源，缩减边缘课程，注入现代信息化元素，打造学校育人特色。

第四，以信息化平台建设为中心，构筑学校专业合作共同体，建立校际信息化教学的课程实施小组，推行“一校带多校”“一点带多点”的课程改革模式，助力信息化教学背景下优质课程资源的共建共享。

（三）共建共享数字教育资源

数字教育资源共建共享已成为当前教育信息化工作的重要内容和实践热点。建设数字教育资源、推进教育信息化进程，已成为教育改革、教育质量提升的重要基础和不可缺少的要素。数字教育资源共建共享借助现代信息技术，基于支撑平台以免费或适当收费的方式提供给大家共同使用，是实现教育资源社会化和经济效益最大化的有效手段。

数字教育资源共建共享是一项庞大繁杂的体系工程，首先要处理好思想观念问题，要使各方人员都意识到共建共享的必要性、重要性和紧迫性。同时，要运用云计算技术实现共享平台的创建，提升教育资源运用率，改善不同教学情境下硬件设备和软件资源的供给，而且资源可依据实际要求予以动态补充和分配。

数字教育资源是教育信息化发展的必然趋势，为发挥优质教育资源传播与扩散作用奠定了基础。规划与建设数字教育资源，必须遵循持久可用性原则，注重体系建立与完善，在借鉴计算机新技术、新成果、新方法的基础上，为教育提供数字资源。当然，创新教育服务新业态，包括建立数字教育资源，要注重建立合理的利益机制、知识产权保护制度和教育服务责任体系。

此外，利用信息化手段扩大优质教育资源覆盖面，逐步缩小区域、城乡、校际差距，一直是我国教育信息化发展的核心理念与政策要求之一。当前，我国教育发展不平衡不充分的现象仍较突出，需要考虑如何进一步开发优质教育资源，并福泽于优质教育资源短缺的地方及学校。这对于提高国家教育整体质量、促进教育公平具有重大现实意义。

当前，我国信息化教育产业发展尚未形成规模，缺少投融资和发展空间支撑，各家企业各自为营，互联网教育产业的集群效应尚未形成。因此，有必要在国家和地区层面建立统领计划和引导力量，鼓励有条件的省市创新支持服务体系，建立专门的互联网企业孵化器和产业基地；尝试建立非政府组织即社会中介组织参与管理，形成政府职能部门、社会中介组织与信息化教育企业三位一体的结构形式以及社会管理和服务的合力，保证并促进教育产业良性发展，加快优质教育资源向革命老区、民族地区、边远地区、贫困地区覆盖，共享教育发展成果。

（四）加强网络学习成果认证

在终身学习理念的指导和学习型社会建设的背景下，“互联网+教育”成为我国学习者在学习过程中不可或缺的一部分，对学习成果进行有效的认证至关重要。

首先，要进一步探索各级各类网络学习成果认证机制建设，打通学习成果认证通道，使学习者在互联网上开展的各类学习获得的学习成果都能够得到认证、积累，甚至可与学历教育学分进行转换，由此激励人们不断自主地运用网络开展自主学习。

其次，充分考虑信息技术的因素。在进行学习成果认定时，要从多个角度去观察、思考和判断。基于信息技术的学习内容和表现形式复杂，课程标准设计和教学组织实施多元，教学目标和培训考核机构不同，实际教与学过程存在差异。要尽快开发、建立可进行学分互认和转移的证书、课程目录，建立公开的信息目录，便于学习者查阅相关信息服务，也为学分互认提供基础和依据。

最后，建立科学的学习成果认证体系。可以单元形式细化学习成果和教育水平层级，扩大学习成果应用范围。以知识、技能和能力等维度对学习成果进行界定，把学习成果分为若干个等级，同时把学习成果划归为若干个学习成果单元。一个学习成果单元既可以为某一资格证书或者某一水平的教育层级独有，也可以是几个资格证书或者几个教育层级共有。学习者完成了某一学习成果单元并获得相应知识、技能和能力后，即可获得该单元的学分。学习者可以根据有关学习成果单元积累规则和学习成果认证办法，通过积累某一资格证书所要求的学分，最终获得证书或达到某一层级的教育水平。

进入 21 世纪以来，信息科技推陈出新，面对信息科技对学习、工作形态、社会文化发展等所产生的影响，以及未来人才关键能力的改变，面向 2035 的教育服务业态创新，必须始终坚持以信息化建设促进教与学变革。

五、将信息技术融入教育治理体系

教育现代化要求教育治理体系现代化和教育治理能力现代化。推进教育治理方式变革，加快形成国家教育治理与监测体系，促进教育治理精准化和教育决策科学化，是面向 2035 教育信息化建设的重要内容。为此，要围绕国家教育现代化的要求，在推进教育治理体系建设与治理能力提升的过程中，融入信息技术，增强教育治理实践的透明度、多元性和科学化。

（一）以技术推进以人为本的治理

坚持以人民为中心是习近平新时代中国特色社会主义思想的重要内容。这一思想指导和引领各领域的改革与发展，教育亦不例外。推进国家教育治理体系建设和治理能力现代化，必须考虑人民对于教育的迫切需求，满足人民的教育需求，充分体现以人为本的价值立场，坚持以人民为中心的教育发展观。教育信息化的核心不只技术与设备的发展与运用，也是为了更好地实现以人民为中心的教育发展，更好地全面服务于人民的需求与促进每个人的全面发展。

首先，在教育治理体系建设中，要充分运用信息技术手段，组织和动员全体人民的参与，使广大人民成为国家教育治理的参与者和执行者，共同担当对教育的评价与监督，以多元力量支持和保障教育与学校的发展和改革。为此，需要建立基于信息技术的学校与社会、家庭合作伙伴关系，提高教育发展的社会合力，需要提升教师与教育行政人员运用技术参与教育治理的能力，需要建立一个广泛参与并开放的教育治理信息共享平台体系。

其次，发挥互联网的特点，积极创建人人参与的教育治理系统。互联网具有开放、平等、共享、即时等特点。坚持以人民为中心的教育治理体系建设，可以借助于互联网的优势，使教育治理体系成为一个包容、开放和共建的系统，在这个系统中，教育中与教育外的每个人，都可以是平等的参与者和相互的促进者，共同致力于真实、友善和积极的教育治理活动。

最后，加强教育法制与伦理规范的研究，使教育治理服务于创建风清气正的教育空间，为学生的健康成长与学习发展保驾护航，进一步体现以人为中心的发展理念。信息化背景下的教育治理体系建设中，要严守正确的社会伦理理念和价值观，要将这些伦理与价值观渗透到教育治理体系之中，形成伦理渗透效应，确保教育信息技术的正确运用与教育改革的推进。要坚持以人为中心的道德伦理规则，研发教育信息化产品，立足于培养创新人才的轨道，以创新的教育产品及其服务引导社会、学校和家长正确地培养和指导学生成长，共同参与全面落实立德树人根本任务与发展素质教育的目标。教育要注重学生与教师的生活体悟、情感体验、全面发展，要体现增强个体的自我认识、内在兴趣、自发动力等关键能力的培养。这些是教育信息化实践中必须恪守的，也是教育治理中必须关注的。

所以，在教育治理体系建设过程中，需要重视教育信息化发展的伦理要求与伦理教育，坚守信息化时代与信息化环境的伦理准则，确保以人为本的教育发展。为此，需要有计划地开展中小学信息技术伦理教育，建立信息技术伦理意识，让学生能够安然地使用互联网，防止网络成瘾和游戏过度等信息化带来的负面影响扩散；要建立统一的数据保护原则和标准，形成数据流动审核机制，设立个人隐私保护保障措施；增强教育领域安全监管、城域网监测预警、网络安全应急处置、网络空间综合治理能力，有效提升网络安全防护水平，提高人的网络安全意识，形成可信、可靠、可控的教育信息化网络系统。这些都是教育治理体系建设中不能忽视的内容与任务。

（二）实现教育治理的多部门合作

教育是国家公益性事业，优先发展教育事业是国家战略。教育治理体系建设需立足于当前互联网发展的现状与趋势。实现教育治理中的跨部门参与和合作，构建开放而多元参与的教育治理体系，是信息时代教育治理体系建设的方向所在，也是信息技术融入教育治理体系建设的优势所在。

教育发展不只是教育部门的事情，它是一项系统的社会工程，需要全社会的参与、支持和贡献。建设信息化时代的国家教育治理体系，必须理顺教育发展所涉及的各个部门、机构及其人员之间的相互关系，理顺教育机构和非教育机构的关系，进而形成促进教育现代化发展的各方合力。例如，教育信息化发展过程中，教育部门与行业、工商、财政等其他非教育部门之间都有相关，教育治理就是要整合、协调、指导各部门的关系，尽量减少政出多门、多头管理，保证最有效的管理效率。所以，在教育治理体系建设中，可设立教育信息化发展跨部门合作委员会，共同致力于教育信息化发展的行政管理与公共治理，以防止政府部门项目的重复推动，同时也增强各个部门的作用。各个政府部门在提供管理和服务的过程中，可以结合已有法律法规和新出现的实践情况，建成一个以科学决策、权责对等、立足服务、依法行政、注重绩效、有力监督为主要特征的管理模式。如采用“负面清单”的管理模式，明确列出禁止或限制企业从事的项目，规范和约束政府行为，为信息化教育企业创造一个稳定、透明、可预期的环境。

多部门合作参与的教育治理体系，还意味着教育现代化发展过程中，政府、学校、行业、企业等主体之间密切联系的建立，共同致力于教育信息化的建设工作。政府应引导和鼓励企业参与教育信息化服务，激发教育信息化市场活力，营造信息化、社会化教育资源与服务市场。"互联网＋"企业在参与教育信息化服务供给的过程中，要找准定位，尽可能使运行和开放接口，向所有合作伙伴开放。学校可以采用自主购买服务，遴选供应商，包括课程服务外包，聘请和组建教育信息化智力服务团队，为教育信息化发展尤其是欠发达地区教育信息化推进提供专门支持。由此，能够有效推进我国教育信息化供给侧改革，实现信息化与教育教学的深度融合。

当前，我国教育信息化发展还存在显著的区域差异，也需要借助教育治理的力量，促进国家教育信息化整体发展，在更高水平上运用信息化实现教育均衡发展，提供更加多样化、开放的教育资源及教育服务，助力实现教育改革成效的提高，教育管理模式的改进与教育现代化的实现。

总之，在教育信息化发展的过程中，实现不同区域之间的联动发展、合作发展和共同发展，是整个国家教育信息化发展的目标所在，也是推进教育治理体系建设、治理方式变革与治理能力提升的任务所在。

（三）完善教育治理的信息化系统

在教育治理体系建设和治理能力提升的背景下，大数据应用于教育决策成为教育决策科学化发展的重要支持，为教育科学决策提供科学依据。完善教育管理信息化顶层设计，全面提高利用大数据支撑保障教育管理、决策和公共服务的能力，已经成为国家教育信息化发展的一项政策。

为此，首先需要建立基于数据的学校发展决策系统，改进学校治理实践，提升学校治理水平。当前，面向学校教育教学管理的系统已经有很多，包括学校自动化办公平台、学校档案电子化系统、学校经费管理系统、学校设备管理系统、教师队伍管理系统、学生学习选课体系、教师备课系统、学生考试成绩系统等。但是，这些信息系统之间大多并不兼容，很难运用这些不同系统的信息数据进行分析与总结。要基于学校决策需求的导引，立足大数据思维运用技术，将学校中各种信息进行统整，设计若干学校决策的关键指标，定期或者自动生成发展性数据，为学校管理者包括教师提供信息或者指导，让学校管理者和教师具有更多基于证据而决策的思维。要将校本管理与校本发展的思想运用到学校管理与决策信息系统之中，以决策结果为导向使大数据运用于决策、运用于实践，而非单一的创建数据仓库。

其次，要建立基于区域与国家层面的教育决策系统，为教育治理提供服务。面向教育发展的决策服务系统区别于传统的教育信息系统，其核心在于在拥有各种教育信息的同时，还拥有各种与教育相关的教育外信息，包括社会经济文化发展方面的信息，在拥有这些信息的基础上，系统能够自动地生成与教育决策相关的各种指标与预警指示。构建区域或者国家的教育决策与治理服务系统，不仅要注意到各种信息数据的采集与汇总，更重要的是把信息与数据进行系统的智能化分析与提炼，为使用者提供简练与直观的参考依据。

最后，每个决策系统的创建必须具备数据的准确性、开放性和不断更新性，确保决策参照数据的可信。为此，要做到以下几点：一是确保数据的来源是合理可信的；二是具有科学的数据收集范围与指标，以精准反映对象特点；三是采用多元的数据收集方法获取信息与数据；四是定期检查与更新数据，以保证数据的高质量与有效性。[①] 此

① 祝智庭，彭红超，雷云鹤. 解读教育数据智慧[J]. 开放教育研究，2017(5)：21 - 29.

外,要建立大数据采集规范和组建数据收集人员队伍,使数据收集成为决策系统的保障。

(四)关注教育治理的信息化发展

教育信息化推进教育现代化,包括了教育治理体系建设与治理能力现代化。在教育治理体系建设中,同样包括对教育信息化发展的关注与重视,必须以科学的教育治理监管和保障教育信息化发展,促进信息化背景下教育与学习在目标、内容与方式等各方面的变革。

教育信息化发展为教育行业变革、学校变革以及课堂教学变革都提供了支持,教育信息化的产品及其服务正在改变传统的教与学。其中最典型的就是,现如今"学习"备受全社会重视,而且正在形成一个学习型社会的时候,教育信息化为"学习"的变革提供了可能。当前,各种形式的电子学习用品不断出现,而且种类丰富、功能诸多、销量巨大。这些电子学习产品为人的学习与发展提供了新方式和更多机会。可以预见,随着人工智能的不断发展,这些学习产品与服务还将不断增加。

但是,这种学习产品与服务究竟是不是充分符合学习者的特点与需求,是否真正有助于学习与发展,则需要教育治理的参与。在日益发达的商业化时代,必须加强青少年校内外电子学习产品监管,必须以教育学的专业视野评判这些产品对于青少年成长的意义与作用。

所以,在发展电子学习产品(包括在线课程)的过程中,教育治理要发挥监督市场的作用,服务于营造公平竞争、合理有序的青少年电子学习产品市场环境,建立健全信息化学习产品的市场准入机制,建立学习类电子产品经营主体准入前信用承诺制度,坚决阻止思想不健康、质量不合格、材质不达标的学习类电子产品进入市场。要建立健全青少年学习类电子产品生产企业信用约束和失信联合惩戒机制,加强对电子学习产品售卖平台管理，对于违规商业行为列入经营异常名录。要加强青少年电子学习产品商务执法队伍建设，切实保障执法人员的福利待遇，引进具有网络、物流、法律等背景的专业人才充实执法力量，提升青少年电子学习产品打假执法队伍的专业性和责任感，完善不同层级部门之间上下协调、部门联动、区域协作、协查协办的执法联动机制。

要将教育专业机构纳入到电子学习产品质量监管协作体系之中，建立电子化产品的教育质量标准，凝聚专业力量促进青少年电子学习产品的研发、销售和使用，确保电子学习产品符合教育与学习的要求与规律，真正有助于学习者的成长，体现学习者为中心的思想，激发学生的学习兴趣，提升学生的学习参与度，并真正使学习者学有所得、学有成效。

教育治理中还要引入大数据统计与检测系统，加强青少年电子学习产品实验的信息采集与分析，对青少年电子学习产品的各种关键信息进行筛选、分析和判断，建立精准的青少年电子学习产品监管体系。

综上所述，教育信息化建设是教育变革的重点取向和动力来源。面向 2035 中国教育现代化的教育变革要以教育信息化建设为支撑点，聚焦教育常识、教育事实、教育规律和教育逻辑，遵奉国家对于教育信息化的政策安排，改善传统学校办学条件，改进传统教育教学模式，改革传统教育服务系统，改良传统教育管理方式，以教育信息技术的运用弥补传统教育短板，创生传统教育的新生态，真正使传统教育迈入新时代。

第七章

终身学习从理念转化为实践

本章要点

终身教育历经从学术主张的思想观念发展成为全球广泛认可的教育实践的过程。我国的终身教育从最初的扫盲教育，深化为之后的继续教育、在职学历教育和当前的社区教育与老年教育等。尤其是在技术变革的背景下，终身教育与在线教育相结合，再从终身教育到终身学习，中国实践显示终身教育与学习已从一种教育理念转变为人们的生活常态。学分银行、资历框架、成果认证、学分转换等具体实施策略成为终身教育与学习体系的重要组成部分。

教育现代化下终身学习的新时代内涵在于：实现全民终身学习，体现了人才成长的需求，实现终身教育制度的创新发展，实现教育公共服务体系与个体自主学习的并存。为终身学习提供更多的资源投入，坚持政府主导和个体的自觉参与。

促进全民终身学习成为人们的生活方式，要建立学习者为中心的理念，以自主学习为基础，以随时随地可学为保障，以多元开放学习为常态。在全民终身学习中，每个人不仅需要不断学习新知识，还要学习如何建立良好的学习态度、习惯和行为，在日常生活与工作实践中保持学习与有效学习。

一、国内外终身教育的发展

“活到老，学到老”，这句俗语传递着朴素的终身教育观念。“活到老”不仅仅是一种生命状态的延续，还是人的生命历程与生活方式的呈现。“学到老”不再只是学校教育意义上的学习，还是应对、体验、感悟生命历程的方法与人生态度。这一朴素的教育与学习观念延续至今，并在 20 世纪 60 年代以后，与西方教育领域的终身教育思潮融合发展，形成我国终身教育从理论到实践、从政策到生活、从理念到常态的发展历程。

（一）国际终身教育的发展

20 世纪 60 年代中期，联合国教科文组织第三届成人教育国际促进会议正式提出“终身教育”的概念。自此，终身教育从一种观念发展成为逐步完备的理论体系，并成为影响世界各国的教育思潮。20 世纪 70 年代初期，在相关国际机构以及世界各国的提倡与推广下，理论层面的终身教育在众多国家中逐渐转化为实践活动。20 世纪 80 年代开始，随着终身教育理论与实践的发展与完善，终身教育不断向体系化、法治化、政策化的方向发展。

1. 终身教育的理论观点

早在 20 世纪 40 年代末至 60 年代初，联合国教科文组织就开始着手进行终身教育的系统研究，并在各种不同场合积极研讨普及终身教育理念和切实推广实施终身教育。例如，1949 年在丹麦埃尔西诺和 1960 年在加拿大多伦多召开的成人教育大会上，都对终身教育相关议题进行了广泛探讨。但是，此时的终身教育还只是一种处于探索萌芽阶段的教育理念，“终身教育”这一术语也尚未被学界正式运用。

1965年，保尔·朗格朗(Paul Lengrand)第一次以终身教育为题做了报告，并正式提交了《关于终身教育》的提案，这意味着终身教育作为一个学术概念正式被提出。朗格朗认为："终身教育应该是为人的一生不断提供教育与训练的构造；又应是人们通过各种形态的自我教育，从而达到真正最高水准自我发展的有效手段。"[①]。

《关于终身教育》的提案提出未来终身教育发展的主要内容：(1)社会要为人的一生提供教育(学习)的机会；(2)对各级各类教育的实施必须进行协调与统合；(3)小学、中学、大学及其他地区性社会学校、地区性文化中心所发挥的教育功能，政府或社会应予以鼓励；(4)政府或社会应对有关劳动日的调整、教育休假、文化休假等针对本国公民的制度或措施的实施起促进作用；(5)为了对以往的教育观念作根本的改变，应使此理念渗透到教育的各个领域。该提案对终身教育的内涵价值、实践举措进行了具体阐释，朗格朗认为，这种教育应渗透到人类所存在的所有领域，并应该在人的发展全过程中不间断地进行，究其最终目的是构建统一的、连贯的终身教育体系。

1972年，联合国教科文组织国际教育发展委员会发表的"富尔报告书"——《学会生存：教育世界的今天和明天》中，埃德加·富尔(Edgar Faure)主席呈送此报告的设想是用全面系统的终身教育培养完善的人，以便适应时代、社会的迅速发展。他指出每一个人必须终身不断学习，这是学习化社会的基石，建议将终身教育作为发达国家和发展中国家制定教育政策的主导思想。[②] 这主要是因为随着工业化、全球化的不断发展，人们获取知识的方式、方法以及所需要学习掌握的知识量都发生了很多变化，这就需要在完成一定年限的学校教育

① 保尔·朗格朗.生涯教育入门[M].波多野完治，译.东京：全日本社会教育联合会，1971：51.

② 华东师范大学比较教育研究所.学会生存：教育世界的今天和明天[M].北京：教育科学出版社，1996：4.

后，仍不断按需学习。

有学者指出，该时期关于终身教育的思想理论属于理念型终身教育论流派，其原理性特征显著，具有高度抽象的特点，理想主义色彩浓厚。也有学者指出该阶段的终身教育思想理论尚停留在构想阶段，对于世界各国教育政策的制定以及法制化的推进，比较难以提供有效或是具有实用性价值的参考见解。尽管如此，此时终身教育已由一种教育思想发展为教育理论，已初步搭建起终身教育理论的内涵价值、体系框架。

2. 终身教育的实践探索

随着终身教育思想的推广传播，一方面，很多学者开始关注终身教育理论的实践取向，倡导富有科学性、勤劳性特点的终身教育理论；另一方面，世界各国开始根据自身国情特点将相关理论、理念本土化为具体的教育实践活动，逐步推进终身教育在本国的发展。

此时的终身教育理论开始克服原理性、抽象性、理想性的特点，强调终身教育理论的实践价值。以捷尔比（Gelpi）的理论观点为例，他认为终身教育的终极目标是帮助受压制、被榨取以及遭受差别的人们脱离困境。终身教育应站在社会公正的立场为遭受不公平的人们予以声援。强调站在社会弱者的立场，将为劳动者提供必要的知识、教育及训练作为终身教育的原点。可见，他的终身教育理论观点重点关注社会的民主化和自由化、保障人权、维护个人的学习权利等，这些无疑是社会发展过程中的重要实践问题。该类型的学者强调实践取向的终身教育理论，对世界各国终身教育的实践具有重大的参考价值，有助于推动终身教育的实践进程。

在实践领域，终身教育在很多国家逐渐被落实到实践行动之中。如 20 世纪 70 年代后，美国联邦政府开始改变过去在教育中的监察和督导，转而积极参与国家层面终身教育政策的设计与规划，其宗旨是确保所有美国人认识到终身教育的必要性，并使所有美国国民，尤其是那些缺乏读写技能的人，都能获得培训和教育的机会，由此终身教育作为一种政府行为而得到大力推进。而英国于 1974 年成立的人力资源委员会，最初因应对经济增长缓慢，解决工人技术水准低下，年轻人失业等问题而设立，几年后逐渐转向为 18 岁以上的年轻人进行培训，实施更广阔的就业培训计划。这种新型教育培训课程使得人力资源委员会成为英国实施终身教育的主要机构之一。德国设立的国民高等学校又称为市民大学，以成年人为主要对象，提供各种各样的学习机会以及丰富多样的课程内容，满足成人的各种教育需求。截至 1977 年的统计数据，德国已有该类学校 4 700 余所，提供的各类讲座和课程有 22.6 万个，参加的人数达 330.44 万人之多，使国民高等学校承担起了开展终身教育的重要平台。[①]

3. 终身教育的政策法规

政策化、法制化意味着某项实践活动上升到国家战略指导层面，其价值意义与影响力不言而喻。同样，终身教育实践活动开展的重要深化形式便是终身教育逐渐法制化、政策化，成为众多国家的教育方针、战略手段。20 世纪 80 年代中期以后，世界上很多发达国家都相继颁发出台了关于终身教育的政策法规，从国际发展的视角看，终身教育开始向法制化、政策化发展。

美国是世界上最早对终身教育进行法制化、政策化的国家，早在 1976 年美国国会率先通过了《终身学习法》，该法案规定了终身学习的范畴，阐述了终身学习产生的原因以及活动的内容，同时提出建立教育中介机构研究资助终身学习的方法等。[②] 随后在 20 世纪 80 年代至

① 吴遵民．现代国际终身教育论[M]．北京：中国人民大学出版社，2007：55．

② 吴遵民，黄欣，蒋侯玲．终身教育立法的国际比较与评析[J]．外国中小学教育，2008(2)：1－9．

90 年代期间，美国加大了教育改革和教育发展的力度，发布了《国家处在危险之中：教育改革势在必行》《美国 2000：教育战略》《2000 目标：教育美国法》等，这些报告都对终身教育的实施发展提出政策建议，这对理论层面的终身教育转向政策实践层面的终身教育起到重要的推动作用。此外，值得一提的是，1993 年美国还成立了终身学习者联盟委员会，专门协助政府制定终身教育相关的政策与计划，并在 1997 年发布了报告——《国家学习：展望 21 世纪》，指出美国社会各界群体都必须重视终身学习，并为此提供有力支持。①

1990 年 6 月，日本政府正式颁布《关于振兴终身学习，完善其实施推进体制的法律》(也称《生涯学习振兴法》)，这是继美国之后世界上第二部关于终身教育的专项法律，该法的颁布进一步推动了日本各项终身教育活动的开展。法案是以谋求完善振兴终身学习措施的推进体制及保障终身学习的机会为目的。其具体内容由十二项条款组成，其中对立法目的、实施措施中的注意事项、都道府县促进终身学习的事业、终身学习的基本构想及其承认基准、关于负担费用计入亏损金额的特例等均作了详细规定。随后日本政府又陆续颁布《关于适应今后社会变化的终身学习振兴政策》《我国的文教政策》《关于充实社区终身学习机会的咨询报告》等一系列政策文件，并将“构建终身学习社会”作为教育改革的目标。②

1997 年，英国的“全国高等教育委员会”发表了《学习社会中的高等教育》，指出学习社会的发展将成为今后 20 年英国所追求的目标，③同年“全国继续教育与终身学习顾问小组”发表的《二十一世纪的学

① 吴遵民. 现代国际终身教育论[M]. 北京：中国人民大学出版社，2007：56.

② 吴遵民. 试论日本生涯学习振兴法的制定过程、背景及问题[J]. 上海成人教育，1997(9)：39－42.

③ THE DEARING REPORT. Higher Education in the Learning Society[R/OL]. [2020－09－17]. http://www.educationengland.org.uk/documents/dearing1997/dearing1997.html.

习》学习报告书再次重申了创建“全民终身学习文化”、实现“学习社会”的目标。[①] 2000年英国颁布了《学习与技能法》，该法案内容对原有成人教育体系进行改革，强调提供义务教育后的终身学习机会。[②]

（二）我国终身教育发展历程

在我国，终身教育基于成人教育的概念与实践而产生，成人教育促进了终身教育的发展，成人教育是终身教育发展的重要基础。在1949年至1990年期间，我国终身教育发展集中表现为成人教育领域的扫盲教育与学历教育，之后以社区教育与老年教育为代表。

1. 成人扫盲教育

我国的扫盲教育发展植根于独特的社会背景。近代扫盲教育可以追溯到清末民初时期，1909年清政府学部制定《简易识字学塾章程》，鼓励民众识字。

1949年，中华人民共和国成立以后，为了全面提高社会、民族的整体素质，我国开展了多次大规模的扫盲教育运动，分别为1952年、1956年以及1958年的扫盲教育运动。自“文革”之后，我国的扫盲教育在停顿十年之后经历了由恢复到发展的过程。特别是改革开放之始，扫盲教育相关文件发布之后，我国扫盲工作获得了很大的成就，文盲人数逐渐下降。我国扫盲教育虽然经历了“文革”十年的停顿，但改革开放之后国家的大力支持，民众热情参与，形成扫盲教育飞速发展的局面，我国扫盲事业取得非凡的成就。同时，我国结合本土特点创新了多种扫盲形式，如“一堵，二扫，三提高”。[③]

---

① DEPARTMENT FOR EDUCATION AND EMPLOYMENT. The Learning Age: a Renaissance for a New Britain[EB/OL]. (1998-01-02)[2020-09-17]. http://www.naec.org.uk/events/timeline/dfes-the-learning-age-a-renaissance-for-a-new.

② 黄日强. 英国成人教育的立法[J]. 成人教育，2007(5): 91-92.

③ 郭涛. 改革开放四十年我国终身教育价值取向的变迁研究[D]. 上海: 华东师范大学，2019: 35.

1988 年 2 月，国务院颁布《扫除文盲工作条例》，1993 年进行修订，修订后的《扫除文盲工作条例》将扫盲教育的对象与范围扩大至“凡年满十五周岁以上的文盲、半文盲公民，除丧失学习能力的以外，不分性别、民族、种族，均有接受扫除文盲教育的权利和义务”。① 扫盲教育所覆盖对象范围的扩大意味着文盲的数量将会不断减少，因而推动了成人教育、终身教育的进一步发展。至 20 世纪末，我国政府公开宣布，已基本实现扫除青壮年文盲和基本普及九年义务教育的目标。②

2. 成人学历教育

我国社会经济发展不断加速，教育发展也日益加快。经济基础决定上层建筑，社会稳定及经济发展促使人民群众增长了对除社会经济外其他方面的强烈需求。同样在教育领域，人们开始意识到原有的教育体系、传统的教育机制已不能满足社会发展的需求，越来越体会到学校教育的局限性，进一步推动了教育领域内部的改革。由此，继扫盲教育之后，其他各种成人教育形式大力发展，促进了以成人学历教育为主要形式的终身教育在我国不断发展，走向政策化、法治化轨道。

1993 年国务院印发《中国教育改革和发展纲要》，明确指出：“成人教育是传统学校教育向终身教育发展的一种新型教育制度，对不断提高全民族素质，促进经济和社会发展具有重要作用。”③这是我国 20 世纪 90 年代至 21 世纪初教育改革和发展蓝图，是探索建设有中国特色社会主义教育体系的纲领性文件。由此，“终身教育”一词第一次被写入国家的重要纲领性文件中。

---

① 中华人民共和国教育部. 扫除文盲工作条例[EB/OL]. [2020－07－06]. http://www.moe.gov.cn/s78/A02/zfs__left/s5911/moe_620/tnull_1383.html.

② 翟博，刘华蓉，李曜明，张滢. 人类教育史上的奇迹：来自中国普及九年义务教育和扫除青壮文盲的报告[EB/OL]. (2012－09－09)[2020－09－01]. http://old.moe.gov.cn/publicfiles/business/htmlfiles/moe/moe_177/201209/141845.html.

③ 中华人民共和国教育部. 中国教育改革和发展纲要[EB/OL]. (1993－02－13)[2020－07－06]. http://old.moe.gov.cn/publicfiles/business/htmlfiles/moe/moe_177/200407/2484.html.

随着终身教育成为国家教育政策，它受到各级各地政府部门高度重视，终身教育在我国表现出多种形态。广播电视大学是成人学历教育的重要形式之一。电大学历教育包括成人专科教育、普通专科教育、中等学历教育三大方面，三种不同层级的成人教育有着共同的发展目的，即基于社会需求培养出、培养好、培养很多促进社会发展的人才。据统计数据显示，进入 21 世纪后，我国每年各类非学历成人高等教育培训和继续教育结业总人数都在 250 万人以上，自 2000 年至 2018 年，我国各类成人教育结业总人数已达 1 亿以上。根据教育部网站公布的数据，在普通高校取得函授、业余学历的人数更是高达 217 万之多。同年，我国成人教育在校注册学生数有 590 多万人。①

3. 社区教育与老年大学

改革开放后，我国沿海地区经济实力有了极大提升，城市化建设的进程不断加快，社区教育在提高社会和谐风尚、居民素质素养等方面的重要意义凸显出来。社区教育不仅能够满足区域内居民精神文化生活层面的需求，还能够有效维护并提高区域内社会和谐安定。

同时，我国逐步进入老龄化社会，出现了日益旺盛的老年教育需求，老年大学发展快速。据中国老年大学协会统计数据显示，截至 2018 年底，我国已有 7 万多所老年大学和老年学校；截至 2016 年底，在校学员逾 800 多万，并有数百万学员参加远程教育。② 国家统计局数据显示，截至 2019 年末，我国 65 岁及以上人口为 17 603 万人，占总人口的 12.6%。③ 在此老龄化背景下，随着人们对老年教育的需求日

① 中华人民共和国教育部. 2018 年全国教育事业发展统计公报[EB/OL].（2019 - 07 - 24）[2020 - 09 - 01]. http://www.moe.gov.cn/jyb_sjzl/sjzl_fztjgb/201907/t20190724_392041.html.

② 中国新闻网. 全国现有老年学校 7 万多所　逾千万学员老有所学[EB/OL].（2018 - 12 - 26）[2020 - 07 - 06]. http://www.chinanews.com/sh/2018/12-26/8713090.shtml.

③ 张毅. 人口总量增速放缓 城镇化水平继续提升[EB/OL].（2020 - 01 - 19）[2020 - 09 - 01]. http://www.stats.gov.cn/tjsj/zxfb/202001/t20200119_1723767.html.

益旺盛，我国老年教育出现严重的供给不足问题。“座位不够用、报名排长队、熬夜抢名额——这不是在抢购降价商品，而是部分老年大学招生时的情景。”①

近年来，为了促进终身教育发展，各地在实践中还积极探索学分银行建设，旨在为建设学习型社会与构建终身教育体系而在各级各类教育之间建立学习的立交桥，打通正规教育与非正规教育之间的壁垒，使得来自不同形式、不同类型的学习成果得到认证，转化为可被识别、可被储存的学分，实现学习成果的积累与转换。学分银行在促进终身教育发展方面产生了重要意义。

（三）终身教育的本土化研究

作为一种起源于西方发达国家的教育理念和思想，终身教育在当代中国发展很快，这要归结于我国对终身教育的本土化研究。经过几代学人的努力，终身教育在我国的国情、文化土壤中已经生根，并取得令人瞩目的本土化成绩。我国终身教育领域研究可以分为两个大的方面：一方面，研究热点主要在于学习型社会建设；另一方面，研究内容聚焦于终身教育立法，借助终身教育立法预测与展望我国终身教育的发展方向。

1. 学习型社会建设

自终身教育这一国际思潮进入我国以来，我国的研究热点内容可以概括为以下三个方面。一是终身教育的基本理论研究。该方面主要包括对终身教育概念内涵的阐释分析、对其他国家终身教育实践发展的阐述借鉴研究。二是终身教育与其他教育分支的相关研究。该方面既包括横向维度上终身教育与成人教育、继续教育等之间的关系

① 人民网. 老年大学“一座难求”[EB/OL].（2019 - 11 - 12）[2020 - 07 - 06]. https://baijiahao.baidu.com/s?id=1649967424306220419&wfr=spider&for=pc.

研究，又包括纵向维度上终身教育、终身学习的视野与框架下，从基础教育到高等教育的各级教育改革，社区教育、老年教育等各类教育转型发展的相关研究。三是学习型社会构建研究。该部分包括学习型社会、终身教育体系的内涵价值研究，各级各类教育资源的整合，学分银行、学习资历框架、学习成果认证等构建路径的研究。

在研究中，终身学习、终身教育、学习型社会等概念往往交织在一起，人们对它们的理解与认识也不断提升和完善。通常认为，这三个概念存在共同点但各自侧重点不同，终身教育侧重于教育思想与国家制度；终身学习侧重于个体学习的自觉性、自主性和持续性；学习型社会则体现终身教育思想的实现，为个人获得教育与学习机会提供制度性保障。

在如何构建终身教育体系与创建学习型社会上，比较关注学分银行、资历框架、成果认证、学分转换等具体实施策略的研究，这些具体策略是搭建终身教育立交桥的重要组成部分。这些具体策略包括：建立学习成果认证服务体系，形成相应的管理体制和运行机制，建设学习成果互认联盟，建设学分银行等等。

2. 终身教育的立法

我国终身教育立法研究涉及对我国终身教育立法问题的思考研究，对国外终身教育立法的论述与借鉴，以及我国国内地方层面和国外国家层面的终身教育立法比较等。

终身教育立法研究较多地集中于对福建、上海、太原、河北、宁波的终身教育促进条例制订的研究，包括立法的目的、依据、具体内容、立法的实效性以及存在的问题和相应对策等。在终身教育立法研究中，涉及对终身教育概念的界定，对“教”与“学”的认识，终身教育资源建设、立法条文的可操作性和持续性等多个方面。此外，还包括立法机构、管理体制、队伍、经费、教育资源、学习平台等方面。

关于国外终身教育立法的研究，主要集中于对日本、韩国及欧美国家的立法研究与分析，研究国外终身教育立法对于我国发展终身教育的启示。美国有《终身学习法》，日本有《终身学习振兴法》，韩国《终身教育法》，它们是世界上比较完整的终身教育法规，对于我国终身教育立法有一定的参考价值，如保护公民的终身学习权，发挥政府主导作用，建立终身教育体系与相关机构，提供终身教育经费等等。

二、终身学习的新时代意涵

从教育到学习，是当代教育变革与发展的一个特点，终身教育的本质是促进终身学习的实现。《中国教育现代化 2035》明确提出，构建服务全民的终身学习体系。其中包括，构建更加开放畅通的人才成长通道，完善弹性学习与继续教育制度，建立国家资历框架，建立跨部门跨行业的工作机制和专业化支持体系，建立健全国家学分银行制度和学习成果认证制度，发展继续教育与社会培训服务，开展多类型多形式的职工继续教育，加快发展城乡社区老年教育，推动各类学习型组织建设等。[①] 很显然，基于终身教育的终身学习已经成为中国教育现代化发展的新取向，而全民终身学习显然是终身教育在中国的新发展。

在《中国教育现代化 2035》的理念与目标下，终身学习在新时代中国特色社会主义教育体系建设中具有新意涵，包括以下几个方面：遵循了国际教育发展趋向；体现了人才成长的需求；显示了教育制度创新发展的必要；要求社会的教育公共服务体系与个体自主学习的并存。

① 新华网. 中共中央、国务院印发《中国教育现代化 2035》[EB/OL]. (2019－02－23)[2020－07－06]. http://www.xinhuanet.com/politics/2019－02/23/c_1124154392.htm.

（一）实现全民终身学习

发展终身教育，推进全民终身学习，构建学习型社会是世界各国建设发展的趋势与方向，可以说是全球、全人类的共同目标之一。全民终身学习不仅意味着社会成员作为单独个体终身性、持续性的学习，而且意味着不同国家之间、不同地区之间的互相学习合作、互鉴互通。

2014 年 5 月，习近平总书记在上海举行的外国专家座谈会上强调，任何一个民族、任何一个国家都需要学习别的民族、别的国家的优秀文明成果，中国要永远做一个学习大国。他指出："中国要永远做一个学习大国，不论发展到什么水平都虚心向世界各国人民学习，以更加开放包容的姿态，加强同世界各国的互容、互鉴、互通，不断把对外开放提高到新的水平。"①

2017 年 9 月，爱尔兰共和国第二大城市科克市召开的第三届国际学习型城市大会，以"全球目标，本土行动——迈向 2030 的全民终身学习"为主题，旨在能够在地方层面促进终身学习，推动可持续发展目标，为城市的可持续发展，提升综合治理能力，改进利益相关方伙伴关系，寻求切实有效的评估方式。会议明确指出"建设学习型城市网络成员的战略关系网，记录、传播并共享学习活动，监督并评估相关流程"。②

《中国教育现代化 2035》提出，到 2035 年，总体实现教育现代化，迈入教育强国行列，推动我国成为学习大国、人力资源强国和人才强国，为到 21 世纪中叶建成富强民主文明和谐美丽的社会主义现代化强国奠定基础。其中，"更加注重面向人人""更加注重终身学习"都是中国教育现代化 2035 基本理念的内容，体现了教育发展定位的战略

① 新华网.旗帜鲜明！习近平的"开放"箴言[EB/OL].（2018-10-08)[2020-07-06]. http://www.xinhuanet.com/ttgg/2018-10/08/c_1123528418.htm.

② 苑大勇.第三届国际学习型城市大会科克行动宣言[J].开放学习研究，2017(5)：63.

性、全局性和指导性。

在这一大背景下，面向人人的教育理念，体现了有教无类的中国优秀教育文化思想，也展现了当代教育公平的价值追求，促进了全民教育水平的提升。强调终身学习，则体现教育要伴随每个人的一生，服务于个体的成长与发展、生活与生命，体现了坚持以人为本的发展思想，体现了教育需要实现新的发展方式，包括体现以学习者为中心的教育思想，提供更多的教育与学习机会，建设人人可随时随地学习的教育环境和社会文化，真正使学习成为个体的生活内容与生活方式，真正实现我国建设成为学习大国的教育现代化发展目标。

2019 年 11 月，北京市成功举办第十四届全民终身学习活动周。这一活动既是国家政策精神的体现，旨在落实《教育部办公厅关于举办 2018 年全民终身学习活动周的通知》，也是北京市城市建设的重要组成部分，将《北京市学习型城市建设行动计划（2016—2020 年）》落到实处，推进学习型城市建设，构建惠及全民的终身教育体系。

总之，全民终身学习并非某一国家、某一地区人民的实践活动或者发展目标，而是关乎每个国家、民族共同利益的议题，是世界性的、全球性的共同愿景，而且有着更为宽泛的含义。全民终身学习不只是意味着传统意义上正规化的教育机构学习，也意味着超越学校或者规范化机构中的学习，这就是工作与职业中的学习、日常生活与人际交往中的学习等；不只是个体的学习，也应该是团队学习、集体学习和共同学习。所以，在全球化进程中，全民终身学习也意味着，在国家层面“走出去”学习其他国家和地区的先进经验，让其他国家和地区“走进来”学习中国经验，形成不同国家间的互相学习借鉴与交流合作。

（二）服务人的成长需求

终身学习的目的不是学习本身，而是满足和服务于人的成长需求。在这个意义上，终身学习需要适应当前社会的快速发展变化，更需要兼顾持续性与终身性、公平性与普惠性、创新性与多样性等。

1. 持续性与终身性

全民终身学习意味着每个个体要具有坚持终身学习的态度与方法，有连续进行学习的行为和表现，展现不间断终身学习的状态。同时，政府与社会需要为每个个体提供保障其参与终身学习的教育服务和支持，以便满足和服务不同年龄段的个体需求，并保障这种服务和支持具有稳定性和持续性。

具体来说，首先需要构建包括基础教育、职业教育、高等教育、成人教育、继续教育、社区教育、老年教育等各种教育形式在内的、较为完善的终身教育体系，并建立各级各类教育之间进行沟通和联结的有效桥梁，如建设学分银行，使得学习成果能够得到不同部门的认证并逐渐积累，从而在上层建筑层面确保人们可以通过一条持续性、终身性的终身学习之路成才成长。

其次，需要改革原有的单一的人才评价与选拔机制，改变应试教育中“一考定终身”以及将考试分数作为唯一衡量标准的人才选拔方式。人才选拔方式应是综合性的、连续性的，要防止片面性、单一性的评价选拔方式。传统人才评价和选拔存在着重视学历教育、轻视非学历教育；重视学校教育、轻视岗位培训；重视高等教育、轻视职业教育；任人唯学历，而不是唯贤与能力等问题。

总之，全民终身学习具有持续性和终身性的要求，要求现代教育系统及其体系进行恰当的改变，以维持人们终身学习的意向和促进终身学习的产生。

2. 公平性与普惠性

全民终身学习是教育现代化的需要，也是教育现代化的表征。每个人都拥有接受教育和参与学习的权利与机会，这些权利与机会对于每个个体而言，应具有同等性与价值性，这就是终身教育的公平性与普惠性。终身教育的对象涵盖全体社会公民，其价值意义在于促进每个人的全面发展，这也是全民终身学习的新时代要求与新时代特征。

确保人才成长与培养的公平性，即学习权利的保障，是教育发展的基本问题之一。受教育是现代社会公民的基本权利之一，新时代全民终身学习同样注重教育权和学习权的供给与保护，这不只是就基础教育或者义务教育而言，也是对整个教育体系与社会环境而言。现代化社会之中，每个人都拥有终身学习权、终身受教育权。所以，政府与社会必须尊重人的成长规律和教育与学习规律，在尊重学习者差异的基础上，发展和建设更为完备的教育体系与全社会的学习系统环境，充分保障每个个体终身学习与终身教育的权利与机会，进而促进每个个体的发展。

人才成长与人才培养的普惠性，首先意味着社会为学习者提供学习资源的保障，使个体具有不断学习与接收教育的条件与基础，包括青少年的在校学习、成人工作者的在岗学习以及非工作者的继续教育与学习。当前，我国由于教育资源不均、各地发展水平不同，造成了人才成长与人才培养的差异性。新时代全民终身学习意味着需要加快发展继续教育、社区教育以及老年教育的全面性，提高教育资源利用率，改善教育资源分配情况，扩大成人教育与学习的覆盖面。最终要使得不同年龄层次、不同文化程度、不同收入水平的每个个体都能平等享有接受终身教育的机会，有进行终身学习的机会、资源与行为。

2017 年 2 月 28 日，国务院下发《“十三五”国家老龄事业发展和养老体系建设规划》，该规划将发展老年教育作为丰富老年人精神文化生活的保障，提出到 2020 年，基本形成覆盖广泛、灵活多样、特色鲜明、规范有序的老年教育新格局，做到全国县级以上城市至少应有一所老年大学。①

2019 年，湖南省制定了《湖南省老年教育发展规划（2019—2022 年）》，确定的总体目标是："到 2022 年，老年教育协同推进机制更加完善，机构更加健全，职责更加明确，内容更加丰富，供给能力、服务水平、社会活力和内涵品质显著提升，基本形成覆盖广泛、多元参与、灵活便捷、特色鲜明的现代老年教育服务体系。全社会关注支持老年教育、参与举办老年教育的积极性显著提高。以各种形式经常性参与教育活动的老年人占老年人口总数的比例达到 30%以上。"②文件还从理顺机制、提升服务能力、扩大资源供给、探索新模式等多个方面明确老年教育的未来发展方向。显然，老年教育已经成为老龄化社会人力资源建设的重要方面，老年教育也成为全民终身学习的重要体现之一。老年教育发展目标的公平性与普惠性，也正是全民终身学习建构的必要基础。

3. 创新性与多样性

当前社会经济发展的日新月异，引发了社会需求的快速变化。人工智能、互联网技术、大数据等新技术发展，更新迭代与催生了新的行业、产业与职业，对个体的工作能力提出各种不一样的要求。这将是教育现代化面对的新课题，教育现代化需要为个体成长、生活、发展等提供全新的支持和服务。全民终身学习需要适应当前国家现代化发展中创新驱动战略的要求，需要终身学习成为帮助个体灵活、快速、高效地获得新的工作技能、生活技能和发展技能的重要载体。毫无疑

① 中华人民共和国中央人民政府. 国务院关于印发"十三五"国家老龄事业发展和养老体系建设规划的通知[EB/OL]. (2017-02-28)[2020-07-06]. http://www.gov.cn/zhengce/content/2017-03/06/content_5173930.htm.

② 湖南省人民政府. 湖南省教育厅等九部门关于印发《湖南省老年教育发展规划（2019—2022 年）》的通知[EB/OL]. (2019-02-25)[2020-07-06]. http://www.hunan.gov.cn/hnszf/xxgk/wjk/szbm/szfzcbm_19689/sjyt_19696/gfxwj_19697/201906/t20190624_5365312.html.

问，在当今社会经济文化等各方面快速转型、创新发展的多元化时代，全民终身学习的创新性与多样性显然是必要的、重要的和可行的。

传统的人才成长与人才培养始终强调以知识为主的传授、强调教师为主的教学。新时代的全民终身学习意味着教与学方式的改变，意味着因材施教与个别性学习的实现。因材施教就是创造适合于每个个体的学习模式，包括内容、方式和要求，个别性学习意味着允许每个个体有不同的学习方式与方法，尊重个体的自主选择和满足个体的具体愿望。这就是以人为中心的发展思想和以学习者为中心的教育学理论。“以学习者为中心”的教育理念，重视学习者参与学习的主体性，注重培养具有反思能力、适应能力、创新能力、终身学习能力的人才，强调适应并促进社会劳动力市场变化与科学技术变革的能力。

个体生命的价值性主要体现在每个个体的独特性。尊重每个人不仅是教育的思想，也是现代社会的要求。在人才成长与人才培养上，很显然需要体现多样性的特征。这在全民终身学习上也显著存在。个体成长与发展的学习要求、学习内容、学习方式与学习预期都有差异，就建构终身学习体系而言，尊重个体差异的实施策略，就是实施多样化的学习服务和支持，尽可能地使每个个体在其中找到适合自我的学习内容、学习方式、学习环境和学习氛围等。在充分尊重个体差异性的基础上为个体的成长提供适合自身的、灵活多样的学习服务，这就是现代全民终身学习的应有之义。

其实，社会对人才需求也是多样化的。不同的行业与岗位决定了全民终身学习的多样化，如教师、医生、工程师等在各行各业中都有不同的学习培训。不同个体在成长的不同发展阶段中也有多样化的学习要求，最典型的就是基础教育与高等教育等不同阶段，青少年教育与老年教育等不同教育类型上，教育与学习都是不一样的。在社会需求以及个体成长需求的导向下，多样化是社会成员中不同群体、不同层次、不同个体的学习状态。在中国教育现代化的背景下，全民终身学习需要围绕构建德智体美劳全面发展的教育目标而开展，使全民终身学习服务于中国特色社会主义现代化体系的创建。

（三）终身学习制度环境

制度是要求共同遵守的办事规程或行动准则，是实现某种功能和特定目标的社会组织乃至整个社会的一系列规范体系。推动终身学习理念与实践需要具有一定稳定性、规范性的制度环境，包括我国政治、经济、文化制度的多重配合。

1. 面向全民的终身学习

良好的政治制度环境是实现与推动全民终身学习发展的前提与基础。中央政府与地方政府将终身教育、终身学习的相关发展事项列入社会经济发展规划之中，是全民终身学习发展的重要保障。将全民终身学习作为一种思想与认知纳入社会精神文化建设之中，创新学习型社会文化，是全民终身学习真正实现与持续发展的基石。

全民终身学习的建立与发展首先需要教育制度与体系落实，将全民终身学习与教育现代化体系建设紧密结合在一起，在教育体制上建立完善的终身教育制度，引导教育体制变革，在教育立法上进行专项、成文的教育与学习立法，为推进全民终身学习提供法制保障。

终身教育体系建立是全面实施终身教育与终身学习的必然要求，也是终身教育理论与实践发展的核心内容。在理论上，终身教育体系是涵盖从学前教育到老年教育，从学校教育到社会教育，从学历教育到非学历教育，从普通教育到职业教育，从职前教育到在职教育等全方位的教育与学习，而且注重这些教育与学习之间的有效衔接和相互沟通。

2. 学习系统及其运行

首先，各级各类教育需要协调发展。这意味着整个教育资源的配置优化、教育结构的组成合理。如，学前教育被纳入终身教育体系，普通教育与职业教育相互渗透，学校教育、社会教育与家庭教育有机融合，校内教育与校外教育相互合作，各级各类教育间相互贯通，在终身教育思想与体系下都获得各自的最大化发展。这种协调发展要体现在教育思想观念、教育目标内容、教育方式方法与教育成果结果等全方位。

其次，教育体制机制需要创新。完善的终身教育制度需要具有多元开放的体制和活力充足的主体。超越传统学校教育的终身教育与学习体系，必须具有高效有序的管理体制，灵活多样的教育与学习方式，借助现代技术的信息化工具等服务。终身教育体系既要体现更加均衡民主的基础教育，也要包含具有创新特色的职业教育、灵活开放的继续教育、广泛普及的社区教育、普惠健全的老年教育、丰富多元的高等教育等。为此，需要按照《中国教育现代化 2035》提出的“更加注重融合发展”与“更加注重共建共享”的理念，在教育与社会深度融合、协调发展上下功夫，实现教育的开放发展，在坚持政府主导的基础上，创建多元化参与的教育供给体系，使全民终身学习成为全社会的责任。

最后，需要建立治理体系和提升治理能力。全民终身学习不只是口号的、形式的或者理论的，更是行动的、实践的、有结果的。全民终身学习不仅要有政策引领，也要有科学的管理组织与有效的治理。例如，在全民终身学习上，建立科学的教育与学习质量标准和规范的考核与评估体系，有助于不断提升全民终身学习的质量水平。全民终身学习既要体现出服务于个体成长与发展，也要体现在服务于民族发展、国家发展和人类发展等各个层面。在全民终身教育与终身学习的框架中，不能再沿袭传统的制度化学校教育管理思想，更要有全社会多元参与的思想，建立现代教育治理与服务体系。建立学分银行制度，是有效衔接各类教育、整合教育资源、实现各类教育协调发展的一种选择，但真正的有效学习需要更多地依赖于学习者的自主自觉，依赖于学习者的内在动机和积极参与，依赖于学习者的潜能激发和能力提升。教育治理体系需要更多地着眼于全社会的每个个体的学习热情的培育、学习活动的开展与学习效应的展现，真正成为学习型社会。

3. 终身教育制度立法

良好的教育制度环境需要完善的教育法制，新时代全民终身学习不仅需要国家依法治教、学校依法办学、社会依法参与、学生依法受教的教育环境，也需要完善的终身教育与学习的法律保障。换言之，出台专项成文的终身教育与学习法律法规，是推进终身教育发展，促进全民终身学习的必然要求。

在全国层面立法并不是一件容易的事情。目前我国还尚未制定全国性的终身教育与学习方面的法律法规，我国地方已经在终身教育与学习立法方面取得了进展。2005 年，福建省颁布《福建省终身教育促进条例》；2011 年上海市颁布《上海市终身教育促进条例》；2012 年太原市颁布《太原市终身教育促进条例》；2014 年河北省颁布《河北省终身教育促进条例》，宁波市颁布《宁波市终身教育促进条例》。

为终身教育和终身学习立法已经成为学界共认的当务之急。当前，我国需要建立健全专门的终身学习法律法规，以法律确立终身学习的理念与思想，以法律明确我国终身教育体系架构，将建设学习型社会与建设学习大国作为国家教育发展的目标；需要以法律法规推动建立国家资历框架和学分银行制度，构建各级各类教育相互衔接和贯通的终身教育与终身学习体系；还需要以法律法规保障终身教育与终身学习的实践发展，需要从法律法规上明确各级政府、高等学校、中小学校以及其他教育组织与各种组织在推进终身学习和建设学习型社会、学习型大国中的责任与要求，建立政府主导、多元参与的终身学习支持与保障机制，促进终身学习成为当代中国社会的特征，真正使终身学习成为每个人全面发展、终身发展的重要方面。

总之，如何在国家层面制订全民终身学习的法律法规，是中国教育现代化发展进程中不可回避的内容，要结合我国全民终身学习发展的实践与国家现代化发展的需求，不断总结和提炼全民终身学习的法律框架及其内容。

（四）学习服务支持体系

教育是国家发展与社会发展的民生事项之一。作为民生的教育，是一种公共服务支持体系。社会基本公共服务体系具有公共性、普惠性和公平性的特点，涵盖公共教育、公共卫生、公共文化等多方面社会事业，社会基本公共服务体系对于促进社会公平正义、保障社会安定有序具有重要意义。

教育服务体系是社会服务体系的分支，全民终身学习体系的构建代表着公平、高效的教育基本公共服务体系的建立。在政府提供的基本公共服务体系之外，社会各界包括产业组织、生产企业、社会组织以及人民群众个体等都需要成为这种公共服务体系中的一分子，为这种服务体系发挥作用、贡献力量。新时代的教育是开放的，是政府主导下的全社会共同参与，是产教融合、科教融合、军民融合的共同结果，全民终身学习同样需要这样的公共服务支持体系。

1. 公平而高效的政府服务

在教育领域内，社会公共服务体系具有两大特征：公平性与高效性。公共服务体系中提供服务职能的主体是政府，这需要政府具备良好的公共服务方式、公共服务网络和有保障性的公共服务供给。

体现公平性的教育公共服务体系要求国家与政府提供普及而均衡的教育服务，普及指向每个人都应该有平等享有教育公共服务的机会与权利，服务体系是面向所有人的。均衡则指向政府所提供服务的数量、质量在不同地区、不同对象间的差异较小，均衡也并不是绝对意义上的平均，而是资源与需求之间的平衡关系。

高效的教育公共服务体系是指，在国家与政府提供的教育服务下，人民获得的教育成效显著。这就要求政府提供的教育服务更具系统性、全面性，人民接受教育服务更直接便利。当前，这不仅需要良好的治理体制，更需要借助信息技术的力量创造更有针对性的、个性化的学习支持和服务，如搭建基于网络的教育与学习服务平台，使人人都可能更加便捷地学习。

在国家教育部主管下，我国成人教育协会建立全民终身学习公共服务平台“学习公社”，对访问对象没有限制，具有丰富的功能，既传播和推广全国各地终身学习品牌项目，也提供终身学习的资源。同时，区域性终身学习平台不断发展，典型的有龙泉驿终身学习服务平台、南宁终身学习服务平台、南岸终身学习服务平台、宁波终身学习公共服务平台等。这些政府建立的学习平台为促进全民终身学习创新了条件，在一定程度上体现了公平与高效。

2. 自主且自治的合作学习

社会服务体系中并非只有国家建设的公共服务体系，还包括各种非政府的机构组织提供的服务与支持。在全民终身学习服务支持体系中，不仅要有政府提供的公共服务体系，更要注重发挥个体自发形成、自主参与、自我管理的互助式教育与学习服务体系。新时代全民终身学习要使得学习者主动参与，成为基于团队的共同学习，成为互帮互助的学习共同体。

全民终身学习要在政策引领和推动下，成为个体成长的发展方式与生活内容，个体自身的学习观念更新与学习需求满足不能处于“等、靠、要”的“被动”状态，而应该成为积极主动的探究、合作和生成。全民终身学习需要建立学习社区、学习团队、学习共同体等学习型组织，在拥有共同学习目标、学习观念和学习需求的环境下，共同谋求学习与发展的机会，共同创建与分享学习资源。这些学习组织需要学习者的自我参与和自主管理，成为自我服务的学习。

由拥有共同学习兴趣、学习需求的人们自发形成的学习组织，可以在一定的时间、地点以一定的方式帮助成员互相交流知识信息、互相分享经验收获、互相讨论问题难题、互相学习提高。这类学习组织包括学校内学生们自发组织形成的各类学习社团，也可包括社会各界人员组成的学习团队。学习型社会建设，需要建立广泛而普及的学习组织。这些学习组织不仅存在于学校之中，而且也要普遍存在于企业、社区与家庭等各种机构与场所。在工作中学习与在生活中学习，事实上都是个体自主自发的学习，而最为有效的自主自发学习，就是在合作中、在团队中协作学习。

近年，上海便着力打造学习型城市，创设深度合作的学习平台。[①]一方面，提升在岗人员技能和学历，通过大力推行“技能＋学历”，打造在岗人员学习新模式，全面优化人力资源结构。另一方面，积极推进学习型城市建设，“学分银行”便是一个亮点，无论是在学校还是在工作岗位上，无论是学历教育还是非学历教育，不同的学习成果均可通过“学分银行”在各个教育系统间实现通存通兑，让终身学习距离每一位市民都不再遥远。学习型城市建设是把我国打造成人力资源强国的重要组成部分，从这个层面而言，学习型城市应当是每

① 中国教育报. 打造终身教育体系的“上海经验”[EB/OL].（2019-12-10）[2020-07-06]. http://www.moe.gov.cn/jyb_xwfb/moe_2082/zl_2019n/2019_zl29/201912/t20191210_411480.html.

一座现代文明城市的发展追求，终身学习应当成为每一位市民的成长自觉。

3. 多元与多样的社会支持

在政府提供有组织的教育公共服务与个体自发自主自治的学习之外，社会各方参与教育与学习支持服务，也是现代教育发展的主要特点之一。《中国教育现代化 2035》提出“更加注重共建共享”的发展理念，这旨在激发全社会办教育、全社会支持教育、全社会组织开展学习的潜能，筹集更多的资源参与全民终身学习实践。

在市场化背景下，校外教育与学习机构发展很快，尤其是一些市场化商业化的教育与学习机构。这些机构根据现代化进程中人们对教育与学习需求多元化的情况，包括对公共教育体系的不满与个人自主合作学习的局限，以营利或者非营利的方式，为全民终身学习提供服务。

这种营利性教育机构比较好地解决了当前社会中存在的学习需求与学习供给之间失衡的问题，即社会对教育与学习有比较旺盛的需求，而政府提供的学校教育机构难以满足所有的需求，这为商业化营利性教育机构或者组织提供发展的空间。非营利的教育与学习机构则在更好地体现教育与学习的社会公平正义方面发挥了独特价值，为建设学习型社会和实现全民终身学习奠基。目前，我国校外教育中各类学习培训机构，已经从单一地面向校内学生的课外辅导，如数学、英语、物理、化学等以提高学习分数或者弥补课堂学习不足的服务，发展到面向各类人群的专业或者业余的教育与支持，如瑜伽、插花、绘画、摄影、舞蹈等基于兴趣爱好的各类学习与培训机构都纷纷出现。

当前，我国正在形成灵活、开放、多元的教育与学习服务体系，建设学习大国成为国家教育现代化发展目标之一，在“面向人人”与“共建共享”思想引领下，终身学习思想也正在转变为全民终身学习的现实。

三、促进终身学习的新举措

要真正实现全民终身学习，还需要全社会付出共同努力。这种努力不仅需要政策引领与法律保障，更需要学习者对“学习”有深刻认识，并有正确的态度和自觉的行为。只有如此，全民终身学习才能从理念引领真正成为所有人生活的重要组成部分，进而成为一种乐在其中的生活状态。

（一）坚持以学习者为中心思想

所谓教与学的主体就是指传统教育与学习中的“教师”与“学生”。在传统教育模式中，教师就是教育者、教学者、传授者，而学生则往往是受教育者、学习者和接受者，教师与学生处于不同的地位关系之中，师生之间存在比较明确的界限，尤其是在学校教育体系之中。

但在教育普及化与学习型社会之中，全民终身学习意味着人人皆需学习、人人皆要学习、人人参与学习，而且学习的概念更是为了服务于人的成长与发展。当代教育要求教师在教育与学习活动中，成为学生学习的促进者、组织者、合作者而非居高临下的传道者、控制者和指挥官。学生不再只是简单地接受现有知识，而要成为学习活动的深度参与者、探究者、合作者。

在终身学习时代的教育活动中，人人都可能成为教育者或者学习者，教与学活动中传统师生关系的改变、改进和转型是必然的。在教育与学习活动中，教育者与学习者的边界不再清晰可见，不再强调教师的主导或者学习者的主体作用，教学相长将成为现实，共同学习、相互学习将成为全民终身学习的重要形式。

1. 重塑师生关系

教师与学生的相对位置与关系，是教育教学活动中探讨的热点内容之一。师生关系是教师和学生在教育教学过程中结成的相互关系，包括彼此所处的地位、作用和相互对待的态度等。它是一种特殊的社会关系和人际关系，是教师和学生为实现教育目标，以各自独特的身份和地位通过教与学的直接交流活动而形成的多性质、多层次的关系体系。良好师生关系的建立不仅是顺利完成教学任务的必要手段，而且是师生在教育教学活动中的价值、生命意义的具体体现。

在教育与学习的实践中，学习目标、学习内容、学习形式、学习评价等因素的差异会产生出不同的师生关系。在传统学校教育制度框架下，师生关系往往处于不平等状态，教师处于权威定位，学生则处于被动的接受地位。现代十分强调平等型师生关系，即在教育场域中，师生是平等的，表现为相互认识、相互理解、相互沟通和相互促进等形态。在现代化进程中，终身教育与终身学习的来临，教育场域成为超级市场，受教育者或者学习者成为教育选择者或者教育消费者，变成教育市场中的需求方，教师则成为满足需求的教育与学习的服务提供者，而且教师还必须与学生之间产生互动，以更好地体现有效服务的供给。

在当代，传统的教师为主导、学生为主体的教与学关系，越来越难以有效操作和适应社会发展的需要。这种师生关系与教学关系假设教师拥有远超学生的学习经历、知识存量、教育经验等。但是，实际情况往往是学生的知识获取方式更加多样，资源更为丰富，学生已不再仅仅依赖教师的"教"进行学习，而是在更为多元的情境中完成以往只能在教室中完成的任务。

在以学习者为中心理念的指导下，教学活动更加平等、更加民主、更加和谐成为要求，互相尊重、互相帮助、共同生成、共同发展成为教与学中的新型关系，教与学不再对立而是融合为一体。在这种关系中，教师与学生的边界趋于模糊，信息技术发展更使得获取知识的渠道畅通，教师不再成为课堂知识的垄断者，学生也不再完全是被动接受知识的学习者，也可能是学习内容的产生者。我们处于人人可学、时时可学、处处可学的时代，对于每个人而言，教育者同样也是学习者，而且在教的过程中就要显现出学习者的角色特点。

2. 培育学习热情

师生双方共同参与教与学的活动，其学习过程更需要成为关注的焦点。需要将学习者的主动参与、积极贡献、合作学习作为整个教与学过程的内容，尽可能让学生能动的、独立自主的学习出现在教学过程中。

相比于传统的以讲授为中心的课堂，终身学习时代的教学活动更注重学习者的主动参与积极性、学习动机培育、学习能力的锻炼与培养，使以学生为中心的教学由此开展。教学活动在本质上就是学习活动，教师、学生都不是活动的中心，中心内容是师生共同参与的学习过程。如何有效地设计学习活动，组织学习过程成为重点，教师的主要任务从传统的知识教学转向创造学习环境、激发学习动机、组织设计学习活动，学生与教师共同参与合作学习。

在学校之外的成人教育与学习框架下，以学习者为中心更有其必要性。学习过程需要同时兼顾学习者的精神世界、职业工作发展、个性身心发展等全方位的内容，自主选择和自我参与将成为他们学习与发展的常态。只有这样，才能培育学习者具有主动学习的积极性，才能维持终身学习的延续与发展。

3. 满足学习愿望

随着教育普及化、大众化的推进，各级各类教育之间出现越来越多的交叉与融合，其中最典型的是社区教育与高等教育、老年教育之间的融合发展。依托高校办学力量、学习资源、师资队伍以及硬件设施开展社区教育、老年教育，已成为很多国家发展社区教育、老年教育的重要方式，成为促进全民终身学习的重要手段。

近年来，我国北京市积极搭建体制内与体制外、学校与社区之间的老年人力资源交流互动平台，为老年公民创造公平的教育机会和条件，调动其自我管理、自我增能、主动学习的积极性。不仅如此，社区还提供必要的人力、物力及财力支撑。一方面，由社区提供场地、资金支持，协助老年人建立草根社区组织，定期开展活动，进一步促进其参与社区公共事务讨论以及向互益性组织功能转换。譬如，在兴趣小组的基础上让老年人学习养生保健、金融保险、消费理财等知识，带动老年人共享互联网社会发展成果等。与此同时，可以在此基础上建立老年互助小组，带动低龄老年人为需要照顾的高龄老年人提供可能的服务与支持，推动老年人组织由自益性向互益性的功能转换。另一方面，由专业的社会组织介入社区提供专业的教育与培训也是必需的。此类培训不仅针对老年人自身特点提供符合老年人需求的专题讲座，也面向社区工作者提供养老护理、心理咨询、社会工作、营养保健等方面的专业知识培训。①

高等教育参与地方社会发展服务，是现代高等学校发展的一个特点。高等学校为社区人群提供教育与学习支持，结合社区居民以及老年人的学习特点改造学习内容、重组学习课程，开展社区教育与老年教育等服务。高校、社区教育、与老年教育的融合，不仅有助于提高高校内学习资源的利用率，也有助于发挥高校在建设学习型社会方面的智力优势与资源优势，发展终身教育、实现全民终身学习和促进社会和谐建设。

---

①　张守营. 社区老年教育不输于老年大学[N]. 中国经济导报，2017 - 08 - 05(B02).

（二）树立终身学习的新认知

就个体而言，学习行为与其学习目的、学习动机息息相关。在过去，教育与学习通常是为了掌握既定的态度、品德、知识与技能等，以适应就业与生存需求，在很大程度上它们具有“工具”性特点。在社会经济发展迈向现代化的背景下，全民终身学习中的“学习”需要具有更多新要求与新内容。一方面，社会经济快速发展变化，要求人们不断学习，以适合外部世界的各种挑战，包括持续提升个体在职业领域与工作岗位上的新素养与新技能；另一方面，现代化发展对个体素养要求日益增长，在物质世界日益丰富的过程中，个体需要获得更多精神世界的幸福与快乐，教育与学习将真正成为人全面发展的载体，教育与学习将成为个体生活世界与生命历程中的要素，教育与学习将更多基于个体的内在动机和精神追求，在其中不断地完善自我、发展自我和实现自我，学习真正成为生活习惯与生活方式之一，超越生存需求与外部强加，使学习成为个体提高生活质量与生命尊严的选择。

1. 减少学习的功利性

全民终身学习背景下，需要更多关注学校教育之外的各种教育与学习。在当今信息化、智能化快速变化的社会，随着知识经济与学习型社会的发展，“学会学习”成为教育的四个支柱之一，终身学习成为一种个人生命发展的内容。学习不只是存在于教育之中、学校之中或者课堂之中，学习不只是简单的接受、训练与结果，学习本身就是个体成长的内容，是生活方式与生活习惯的内容之一。

学习不再仅仅发生在学校，而是更多地融入日常生活。人们处在人人皆学、时时在学、处处可学的学习型社会中，学习的对象范围、学习的持续性状态、学习的无限制场域，使得学习随时发生，真正实现美国教育学家杜威所言，“教育即生长”“教育即生活”“教育的过程，在它自身以外没有目的；它就是它自己的目的”。不断接受教育与学习，成为人的天赋本能的一部分，是一种自发的、自然的状态与过程。

随着社会发展的进步，在现代化的背景下，学习目的的功利性显然下降了，但同时学习行为则增加了，这就是学习型社会的学习特点，是人的现代化的表现之一。主动学习、积极学习、随时学习和持续学习，是现代社会对个体的要求，也是个体在现代化社会生活的特点。

2. 培育更强的学习动机

学习动机是引发与维持学生学习行为的动力倾向，对学习者的学习行为起着激励和引导作用。根据学习动机的动力来源，学习动机可以分为内部学习动机和外部学习动机。内部学习动机是由个体内在的需要引起的动机，包括个人的求知欲、学习兴趣、改善和提高个人能力的愿望等内部驱动因素，有助于促使个体进行积极、主动性的学习。外部动机则是指由个体外部诱因引发的动机，如为获得一定的奖励或避免惩罚所引发的学习行为，该学习行为是被动的且易倦怠的。

个体的终身学习必须依靠主动、积极的内在学习动机才能实现。学习行为必须从被动学习转向主动学习，内心保有持续性学习的意愿。这种基于内在动机的学习在老年教育场域中更为多见。在传统课堂教学中，教师们经常会采取奖励或者惩罚的方式建立外部诱因，推动学生学习，但这并不能推动真正的个体终身学习，保持持续性学习的状态。

新时代全民终身学习的背景，不仅让人们意识到个体内在学习动机的重要性，而且充分注重培养和激发个体学习动机的产生、维护和可持续，进而使个体的终身学习得以实现。

3. 把学习作为一种生活方式

走进现代化的新时代，每个人需要自觉把学习作为一种生活方式、一种人生追求、一种责任担当，养成学习的自觉与习惯。学校教育更需要将“学会学习”作为教育工作的重要内容之一，将知识传授与学生能力（尤其是学习能力）有机结合在一起。

信息化学习型社会为每个人都创造了学习的条件与机会，每个人都应该意识到学习的必要、学习的需求与学习的重要，并将学习看成是自身不断发展的一种方式，让学习不再局限于学校空间、课堂之内、书本之中，而是在日常生活与工作之中，以各种方式方法开展学习，将学习从传统的有目的的功利性学习转化为一种生活常态。

作为生活方式的学习不再具有强烈的目的性、功利性，不再是基于投入、产出逻辑的经济学计算，而是更为淡定、从容的人生境界。学习者以学习丰富和完善个体的精神世界，拓展与丰富个体的社会生活，提升与优化个体的工作状态。

（三）发展终身学习的新方式

在人人可学、时时可学、处处可学的学习型社会中，单一的、特定的学习方式已不能适应终身学习时代的实践发展需求。时时可学、处处可学的实现对学习方式提出了新的要求。现代信息技术发展为创新学习方式提供了可能，为实现全民终身学习提供了保障。信息技术突破了时间、空间的物理限制，为学习提供了时间与空间新维度，大数据等技术为学习者个性化学习提供了支持。

1. 不受时空限制的学习

在当前全民终身学习背景下，学习场所或者说学习空间，已经不再局限于学校、家庭、机构等特定的物理空间内，超越了以往学校是唯一教育场所的传统观念和班级授课制度。基于互联网技术的教育与学习，正成为全民终身学习的重要方式之一。不管是不出门在家里借助互联网学习，还是走出家门口去附近的社区学校或者学习中心，不管是正规教育的学校还是非正规的校外教育与培训机构，都可以是教育与学习的组成部分。“处处皆可学”与“时时皆可学”已经正在成为现实。

当前，借助信息技术系统的终身学习平台不断出现，远程教育服务网络机构不断增多。这些学习服务与学习平台打破了传统的地域、时间和空间等限制，为更广泛的人群提供教育与学习服务支持。这些教育与学习服务中，整合了各类丰富的学习资源，提供了各种针对性、特色化的学习支持，使学习者能够根据个人需求随时随地参与到学习活动之中。他们可以选择各种所需的学习内容，灵活安排学习计划，在学习过程中扩大自身知识与视野，提升个人独立思考能力与学习能力，真正使学习成为他们的生活习惯，成为个体成长生活的内容。个体还可以突破时间与空间限制，获得线上与线下学习的融合、理论知识与实践行动的融合，使学习更好地促进个体发展。

2. 基于人工智能的学习

人工智能作为一种新的科学技术，快速地推动着当今社会变化改革的进程，在很多领域中，人工智能技术的引进，极大地提高了工作劳动效率。人工智能时代的到来，也为终身学习的实现创造了便利条件，亦为教育领域带来了一系列挑战。人工智能正在改变传统的教育与学习，包括目标、内容、过程、方式等。教育与学习是师生互动的活动与过程，人工智能技术将改变原有的教与学的系统，将原有的师生人际教与学关系转向人与计算机的人机互动，产生了教育者、学习者、学习设备（如计算机）三者之间的新型关系。

可以想见，人工智能技术使终身学习中的因材施教成为可能，使学习者的个性化学习成为现实，使全民终身学习成为必然。在教育领域，人工智能可全面支持各级教育决策者采用数据驱动的决策实践，改进和提高教育治理能力；可以运用到教与学实践之中，更为科学地规划学习计划与学习设计，更为精准地选择与提供学习内容，更为合理地推进学习过程和实施学习测量与评价。人工智能技术将运用于学习方案的设计，即依照学习者学习水平和自身特点量身定做相符合的学习方案，根据学习者的工作技能基础提供新技术培训要求与方式，为学习者制定适合的学习内容、适合的学习方式，实现因地制宜、因材施教的个别化的学习活动。

总之，人工智能技术将改变传统的教师与学生之间的教与学关系及方式，在一定程度上，机器将“替代”传统说教，为每个人的个别化学习、个性化学习提供机会和服务。这或许将是未来全民终身学习的常见方式。

3. 项目化跨学科的学习

自“学科”被发明出来后，现代教育组织方式便一直围绕着不同学科构建其体系。无论是小学、中学，还是大学、研究生阶段的学习，学科成为教师专业化、学生学习考试等教育过程的重要架构。但是，随着时代和社会的发展，新一代面对和需要解决的问题更为复杂。就学习而言，人工智能技术已经能够使机器深度学习，换言之，一些传统的机械性甚至规律性的工作任务或者问题都可以由机器替代人解决，但同时，人类仍然面临着诸多新问题、新任务和新领域，需要应对更多的复杂问题和艰巨任务。应对这些问题与任务，显然不是传统的甚至已有的某一个学科、某一个领域的知识和技能可以胜任的。这也意味着，未来也许更需要有多领域、跨学科知识背景的创新人才，以解决复杂问题与新的挑战，体现人的创造性和不可替代性。

正是在这个意义上，基于项目的跨学科跨领域学习成为未来学习的应有之义。与以往基于问题解决的学习不同，基于项目的学习不仅强调问题解决能力的培养和训练，还注重在问题解决过程中的时间管理、协调沟通、任务拆分、质量管理等多方面能力的提升。显然，这种应对复杂问题综合能力的获得、提升不是短时间内可以完成的，而是需要延伸至学校教育之后的阶段，成为人生的重要组成部分，成为每个人完成学校教育后的重要“人生项目”。

（四）丰富终身学习的新范畴

终身学习贯穿在各级各类教育之中，但又应不限于它们。从终身教育的起源看，除学校教育与学习之外，校外教育与学习、工作中继续教育与学习以及休闲生活中教育与学习，都是需要的。当学习伴随着个体一生成长与发展，成为社会形态的一个显著特征（学习型社会），终身学习目标与内容将更为多元、丰富和开放。

1. 提升学习能力的学习

2005 年，欧盟委员会正式发布《终身学习关键能力：欧洲参考框架》，该文件提出终身学习方面的八大关键能力：母语沟通能力、外语沟通能力、数理和科技基本能力、信息能力、学习如何学习、社会和公民能力、创新和企业家精神、文化意识和表现。①

与这八大关键能力紧密相关的是：如何学习才能获得这些能力？换言之，在终身学习的新时代，“什么才是真正值得学习的知识”的问题要让位于“如何学习才是真正的学习”“什么才是有价值的学习”这样的问题。学习不再仅仅是有关知识存量的获取，更重要的是有关学习能力的提升。

美国学者戴维·珀金斯（David N. Perkins）撰写了《为未知而教，为未来而学》一书，试图回答“什么才是有价值的学习”。他在书中提出，值得学习的知识正在不断膨胀，并提出了学习需要的“六大超越”：超越基础技能，培养学生 21 世纪必备综合能力和品质；超越传统学

① EUROPEAN COMMISSION. Proposal for a Council Recommendation on Key Competences for LifeLong Learning[EB/OL].[2020-07-06]. https://eur-lex.europa.eu/legal-content/EN/TXT/PDF/?uri=CELEX:52018SC0014.

科，提供新兴的、综合的、有差异的学科的教与学；超越彼此割裂的各学科，学习跨学科的主题与问题；超越区域性观念，关注全球化的理念、问题与学习；超越对学科内容的掌握，学习思考和课程内容有关的现实世界；超越既定内容，提供多元学习选择。[①]

很显然，学习跨学科知识是当今培养个体掌握系统知识、锻炼综合能力的重要需求。目前，国内外备受关注的 STEAM 课程就是典型代表。该课程融合了科学、技术、工程、艺术、数学五个学科内容，重视培养学习者的综合实践能力，通过融合交叉的学习内容，将各个学科有效联结起来，从而帮助学习者掌握综合性知识，熟练运用多个学科知识思考，应对日益复杂的实际问题并解决问题。这类综合性课程对培养个体的终身学习能力同样具有重要意义。

就学校教育而言，教与学的要求与内容也正在发生变化，无论怎样，教育与学习都必须与外部社会变化联系在一起。跨学科学习不仅对于学校内学习者是需要的，而且对于其他非学校内的终身学习者同样是需要的。产业、行业、职业与岗位的变化及其胜任力的新要求，社会发展的转型与文化思想的更新，对作为终身学习者的个体而言，跨学科知识及其学习都是需要的。

在当今繁杂的世界上，无论是为现在还是未来、为生活还是工作做准备，都要个体有应对挑战的技能、态度和方法，必须具有综合能力，这种综合能力包括从不同学科的视角认识、理解和解决问题。这些学科或者说领域，涉及全球化意识，金融、经济、商业、企业等，社会公民，健康与卫生，环境与可持续发展等方面。这些都是全民终身学习的内容之一。

终身学习能力是一种综合能力，涵盖多学科、多元化的知识内容。

---

① 戴维·珀金斯. 为未知而教，为未来而学[M]. 杭州：浙江人民出版社，2015：3.

全民终身学习意味着学习内容的内涵与外延的同步扩展，意味着学习不再是传统的学科知识、经验知识、操作技能与实用技术等既定的已有内容，而是要真正体现服务于人的成长需求与幸福生活。

2. 养成学习态度的学习

在我国，学习态度往往被视为道德与方法相互交织的问题。例如，“头悬梁，锥刺股”被认为是勤奋、刻苦的表现，体现了一个人学习态度端正。人们往往习惯性地认为学习态度与学习者的品行是天生的，至少难以像传授知识技能一样用可见的教学实现。至于把学习态度作为一种技能或知识来训练、学习，则更是极少有人这样做。

在终身学习的新时代，学习态度、方法、对学习的情感投入都是需要学习、训练、提升的。学习态度实际上也是一个人的自我认知、自我管理、社会意识、责任感等方面的表现。一个有自信、有能力与自己相处的人，也在很大程度上能够通过自主学习解决自己所遇到的问题。这种应对问题的从容、淡定态度有时候要比解决问题的具体技能技巧更重要。毕竟，人一生当中总会遇到各种各样的不如意、大大小小的问题，一个人有限的精力是无法习得所有知识和技能、解决所有问题的。如何面对解决不了的问题，如何保持积极乐观的学习态度和人生态度等，是终身学习所需要涉及的内容。

3. 实现不同情境的学习

相对以往校内学习、教室内学习、书本学习等而言，学习者更需要走出校园进行学习，学习书本外的内容，在社会活动中学习等。

学习场所无处不在，其中博物馆、艺术馆、文化馆、公共图书中心等都是重要的学习场所，是社会学习的阵地。博物馆等面向全体社会成员，可以借助博物馆组织开展的各类参观、讲座等活动，实现教育与学习。如中小学学校可以与博物馆建立合作伙伴关系，定期在博物馆组织开展教育与学习活动，使校内教育内容与校外教育内容相融合，促进学生发展。同样，博物馆等也可以是企业单位与社区组织实施教育与学习的场所，企业职工和社区成员也可在参观中学习。个体充分利用这些社会文化机构开展学习，能够扩大视野和获取更多知识。

社会化学习还意味个体要在生活、工作和社会实践中自觉地学习与反思，并不断将学习成果转化为自身生活与工作的新行为，促进自身的社会化成长。教育传授知识，但也在培养智慧。从知识到智慧，需要选择有生活价值的学习。很显然，有生活价值的学习来自实践、来自工作、来自社会。这种生活价值包括个体的自我管理能力、人际交流能力、合作能力、思考能力、创造与创新能力等诸多方面。

新时代终身学习从蓝图走向常态，从思想理念到行为实践，是全球教育发展的必然方向和未来趋势，也是我国实现教育现代化的必要体现。新时代全民终身学习意味着，在全球实践上，不同国家、地区间增进交流合作，加强互鉴互通；在人才成长方面，形成持续性、终身性的人才培养机制，坚持公平性、普惠性的人才培养原则，发展创新性、多样性的人才培养模式；在制度环境上，建设完善的终身教育制度，出台成文的终身教育法；在服务体系上，创建公平、高效的教育公共服务体系与自发自治的自我教育服务体系；在教育实践上，新时代全民终身学习将会实现学习主体、学习观念、学习方式、学习内容等方面的融合发展。新时代全民终身学习背景下，需要坚持学习者为中心的融合发展，重塑师生关系概念；在学习方式上，实现时间与空间的融合，运用人工智能的创新；学习内容需要向跨学科和社会化方向发展，使学习真正成为无所不在、无时不有的个体或者集体的行为。

第八章

完善教育治理体系与治理能力

本章要点

推进教育治理体系与治理能力现代化，是中国特色社会主义教育现代化的重要内容之一，也是实现中国教育现代化的重要路径之一。必须建立完备的教育治理体系并具有良好的治理能力，才能确保中国教育现代化建设的有序推进。

需要全面总结中国教育治理系统建设的探索实践，继承和发扬已经形成的成功经验，在依法治教、职能转变、政务公开、多方参与等道路上继续提高教育治理能力。更需要直面当前教育治理中面临的困难与问题，从传统社会心理、政府体制、行政文化等方面整体性认识和分析产生这些困难与问题的根源，大胆探索解决这些问题的思路与路径，以深化改革，完善教育治理体系与提升治理能力。

面向《中国教育现代化2035》目标，在推进教育治理体系建设与治理能力现代化的路径上，需要进一步强化法治理念，全面推进依法治教，推动政府切实履行好各项教育职责，建立以人为本的政府信息服务机制，强化教育督导与评估，提高教育监管力度，推动学校自我管理与释放办学活力，共建共治共享的教育治理制度，办好人民满意的教育。

任何一个新阶段的起点都是以前阶段的经验、行为和观念的集合。面对《中国教育现代化 2035》发展目标，思量未来 15 年教育治理的目标与路径选择，需要保持对过去经历的信心，对当前自身力量的信心，以及对未来的信心。在推进教育治理体系与治理能力现代化进程中，既要总结以往实践探索与经验，更要直面存在的问题与困境，从传统社会心理、政府体制、行政文化等方面整体理解问题与困境的归因，在反省的基础上，提出未来需要采取的措施和行动，全面推进教育治理体系与治理能力现代化。

一、教育治理的实践探索与经验

"治理"(governance)是个外来词，源自古典拉丁文或古希腊语"引领、导航"(steering)，原意是控制、引导和操纵，指的是在特定范围内行使权威。它隐含着一个政治进程，即在众多不同利益群体共同发挥作用的领域建立一致或取得认同，以便实施某项计划。[①] 公共治理理论兴于 20 世纪 70 年代，盛行于 90 年代以后。这一理论的兴起和盛行有着特定的政治、经济和社会背景。其中一个重要因素是不断壮大的志愿团体、慈善组织、社区组织、民间互助组织等社会自治组织力量对公共生活的影响日益重要，理论界开始重新反思政府与市场、政府与社会的关系问题。[②]

（一）治理成为政策议题和法律内容

国家治理体系和治理能力是一个国家制度和制度执行能力的集中体现。纵观世界各国的发展，国家治理体系无一不是自身观点、理

① 俞可平. 治理与善治[M]. 北京：社会科学文献出版社，2000：16 - 17.

② 陈广胜. 走向善治[M]. 杭州：浙江大学出版社，2007：99.

念和发生在本民族的偶然事件共同作用的结果。自20世纪90年代我国引进治理概念及其理论之后，我国对治理的理论诠释和实践探讨日益达成共识：一个国家选择什么样的治理体系，是由该国的历史传承、文化传统、经济社会发展水平决定的，是由这个国家的人民决定的。

正如习近平总书记所强调的："我国今天的国家治理体系，是在我国历史传承、文化传统、经济社会发展的基础上长期发展、渐进改进、内生性演化的结果。"①

2010年《国家中长期教育改革和发展规划纲要(2010—2020年)》明确提出："培育专业教育服务机构。完善教育中介组织的准入、资助、监管和行业自律制度。积极发挥行业协会、专业学会、基金会等各类社会组织在教育公共治理中的作用。"②这是教育部首次将"治理"一词正式写进政府文件，预示着我国的教育治理正式拉开序幕。

2013年，国务院第一次全体会议提出，建设法治政府，各项工作都要依法行政，对不符合科学发展、有碍社会公正的法规政策和规则进行清理。③ 同年，党的十八届三中全会提出："全面深化改革的总目标是完善和发展中国特色社会主义制度，推进国家治理体系和治理能力现代化。"④2014年，全国人民代表大会和中国人民政治协商会议政府工作报告提出：各级政府要忠实履行宪法和法律赋予的职责，按照推进国家治理体系和治理能力现代化的要求，加快建设法治政府、创新

① 习近平.完善和发展中国特色社会主义制度　推进国家治理体系与治理能力现代化[N].人民日报,2014-2-18(001).

② 中华人民共和国教育部.国家中长期教育改革和发展规划纲要(2010—2020年)[EB/OL].(2010-07-29)[2020-07-06]. http://www.moe.gov.cn/jyb_xwfb/s6052/moe_838/201008/t20100802_93704.html.

③ 新华社.李克强主持召开新一届国务院第一次全体会议[EB/OL].(2013-03-21)[2020-07-06]. http://www.gov.cn/guowuyuan/2013-03/21/content_2591099.htm.

④ 中华人民共和国国务院新闻办公室.中共中央关于全面深化改革若干重大问题的决定(全文)[EB/OL].(2013-11-15)[2020-07-08]. http://www.scio.gov.cn/zxbd/nd/2013/document/1374228/1374228_3.htm.

政府、廉洁政府，增强政府执行力和公信力，努力为人民提供优质高效服务。① 同年，党的十八届四中全会召开，首次专题研究依法治国问题，②通过了《中共中央关于全面推进依法治国若干重大问题的决定》。③ 2015 年的全国人民代表大会和中国人民政治协商会议政府工作报告提出，加快建设法治政府、创新政府、廉洁政府和服务型政府，增强政府执行力和公信力，促进国家治理体系和治理能力现代化。④ 同年，中共中央、国务院印发了《法治政府建设实施纲要（2015—2020）》。2016 年的全国人民代表大会和中国人民政治协商会议政府工作报告提出，各级政府要深入贯彻落实新发展理念，把全面建成小康社会使命扛在肩上，把万家忧乐放在心头，建设人民满意的法治政府、创新政府、廉洁政府和服务型政府。⑤ 2017 年的全国人民代表大会和中国人民政治协商会议政府工作报告提出：各级政府及其工作人员要深入贯彻全面依法治国要求，严格遵守宪法，尊崇法治、敬畏法律、依法行政，建设法治政府。⑥ 可见，中国的法治建设在过去十年间正在紧锣密鼓地推进。

在教育领域，自 1980 年颁布第一部教育法律《中华人民共和国学位条例》起，我国不断加强教育立法工作，逐步形成自己的教育法律体系，对规范教育管理、推动教育发展发挥了重要作用。近十年，推进教育法治更是各级政府提高教育治理能力的重要手段。《教育部关于印

① 中华人民共和国中央人民政府. 2014 年政府工作报告[EB/OL].（2014-03-05）[2020-07-06]. http://www.gov.cn/guowuyuan/2014zfgzbg.htm.

② 新华网. 中共中央全会首次专题研究全面推进依法治国重大问题[EB/OL].（2014-10-20）[2020-07-06]. http://theory.people.com.cn/n/2014/1020/c40531-25869336.html.

③ 人民网. 中共中央关于全面推进依法治国若干重大问题的决定[EB/OL].（2014-10-29）[2020-07-06]. http://politics.people.com.cn/n/2014/1029/c1001-25926893.html.

④ 中华人民共和国中央人民政府. 2015 年政府工作报告[EB/OL].（2015-03-05）[2020-07-06]. http://www.gov.cn/guowuyuan/2015zfgzbg.htm.

⑤ 中华人民共和国中央人民政府. 2016 年政府工作报告[EB/OL].（2016-03-05）[2020-07-06]. http://www.gov.cn/guowuyuan/2016zfgzbg.htm.

⑥ 中华人民共和国中央人民政府. 2017 年政府工作报告[EB/OL].（2017-03-05）[2020-07-06]. http://www.gov.cn/guowuyuan/2017zfgzbg.htm.

发〈依法治教实施纲要（2016—2020 年）〉的通知》，要求以法治思维和法治方式推进教育综合改革，加快构建政府依法行政、学校依法办学、教师依法执教、社会依法支持和参与教育治理的教育发展新格局，提出“到 2020 年，形成系统完备、层次合理、科学规范、运行有效的教育法律制度体系，形成政府依法行政、学校依法办学、教师依法执教、社会依法评价、支持和监督教育发展的教育法治实施机制和监督体系。青少年学生法治教育体系健全完备，教育部门领导干部、校长、教师法律素质与依法办事能力显著提升，在全社会遵法守法的进程中发挥表率和模范带头作用”的总目标，以及构建完善的教育法律及制度体系、深入推进教育部门依法行政、大力增强教育系统法治观念、深入推进各级各类学校依法治校等主要任务。① 至今，我国已形成以 8 部教育法律为统领，10 多部教育行政法规、50 多部教育部门规章和大量地方性教育法规规章相互配合的中国特色社会主义教育法律体系，内容涵盖各级各类教育，涉及管理、教学、课程教材、教师、学生发展等多个方面，在较大程度上扭转了教育发展“无法可依”的局面。②

2019 年，国务院发布《中国教育现代化 2035》，再次明确提出“推进教育治理体系和治理能力现代化”这一发展目标。③ 同年 10 月，十九届四中全会通过《中共中央关于坚持和完善中国特色社会主义制度 推进国家治理体系和治理能力现代化若干重大问题的决定》，对国家推进治理体系与治理能力现代化进行了全面的安排与部署。

毫无疑问，当前中国教育发展取得历史性巨大成就，离不开过去

① 中华人民共和国教育部. 教育部关于印发《依法治教实施纲要（2016—2020 年）》的通知[EB/OL].（2016－01－11）[2020－07－06]. http://www.moe.gov.cn/srcsite/A02/s5913/s5933/201605/t20160510_242813.html.

② 中国教育报. 提升教育质量的执着追求[EB/OL].（2019－09－25）[2020－07－06]. http://www.moe.gov.cn/jyb_xwfb/moe_2082/zl_2019n/2019_zl69/201909/t20190925_400732.html.

③ 新华网. 中共中央、国务院印发《中国教育现代化 2035》[EB/OL].（2019－02－23）[2020－07－06]. http://www.xinhuanet.com/politics/2019－02/23/c_1124154392.htm.

十年来国家在推进教育治理体系与治理能力现代化进程中的不断摸索与作为，尤其是国家对教育治理体系建设问题的高度关注与基于治理思想的全面依法治教的法律法规体系建设。

（二）治理发挥政策引领与指导功能

转变政府教育治理方式是我国教育体制改革的重要内容之一。在过去计划体系下，政府往往对学校进行直接的行政管理，而在治理思想指导下，政府必须由对学校的直接行政管理转变为运用立法、规划、拨款、信息服务、政策指导等方式引导、规范和治理学校及其发展，进行对学校的宏观管理，确立和落实学校面向社会自主办学的法人实体地位。

首先，教育规划要兼顾政治立场、专家理性和民众需要，在提升教育公共服务质量方面发挥更大作用。教育规划是为使教育更加有效地满足学生与社会的需求而进行的宏观管理和决策的过程。在我国，教育规划是“国家或地区教育主管部门就有关教育事业的发展目标、规模、速度及实现步骤、措施等所拟定的较全面、长远的计划”，[①]是政府用来明确教育发展方向、推进教育教学改革的一项重要职能。我国当前的规划主要包括四个类别：一是教育事业整体发展规划；二是专门学段的教育发展规划；三是某个具体领域的教育发展规划；四是区域教育发展规划。后三项规划整体服务于该阶段国家教育事业发展的总体目标。

在过去，政府职能部门往往承担着教育规划的研究者、编制者、决策者、执行者等多重角色，不注重专家参与，忽视民众呼声，容易导致教育规划存在价值偏好、认识局限等自身难以克服的问题。伴随着社会对政府决策民主化、科学化和合法化的呼吁，我国各级政府在教育

① 顾明远. 教育大辞典(增订合编本)[M]. 上海：上海教育出版社，1998：750.

规划编制过程中，越来越多地通过政府购买服务、项目委托、民意调查、征求意见等方式，多方听取意见。《国家中长期教育改革和发展规划纲要(2010—2020 年)》《国家教育事业发展“十三五”规划》以及《中国教育现代化 2035》等重大教育规划文件在制定过程中，都不同形式地听取、研究和吸纳了各地、各部门、不同领域专家学者和国际组织的意见建议，广泛调研和反复论证规划目标、重大政策与工程。这些规划文件的研制就是各方观点与意见、要求与利益的共同对话、相互协商、科学论证的结果，是教育治理能力在教育规划方面的体现，为促进教育事业发展提供了保障。

其次，要不断完善分级管理体制，强化教育发展的国家责任。改革开放以后，我国财政管理体制开始从计划集权型向市场分权型转轨过渡。1985 年《中共中央关于教育体制改革的决定》确定“基础教育由地方负责、分级管理”的管理体制，①1986 年《义务教育法》的实施带来县办高中、乡镇办初中、村办小学的办学格局，由此逐步确定中央与地方的教育分级供给框架。

21 世纪以后，为解决地区教育经费投入差别大、西部地区和农村地区的教育经费短缺问题，国务院于 2001 年确定对农村义务教育实行“在国务院领导下，由地方政府负责，分级管理，以县为主”的管理体制。② 2003 年开始，中央、省和地市加大转移支付力度，农村义务教育经费全额纳入县级政府财政预算。③ 2005 年推行中央和地方分项目、

① 中国教育报. 突破教育管理体制的瓶颈[EB/OL]. (2018-11-14)[2020-07-06]. http://www.moe.gov.cn/jyb_xwfb/moe_2082/zl_2018n/2018_zl89/201812/t20181205_362459.html.

② 中国教育报. 中国教育的发展动力——庆祝改革开放 40 年系列述评・深化改革篇[EB/OL]. (2018-12-10)[2020-07-06]. http://www.moe.gov.cn/jyb_xwfb/moe_2082/zl_2018n/2018_zl90/201812/t20181210_362815.html.

③ 中华人民共和国中央人民政府. 国务院关于进一步加强农村教育工作的决定[EB/OL]. (2003-09-17)[2020-07-06]. http://www.gov.cn/zhengce/content/2008-03/28/content_5747.htm.

按比例分担的农村义务教育经费保障机制，农村义务教育全面纳入公共财政保障范围。[①] 2016 年，国家在城乡义务教育发展方面明确中央和地方的财政分担机制，即“生均公用经费基准定额所需资金由中央和地方按比例分担，西部地区及中部地区比照实施西部大开发政策的县(市、区)为 8∶2，中部其他地区为 6∶4，东部地区为 5∶5”“中西部农村地区公办义务教育学校校舍安全保障机制所需资金由中央和地方按照 5∶5 比例分担；对东部农村地区，中央继续采取‘以奖代补’方式，给予适当奖励。城市地区公办义务教育学校校舍安全保障长效机制由地方建立，所需经费由地方承担”等规定，[②]中西部教育经费投入保障力度不断增强。

2018 年，《国务院办公厅关于印发基本公共服务领域中央与地方共同财政事权和支出责任划分改革方案的通知》，明确基本公共服务领域中央与地方共同财政事权范围，如义务教育、学生资助、基本就业服务等。[③] 在经济下行的形势下，2018 年全国教育经费总投入为 46 135 亿元，比上年增长 8.39%。其中，国家财政性教育经费为 36 990 亿元(主要包括一般公共预算安排的教育经费，政府性基金预算安排的教育经费，企业办学中的企业拨款，校办产业和社会服务收入用于教育的经费等)，比上年增长 8.13%。全国幼儿园、普通小学、普通初中、普通高中、中等职业学校、普通高等学校生均教育经费总支出均比上年有所增长，增幅分别为 8.93%、4.56%、5.32%、10.04%、

① 中华人民共和国中央人民政府. 国务院关于深化农村义务教育经费保障机制改革的通知[EB/OL]. (2005-12-24)[2020-07-06]. http://www.gov.cn/zhengce/content/2008-03/28/content_5545.htm.

② 中华人民共和国中央人民政府. 国务院关于进一步完善城乡义务教育经费保障机制的通知[EB/OL]. (2015-11-28)[2020-07-06]. http://www.gov.cn/zhengce/content/2015-11/28/content_10357.htm.

③ 中华人民共和国中央人民政府. 国务院办公厅关于印发基本公共服务领域中央与地方共同财政事权和支出责任划分改革方案的通知[EB/OL]. (2018-01-27)[2020-07-07]. http://www.gov.cn/zhengce/content/2018-02/08/content_5264904.htm.

7.45%、8.42%。①

最后，要建设教育标准体系，提高教育政策的指导能力。教育标准是为实施国家教育法律法规和有关教育方针政策，为在教育活动领域内获得最佳秩序，在教育教学实践与理论研究的基础上，对各级各类教育活动事项制定的各类教育规范与技术规定。它既是指导和规范教育实践活动的基本准则，同时也是衡量教育质量高低的评价依据，是一个国家教育体制成熟和完善的标志之一。我国的教育标准建设从 20 世纪 90 年代后逐渐引起国家重视，并得到较快的发展。《国家中长期教育改革和发展规划纲要(2010—2020 年)》明确提出要“建立和完善国家教育基本标准”，②《国家教育事业发展第十二个五年规划》进一步提出要“建立国家教育标准体系……到 2015 年初步形成国家教育标准体系”，③《国家教育事业发展“十三五”规划》强调：“完善教育标准研制、审定、复审机制。加快完善国家教育标准体系，完善各级各类学校教育质量标准，健全各级各类学校建设、教育装备、教师队伍建设、教育投入、教育信息化、教育督导、学校运行、语言文字等标准。推进教育标准实施和监督。”④

目前，我国已经初步形成包括各级各类学校建设标准、学科专业与课程体系标准、教师队伍建设标准、学校运行与管理标准、教育质量标准和国家语言文字标准在内的教育标准体系。根据对国务院网站

① 中国教育报. 2018 年全国教育经费总投入 46 135 亿 [EB/OL]. (2019 - 05 - 01)[2020 - 07 - 07]. http://www.moe.gov.cn/jyb_xwfb/s5147/201905/t20190505_380543.html.

② 中华人民共和国教育部. 国家中长期教育改革和发展规划纲要(2010—2020 年)[EB/OL]. (2010 - 07 - 29)[2020 - 07 - 07]. http://www.moe.gov.cn/jyb_xwfb/s6052/moe_838/201008/t20100802_93704.html.

③ 中华人民共和国教育部. 教育部关于印发《国家教育事业发展第十二个五年规划》的通知[EB/OL]. (2012 - 06 - 14)[2020 - 07 - 07]. http://www.moe.gov.cn/srcsite/A03/moe_1892/moe_630/201206/t20120614_139702.html.

④ 中华人民共和国中央人民政府. 国务院关于印发国家教育事业发展“十三五”规划的通知[EB/OL]. (2017 - 01 - 10)[2020 - 07 - 07]. http://www.gov.cn/zhengce/content/2017-01/19/content_5161341.htm.

公开的历年发文情况统计，2010—2020 年 1 月，中共中央、国务院共下发 65 个专门针对教育事业发展的政策文件，内容涉及各级各类教育及教育管理的各个领域。根据对教育部网站上的政策发文情况的统计，2010 年—2020 年 1 月，教育部下发的各类政策文件达数千。

（三）治理促进政务公开与教育督导

在政府运行过程中，政府部门积累了各种公共数据，这些数据包括各级各类教育发展数据、经费使用数据，以及各行各业人才需求数据等，可为行业、企业等组织或个人作出理性决策提供支持，同时也是公民知情权和参与公共治理的重要保障。

2014 年，十八届四中全会通过的《关于全面推进依法治国若干重大问题的决定》提出要“坚持以公开为常态、不公开为例外的原则，推进决策公开、执行公开、管理公开、服务公开、结果公开”。① 2016 年，《国务院关于加快推进“互联网＋政务服务”工作的指导意见》要求：“2017 年底前，各省（区、市）人民政府、国务院有关部门建成一体化网上政务服务平台，全面公开政务服务事项，政务服务标准化、网络化水平显著提升。2020 年底前，实现互联网与政务服务深度融合，建成覆盖全国的整体联动、部门协同、省级统筹、一网办理的‘互联网＋政务服务’体系，大幅提升政务服务智慧化水平，让政府服务更聪明，让企业和群众办事更方便、更快捷、更有效率。”②2019 年的《中华人民共和国政府信息公开条例》提出要“保障公民、法人和其他组织依法获取政府信息，提高政府工作的透明度，建设法治政府，充分发挥政府信息对

---

① 新华社. 中共中央关于全面推进依法治国若干重大问题的决定[EB/OL]. (2014 - 10 - 28)[2020 - 07 - 07]. http://www.gov.cn/zhengce/2014 - 10/28/content_2771946.htm.

② 中华人民共和国中央人民政府. 国务院关于加快推进“互联网＋政务服务”工作的指导意见[EB/OL]. (2016 - 09 - 25)[2020 - 07 - 07]. http://www.gov.cn/zhengce/content/2016 - 09/29/content_5113369.htm

人民群众生产、生活和经济社会活动的服务作用”。①

在教育领域，2012 年，《教育部等九部门关于加快推进教育信息化当前几项重点工作的通知》提出要“建设教育管理公共服务平台”。2018 年，《教育部办公厅关于印发〈教育部机关及直属事业单位教育数据管理办法〉的通知》明确“教育数据，是指教育部机关及经法律法规授权具有行政职能的直属事业单位在履行职责过程中获取的各类数字化的数据资源，包括法定统计数据和行政记录数据”。其中，法定统计数据是指按照《中华人民共和国统计法》的有关规定，通过国家统计局审批备案的统计调查制度采集的数据。法定统计数据为标准时点或时段的静态数据或累计数据。行政记录数据是指行政业务管理信息系统在履行行政管理职责过程中形成的数据资源。行政记录数据主要为动态数据。② 政府教育信息服务的内容见表 8－1。

表 8－1 政府教育信息服务的数据框架

<table>
<tr><th colspan="2">部 门</th><th>政府教育治理行为本身产生的数据</th><th>与政府治理教育行为有关的数据</th></tr>
<tr><td rowspan="2">政府及其职能部门</td><td>教育部门</td><td>教育事业统计数据（含各级各类学校数量、办学条件、教师队伍等）、教育经费统计数据、教育局权责清单、教育局公用经费预算与支出数据</td><td>/</td></tr>
<tr><td>其他部门</td><td>协同治理内容、过程及其结果数据</td><td>人力资源与社会保障、财税、民政、民族与宗教、残联、妇联等相关数据</td></tr>
</table>

① 中华人民共和国中央人民政府. 中华人民共和国政府信息公开条例[EB/OL]. (2019－04－03)[2020－07－07]. http://www.gov.cn/zhengce/content/2019－04/15/content_5382991.htm.

② 中华人民共和国教育部. 教育部办公厅关于印发《教育部机关及直属事业单位教育数据管理办法》的通知[EB/OL]. (2018－01－23)[2020－07－07]. http://www.moe.gov.cn/srcsite/A03/s7050/201802/t20180211_327248.html.

续 表

部 门	政府教育治理行为本身产生的数据	与政府治理教育行为有关的数据
半官方的教学与评估部门	委托过程及其结果数据	学业质量监测数据、学校办学水平评估结果数据
企业或社会组织	委托过程及其结果数据	调查数据、大数据等
学校	教育规划、政策等	学生表现，如缺席、课程、组织与管理、校本师生支持项目等
社会公众	/	教育需求、意见和建议

教育督导评估是世界各国普遍采用的公共教育治理方式，是指对各级政府履行教育职能、提供教育产品与服务、营造有序有活力的教育发展环境等方面进行督导评估(即“督政”)，以及对各级各类学校教与学的过程及其结果的督导与评估(即“督学”)。

改革开放以来，我国教育督导在保障“两基”历史任务完成、推进义务教育均衡发展、推动重大教育政策项目落实、促进学校教育教学水平提高、督促教育热点难点问题解决、开展教育质量评估监测、科学服务教育决策等方面，发挥了不可替代的作用，作出了重要贡献。近十年，教育督导与评估体制机制不断得到完善。

首先，成立国家最高级别的督导机构，督导队伍趋向专业化。2012 年，国务院教育督导委员会成立，办公室设在教育部；2016 年教育部教育督导团办公室更名教育督导局，同时印发《督学管理暂行办法》，对各级督学队伍的选拔、聘任、培训、考核、监督等作出规定，[①]建立中小学校责任督学挂牌督导制度，按 1 人负责 5 所左右学校的标准

① 中华人民共和国教育部. 教育部关于印发《督学管理暂行办法》的通知[EB/OL]. (2016-08-02)[2020-07-07]. http://www.moe.gov.cn/srcsite/A11/s8390/201608/t20160805_274102.html.

配备责任督学，[①]目前已基本实现全国中小学校全覆盖。截至2017年底，全国共有专兼职督学近14万人。[②]

其次，构建"督政、督学、监测"三位一体的督导体系。2012年颁发的中华人民共和国国务院令《教育督导条例》规定：县级以上人民政府对下级人民政府落实教育法律、法规、规章和国家教育方针、政策的督导；县级以上地方人民政府对本行政区域内的学校和其他教育机构教育教学工作的督导。2013年国务院教育督导委员会办公室开始对全国县域内义务教育基本均衡发展展开督导评估。2014年，国务院教育督导委员会办公室下发《关于印发深化教育督导改革转变教育管理方式意见的通知》要求"形成督政、督学、评估监测三位一体的教育督导体系"。[③]

最后，发挥教育督导的实践作用。2015年开始实施国家义务教育质量监测，分析诊断我国教育教学中存在的问题和薄弱环节，为政府的科学决策和教育教学改进提供了重要依据。[④] 同时陆续启动对各级各类学校的办学水平督导评估，初步建立起"国家督导部门统筹指导、监测中心组织执行、省级督导部门协调监控、县级督导部门操作实施"的全国基础教育质量监测组织实施模式。[⑤] 2018年开始全面启动对省级人民政府履行教育职责督导评价工作，在督查的内容、方式方法、

① 中华人民共和国教育部. 全国中小学校责任督学挂牌督导制度建立[EB/OL]. [2020-07-07]. http://old.moe.gov.cn//publicfiles/business/htmlfiles/moe/s3165/201310/158793.html.

② 周光礼，薛欣欣. 改革开放40年中国教育督导制度回顾与展望[J/OL]. 湖南科技大学学报(社会科学版)，2018(5)[2020-07-07]. http://edu.cssn.cn/jyx/jyx_jyglx/201903/t20190315_4848560_1.shtml.

③ 中华人民共和国中央人民政府. 关于印发深化教育督导改革转变教育管理方式意见的通知[EB/OL]. (2014-02-18)[2020-07-07]. http://www.gov.cn/gzdt/2014-02/18/content_2612480.htm.

④ 何秀超. 督导为教育改革发展护航[N]. 中国教育报，2018-09-11(03).

⑤ 中华人民共和国教育部. 教育部督导办负责人就《国家义务教育质量监测方案》答记者问[EB/OL]. (2015-04-15)[2020-09-02]. http://www.moe.gov.cn/jyb_xwfb/s271/201506/t20150610_189917.html.

意见反馈、组织实施等方面都力求务实、创新、高效，既体现严肃性、权威性，也体现专业性、针对性。

以义务教育基本均衡发展督导与评估为例，过去 6 年来，全国累计共组织督学和专家 4 000 多人次，进行了 149 省次督导评估，检查学校 2.5 万所，召开座谈会约 1 万次，对 140 万人次进行问卷调查，反馈意见逐县列出问题清单 1 万余条；督促各地加大工作力度，安排用于推进义务教育均衡发展资金累计 4.18 亿元，新建改扩建学校约 30 万所，增加 3 000 万个学位，补充教师 193 万人，参与交流的校长和教师 280 万人次。①

（四）培育各方面力量参与教育治理

社会组织作为公民参与国家治理的重要组织，在新时代被赋予新定位；吸纳蓬勃壮大的社会力量共同参与政府治理，已经成为我国推动政府治理体系与治理能力现代化的一大特点。

党的十九大报告将社会组织纳入中国特色社会主义事业“五位一体”总体布局，社会组织成为新时代全方位参与国家建设的重要力量。2017 年实施的《民法总则》将三大类型社会组织与事业单位一起归入非营利法人类别，对于中国社会组织来说具有里程碑性质的意义，社会组织由此从法律层面被纳入治理体系，法律身份和治理主体地位得到法治保障。党的十九届三中全会把社会组织作为党和国家机构改革的一部分，社会组织第一次被纳入国家最高层面的机构改革之中。与此同时，我国社会组织法律政策体系正在加速健全和完善，社会组织的政治地位、法律保障和政策体系日益提升和完善。根据《社会组织蓝皮书：中国社会组织报告（2018）》研究统计，2012 年我国社会组

① 中国教育报. 义务教育均衡发展的历史新征程[EB/OL]. (2019-12-18)[2020-07-07]. http://www.moe.gov.cn/jyb_xwfb/s5147/201912/t20191218_412501.html.

织孵化器的数量不到 50 个，但 2017 年底全国已建成 1 400 余家社会组织孵化器，而且每年以 15%以上速度增长。①

在教育领域，1993 年《中国教育改革和发展纲要》提出，要“建立有教育和社会各界专家参加的咨询、审议、评估等机构”。② 1995 年通过的《教育法》第四十七条规定，国家鼓励企业事业组织、社会团体及其他社会组织同高等学校、中等职业学校在教学、科研、技术开发和推广等方面进行多种形式的合作。③ 企业事业组织、社会团体及其他社会组织和个人，可以通过适当形式支持学校的建设，参与学校管理。2010 年《国家中长期教育改革和发展规划纲要（2010—2020 年）》提出：“培育专业教育服务机构。完善教育中介组织的准入、资助、监管和行业自律制度。积极发挥行业协会、专业学会、基金会等各类社会组织在教育公共治理中的作用。”④2012 年《民办教育促进法》第四十一条规定，组织或者委托社会中介组织评估办学水平和教育质量，并将评估结果向社会公布。⑤

2015 年《教育部关于深入推进教育管办评分离促进政府职能转变的若干意见》中进一步明确提出社会参与学校治理的目标：“到 2020 年，基本形成政府依法管理、学校依法自主办学、社会各界依法参与和监督的教育公共治理新格局，为基本实现教育现代化提供重

① 李庆.《社会组织蓝皮书：中国社会组织报告（2018）》发布 2017 年社会组织增速创近年新高[EB/OL].（2018 - 05 - 22）[2020 - 09 - 02]. http://www.gongyishibao.com/html/gongyizixun/13965.html.

② 中华人民共和国教育部. 中国教育改革和发展纲要[EB/OL].（1993 - 02 - 13）[2020 - 07 - 07]. http://www.moe.gov.cn/jyb_sjzl/moe_177/tnull_2484.html.

③ 中华人民共和国教育部. 中华人民共和国教育法[EB/OL]. [2020 - 07 - 07]. http://www.moe.gov.cn/s78/A02/zfs__left/s5911/moe_619/201512/t20151228_226193.html.

④ 中华人民共和国教育部. 国家中长期教育改革和发展规划纲要（2010—2020 年）[EB/OL].（2010 - 07 - 29）[2020 - 07 - 07]. http://www.moe.gov.cn/jyb_xwfb/s6052/moe_838/201008/t20100802_93704.html.

⑤ 中华人民共和国教育部. 中华人民共和国民办教育促进法[EB/OL]. [2020 - 07 - 07]. http://www.moe.gov.cn/s78/A02/zfs__left/s5911/moe_619/201805/t20180508_335337.html.

要制度保障。”①

2016 年，《国务院关于鼓励社会力量兴办教育促进民办教育健康发展的若干意见》提出要通过建立分类管理制度、建立差别化政策体系、放宽办学准入条件、拓宽办学筹资渠道、探索多元主体合作办学等方式创新体制机制，通过加大财政投入力度、创新财政扶持方式、落实同等资助政策、落实税费优惠等激励政策、实行差别化用地政策、保障依法自主办学、保障学校师生权益等方面完善扶持制度，从完善学校法人治理、健全资产管理和财务会计制度、落实安全管理责任等方面加快现代学校制度建设。②

2019 年，教育部与国家发展改革委员会、国家卫生健康委联合印发《支持社会力量发展普惠托育服务专项行动实施方案（试行）》，国家通过中央预算内投资，支持和引导城市政府系统规划建设托育服务体系。政府提供全方位政策支持清单。企业提供普惠托育服务清单，向社会公开、接受监督。城企双方签订合作协议，满足家庭多层次、多样化托育服务需求，增强人民群众获得感、幸福感和安全感。③ 民办教育作为社会力量参与教育治理的主要形式，不断得到发展壮大，形成从学前教育到高等教育、从学历教育到非学历教育，层次类型多样、充满生机活力的发展局面，有效增加了教育服务供给，为推动教育现代化、促进经济社会发展作出积极贡献，已经成为社会主义教育事业的重要组成部分。

① 中华人民共和国教育部. 教育部关于深入推进教育管办评分离促进政府职能转变的若干意见[EB/OL]. (2015 - 05 - 06)[2020 - 07 - 07]. http://www.moe.gov.cn/srcsite/A02/s7049/201505/t20150506_189460.html.

② 中华人民共和国中央人民政府. 国务院关于鼓励社会力量兴办教育促进民办教育健康发展的若干意见[EB/OL]. (2016 - 12 - 29)[2020 - 07 - 07]. http://www.gov.cn/zhengce/content/2017 - 01/18/content_5160828.htm.

③ 发展改革委网站. 两部门关于印发《支持社会力量发展普惠托育服务专项行动实施方案（试行）》的通知[EB/OL]. (2019 - 10 - 24)[2020 - 07 - 08]. http://www.gov.cn/xinwen/2019 - 10/24/content_5444458.htm.

在国家出台政策鼓励社会参与教育的同时，不少地方也积极行动。上海浦东新区政府早在 2009 年便已购买 25 822 个学位、委托管理 25 个项目和通过优质中介实施 100 余个教育评估类项目，开辟了百姓"点菜"、政府"埋单"、中介"执行"，多渠道、多形式、多元化提升公共教育服务水平的新路。①

近年来，河南、山东、江苏等多个省份成立第三方教育评价机构，承担政府及其教育职能部门委托的教育评价工作。2016 年，北京市人民政府教育督导室下发了《北京市人民政府教育督导室关于委托第三方机构开展教育评估监测工作暂行办法》，进一步推进教育"管办评"的分离。天津市于 2017 向社会公布了 14 类政府购买教育服务项目，分别是教育规划和政策研究、教育资讯收集及统计分析与发布、教育基础设施管理与维护、教育成果质量评估与监督、教育教学成果交流与推广、普惠性民办教育补贴、师资队伍培训、支教助学与扶贫助困服务、学生竞赛及活动的组织和实施、学生营养规划及膳食提供服务、学生素质拓展服务、校园安全辅助服务和校车服务、全民终身教育服务、其他政府委托的教育服务。符合三方面条件要求的社会组织可与所在区教育部门对接，有资质承接这些项目。②

二、教育治理面临的问题与困难

我国的教育治理体系经历了长期的选择、改革、发展、完善过程，具有多方面的显著优势。但是，我们在肯定优势、增强自信，坚持中国

---

① 中华人民共和国中央人民政府. 上海浦东尝试政府购买教育服务推进均衡优质发展[EB/OL].（2009 - 04 - 20）[2020 - 07 - 08]. http://www.gov.cn/gzdt/2009 - 04/20/content_1290133.htm.

② 新华社. 天津：政府向社会购买 14 类教育服务[EB/OL].（2017 - 02 - 03）[2020 - 07 - 08]. http://www.gov.cn/xinwen/2017 - 02/03/content_5164981.htm.

道路与制度不动摇的同时，必须直面教育治理面临的各种问题与困难，认识到建设教育治理体系所受到的传统思维方式和体制机制等方面的阻滞。要直面中国教育治理的困境并进行归因，以扎根中国土壤的视角，整体理解传统的社会心理、管理体制、行政文化等是如何影响着教育治理体系建设与治理能力提升的。

（一）传统思想与管理方式的影响

作为人类一项重要的历史成就，法治的源头可追溯到亚里士多德在《政治学》中指出的："若要求由法律来统治，即是说要求由神和理智来统治；若要求由一个个人来统治，便无异于引狼入室。因为人类的情欲如同野兽，虽至圣至贤也会让强烈的情感引入歧途。唯法律拥有理智而免除情欲。"[①]法治日益成为维护社会利益、保障公民政治自由的重要途径，是实现国家和社会均衡的制度安排。法治也意味着政府除非实施公众所知的规则以外，不得对个人实施强制，它也对政府机构的权力进行限制，包括对立法机构权力的限制。西方社会经过长期的规则主义熏陶，法治的社会基础较好，社会成员规则意识较强，守法成为基本意识。

受传统政治思想的影响，"贤人政治"的观念在我国由来已久，即依靠执政者个人的贤明治理国家。儒家的政治思想中就提倡人治，如孔子说："政者，正也。子帅以正，孰敢不正？"（《论语·颜渊篇》）孟子也说："君仁莫不仁，君义莫不义，君正莫不正，一正君而国定矣。"（《孟子·离娄上》）这种传统思想影响很深，往往表现为政府的家长式、命令式、控制型作风，民众的公民意识淡薄等，一定程度上导致现实中有法不依、执法不严、违法不究的行为依然存在。所谓"信访不信法""信

① 转引自：夏勇.法治是什么——渊源、规诫与价值.中国社会科学，1999 年第 4 期。该文的这段引文直接引自英文版，与商务印书馆的译本《政治学》有较大不同。

权不信法”“信闹不信法”的观念，稀释着国家在推进法治上的努力。

在以往高度集中的计划体制中，政府往往习惯于包揽对政治、经济、文化和社会生活领域一切事物的决策权，国家行政权力渗透到社会各个领域，国家按照行政科层对社会进行全方位管理甚至干预，这在特定政治经济社会背景下具有一定的积极作用，但是也造成政府管了很多不该管也管不好的事情，造成政社不分、职能不清、效率不高、公平欠缺、个人和组织的创造性被压制等问题。这种政府管理模式显然不能适应经济全球化、市场化和信息化的发展趋势与要求，也和现代社会管理体制改革中的市场化、社会化、法治化相悖。

在教育领域，我国历史上有“学在官府”的传统，学校设在官府中，官师不分，教育机构与行政机构不分。随着社会经济发展和民主政治的推进，以及现代教育制度发展与教育普及的推进，人们对教育管理有了更高的要求，对教育管理的效率、效果和效益等提出了新期待。因此，必须改变由政府“独家”管理教育的状况，激发全社会参与教育、支持教育、创新教育的动力与活力。

党的十八大以来，从中央到地方主动下放教育管理权限，向学校放权，鼓励社会参与，积极建立多方力量共同参与的教育治理体系，改变以往单一的行政管理模式。然而，改变根深蒂固的传统观念，实现政府职能转变和建立现代教育治理体系，显然不是一朝一夕的事情，需要持久的实践与努力。

2015 年中办、国办印发《关于推行地方各级政府工作部门权力清单制度的指导意见》，旨在通过建立权力清单和相应责任清单制度，进一步明确地方各级政府工作部门的职责权限，推动简政放权。[①] 然而，

① 新华社. 中办、国办印发《关于推行地方各级政府工作部门权力清单制度的指导意见》[EB/OL]. (2015-03-24)[2020-07-08]. http://www.gov.cn/xinwen/2015-03/24/content_2837962.htm.

推动情况并不乐观。2019 年笔者对 31 个省教育行政部门人员的调查表明，有超过一半的人认为，权力和责任清单形同虚设，没有在工作中发挥作用。

（二）政策制定与政策执行间的失衡

当前，我国教育治理能力不足主要体现在：片面追求“数量化”指标成绩，但在教育经费投入上又不注重结果的绩效“数据”；在重视政策改进与政策制定的同时，轻视甚至忽视政策执行的实施结果、实际效率、实践效果和实质影响。

首先，在教育规划方面存在“唯指标、轻内涵”的弊端，即在规划实施的过程中，各级政府及其教育职能部门自上而下对目标进行层层分解与下放，造成“一级催一级、一级压一级”的官僚作风。在不少地方，指标定得过高，导致逐级硬性分派指标任务，甚至有部分地区为了达到指标值而进入“玩数据”的怪圈。同时，在对规划进行监测与评估的过程中，监测评估指标体系的构建、测量工具的研发普遍存在问题，信息采集的真实性、科学性和可行性也有待商榷。基于相关利益组织或群体的内在冲突等原因，监测与结果公开不足。

其次，在教育拨款方面存在教育经费多渠道筹集的体制不健全的问题，一些地方的经费使用“重硬件轻软件、重支出轻绩效”，监督管理有待进一步强化等。另外，一些根本性问题的研究与探索不足，比如如何从计划经济模式下的自上而下拨款转变为基层教与学需求为本的市场经济模式下的教育拨款；如何从关注投入数量到注重教育经费的成本收益最大化；如何增加教育拨款过程及经费使用的透明度；如何提高社会资金投入的积极性，扩大教育经费的来源；如何根据不同地区不同学段的特点，构建适合不同地区和不同学段的教育拨款标准；如何防止专项经费挪作他用；如何在继续保持财政教育投入强度的同时，积极扩大社会投入；如何提高预算的执行率等。

再次，在教育标准制定方面，缺乏相配套的评价指标，可操作性较弱；不同领域的教育标准发展不平衡，比如义务教育、高等教育的标准较多；质量标准较少，投入标准和过程性标准较多，比如制定了各级各类办学条件和课程的相关标准，但是教育质量标准较少，这与国家对教育质量的日益重视不相符，也与群众接受优质教育的需求不相符。有研究者对日本目前能搜索到的 59 项教育标准进行分析发现，硬件类标准仅为 6 项，有 45 项为软件类标准，其余 8 项兼顾了硬软件标准。[①]

最后，在教育政策制定与执行方面，主要问题集中在：(1) 不少政策的制定不够科学，一些出台的政策不符合现实，甚至表达不够清晰。教育是一个系统工程，教育政策的制定需要建立在对教育现实的充分把握和对数据等信息的科学分析基础之上。然而，我国幅员辽阔，教育在地区之间的发展存在较大差距和差异，诸多政策的前期调研受到人财物的限制而难以做到深入全面，受到“部门主义”的传统行政文化的影响而无法做到信息统整。比如目前，我国教育系统中学校涉及的数据库，无论是宏观数据(如全国教育事业统计数据、全国教育经费统计数据等)还是微观数据(如学生、教师、经费、资产及办学条件等数据)，在实践中都是分别由不同的部门采集和使用，各自为政，进而无法在学生、教师、经费、办学条件等教育要素之间建立关联，无法发现影响教育质量的积极因素或消极因素，从而无法为政府科学决策提供有“证据”的参考。(2) 不少文件更多的是关于应该怎么做的指导性意见，而缺乏不做会怎样的问责性规定。有的政策涉及不同的部门，部门之间的合作机制尚未有效形成。这些因素共同导致政策不执行、执行不到位等情况时有发生。

---

① 国家教育标准体系研究课题组. 国家教育标准体系的发展与完善[J]. 教育研究，2015(12)：4-11.

以城镇小区建设配套幼儿园为例，早在 2010 年《国务院关于当前发展学前教育的若干意见》(国发[2010]41 号)中便对此项工作作出了规定："城镇小区没有配套幼儿园的，应根据居住区规划和居住人口规模，按照国家有关规定配套建设幼儿园。新建小区配套幼儿园要与小区同步规划、同步建设、同步交付使用。建设用地按国家有关规定予以保障。未按规定安排配套幼儿园建设的小区规划不予审批。"①然而，此项工作在地方始终执行不力。2018 年 11 月，党中央、国务院印发《关于学前教育深化改革规范发展的若干意见》，再次提出规范小区配套幼儿园建设使用，并对小区配套幼儿园规划、建设、移交、办园等情况进行治理，作出部署。②

又以义务教育阶段教师工资不低于本地公务员平均工资水平的法律落实情况为例，早在 1993 年《教师法》第二十五条便作出规定："教师的平均工资水平应当不低于或者高于国家公务员的平均工资水平，并逐步提高。"③之后，许多相关的教育政策均对此进行了重申，但依然难以落实。为此，2018 年《国务院办公厅关于进一步调整优化结构提高教育经费使用效益的意见》明确提出，"力争用三年时间解决义务教育阶段教师工资待遇问题，凡未达到要求的地区要限期整改达标，财力较强的省份要加快进度"，并将义务教育阶段教师工资落实情况纳入国务院对省级人民政府履行教育职责督导评价的重要内容。④

---

① 中华人民共和国中央人民政府. 国务院关于当前发展学前教育的若干意见[EB/OL]. (2010-11-21)[2020-07-08]. http://www.gov.cn/zhengce/content/2010-11/24/content_5421.htm.

② 新华社. 中共中央 国务院关于学前教育深化改革规范发展的若干意见[EB/OL]. (2018-11-07)[2020-07-08]. http://www.gov.cn/zhengce/2018-11/15/content_5340776.htm.

③ 中华人民共和国教育部. 中华人民共和国教师法[EB/OL]. (1993-10-31)[2020-07-08]. http://www.moe.gov.cn/s78/A02/zfs__left/s5911/moe_619/tnull_1314.html.

④ 中华人民共和国中央人民政府. 国务院办公厅关于进一步调整优化结构 提高教育经费使用效益的意见[EB/OL]. (2018-08-17)[2020-07-08]. http://www.gov.cn/zhengce/content/2018-08/27/content_5316874.htm.

（三）信息公开和社会参与的不力

在推进教育治理体系与治理能力现代化的过程中，还存在着教育公共信息公开与全社会参与教育治理方面的问题与困难。

一是存在比较典型的“信息孤岛”现象，削弱了信息使用的价值。信息孤岛指的是不同部门之间的信息相互不关联，缺少互助互补性，缺乏共享互换，相互之间存在牢固的信息壁垒。究其原因，管理体系上的条块分割分离，导致信息收集、保存与使用上的部门主义，阻碍了教育公共信息的流通与共享。这种信息孤岛现象造成教育数据与信息的部门化、单位化和碎片化，削弱了数据与信息的运用价值。为消解这种现象，2012 年《教育部等九部门关于加快推进教育信息化当前几项重点工作的通知》提出要“建设教育管理公共服务平台”。然而，这些文件大多是关于应该怎么做的指导性意见，没有问责性的硬性规定，导致政策执行力度不足。

二是信息失真、延时等问题导致数据质量不高。我国教育信息数据的采集与统计，基本上采取国家提出要求，自下而上层层上报，最终国家汇总的方式。所采集的数据往往与国家评价地方教育发展成就直接挂钩，由此，数据在层层上报的过程产生“层层过滤”，造成数据失真。在教育信息数据采集与上报之中，缺少严格的审核环境，对误报数据的单位或者个人缺少处罚机制。

三是信息公开不足。目前，我国绝大多数组织或个人获取数据信息的来源有各级政府及其职能部门正式颁布的文件、正式出版的教育年鉴、正式公开的新闻报道与领导人讲话等材料。在教育信息公开方面，缺少明确的规定和制度，一些信息还是被“加工”过的，即信息提供方选择符合自身部门利益的有利信息实现部分公开。这种“政府本位、自上而下”的给予式信息公开逻辑造成两个结果：（1）信息公开“错位”，信息服务不到位，造成信息不对称，政府难以真正了解民生教育需求，造成决策质量不高、针对性与有效性不足；(2) 民众难以真正获得自己需要的信息，造成社会上教育选择时的茫然、焦虑、盲目等负面情绪，这种负面情绪会反过来释放给学生和学校。正如约瑟夫·S.奈(Joseph S. Nye)等人判断的那样，公众掌握的知识和信息参差不齐使得问题进一步复杂化。

社会参与是以社会公众对自身利益的关心和对社会公共利益、公共事务的自觉认同为基础，积极参与社会发展活动的行为。我国《宪法》第二十七条规定："一切国家机关和国家工作人员必须依靠人民的支持，经常保持同人民的密切联系，倾听人民的意见和建议，接受人民的监督，努力为人民服务。"①《中华人民共和国政府信息公开条例》第一条便将"充分发挥政府信息对人民群众生产、生活和经济社会活动的服务作用"作为立法宗旨。②

进入新时代，习近平总书记反复强调："要把我们这样一个大党大国治理好，就要掌握方方面面的情况，这就要靠发扬党内民主而来，靠各级党组织和广大党员、干部广泛听取民声、汇聚民意而来。"③

社会参与除了营造鼓励的氛围外，离不开参与者的社会化程度。社会化往往与公民意识、公民文化等联系在一起。在我国，由臣民意识向公民意识转变，是中国近代政治文化发展中的一个基本问题，也是一个颇为艰难的过程。传统社会的臣民只有忠君观念，既不懂得也不具有任何关于法定权利的自觉，由此导致社会参与意愿不足和参与能力不高。

---

① 新华网. 中华人民共和国宪法[EB/OL]. (2018-03-22)[2020-07-08]. http://www.npc.gov.cn/npc/c30834/201803/79ccaa9ba1e24bbb848abf329ba94463.shtml.

② 中华人民共和国中央人民政府. 中华人民共和国政府信息公开条例[EB/OL]. (2019-04-03)[2020-07-08]. http://www.gov.cn/zhengce/content/2019-04/15/content_5382991.htm.

③ 习近平. 树牢"四个意识"坚定"四个自信"坚决做到"两个维护"勇于担当作为 以求真务实作风把党中央决策部署落到实处[N]. 人民日报海外版，2018-12-27(001).

我国《宪法》第二条明确规定了公民参与管理国家的权利:“中华人民共和国的一切权力属于人民。”“人民依照法律规定,通过各种途径和形式,管理国家事务,管理经济和文化事业,管理社会事务。”[①]在现代化的教育治理体系中,治理主体应该包括各级党的组织、各级人民政府、教育事业机构、教育社会组织或教育企业、各级各类办学主体、教育者、受教育者以及广大人民群众。推进教育治理体系现代化的关键,要看这些主体间是否建立了相对明晰的权责体系,还要考量各主体是否有能力承担起相应的责任,是否“接得住、接得好”由政府改革、调整、下放而来的相应权力。

从改革实践来看,当前普遍存在鼓励并吸纳社会公众参与公共治理的力度不够的问题。中国社会科学院发布的《中国政府透明度(2018)》报告指出:各级政府在重大决策预公开方面仍存在敷衍情况,表现为,征集渠道单一,有的仅通过电子邮箱渠道接收意见建议,不便于多渠道参与;征集期限短,公众参与程度低;个别评估对象仅在政府系统内部征集意见,公众难以参与等。[②] 目前还存在社会组织发展总体不成熟、公众参与力量薄弱等问题,制约了教育治理体系和治理能力现代化的提升。

三、迈向教育治理现代化的路径选择

任何一个国家,都既“被其历史束缚”,又始终“不断冲破其历史的束缚”。完善和发展我国国家制度和治理体系,必须坚持从国情出发,从实际出发。正如党的十九届四中全会所指出的,“既把握长期形成

① 新华网.中华人民共和国宪法[EB/OL].(2018 - 03 - 22)[2020 - 07 - 08]. http://www.npc.gov.cn/npc/c30834/201803/79ccaa9ba1e24bbb848abf329ba94463.shtml.

② 中国青年报.中国政府透明度发布　政府信息公开还要啃哪些硬骨头[EB/OL].(2018 - 05 - 15)[2020 - 07 - 08]. http://www.xinhuanet.com/2018 - 05/15/c_1122831985.htm.

的历史传承，又把握党和人民在我国国家制度建设和国家治理方面走过的道路、积累的经验、形成的原则，不能照抄照搬他国制度模式，既不走封闭僵化的老路，也不走改旗易帜的邪路，坚定不移走中国特色社会主义道路”①。《中国教育现代化 2035》提出“推进教育治理体系和治理能力现代化”的发展目标。② 这一目标的确定，是基于当前中国在教育改革与发展中遇到的体制机制瓶颈，也是基于中国在破解瓶颈过程中通过尝试和摸索积累的成功做法，是符合中国国情和发展方向的战略选择，也是可实现的预期结果。

（一）遵循全面依法治国的法治思维

习近平总书记指出：“法治和人治问题是人类政治文明史上的一个基本问题，也是各国在实现现代化过程中必须面对和解决的一个重大问题。综观世界近现代史，凡是顺利实现现代化的国家，没有一个不是较好解决了法治和人治问题的。相反，一些国家虽然也一度实现快速发展，但并没有顺利迈进现代化的门槛，而是陷入这样或那样的‘陷阱’，出现经济社会发展停滞甚至倒退的局面。”③全面依法治国是中国特色社会主义现代化“四个全面”之一。全面依法治教，则是国家教育现代化的需要，同样是实现教育治理体系与治理能力现代化的要求。为此，推进国家治理体系与治理能力现代化，首先必须遵循依法治国的法治思维，进一步克服传统人治文化的思想。

1. 开展新时代的教育立法修法

所有的法律思想都力图协调稳定必要性与变化必要性这两种彼此

① 新华社．中共中央关于坚持和完善中国特色社会主义制度　推进国家治理体系和治理能力现代化若干重大问题的决定[EB/OL]．(2019－11－05)[2020－07－08]．http://www.12371.cn/2019/11/05/ARTI1572948516253457.shtml.

② 新华网．中共中央、国务院印发《中国教育现代化 2035》[EB/OL]．(2019－02－23)[2020－07－08]．http://www.xinhuanet.com/politics/2019－02/23/c_1124154392.htm.

③ 中共中央文献研究室．习近平总书记关于协调推进“四个全面”战略布局论述摘编[M]．北京：中央文献出版社，2015：99－100.

冲突的要求。公平、质量、自由选择的普遍呼声促使人们去探寻某种据以彻底规制人之行为的规则基础，进而维持教育世界的秩序。但是，社会生活形势的变化却要求法律根据其他社会利益的压力和自身暴露出来的不适宜作出新的调整。所以，法律既要成为一种相对稳定的普遍被遵守的规则，又必须成为建立在经验与日常生活之上的活生生的东西。

必须加强教育的立法与修法，聚焦国家教育治理体系和治理能力现代化过程中的焦点和难点，以及人民群众追求美好生活过程中不断对教育产生的新期待和提出的新要求，完善教育制度的法律法规体系，推动中国特色社会主义教育体系不断自我改进与发展、保持生机与活力、实现改革与进步。

2. 扎实推进教育领域依法治理

法律是严肃的，一旦正式公布或者被批准，就必须按照其规定执行，而不能以临时命令或者某种决议来取代。任何部门或者个人都必须遵守法律的规定，违反法律就必须接受法律的制裁，法律面前人人平等。

依法治国是我国宪法确定的治理国家的基本方略，能不能做到依法治国，关键在于各级政府能不能依法行政。因此，推进教育治理体系与治理能力现代化，必须严格做到教育工作中坚持有法必依、执法必严、违法必究，对于那些破坏法律规定的办学行为必须坚决予以法律制裁，用法律法规保障建立和谐的教育系统和教育生态。

3. 用法律保护人民的教育权利

在一个民主法治社会，每个公民（包括法律的制订者、执行者和践行者）都要尊重法律、拥护法律与遵守法律。我国坚持法治建设为了人民，也依靠人民，保证人民依法享有广泛的权利和自由，承担应尽的义务，要通过法治教育引导全体人民做社会主义法治的忠实崇尚者、自觉遵守者、坚定捍卫者。在教育领域，必须加大教育法治宣传力度，使法治理念成为教育发展的准绳，成为教育改革的依据。法律是建立公平而有包容的高质量教育体系的重要内容与有效路径。

依法治教不仅需要全民遵纪守法，更需要各级政府及领导、各级各类学校及教育者以及社会组织机构遵法学法，守法用法，政府以法治思维和法治方式深化教育改革，促进教育发展，学校要在法律框架下办学，教育者要将法律思想与要求融入教书育人的工作实践之中。

4. 共建共治共享教育治理制度

教育治理是国家治理的重要方面，必须坚持创新驱动与共建共治共享的理念，以加强党的领导、坚持政府负责、开展民主协商、寻求社会协同、鼓励公众参与、实现法治保障、依托科技支撑等原则，建立中国教育治理现代化体系，建立人人有责、人人尽责、人人享有的教育治理共同体。

教育治理体系是立体的，涉及多方利益和权力关系，需要采用新视角和方法协同处理好各种关系。在治理体系中，中央与地方、地方与学校、学校与家长等之间的关系不再是简单的上级与下级，或者管理和被管理、服务与被服务的关系，而是基于共同目标的相互合作、相互制约、彼此协商、彼此信任的伙伴合作关系。在办好人民满意的教育实践中，更需要公众参与教育治理，在教育事务的决策、管理、执行和监督过程中，政府与学校等要倾听公众表达的教育立场、教育意见和教育建议，在政策制定与实践工作中合理地加以采纳。

在共建共治共享的教育治理体系建设中，要发挥政府的主导作用，政府也要积极培育与发展社会组织。政府在实现"治理的强制"（即以制度确保公共利益的实现）的同时，还需要实施"治理的带动"，即动员个体的力量，实现多元主体之间的良好合作。政府通过具体的制度设计确保公众参与权的实现，使公众能够通过自身或公民社会组织合法参与公共政策的制定过程，让公意在公共政策中得以体现。

（二）着力提高政府的教育治理能力

实践证明，科学的教育规划、拨款、标准制定、政策指导等能力是各级政府履行好教育职责的关键，这些内容也是未来加强教育治理能力建设的主要领域。

1. 确保教育规划的科学性与有效性

教育规划兴起于20世纪50年代，而后扩展到越来越多的发展中国家、发达国家及国际组织。此后受20世纪70年代经济危机的影响，一度受到质疑。自20世纪90年代之后，各国重新探索新的教育规划模式，期待在教育发展与社会经济发展之间获得更大的平衡。从各国教育规划的实践来看，教育规划的基本内容包括：(1)参与分析和讨论那些维持教育体系或教育机构的社会、政治、经济、文化的期望和目标，并确定一套可接受的目标；(2)评价学校体系、机构、项目的过去的发展和现在的状况；(3)根据现在的能力和将来的目标，帮助规划项目的政策、程序和组织结构，帮助规划教育分配，以在一段特殊时期实现并保持有效的教育。①

开展并实施教育规划是中国教育事业取得发展的重要经验。在过去计划经济的背景下，教育规划或者说教育计划使我国教育事业发展有序而稳步，为促进社会经济发展作出了贡献。在当前全面建设小康社会的关键期，在社会经济发展的新背景下，尤其是在坚持以人民为中心的理念指导下，需要重新审视新时代教育规划的要求与作用，以“创新、协调、绿色、开放、共享”的发展理念，更为科学地制定教育发展规划，并对规划实施进行过程性的监测评估，促进全面深化教育改革发展，真正办好人民满意的教育。创建具有中国特色的教育规划理论与方法，也是中国教育理论发展的重要任务之一；建立教育规划实

① 胡森. 教育大百科全书[M]. 西南师范大学出版社，海南出版社，2006：34.

施的跟踪、监测与评估体系，是中国教育治理体系建设的主要内容之一；制定科学的教育规划并有力推动社会主义教育事业发展，是治理能力水平提升的重要表现。

2. 优化资源配置，提高经费效益

教育资源配置与教育经费拨款是教育投入与教育财政的主要内容，意味着要根据国家教育整体发展的需要，合理配置教育资源，尤其要科学分配教育经费，促进教育公平和提高教育质量。英国学者巴斯特布尔（Bastable）对政府提供的公共服务提出三个基本原则，即受益原则、行动原则和技术原则；绝大多数国家还突出对困境不利群体的补偿，即补偿原则。这些原则对于一个教育大国而言，同样有适用性。

实现我国“两个一百年”奋斗目标，实现中华民族伟大复兴中国梦，归根到底靠人才、靠教育，优先发展教育事业已经成为国家发展战略之一。基于我国的基本国情，坚持教育优先发展，必须体现教育资源的优先到位与教育经费拨款的合理增长，需要健全财政教育投入稳定增长长效机制，坚持政府主导，不断拓宽投入渠道，逐步提高社会教育投入占教育投入比例。尤其要完善中小学教师工资财政保障机制，推动落实国家关于教师地位待遇的各项举措，让教师潜心教书、静心育人。要完善非义务教育阶段的培养成本分担机制，地方人民政府应按照规定的管理权限和属地化管理原则，综合考虑经济发展状况、培养成本和群众承受能力等各种因素，合理确定学费（保育教育费）、住宿费标准，建立与拨款、资助水平等相适应的收费标准动态调整机制。[①]

当前我国教育发展还存在明显的不平衡现象，在资源配置与财政经费拨款上，不仅要注重保障教育公平，也要注重提高教育质量，还要

① 中华人民共和国教育部. 国务院办公厅关于进一步调整优化结构 提高教育经费使用效益的意见[EB/OL]. (2018-08-17)[2020-07-08]. http://www.moe.gov.cn/jyb_xxgk/moe_1777/moe_1778/201808/t20180827_346266.html.

激发教育创新。为此，教育资源配置与教育经费分配上，要实施不断优化的动态配置，实施经费使用效果、效益与效率兼顾的平衡性分配，由此提高资源与经费的使用效益。

3. 提高教育标准的质量与完备性

科林・戴弗(Colin Diver)就行政规则(标准)给出了经典的分析，他认为要成功地实施一项标准，至关重要的一点在于，标准要具备透明性、可达性和相容性这三项特征。其中，透明性指的是规则应能为其受众所理解，“应得到明确的界定，且含义得到了普遍的认同”；可达性指的是易于将标准适用于目标情形；相容性则涉及标准和根本政策目标之间的关系。①

教育现代化需要教育标准体系，教育标准体系建设是展现教育治理体系与治理能力的过程。我国教育标准体系建设需要有国家法律依据、教育专业要求、社会多方参与和广泛获得认可。在教育标准制定过程中，充分考虑标准是否透明，是否表达清晰准确，是否可以测量，标准的可行性和适用性如何，标准的执行是否能指向标准制定的初衷等问题。尽快研制各级各类教育的质量标准，是教育治理现代化的需要，也是促进中国教育现代化的需要，对此必须予以高度关注和积极应对。

4. 提高决策质量，加强政策执行力度

教育决策是教育治理的核心内容之一，教育决策不仅是政府的重要事务，也是全社会共同参与的重要领域。全社会共同参与使教育决策更为透明而公正。提高教育决策质量，要求加强教育决策的科学研究，要求对教育决策进行广泛的社会宣传，凝聚社会共识与开展科学论证。同样，科学决策而产生的教育政策是否具有生命力，关键在于执行。为此，各级党委和政府及其相关职能部门必须切实强化政策意

① DIVER C. The Optimal Precision of Administrative Rules[J]. The Yale Law Journal，1983(75)：543－675.

识，带头维护政策权威，作执行的表率，带动全党全社会自觉尊崇政策、严格执行政策、坚决维护政策。还要健全政策执行机制，加强对政策执行的监督与评价。

（三）全面提升教育信息公开的质量

信息是社会公众与政府之间联系的纽带，信息服务的质量直接影响到社会公众对政府的信任和满意程度。政府信息服务是指信息生产和服务提供方、信息用户以及信息技术专家通过一定技术手段，结合当前信息环境，在一定体制机制约束、激励和保障下进行的信息资源生产、共享和服务创新的一切活动和过程。①

在教育领域中，教育信息服务主客体、教育信息资源、教育信息媒介与服务平台是三个关键变量，图 8－1 是政府教育信息服务模型。

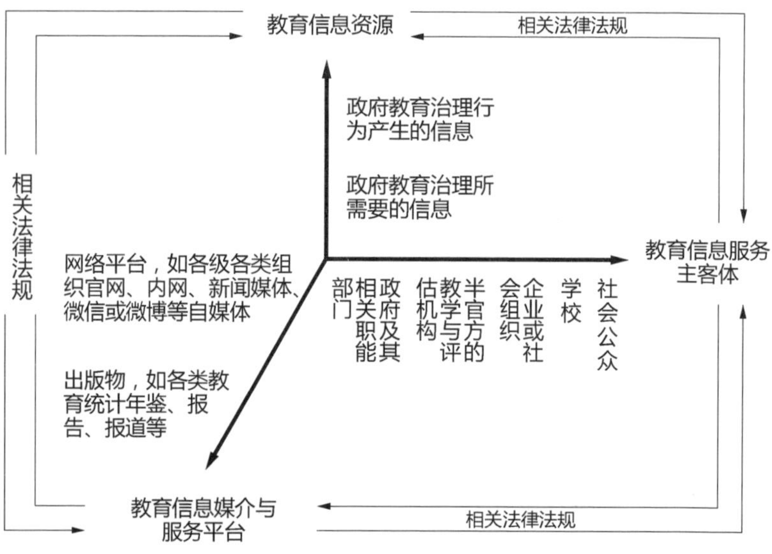

图 8－1　政府教育信息服务模型

① 熊大红，等．政府信息服务模型和关键技术研究[J]．情报杂志，2012(11)：166－169.

教育信息包括政府教育治理行为所产生的信息和政府教育治理所需要的信息，要提升政府教育信息服务质量，就要激发每个信息服务主体和客体共同参与信息服务过程，拓宽信息采集渠道。

1. 依法实施教育信息公开

在美国、日本等国，政府数据信息公开有完备的法律规定，我国要借鉴国外先进经验，制定政府信息公开法，或修订《中华人民共和国政府信息公开条例》(以下简称《政府信息公开条例》)，以确保政府履行信息公开的法律规制。同时，健全和完善政府信息公开的配套实体法律体系，包括隐私权法、《中华人民共和国保守国家秘密法》《中华人民共和国档案法》等，保障政府信息公开的顺利实施。

在政府信息公开的法律法规中，明确政府信息既要包括政府治理行为产生的信息，又要包括政府治理所需要的信息，即政府在教育治理过程中的过程性信息(包括内部信息)与结果性信息(包括经费、教师、学生等信息)。对于不宜向社会广泛公开的信息，可进行具体界定和列举。要从法律法规上界定清楚信息公开中的责任，有对失职行为的责任追究，详细规定政府信息公开中不当行为承担的责任、应该受到的处理以及明确如何实现补救等。

我国《政府信息公开条例》将"充分发挥政府信息对人民群众生产、生活和经济社会活动的服务作用"作为立法宗旨，在信息公开服务中，必须坚持以人民为中心的思想，切实履行以人民为中心的服务理念。把教育信息公开对象从政府转向公众，以公众的信息需求作为信息公开的导向，建设教育信息公开平台，保障公众对教育领域中政府事务和公众事务的知情权以及参与教育决策与教育管理的监督权。为此，在信息公开中，要改变当前"信息给予"的单向模式，转为"信息需求一给予"的双向模式。政府要向社会各方包括社会公众、学生家长、研究机构、组织企业等公开教育改革的相关信息，包括政策文本、经费数据、人员信息、发展结果等，还应该积极满足用户对教育信息数据的新要求。

2. 科学采集教育领域信息

无论是国家治理还是企业治理，都重视数据信息。大数据技术正在成为人类生产、人民生活与社会经济发展中的关键要素。当前，创建数字政府成为信息社会发展的要求，公民社会的成熟与自组织发展以及主动参与政府事务并分担责任、贡献力量、解决问题成为政府治理的重要依靠。正如托克维尔（Tocqueville）所预言的："不管它（政府）如何精明强干，也不能明察秋毫，不能依靠自己去了解一个大国生活的一切细节……当它要独立创造那么多发条并使他们发动的时候，其结果不是很不完美，就是徒劳无益地消耗自己的精力。"[①]所以，当今的教育信息还包括社会与个体对教育的认知、理解和评价等，这些信息对于改进政府的教育治理具有重要的价值和意义，也将对教育结果的达成产生影响。这种信息的采集、汇总与发表也应该成为政府教育信息公开的一个方面。

由此，政府提高教育信息服务质量，不仅指公开现有的信息，还包括政府主动地收集汇总社会民意的教育信息，可借助积极培育社会组织而广泛吸纳民意，拓展教育信息公开的外延。同时，政府在教育信息服务过程中，除了关注职能部门之间的横向数据流和各级政府及其职能部门之间的纵向数据流之外，还需要建立政府及其职能部门与企业、社会组织和公众之间内外互通的数据流，这条数据流是提高政府教育信息服务和塑造服务型政府的关键。总之，提升教育信息服务质量，首先要做好信息采集与汇总工作。

3. 打破政府教育信息壁垒

针对部门主义带来的信息壁垒，各国纷纷成立信息整合或协调机

① 托克维尔. 论美国的民主-上卷[M]. 董果良，译. 北京：商务印书馆，1995：100 - 101.

构。2007 年美国政府在“国家档案馆与档案管理局”内部成立政府信息服务办公室(Office of Government Information Services),协调处理信息形成者、拥有者与信息公开申请者之间的关系,对信息自由法进行评价,并向国会和总统提出政策变革的建议。① 澳大利亚政府设立了名为“信息专员办公室”的综合协调部门,在整个政府数据开放中担当整合作用;还设立了许多跨部门的办公室,使政府各信息部门能协商并密切合作,克服各个部门数据分散化的问题。② 新加坡则提出“多个部门、一个政府”的口号,强调整合政府资源,对公共事务进行统筹规划,为民众和组织提供各类信息服务,加强政府内部的信息共享与合作,提高政府信息传播能力和信息服务效率。③

我国在推进教育治理体系与治理能力现代化的过程中,同样必须打破信息堡垒,消除信息孤岛现象,实现政府各相关部门之间的信息数据对接和共享。需要建立法律法规层面的各种教育信息数据指标及其采集的国家规定,对教育数据指标作统一的界定,以避免统一数据不同解读;建立不同部门之间教育信息数据的对接、校验、共享的机制与制度;各级政府和教育机构都要建立教育信息数据服务的统一平台,将定时发布与公开查阅相结合,使信息数据产生流动,产生影响和生成价值。

4. 促进信息服务于民

我国的《政府信息公开条例》将“充分发挥政府信息对人民群众生产、生活和经济社会活动的服务作用”作为立法宗旨,在信息公开服务中,必须坚持以人民为中心的思想,切实履行以人民为中心的服务理念。这种信息公开服务理念,在很多国家得到认可和实践。新加坡政

① 王新才,周佳.美国贯彻《信息自由法》的措施及其对中国的启示[J].电子政务,2013(4):59-64.

② 陈萌.澳大利亚政府数据开放的政策法规保障及对我国的启示[J].图书与情报,2017(1):18-26.

③ 曹霄琪.新加坡电子政府建设及对我国的启示[J].中国集体经济,2008(8):197-198.

府信息公开强调从公众出发，引入“客户”管理的创新理念，把关注的中心从政府转向公众，以公众的信息需求作为政府服务的导向，建设政府信息公开平台，保障公众对政府事务和公众生活事务的知情权以及参与政府决策与管理的监督权。韩国提出进入政府 3.0 阶段，强调“以每个人为中心”，加大信息公布，利用社交媒体、移动互联等更便捷方式强化政府服务职能，提升民众对政治的热衷度和参与感，实现政府与市场、社会的更多沟通与合作。① 英国强力建设学校绩效表，一方面为家长提供丰富的学校信息，以作出理性的择校选择；另一方面为社会呈现学校办学绩效，接受社会监督与评价。坚持“以顾客为中心”的信息公开服务理念，要求改变当前“信息给予”的单向模式，转为“信息需求—给予”的双向模式。政府要向社会各方包括社会公众、学生家长、研究机构、组织企业等公开教育改革与改革的相关信息，包括政策文本、经费数据、人员信息、发展结果等，还应该积极满足用户与顾客对教育信息数据的新要求。

（四）实施更完备的教育督导制度

我国是一个多层级管理体制国家，这种体制决定了教育治理主体数量大、类型多、治理环境差异大等特点，这对公共权力合理合法运作带来挑战。从当前中国行政管理体制改革来看，促成决策、执行、监督权力既相互制约又相互协调的行政运行机制是改革的重点。

1. 落实国家治理改革要求

2007 年党的十七大提出，“建立健全决策权、执行权、监督权既相互制约又相互协调的权力结构和运行机制”，②之后十七届四中全会把

① 中国金融信息网. 发达国家如何打造服务型政府[EB/OL]. (2015-06-17)[2020-09-02]. https://finance.huanqiu.com/article/9CaKrnJM92b.

② 光明网. 建立健全决策权、执行权、监督权 既相互制约又相互协调的权力结构和运行机制[EB/OL]. (2017-12-27)[2020-07-08]. http://www.gmw.cn/01gmrb/2007-12/27/content_716072.htm.

"健全权力运行制约和监督机制"作为中共中央关于加强和改进新形势下党的建设若干重大问题的重要内容。[①] 2012 年党的十八大报告进一步强调:"要确保决策权、执行权、监督权既相互制约又相互协调,确保国家机关按照法定权限和程序行使权力。""加强党内监督、民主监督、法律监督、舆论监督,让人民监督权力,让权力在阳光下运行。"[②] 2013 年《中共中央关于全面深化改革若干重大问题的决定》提出:"优化政府机构设置、职能配置、工作流程,完善决策权、执行权、监督权既相互制约又相互协调的行政运行机制。"[③]

《法治政府建设实施纲要(2015—2020 年)》将"强化对行政权力的制约和监督"作为一项主要任务。[④] 近年来,我国在治理领域积极推进"放管服"改革,更新监管方式、提高监管效力成为改革的重要内容。在教育领域,如何提升教育监管效力,实现依法治教,成为当前理论与实践界都面对的重要课题。按照《教育督导条例》规定:"县级以上人民政府对下级人民政府落实教育法律、法规、规章和国家教育方针、政策的督导;县级以上地方人民政府对本行政区域内的学校和其他教育机构教育教学工作的督导。"[⑤]教育督导与评估部门是重要的教育监管主体,通过对政府履行教育职责和学校教育教学工作进行督导来实现监管的目的。

---

① 新华社. 中国共产党第十七届中央委员会第四次全体会议公报[EB/OL]. (2009-09-18)[2020-07-08]. http://cpc.people.com.cn/GB/64093/64094/10080626.html.

② 人民网. 胡锦涛在中国共产党第十八次全国代表大会上的报告[EB/OL]. (2012-11-08)[2020-07-08]. http://cpc.people.com.cn/n/2012/1118/c64094-19612151-5.html.

③ 中华人民共和国国务院新闻办公室. 中共中央关于全面深化改革若干重大问题的决定(全文)[EB/OL]. (2013-11-15)[2020-07-08]. http://www.scio.gov.cn/zxbd/nd/2013/document/1374228/1374228_3.htm.

④ 中华人民共和国中央人民政府. 中共中央 国务院印发《法治政府建设实施纲要(2015—2020年)》[EB/OL]. (2015-12-27)[2020-07-08]. http://www.gov.cn/gongbao/content/2016/content_2979703.htm.

⑤ 中华人民共和国中央人民政府. 教育督导条例[EB/OL]. (2012-09-09)[2020-07-08]. http://www.gov.cn/zwgk/2012-09/17/content_2226290.htm.

2. 提升教育督导机构的地位

我国的教育督导部门的独立性普遍较弱，更多是政府的内设机构，“尴尬的身份”导致监管效力弱化。

在深入推进教育“管办评”分离、“放管服”改革的进程中，教育督导的作用以及督导机构依附于教育行政部门的弊端日益凸显。为此，可以借鉴西方发达国家教育督导机构设置的有效做法，重新定位这些督导的性质和属性。20 世纪 90 年代末，英国教育标准局从教育与科学部独立出来，作为非部属的政府部门取代原来的女王督学团，成为与教育行政部门同级的国家教育督导机构，对议会负责，而不是对教育行政部门负责。新西兰的教育督导由教育检查办公室负责，该机构也是独立于教育部之外的隶属于国会的政府部门。俄罗斯的教育督察机构是由政府授权，并作为独立的职能部门隶属于政府领导，与其他教育部门职权不交叉，在业务上享有独立性。①

鉴于我国的实际情况，需要进一步发挥国务院教育督导委员会的作用，让新成立的教育部教育督导局在国务院教育督导委员会直接领导下，独立开展教育督导工作。地方性的教育督导机构则必须真正隶属于地方政府或者人民代表大会，区别于传统的教育行政部门，将督政落到实处，让督导成为各级政府优先发展教育事业的监测器。同时，还可以借鉴国际实践，增强教育督导与评估主体的社会参与，引入第三方参与，使督导的主体多元。这种第三方可以是在督导上具有专业性的机构，也可以是非教育专业的新闻媒体、各种社会组织和个人等参与教育检查与监管工作，形成全社会监管教育的氛围，增强发挥监督的影响力，促进教育治理的改进与完善。

---

① 彭虹斌. 教育督导机构独立性的国际比较与启示[J]. 外国中小学教育，2013(2)：1-6.

3. 增强教育督导人员的能力

教育督导与评估是一项复杂工程，需要督导与评估人员具备对教育问题的敏感性、思考和分析教育问题的专业性、客观中立的职业道德；需要在督导与评估过程中设计科学可测的督导评估指标和信息采集工具，并能基于采集到的数据和信息进行科学分析，撰写出基于证据的督导或评估报告。尤其在当前人力、财力问题一时难以完全解决的现实面前，更加需要教育督导与评估人员充分运用大数据采集与分析方法，尽可能以较少的投入提供有效的督导与评估。教育督导与评估者的专业能力欠缺常常成为制约监管效能的重要因素。

督学是主要的教育督导与评估人员，目前我国督学的数量和质量都有待提高。从各级督导部门编制来看，各地均呈现事多人少的困境，导致许多工作落实不到位。从队伍质量来看，我国绝大多数地区的督学以退休人员为主。笔者 2016 年对全国 6 个省 17 个县 302 名督学的问卷调查结果显示，不同年龄的责任督学在专业知识和能力方面存在显著性差异，年龄超过 60 岁的督学在学校课程与课时安排、数据统计与分析等方面明显弱于中青年督学，表示“非常熟悉”的比例不足一半。需要充实督学数量，从年龄、专业能力等方面设定督学入门门槛，保障督学承担教育监管工作的胜任力。

4. 推进教育督导结果问责

我国正深化新时代教育督导体制机制改革，推动教育督导“长牙齿”，提高督导权威性与实效性，加强对教育督导与监管结果的运用，按照法律法规内容实施结果问责与责任追究。督政结果要上报政府主管部门，作为考核政府履行优先发展教育战略的依据。如结果不佳，必须对相应的政府责任部门及其负责人、责任人进行行政处罚。将督学结果也纳入对学校发展、学校管理者与教师的考核与聘任体系之中，促进学校改革发展，促进教育教学水平提升。在校长与教师的聘任与晋升中，必须科学考量督学结果。总之，教育督导与监管的结果还需要纳入信息公开体系之中，将这些信息作为教育服务的内容之一，产生法律法规效应，成为办人民满意教育的有效抓手。

推进教育督导结果问责，需要基于教育现代化发展的要求，既要更好满足人民群众对教育的需求，又要服务于建设社会主义现代化强国的需要。与世界教育强国相比，我国教育现代化发展必须更多关注质量与效益，实现数量增加与质量提高的结合。面向学校的教育督导，要聚焦推动学校内涵发展、深化教育教学改革、提高教育教学质量、促进学生健康且有个性发展的需求及其实践。教育督导及其问责必须有助于现代学校制度建设，有助于学校获得更大的办学自主权，包括在教师聘用、经费使用、课程设置等方面的自主权。将问责作为一种积极的治理方式，在教育工作实践中坚决克服唯分数、唯升学、唯文凭、唯论文、唯帽子等顽瘴痼疾，彻底扭转教育管理与评价的功利化、排行榜等不科学的导向问题。

第九章

努力开创教育对外开放新局面

本章提要

教育对外开放是教育事业发展的重要领域，是加快推进中国教育现代化的一个方面。全面开创新时代中国教育对外开放的新局面，必须坚持服务于国家教育现代化建设的大局，教育对外开放必须牢记建设社会主义教育强国、促进“一带一路”倡议、共同构建人类命运共同体的使命。新时代教育对外开放需要始终牢记“以我为主”的国家立场，要保持中国教育的优势特点，以坚持党的领导作为促进对外开放的政治保障，并以传播和分享中国实践与智慧为重要任务，展现中国教育的自信。

继续学习和把握国际教育发展的趋势和特点，关注全球化背景下教育的新变化和新特点，关注科学技术发展与全球化发展下人才的新特点与新要求，以国际视野审视人才培养的变革和创新，使教育开放成为促进人才培养创新的驱动力。

认真落实党和国家出台的教育对外开放的各项政策，继续做好出国留学和来华留学工作，扩大境内外合作办学规模，充分发挥教育的人文交流作用。在全面实施对外开放的过程中，促进中国教育治理体系建设和治理能力提升。积极参与国际教育援助对外活动，建立中国的国际教育援助工作体系，承担促进国际教育发展的大国责任，以国际教育援助促进中外人文交流。

对外开放是国家改革开放事业的重要组成部分之一，也是建设中国特色社会主义教育强国的关键举措。党的十八大以来，习近平总书记在全面把握国际国内形势的基础上，从治国理政的新理念、新思想、新战略视角，提出一系列富有创见的教育对外开放观点与论断，为教育领域扎实做好对外开放各项工作，加快国家教育现代化建设指明了方向。《中国教育现代化 2035》中明确提出“开创教育对外开放新格局”的战略任务，要全面提升国际交流合作水平，全面提升来华留学质量，推进中外高级别人文交流机制建设，积极参与全球教育治理。为此，必须全面认识和理解新时代推进教育对外开放的意义和价值，努力将中国教育对外开放建设成为促进中国教育现代化发展的途径，使中国教育现代化向外传播并具有国际影响力，开创教育对外开放新局面。

一、始终牢记对外开放的教育使命

2018 年 12 月，习近平总书记在庆祝改革开放 40 周年大会上的讲话中号召：“高举中国特色社会主义伟大旗帜，不忘初心，牢记使命，将改革开放进行到底，不断实现人民对美好生活的向往，在新时代创造中华民族新的更大奇迹！创造让世界刮目相看的新的更大奇迹！”“改革开放 40 年的实践启示我们：开放带来进步，封闭必然落后。中国的发展离不开世界，世界的繁荣也需要中国。我们统筹国内国际两个大局，坚持对外开放的基本国策，实行积极主动的开放政策，形成全方位、多层次、宽领域的全面开放新格局，为我国创造了良好国际环境、开拓了广阔发展空间。”[①]按照习近平总书记关于对外开放的各种论

① 新华网. 在庆祝改革开放 40 周年大会上的讲话[EB/OL].（2018 - 12 - 18）[2020 - 07 - 08]. http://www.xinhuanet.com/2018-12/18/c_1123872025.htm.

述，2016年4月，中共中央、国务院出台《关于做好新时期教育对外开放工作的若干意见》，其中指出，教育对外开放是我国改革开放事业的重要组成部分，要服务党和国家工作大局，提升教育对外开放质量和水平；要增强服务中心工作能力，自觉服务“一带一路”建设等重大战略，推动实施创新驱动发展战略、科教兴国战略、人才强国战略。显然，在对外开放中，教育的使命在于服务于中国特色社会主义现代化强国的战略，致力于建设社会主义教育强国，服务于国家“一带一路”倡议的实施，以及促进共同构建人类命运共同体。

（一）致力于建设社会主义教育强国

改革开放40年，也是教育对外开放的40年，是我国学习国际先进教育思想和国际先进教育实践的过程，是中国教育与国际教育之间开展广泛互动的过程，更是中国教育获得巨大发展的过程。在改革开放的过程中，教育领域初步形成多层次、宽领域、全方位的中国教育对外开放格局，构建了基本完善的现代中国教育体系，促使中国教育国际影响力大幅提升。建设社会主义教育强国，必须继续保持教育的对外开放。

1. 学习和借鉴国际经验

教育发展是人类文明发展的共同成果，中国教育发展也是教育对外开放的成果，是国际教育交流与合作的结果，是学习和借鉴各国教育发展有效经验的结果。在建设社会主义教育强国的过程中，还必须保持学习国际先进思想与借鉴国际实践经验，努力以国际视野审视教育改革的举措和行动，更好地反思我国教育改革的思想和成就，更好地促进国家教育事业发展。中国特色社会主义教育现代化的“中国特色”，并不只是立足中国教育基础进行改革与实践的自身话语表述，还包括中国教育学习和借鉴国际教育发展的中国创新，也是可与国际社会共享的中国经验。

例如，当前我国高等教育正在从大众化向普及化转变，正在致力于世界一流大学和一流学科建设，必须学习和借鉴世界高等教育改革与发展的成熟经验，必须与世界各国著名大学和先进学科开展交流与合作；在相互交流、相互学习和相互合作的基础上，提升我国大学与学科的实力，促进我国现代大学制度建设，促进创新拔尖人才培养模式与方法的创新，促进我国高等教育高质量内涵发展。

2. 变革和创新人才培养模式

随着大数据、互联网、人工智能等科学技术的快速发展，全球化时代全球竞争更加激烈。在经济全球化与国际治理的背景下，对人才提出了新要求。作为教育强国，不仅要为国家发展培养人才，也要为全球发展培养人才、贡献人才，培养适应全球化需要和促进人类发展的国际性人才，培养致力于服务人类和平的人才。

教育对外开放具有培养优秀人才的重要使命，具有实现中华民族伟大复兴的责任。为此，在教育对外开放的过程中，一要加大我国教育改革力度，更新教育观念思想，促进人才培养模式创新，培养德智体美劳全面发展的社会主义事业建设者和接班人。二要大力发展出国留学，使更多的中国年轻人能够享受到世界各国的教育，为中国的发展作出贡献。三要发展来华留学，将来华留学作为分享中国教育强国红利的载体，使更多外国学生在华学习和发展，带动与世界各国教育、科技、文化交流和经贸合作，实现更多国际智力为国家现代化服务，以及增进各国人民间人文交流。四要科学推进中外合作办学，实现充分利用国外教育资源和合理输出中国教育资源的结合。

3. 展示中国教育发展的成就

建设社会主义教育强国意味着中国教育要具有包容性、开放性和共享性，也意味着中国教育具有先进性和吸引力。其中最重要的是，中国教育改革与发展的实践要对世界教育发展产生示范性、指导性和启发性。回顾和总结中国教育现代化发展事业成就，需要将取得成就的思想理论、行动措施和实践模式，系统地推介和传播到国际教育界，分享我们建设社会主义教育强国取得的经验，使其成为促进世界教育发展的参照，成为促进世界教育发展多样性的典范。

到2018年，我国已与188个国家和地区建立了教育合作与交流关系，与51个国家和地区签署学历学位互认协议。各类来华留学总人数达49.2万，接受学历教育来华留学生25.8万人，占比超过50%。越来越多的中国高校走出国门举办海外分校，高水平中外合作办学项目不断涌现。548所孔子学院和1 193个中小学孔子课堂遍布全球154个国家和地区，对汉语教学、中华文化的传播发挥了重要作用。①但是，对照建设社会主义教育强国和对外开放的要求，还需要进一步扩大我国教育的国际合作与交流，全面提升合作与交流的水平。

（二）服务于“一带一路”倡议

习近平总书记提出的“一带一路”倡议，旨在促进沿线各国创造需求和就业，推动世界经济整体复苏。教育是“一带一路”倡议的重要组成部分，在其中发挥了基础性、全局性和先导性的作用。“一带一路”建设的重点是“五通”，即政策沟通、设施联通、贸易畅通、资金融通、民心相通。其中，民心相通最为关键和根本，教育则是促进民心相通的重要载体。

1. 教育承载民心相通的重任

2016年1月习近平总书记在阿拉伯国家联盟总部演讲时指出，“一带一路”延伸之处，是人文交流聚集活跃之地，民心交融要绵绵

---

① 姚宏杰. 提升教育质量的执着追求[N]. 中国教育报，2019-09-25(001).

用力，久久为功。[①] 教育要发挥增进“一带一路”民心互通的纽带功能，促进各族文化的交流对话与互学互鉴，为深化沿线国家合作提供动力。

2017 年 5 月习近平总书记在“一带一路”国际合作高峰论坛开幕式上强调，要建立多层次人文合作机制，搭建更多合作平台，开辟更多合作渠道。要将“一带一路”建成文明之路，要以文明交流超越文明隔阂、文明互鉴超越文明冲突、文明共存超越文明优越，推动各国相互理解、相互尊重、相互信任。[②] 实现这些愿景，关键在于推动教育合作，扩大互派留学生规模，提升合作办学水平。

这些论述充分阐述了我国教育对外开放服务于“一带一路”建设的使命、任务与职责。

2017 年，共有 31.72 万名沿线国家留学生来华留学，占来华留学总人数的 64.85%；2018 年底，我国在 52 个“一带一路”沿线国家设立 140 所孔子学院和 135 个孔子课堂；2019 年 4 月，我国已与 24 个“一带一路”沿线国家签署高等教育学历学位互认协议，共有 60 所高校在 23 个沿线国家开展境外办学，16 所高校与沿线国家高校建立了 17 个教育部国际合作联合实验室。[③]

2016 年教育部印发《推进共建“一带一路”教育行动》，系统阐述了在“一带一路”建设中中国教育对外开放的愿景与规划。《加快推进教育现代化实施方案（2018—2022 年）》的重点任务之一就是，“推进共建‘一带一路’教育行动”，要求围绕共建“一带一路”，大力加强高层次国际化人才培养，全面深化中外人文交流，增强教育国际影响力，全面提

---

① 新华社. 习近平在阿拉伯国家联盟总部的演讲（全文）[EB/OL].（2016-01-22）[2020-07-08]. http://www.xinhuanet.com/world/2016-01/22/c_1117855467.htm.

② 新华社. 习近平在“一带一路”国际合作高峰论坛开幕式上的演讲[EB/OL].（2017-05-14）[2020-07-08]. http://www.xinhuanet.com/2017-05/14/c_1120969677.htm.

③ 董鲁皖龙，焦以璇. 服务“一带一路”教育在行动[N]. 中国教育报，2019-04-25(003).

升教育对外开放水平。[①]

2. 扎实推进“一带一路”教育行动

根据国家战略要求，进一步推动我国与“一带一路”国家的教育合作与交流，努力做好以下方面。

一是抓住机遇开展境外办学。可以统筹考虑各种因素，在下列四个领域方向探索开展“一带一路”境外办学：在中国产业投资集中地探索产教合作办学；在重要战略伙伴国家或节点城市探索合作办学；在地区和学校长期合作伙伴地探索中外合作办学；在规划建设的国际教育中心（枢纽）参与办学。

二是借助教育做深做细人文交流。从长远讲，广泛的民意和社会基础是“一带一路”建设健康运行的根本保障。“一带一路”在根本上属于民心工程，教育人文交流承担着不可替代的重要职能，要采取切实措施，推动更有效的教育文化交流和人员流动。通过与相关关键国家合作设立高级别人文交流机制，在相关地区增派教育驻外力量，鼓励各级地方政府与相关地区广泛建立友好合作关系，支持教育机构与相关地区广泛建立校际合作关系等多种举措，调动各界力量，开展机制化、广领域、多层次人文交流。

三是加快在“一带一路”相关国家做好汉语推广工作。迄今为止，孔子学院和孔子课堂分布在“一带一路”相关国家的比例还不高，汉语推广工作需要进一步加强。各级教育机构在汉语推广和汉语教学领域可以发挥更加积极的作用，比如开发汉语推广特色教材，培训外国汉语教师，面向相关国家组织开展青年管理人才和专业人才培训，开展留学生预科教育，与外国中小学校特别是高中建立合作关系等。同

---

① 新华网.中共中央办公厅、国务院办公厅印发《加快推进教育现代化实施方案（2018－2022年）》[EB/OL].（2019-02-23）[2020-07-08]. http://www.moe.gov.cn/jyb_xwfb/s6052/moe_838/201902/t20190223_370859.html.

时，继续办好来华留学生全汉语教学。

四是深度挖掘“一带一路”相关国家来华留学教育。目前，“一带一路”相关国家来华留学生在我国在华留学生中占了一定比例，但还应加强“一带一路”相关国家来华留学市场研究和开发，采取针对性举措，扩大吸收相关国家和地区高素质留学生。

总之，教育对外开放必须服务于“一带一路”建设要求。必须加强我国与“一带一路”沿线各国教育互利合作的需要，破除教育政策和信息的交流壁垒和瓶颈，实现沿线国家教育资源的共享，共建人才培养与交流机制，促进“一带一路”国家和地区的经济繁荣和社会进步。

（三）促进共同构建人类命运共同体

构建人类命运共同体，是习近平新时代中国特色社会主义思想的重要内容之一。2017 年 1 月，习近平总书记在联合国日内瓦总部的演讲中，系统阐述了构建人类命运共同体的思想与观点。他以“共同构建人类命运共同体”为主题，提出构建人类命运共同体的五项主张，并明确表示“构建人类命运共同体是一个美好的目标”。① 2017 年 10 月，在党的十九大报告中，习近平总书记提出“坚持和平发展道路，推动构建人类命运共同体”，全面而系统地阐述了人类命运共同体的思想内涵与时代价值。②

1. 教育实现人类共同愿景

共同构建人类命运共同体，为教育对外开放提供了新指引。人类命运共同体的内涵与价值观对我国当前教育对外开放具有重要的理

---

① 新华社. 习近平主席在联合国日内瓦总部的演讲(全文)[EB/OL]. (2017 - 01 - 19)[2020 - 07 - 08]. http://www.xinhuanet.com/world/2017 - 01/19/c_1120340081.htm.

② 新华网. 习近平：决胜全面建成小康社会　夺取新时代中国特色社会主义伟大胜利——在中国共产党第十九次全国代表大会上的报告[EB/OL]. (2017 - 10 - 27)[2020 - 07 - 08]. http://www.xinhuanet.com/politics/19cpcnc/2017 - 10/27/c_1121867529.htm.

论意义。

2013年4月习近平总书记强调，当今世界是“各国共同组成的命运共同体”“教育应该顺此大势，通过更加密切的互动交流，促进对人类各种知识和文化的认知，对各民族现实奋斗和未来愿景的体认，以促进各国学生增进相互了解、树立世界眼光、激发创新灵感，确立为人类和平与发展贡献智慧和力量的远大志向”。[①] 2013年9月习近平总书记在联合国“教育第一”全球倡议行动一周年纪念活动上发表视频贺词时指出，“中国将加强同世界各国的教育交流，扩大教育对外开放，积极支持发展中国家教育事业发展，同各国人民一道努力，推动人类迈向更加美好的明天”。[②]

在人类命运共同体的思想下，中国教育对外开放必须突破狭隘的民族与国家视角，超越民族与国家的简单思维，树立为增进全人类福祉作出贡献的意识。中国的教育对外开放，不仅要传播中国教育思想文化与实践经验，更要尊重差异化与多元化的国际教育，提倡并开展合作与交流，将形成利益共同体、责任共同体和命运共同体作为教育合作的核心，促进国际教育整体发展与各国教育合作共赢。

本书前言中已经提及《中国教育现代化2035》产生的背景，其中之一就是响应联合国2030可持续发展议程要求，共同致力于实现可持续发展目标中的教育目标（SDG4）：确保包容和公平的优质教育，让全民终身享有学习机会。这一目标的最终追求在于促进世界上每个人的发展，实现人的发展和幸福。

2. 积极参与全球教育治理

正如国际“教育2030”所言，实现2030年教育发展目标，需要国

① 赵婀娜. 清华大学苏世民学者项目启动仪式在京举行[N]. 光明日报，2013-04-22(001).

② 新华社. 习近平发表贺词：中国将加强同世界各国的教育交流[EB/OL]. (2013-09-26)[2019-04-07]. http://www.gov.cn/ldhd/2013-09/26/content_2495491.htm.

家、区域和全球层面的治理、问责、协调、监测追踪和评估、评估与报告的机制。为此，作为发展中的新兴大国，我国必须更加积极地参与到国际教育发展及其治理的活动之中，与实现中国教育现代化 2035 发展任务相统一。

第一，要及时发出中国声音。我国参加国际教育治理活动，需要积极参与各种国际性、区域性教育论坛、会议、研究以及交流，向国际社会公开表达中国对国际教育发展的观点、建议和呼吁。

第二，主动建构中外教育对话机制。建立与国际组织合作的全球教育对话论坛机制，建立区域性教育发展与合作协商机制（尤其是“一带一路”），利用中外高端人文交流机制设立教育对话机制，主动介绍中国教育政策、行动和成效。

第三，积极参与到国际教育活动之中。要加强与联合国机构的合作，尤其是与联合国教科文组织的合作，参与到国际教育发展的政策制定与研讨活动之中，共商国际教育发展大计，努力将中国思想和中国经验融合到国际教育发展的规则制订与文件研制中。在合作的同时，还必须在国内培育和发展具有高度独立性的教育机构，努力使之成为教育的国际机构。

第四，积极为国际组织机构提供人才支持。我国要有计划地培育国际组织后备人才，积极为国际组织输送优秀人才，鼓励优秀人才到国际组织实习与任职，发挥大国的人才优势。

总之，教育对外开放需要为共同构建人类命运共同体作出贡献，也以此推动中国教育现代化 2035 目标的实现。

二、始终坚持“以我为主”的立场原则

在现代化的进程中，必须充分认识并处理好对外开放与扎根本土

之间的关系问题。这既是一个认识问题，也是发展方向与方法论问题。不能将教育对外开放和扎根中国大地办教育简单对立，而是需要加强对建设中国特色社会主义教育现代化的认识，尤其是要深刻理解和把握扎根中国大地办教育的含义。

2018年在全国教育大会上，习近平总书记指出，要坚持扎根中国大地办教育。办好人民满意的教育、培养更多社会主义事业建设者和接班人，离不开扎根中国大地办教育的决心、信心与行动。坚持中国特色，是中国教育现代化的重要原则之一。坚持中国特色社会主义发展道路是习近平新时代中国特色社会主义思想的重要内容之一。坚持中国特色同样是中国教育改革与发展的重要原则之一，也是教育对外开放必须遵守的前提。

《中国教育现代化2035》正是体现了习近平总书记对教育改革与发展的要求，结合我国教育与国家现代化发展的战略目标，将中国教育对外开放与发展融入当前中国特色社会主义现代化建设的伟大事业之中，以坚持中国特色社会主义道路为准绳，又注重学习和借鉴国际教育思想与经验，传承并弘扬中国民族精神，传播中国教育实践案例、可推广经验以及学术话语，坚持中国特色社会主义现代化的教育自信。

（一）始终坚持党的领导

坚持党对一切工作的领导，是习近平新时代中国特色社会主义思想的精神实质和丰富内涵之首。新时代中国教育对外开放，必须坚持党对教育事业的全面领导，确保坚持社会主义办学方向，彰显中国特色社会主义教育发展之路。

1. 确保教育对外开放的正确方向

改革开放40多年来的实践与经验表明，当前中国教育取得的举世瞩目的成就与党的领导紧密相关，与党对教育毫不动摇的领导信念密切关联。坚持党对教育事业的全面领导是办好具有中国特色、引领世界水平的现代教育的根本政治保证。教育对外开放是国家对外开放的重要组成部分，是教育发展的驱动力。国家发展的 70 年成就与改革开放 40 年的发展实践充分证明，坚持党的领导是社会主义事业取得胜利的重要保证，也是进一步改革开放的首要原则。

习近平总书记在 2018 年全国教育大会上强调："加强党对教育工作的全面领导，是办好教育的根本保证。教育部门和各级各类学校党组织要坚定不移维护党中央权威和集中统一领导，自觉在政治立场、政治方向、政治原则、政治道路上同党中央保持高度一致。"① 这些重要论述强调了加强党的领导对教育事业发展的重要作用。只有坚持党的领导，才能保证教育的正确方向，才能培养德智体美劳全面发展的社会主义事业建设者和接班人，才能办好人民满意的教育。

《中国教育现代化 2035》的基本原则第一条就是，坚持党的领导。这一点必须全面落实到教育对外开放领域。教育对外开放只有党的坚强领导，才能坚持正确的政治方向，才能牢牢掌握教育对外开放中意识形态工作的主动权和领导权，才能调动各方面的积极因素参与到教育对外开放实践之中，才能是教育对外开放服务于中国特色社会主义国家现代化发展的战略需求。

2. 扎实做好思想教育和思想建设

在教育对外开放的过程中，必须将坚持党的领导落到实处，务必

① 习近平. 坚持中国特色社会主义教育发展道路　培养德智体美劳全面发展的社会主义建设者和接班人[EB/OL].（2018 - 09 - 10）[2020 - 07 - 08]. http://www.moe.gov.cn/jyb_xwfb/s6052/moe_838/201809/t20180910_348145.html.

结合各项对外开放工作的不同情形、不同环境和不同内容，有意识有目的地在各项工作与活动中贯彻党的要求与体现党的影响，切忌官僚主义和形式主义。

留学教育是对外工作的重要工作。在公费留学工作之中，必须强调并突出学生思想政治与道德品德素养及其水平在选拔和委派中的重要作用，要注重选拔有坚定的共产主义信念、远大的社会主义理想、道德品德优秀的年轻学子，要将公费出国留学与“培养什么人”“为谁培养人”等重大问题联系在一起。我国驻外使馆与领馆要加强与所在地留学生的联系和交流，不仅要帮助他们解决学业与生活上遇到的问题，而且要有计划地面向出国留学生开展国家发展的国情教育与时事形势教育等，扎实做好留学生思想政治教育工作，在留学生中发展和培养党员积极分子和党员，努力将留学生的爱国热情有序稳步转化为他们爱国爱党的自觉行为，激发他们为奉献国家发展而努力学习和积极工作的热忱情怀。

在境内外合作办学中，也必须充分发挥党组织的作用，需要创新中外合作办学新机制和新业态，将党组织的领导与影响、党员的先进与模范作用融合其中，加强学生的思想指导和思想引领，培养学生形成正确的人生观、价值观和世界观，使中外合作办学服务于中国教育现代化事业发展。

还需要强调的是，在来华留学工作中，也要体现坚持党的领导。要创建来华留学生思想工作体系，采用参观、访问、体验、交流和研讨等形式，让在华外国学生在学习文化知识和科学技术的同时，更好地了解中国特色社会主义制度的特点，更好地认识中国共产党与中国人民之间的关系，培养他们能够科学、客观、全面地了解真实的中国，了解真实的中国共产党的意识，要让这些来华留学生成为向世界全面真实地介绍中国、中国共产党、中国人民的友谊使者。

（二）传播中国教育智慧

教育对外开放是各国教育之间双向的、互动的、全方位的学习、交流和合作。在改革开放 40 年间，我国学习和借鉴了世界先进思想和先进经验，也得到很多国家、国际组织和国际友人的支持、帮助和援助。正是这种相互学习、相互交流和相互分享的过程，促进了中国教育的改革与发展，也为世界教育发展作出了贡献。

1. 传播中国教育发展的制度优势

当前，中国正在从“穷国办大教育”迈入“大国办强教育”的新时代，《中国教育现代化 2035》就是鲜明写照。在面向现代化的教育进程中，中国教育改革开放需要更多地注重向国际社会传播中国教育实践，分享中国成功经验，提供教育发展的中国方案，由此共建和谐社会。与科学技术发展相一致的是，中国教育的发展也正在发生从“跟跑”“并跑”到“领跑”的过程。

过去 70 余年中国教育发展取得了丰硕成果，拥有世界上最庞大的教育体系和规模，并形成了中国教育发展与改革的宝贵经验与实践智慧。未来的教育领域开放，需要我国贡献更多的“中国智慧”和“大国责任”。《中国教育现代化 2035》更是展现了中国发展教育的宏伟目标。

过去历史成就的取得与未来宏伟目标的实现，都是植根于中国特色社会主义制度的优势。2019 年 10 月党的十九届四中全会通过的《中共中央关于坚持和完善中国特色社会主义制度推进国家治理体系和治理能力现代化若干重大问题的决定》，全面阐述了中华人民共和国成立 70 年来中国创造经济快速发展奇迹和社会长期稳定奇迹的国家制度优势，这种制度就是，中国特色社会主义制度和国家治理体系是以马克思主义为指导、植根中国大地、具有深厚中华文化根基、深得人民拥护的制度和治理体系，是具有强大生命力和巨大优越性的制度和治理体系。[①]

改革开放以来的中国教育发展，正是结合了中国国家发展、社会发展和人民发展的愿望，创造性地发展了中国基础教育、高等教育、职业教育和教师教育等各级各类教育，形成了具有中国特色的社会主义教育道路。

2. 分享中国教育发展的成功经验

党的十九大报告中提出的“坚持以人民为中心”“办好人民满意的教育”“发展素质教育，推进教育公平”“努力让每个孩子都能享有公平而有质量的教育”等观点与要求，其实都是中国教育现代化发展中取得的智慧结晶，其实也是全球教育发展的共同目标。

习近平总书记在全国教育大会上总结了中国教育发展取得成功的“九个坚持”，尤其提出，立足基本国情，遵循教育规律，坚持改革创新，以凝聚人心、完善人格、开发人力、培育人才、造福人民为工作目标，培养德智体美劳全面发展的社会主义建设者和接班人。[②] 立德树人是习近平新时代中国特色社会主义思想在教育中的体现，也是中国教育发展的根本任务。要坚持把立德树人作为中心环节，并贯穿教育教学全过程，实现全程育人、全方位育人。

《中国教育现代化 2035》围绕全面落实立德树人根本任务，聚焦培育和践行社会主义核心价值观，服务于国家发展和人民发展，以教育现代化促进国家现代化。这种教育现代化发展的政策及其思想，充分体现了中国教育发展的新思想和新要求，也是整个国际教育界需要学习和借鉴的。在中国教育现代化的进程中，坚持以人民为中心的发展

① 新华社. 中共中央关于坚持和完善中国特色社会主义制度　推进国家治理体系和治理能力现代化若干重大问题的决定[EB/OL]. (2019 - 11 - 05)[2020 - 07 - 08]. http://www.gov.cn/zhengce/2019 - 11/05/content_5449023.htm.

② 习近平. 坚持中国特色社会主义教育发展道路　培养德智体美劳全面发展的社会主义建设者和接班人[EB/OL]. (2018 - 09 - 10)[2020 - 07 - 08]. http://www.moe.gov.cn/jyb_xwfb/s6052/moe_838/201809/t20180910_348145.html.

理念，坚持人民当家作主的方略，以及以坚持扎根中国与融通中外相结合，坚持目标导向与问题导向相结合，坚持“放管服”相结合，坚持顶层设计与基层探索相结合等原则深化教育体制机制改革。这些改革与创新举措，都是当代中国教育思想的智慧，应该成为中国教育对外传播的主要内容之一。

教育对外开放就是要向国际社会尤其是教育界介绍和传播这些思想与观点，包括国家教育发展的战略目标确立、重点任务选择、分级管理体系以及教育发展实践效果等各方面。

（三）展现中国教育自信

2016 年 5 月，习近平总书记在哲学社会科学工作座谈会上指出："坚定中国特色社会主义道路自信、理论自信、制度自信，说到底是要坚定文化自信，文化自信是更基本、更深沉、更持久的力量。"[①]同年，习近平总书记在庆祝中国共产党成立 95 周年大会上强调："坚持不忘初心、继续前进，就要坚持中国特色社会主义道路自信、理论自信、制度自信、文化自信。"[②]2017 年 10 月，党的十九大报告中进一步强调："全党要更加自觉地增强道路自信、理论自信、制度自信、文化自信。"[③]毫无疑问，"四个自信"是当代中国对外开放的基础，展示中国教育自信，也是对外开放的任务。

1. 教育自信是对外开放的新基础

40 年教育对外开放的历程显示，教育对外开放正在朝着双向的、

---

① 新华社. 习近平：在哲学社会科学工作座谈会上的讲话[EB/OL].（2016 - 05 - 18）[2020 - 07 - 08]. http://www.xinhuanet.com//politics/2016 - 05/18/c_1118891128_3.htm.

② 人民网. 习近平在庆祝中国共产党成立 95 周年大会上的讲话[EB/OL].（2016 - 07 - 01）[2020 - 07 - 08]. http://cpc.people.com.cn/n1/2016/0702/c64093 - 28517655.html.

③ 新华网. 习近平：决胜全面建成小康社会　夺取新时代中国特色社会主义伟大胜利——在中国共产党第十九次全国代表大会上的报告[EB/OL].（2017 - 10 - 27）[2020 - 07 - 08]. http://www.xinhuanet.com/politics/19cpcnc/2017 - 10/27/c_1121867529.htm.

互动的、立体的和全方位的方向发展。不可否认，教育开放之初，中国教育主要学习与借鉴国外先进知识、思想、技术和经验，引进国外优质教育资源，表现为典型的“引入”“输入”和“模仿”的形态，其中以出国留学最为典型。这与中国教育发展的基础差、基础条件贫乏和教育机构能力弱有关。在中国教育改革与发展成就令世界瞩目的新时代，中国教育仍需要继续学习和借鉴世界教育先进思想和经验，而这种学习显然具有了更多的中国自信。也就是说，我们对教育现代化有了更多的思考和思想，而不是复制西方模式与西方经验。

教育自信要求在对外开放中破除拿来主义和保护主义的二元对立，实现吸收人类教育智慧与分享中国教育智慧相结合，推进中国特色教育现代化建设。教育自信是“四个自信”的应有之义，就是坚定不移地走中国特色社会主义教育发展道路，坚持和发展中国特色社会主义教育理论体系和教育制度，坚持培养德智体美劳全面发展的社会主义建设者和接班人。中国传统教育思想源远流长，中国教育改革与发展成就巨大，为世界教育发展作出了贡献。

2. 创建中国教育理论话语系统

教育对外开放需要向世界讲述中国故事，展现中国教育的先进理念与实践经验，为世界教育贡献中国智慧。这就需要中国教育理论的创新与发展，用学术的话语阐述中国教育，而不是以政治的或者口号的方式“宣讲”中国教育。

2019 年 3 月，习近平总书记在看望参加全国政协文化艺术界、社会科学界委员联组会上提出，要坚定文化自信、把握时代脉搏、聆听时代声音，坚持与时代同步伐，以人民为中心，以精品奉献人民，用明德引领风尚。他还提出要深刻解读中华人民共和国 70 年历史性变革中蕴藏的内在逻辑，讲清楚历史性成就背后的中国特色社会主义道路、理论、制度和文化优势，更好地用中国理论解读中国实践，为党和人民继续前进提供强大精神激励。①

习近平总书记提出的"解读"是指中国教育需要自身的理论话语体系，在国际教育交流与合作中，运用中国教育的理论话语系统，向全世界推介中国教育改革与发展的新思想、新理念和新举措，使中国教育成为国际教育中的中坚力量，并且更为全面地参与国际教育治理。

为此，要加强中国教育理论研究和理论体系建立，以学术话语总结和研究中国教育发展与改革的话语系统与理论体系，在国际上阐述中国教育发展的内在逻辑、教育话语和成功实践，并与世界教育发展实践结合，使中国教育发展实践更具世界普遍性意义。

三、科学把握国际教育发展特点

我国社会经济发展已经进入新时代。在小康社会、和谐社会、学习型社会以及大国崛起的背景下，建设中国教育现代化，需要更新教育思想与观念。中国教育现代化是国际教育发展的重要组成部分，教育思想与观念需要获得国际教育界的认同，发展思路与模式也应符合国际教育发展趋势。为此，有必要重新认识现时代的教育价值与意义，科学把握国际教育发展的特点。

（一）国际上对教育的新认知

在全球化的竞争环境下，各国教育改革与发展都体现出竞争的需求。竞争似乎是一些政府发展教育的目标追求。这也是为什么当前

① 新华网. 习近平看望参加政协会议的文艺界社科界委员[EB/OL].（2019－03－04）[2020－07－08]. http://www.xinhuanet.com/politics/2019lh/2019－03/04/c_1124192099.htm?agt=542&tdsourcetag=s_pcqq_aiomsg.

OECD实施的“国际学生评估项目”(Programme for International Student Assessment,简称PISA)备受政府关注却又遭受学界质疑的原因。其实,当今世界对“教育角色”有新的期待,即,促进人类的团结、和平与发展。显然,教育期待在某种意义上是背离“竞争”宗旨的。所以,在理解当代教育的价值上,必须把握竞争、合作、和谐、进步等诸多观念之间的联系。

教育具有“生产”的功能,但是这种带有显著功利性的教育观并不是一种始终正确的教育思想,因为它带来了诸多教育实践问题,如教育产业化、区域间教育发展不均衡、教育中的不公平、应试教育、学生负担过重等。在教育发展成为普及化状态(包括高等教育在内)的学习型社会中,对教育的“生产”功能的认识需要转变或者提升。目前,“投资于教育”不能简单地理解为教育是一种有高经济回报的投资,而要把教育理解为投资于人的发展、投资于社会的发展。

在理解教育与个体的关系之中,“教育改变命运”也不能再简单地理解成教育是个体升迁的通道,而应该把教育看成是促使个体全面发展与个性发展,体现个体生命尊严的权利。对每个人而言,教育不只是机会,而且是天赋的权利。发展教育,理所当然应该是政府的职责。当前国际社会普遍重视“全纳教育”(inclusive education)与“全民终身学习”(lifelong education for all)等要求与主张。

伴随教育公平的提升,追求优质教育成为一个热点话题。在旨在促进每个学生个性发展、潜能发展和特长发展的背景下,优质教育需要多样性(diversity)、丰富性(richness)和适切性(relevance),而不可能是同一或者统一的要求或者模式。同样,现时代中好学校、好教师或者好学生有没有统一的标准?好学生是部分少数学生,还是每个学生都有可能成为好学生?当代教育所追求的是使每个学生成为最好的自我。好学校与好教师必须植根于既有的学校环境,是与所面对的学生群体相对应的，每所学校、每个教师都需要成为最好的自我。

（二）全球化人才培养的新要求

在全球化背景下，教育要为培养全球化人才与社会公民服务。无论是基础教育、职业教育还是高等教育领域，教育都需要关注价值观、态度和精神等方面的培育需求。中国教育现代化已经充分关注到这些方面的需求，并将其纳入全面落实立德树人根本任务之内。2000 年 9 月，联合国在《联合国千年宣言》中提到，“某些基本价值对 21 世纪国际关系是必不可少的”，这些价值就是自由、平等、团结、容忍、尊重大自然、共同承担责任。[①] 这些论述对于思考、审视和规划当前的教育内容或者课程改革，显然具有重要的价值意义。

在以创新为驱动的 21 世纪知识经济时代，教育必须更多地关注培养学生探索未知、挑战不可能和培养创新能力的时代要求。教师必须从以往课程教学的传授者角色转向师生共同学习中的合作者、对话者、指导者和研究者。21 世纪美国教育改革中提出“21 世纪技能”的思想与观念，旨在“帮助学生为从事尚未出现的工作做好准备……为运用迄今尚未问世的技术做好准备……以便他们能够解决那些我们现在还不知道是问题的问题”。[②] 所以，美国在教育内容上强调核心科目，提出“21 世纪主题”的学习内容，其中包括全球意识，金融、经济、商业和企业家素养，公民素养，卫生素养和环境素养等，还提出“生活与生涯技能”要求，即灵活性和适应性、主动性和自我指导、社会的和跨文化技能、生产力和绩效性，以及领导力和责任感等内容。

---

① 联合国. 联合国千年宣言[EB/OL]. (2000 - 09 - 08)[2020 - 07 - 08]. http://www.un.org/chinese/ga/55/res/a55r2.htm.

② 伯尼·特里林，查尔斯·菲德尔. 21 世纪技能：为我们所生存的时代而学习[M]. 天津：天津社会科学院出版社，2011：3.

教育要培养能够参与现代社会、促进社会进步的人，教育质量要体现在为个体进一步的学习、发展、工作提供坚实基础，为不同人们之间相互交流与知识共享提供有力支持。由此，教育内容与教育方法需要相应变革，实现从“教”转向“学”。国际上的各种学习方式，如小组学习(group learning)、合作学习(cooperative learning)、项目学习(project-based learning)、远程协作学习(tel-collaborative learning)、混合学习(blended learning)、在线学习(online learning)以及适应性学习(adaptive learning)等，非常值得我们学习和借鉴。

此外，在信息通信技术快速发展的信息化时代，如何将技术整合到教育发展的过程中，加快信息时代的教育变革，使技术成为促进教育发展尤其是学生发展的重要载体，是当前国际教育改革与发展的焦点领域之一，也是中国教育现代化的战略任务之一。信息技术不仅扩展了教育的内容，也改变着教育的形式，影响着新型师生关系的建立。

总之，学习和借鉴国际视野下的先进教育思想与观念，是教育对外开放的关键一步，是推进教育现代化的重要举措，也是深化教育改革与发展的依据所在。

（三）促进人才培养方式的创新

在教育对外开放过程中，不仅需要学习国际先进教育思想和观点，而且要将其转化为教育改革与发展的实际行动，促进人才培养方式的创新。“发展中国特色世界先进水平的优质教育”是《中国教育现代化2035》的重大战略任务之一，需要形成高水平的人才培养体系，需要创新人才培养的方式，建立人才培养的新模式，使人人都有出彩的机会。教育对外开放是建设中国特色世界先进水平的优质教育的重要方面之一。

习近平总书记正是以坚持改革开放的国际视野和国家发展的需

要，在全国教育大会上提出了“六个方面”下功夫的人才培养要求，这种人才培养要求符合当今世界处于大发展大变革大调整的背景。坚定理想信念需要了解人类历史与当今世界发展的普遍特点及要求，将个人发展、国家发展与人类发展联系在一起；厚植爱国主义情怀，需要了解国家与民族发展的特殊性，也需要与共同构建人类命运共同体的要求结合在一起；加强品德修养，也是全球教育的基本要求，需要教育培养诚实、正直、勇敢、善良、团结、合作等共同价值观；增长知识见识，要求培养学生的自主学习意识和良好学习习惯，形成终身学习能力，成为具有中国情怀与国际视野的人才，这与国际教育中“学会学习”“教育促进国家发展”的思想完全一致；培养奋斗精神和增强综合素质，是当今快速变化的全球化时代，国际社会对教育的期望所在，人类发展与国家发展都面临着众多新挑战，唯有勇敢的奋斗精神、勇气和担当，扎实而全面的素养和实践能力基础，以及积极的创新与探索，才能促进国家发展和人类和平与繁荣。

当下，教育领域对于立德树人的人才培养认识还有待深入，实践中还存在诸多问题和困难，必须有创新的思维和创新的模式。为此，需要从世界多极化、经济全球化、社会信息化和文化多样化的大背景出发，在学习和借鉴国际教育人才培养先进思想和经验的基础上，创新发展中国特色社会主义教育人才培养体系，创新服务于立德树人根本任务的教育体系与教学模式，而不是简单地移植或者模仿西方国家的实践与经验。

例如，“双一流”建设是我国高等教育改革与发展的重大战略，重点在于促进人才培养模式创新。这个建设过程中，我们必须学习和借鉴世界上先进大学的办学思想和办学经验，这也是教育对外开放的一个方面。在这个过程中，必须意识到坚持教育创新的需要。正如习近平总书记在北京大学与师生座谈会上所说，“世界上不会有第二个哈佛、牛津、斯坦福、麻省理工、剑桥，但会有第一个北大、清华、浙大、复旦、南大等中国著名学府。我们要认真吸收世界上先进的办学治学经验，更要遵循教育规律，扎根中国大地办大学。”①“人才培养体系必须立足于培养什么人、怎样培养人这个根本问题来建设，可以借鉴国外有益做法，但必须扎根中国大地办大学。”②

四、认真落实教育对外开放政策

教育对外开放已经到全面提高水平的关键时期。教育对外开放不仅要注重规模扩展，更要注重质量提升。正如 2015 年 12 月习近平总书记在中央全面深化改革领导小组第十九次会议上所说：“教育对外开放是我国改革开放事业的重要组成部分，要服务党和国家工作大局，统筹国内国际两个大局，提升教育对外开放质量和水平。”③近年来，党和国家为教育对外开放提出一系列要求，并颁发了相关的政策文件，在推进教育现代化过程中，必须按照党和国家要求，认真落实教育对外开放的政策。

（一）大力提升留学教育工作质量

留学教育工作是教育领域对外开放的重要领域，始终得到党和国家的高度重视。改革开放 40 多年，我国出国留学教育得到巨大发展，出国留学人数不断增多，学成归国人数稳步增长，为我国经济社会建

---

① 习近平. 青年要自觉践行社会主义核心价值观——在北京大学师生座谈会上的讲话[EB/OL]. (2014 - 05 - 04)[2020 - 07 - 08]. http://old.moe.gov.cn/publicfiles/business/htmlfiles/moe/moe_176/201405/167911.html.

② 习近平. 在北京大学师生座谈会上的讲话[EB/OL]. (2018 - 05 - 02)[2020 - 07 - 08]. http://www.gov.cn/gongbao/content/2018/content_5294413.htm.

③ 新华网. 习近平主持召开中央全面深化改革领导小组第十九次会议[EB/OL]. (2015 - 12 - 09)[2020 - 07 - 08]. http://www.xinhuanet.com/politics/2015 - 12/09/c_1117411357.htm.

设作出了重要贡献。新时代必须继续重视留学教育工作，在全面提高留学教育质量方面下功夫。

2013 年 10 月，习近平总书记在欧美同学会成立 100 周年庆祝大会上强调，党和国家将按照支持留学、鼓励回国、来去自由、发挥作用的十六字方针，把做好留学人员工作作为实施科教兴国战略和人才强国战略的重要任务，使留学人员回到祖国有用武之地，留在国外有报国之门。[①] 2014 年 12 月，习近平总书记在全国留学生工作会议上强调，留学工作要统筹谋划出国留学和来华留学，并提出“人才培养和发挥作用、出国留学和来华留学、公费留学和自费留学、规模和质量、依法管理和完善服务”五个并重的留学工作原则。[②]

这“五个并重”正是体现了当前我国留学工作发展的需要：在留学回国人员不断增多的背景下，必须重视和发挥学成回国人员的作用，使出国留学工作更好地服务于国家社会主义现代化事业发展；在出国留学人数增加的过程中，我国也要大力发展来华留学，努力使我国成为国际上的留学目的国，传播和分享中国国家发展与教育发展的成就，传播中国文化；随着自费留学人数大幅增加，国家不仅要积极支持自费出国留学，而且应该将自费留学与公费留学同等看待，努力做好自费留学服务工作，注重有序引导和指导自费出国留学工作，如出国学习目的国和学习的学科与专业等；无论是出国留学还是来华留学，都需要处理好数量与质量之间的关系，始终牢记留学教育质量是留学事业发展的生命线，不能盲目追求规模数量，要注重留学教育的结构与效益；依法管理与完善服务要求我们在发展留学教育工作中，必须遵循依法治国的根本原则，同时又转变留学教育工作的管理方

① 人民网. 习近平在欧美同学会成立 100 周年庆祝大会上的讲话[EB/OL]. (2013-10-21)[2020-07-08]. http://cpc.people.com.cn/n/2013/1022/c64094-23281641.html.

② 新华网. 习近平：留学工作要适应国家发展大势[EB/OL]. (2014-12-13)[2020-07-08]. http://www.xinhuanet.com/politics/2014-12/13/c_1113631292.htm.

式,将服务纳入管理体系之中,成为提升教育治理能力的一个方面。

总之,在大力发展留学与来华留学的工作中,必须始终牢记习近平总书记提出的“十六字方针”和“五个并重”,完善留学教育工作体系,实现留学工作的可持续高质量发展,使留学工作适应新时代中国特色社会主义现代化视野建设的战略部署与对人才培养提出的新要求。必须按照《关于做好新时期教育对外开放工作的若干意见》要求,在出国留学方面完善“选、派、管、回、用”工作机制,规范留学服务市场,完善留学人员管理服务体系,优化出国留学服务;在来华留学上,优化来华留学生源国别、专业布局,加大品牌专业和品牌课程建设力度,构建来华留学社会化、专业化服务体系,打造“留学中国”品牌。

(二)继续推进境内外合作办学

在全面提升教育对外开放水平上,中外合作办学是一个非常值得关注的领域。中外合作办学是改革开放的产物,是我国教育对外开放的必然选择,是我国教育改革的成就显现。

历经改革开放 40 余年,中外合作办学成为我国教育对外开放的重要表现之一。在邓小平“三个面向”教育思想的指引下,南京大学于 1986 年 9 月成立约翰斯·霍普金斯大学中美文化研究中心,这是我国改革开放后第一例中外合作办学,开启了中外合作办学之路。2003 年 3 月,国务院颁布《中外合作办学条例》,使中外合作办学进入法制化轨道,也促进了中外合作办学的发展。2006 年习近平在出席宁波诺丁汉大学落成典礼时指出,中外合作办学开创了我国高等教育与国外优质高等教育资源相结合的先河,为中国教育走向世界创造一种全新的模式。

《关于做好新时期教育对外开放工作的若干意见》就中外合作办

学提出“完善准入制度、改革审批制度、开展评估认证、强化退出机制、加强信息公开、建立成功经验共享机制”的要求，为中外合作办学明确了发展方向。[①] 由此，2018 年 6 月教育部办公厅下发《关于批准部分中外合作办学机构和项目终止的通知》，使中外合作办学退出机制落地，这是中外合作办学的又一变化。教育部统计显示，截至 2018 年 7 月，全国经批准举办的中外合作办学项目和机构为 2 342 个（含与港澳台地区合作办学项目和机构，下同），其中，本科及以上层次的项目和机构合计 1 090 个，含项目 991 个，机构 99 个。[②]

境外办学是全球范围内跨境教育的重要形式，也是我国教育对外开放的必然要求，是我国教育“走出去”的重要方式。在对外开放的过程中，我国教育机构还积极赴境外合作办学。20 世纪 90 年代初，上海交通大学与新加坡华夏管理学院合作在新加坡开展工商管理硕士研究生教育项目，北京中医药大学在日本设继续教育分校，它们成为我国高校境外办学的开拓者。2002 年 11 月党的十六大提出，对外开放要坚持“引进来”与“走出去”相结合，进一步促进了境外办学的发展。2002 年 12 月，教育部《高等学校境外办学暂行管理办法》出台，成为境外办学的政策性文件。2011 年 7 月，老挝苏州大学成立，成为我国政府批准设立的第一所境外大学。2013 年起，“一带一路”倡议为扩大教育对外开放尤其是境外办学提出了新要求、新使命。

2013 年 12 月，教育部发布《教育部关于进一步加强高等学校中外合作办学质量保障工作的意见》，从八个方面对新时期进一步加强高等学校中外合作办学质量保障工作进行了部署。《关于做好新时期教

---

① 中国教育报. 中办国办印发《关于做好新时期教育对外开放工作的若干意见》[EB/OL]. (2016 - 04 - 30)[2020 - 07 - 08]. http://www.moe.gov.cn/jyb_xwfb/s6052/moe_838/201605/t20160503_241658.html.

② 刘保存，张继桥. 改革开放四十年教育对外开放政策变迁的历史考察[J]. 高校教育管理，2018(6)：1 - 13.

育对外开放工作的若干意见》提出："鼓励高等学校和职业院校配合企业走出去，鼓励社会力量参与境外办学，稳妥推进境外办学。"[①]教育部在《推进共建"一带一路"教育行动》中提出，实施"丝绸之路"合作办学推进计划，倡议沿线国家之间开展高水平合作办学。[②] 据统计，截至2018年6月，我国大陆共有84所高校开展境外办学，境外办学机构和项目共128个。[③]

当前，我国在加快推进教育现代化的过程中，尤其在高等教育朝着普及化方向发展，以及实施"双一流"战略的进程中，需要继续加强中外合作办学，带动我国高等教育内涵发展的实现和中国高等教育质量的全面提升。在中外合作办学之中，关注人才培养质量，关注高等学校办学能力建设，关注中国大学制度现代化建设，应成为新时代中外合作办学的工作重心。

《关于做好新时期教育对外开放工作的若干意见》提出："到2020年……双边多边教育合作广度和深度有效拓展，参与教育领域国际规则制定能力大幅提升，教育对外开放规范化、法治化水平显著提高，更好满足人民群众多样化、高质量教育需求，更好服务经济社会发展全局。"[④]为此，必须注重提升教育对外开放的能力水平，使教育对外开放成为教育发展迈入新台阶的重要组成部分。

---

① 中国教育报. 中办国办印发《关于做好新时期教育对外开放工作的若干意见》[EB/OL]. (2016-04-30)[2020-07-08]. http://www.moe.gov.cn/jyb_xwfb/s6052/moe_838/201605/t20160503_241658.html.

② 中华人民共和国教育部. 教育部关于印发《推进共建"一带一路"教育行动》的通知[EB/OL]. (2016-07-15)[2020-07-08]. http://www.moe.gov.cn/srcsite/A20/s7068/201608/t20160811_274679.html.

③ 刘保存，张继桥. 改革开放四十年教育对外开放政策变迁的历史考察[J]. 高校教育管理，2018(6)：1-13.

④ 中国教育报. 中办国办印发《关于做好新时期教育对外开放工作的若干意见》[EB/OL]. (2016-04-30)[2020-07-08]. http://www.moe.gov.cn/jyb_xwfb/s6052/moe_838/201605/t20160503_241658.html.

（三）充分发挥教育人文交流作用

2017 年 7 月，中共中央办公厅、国务院办公厅印发《关于加强和改进中外人文交流工作的若干意见》提出，加强和改进中外人文交流工作要以服务国家改革发展和对外战略为根本，以促进中外民心相通和文明互鉴为宗旨，创新高级别人文交流机制，改革各领域人文交流内容、形式、工作机制，将人文交流与合作理念融入对外交往各个领域。显然，促进教育领域合作共赢，积极参与全球教育治理，非常重要和迫切。该文件专门提出，深化中外留学与合作办学，高校和科研机构国际协同创新。

《关于加强和改进中外人文交流工作的若干意见》还提出，要构建语言互通工作机制，推动我国与世界各国语言互通，开辟多种层次语言文化交流渠道。着力加大汉语国际推广力度，支持更多国家将汉语教学纳入国民教育体系，努力将孔子学院打造成国际一流的语言推广机构。健全国内高校外语学科体系，加快培养非通用语人才，不断提升广大民众的语言交流能力。① 这是教育参与中外人文交流的重要领域，不仅要继续重视外语教育教学，而且要大力发展汉语教学的国际推广与发展，实现中外人文交流中的语言互通。

《中国教育现代化 2035》中明确强调“扩大和深化中外人文交流”的教育发展任务。当前，人文交流机制成为教育对外开放的重要领域，我国政府正在建构多方位、多层次、多领域的对外教育合作与交流。要充分利用政府间教育高层磋商的机会，大力促进学校之间、教育工作者之间、教师学生之间的友好往来。在国际教育交流与合作中，既要多渠道吸引国外优秀教师、科技人员回国或者来华从事教学

① 新华社. 中共中央办公厅 国务院办公厅印发《关于加强和改进中外人文交流工作的若干意见》[EB/OL]. (2017-12-21)[2020-07-08]. http://www.gov.cn/xinwen/2017-12/21/content_5249241.htm.

科研工作，使更多的中国学生和教师赴境外交流、访问、学习和工作，扮演传播中国文化和介绍当代中国的友谊使者；又要吸引世界各国各地优秀学生来华学习和生活，让他们真实地观察与认识中国社会，感受与体验中国生活，学习和了解中国文化，与中国人民建立友好的人际关系。

五、大力促进教育治理体系现代化

教育治理体系是教育现代化的重要组成，也是国家治理体系的重要方面。全面推进国家治理体系与治理能力现代化是国家现代化的重要任务。教育对外开放必须致力于满足国家教育体系与治理能力现代化的需要。

（一）教育行政符合国际教育规律

在迈向教育现代化的过程中，要借助教育对外开放的实践，学习和借鉴世界各国在教育治理体系建设方面的实践与经验，加快促进我国教育行政体系改革与发展。

1. 协调中央与地方的关系

在比较国际上集权与分权两种主要教育行政管理制度的基础上，进一步理清中央与地方的权限所在，相互之间的权限既要区分又要配套，形成中央、地方以及社会共同治理教育的新局面。从大国办好教育的角度出发，必须探究建立国家级教育行政的新架构和新角色，创造具有中国特色的教育行政体系，使世界最大规模的教育系统始终处于充满活力的运行与进步之中，成为世界教育中具有先进性、示范性的国家教育现代化典范。

集权化教育体系改革并不是简单的“授权”或者“分权”，更需要不断地为地方教育行政“赋权”或者“增能”。所以，在建立现代化教育治理体系的同时，必须不断提高治理能力。提高地方教育行政能力是中央教育管理改革的重要方面，只有在提高地方教育执行能力、治理能力的基础上，才能实现更多的教育权力下放。当然，地方教育行政权力的增加并不意味着增加地方行政对教育实践活动（如学校）的直接领导、干预或者参与，而是要求地方教育行政更多地观察、聆听和了解实践的情形与需求，进而为改进教育实践提供更好的行政支持和行政引领。这是评判地方教育治理能力水平的重要方面。

2. 平衡管理与服务的关系

在推进国家现代化的过程中，要坚定不移地破除形式主义、官僚主义。在教育领域，教育行政管理中必须坚决摒弃形式主义和官僚主义现象，要使专业化成为教育管理的显著特点之一，实行教育专业的专业化管理。即，将教育看成是一种“专业”，而不是简单的“生产”或者“工厂”。教育管理必须尊重教育活动与教育发展的规律与要求，尤其要关注教育活动中以人为本的科学发展观的要求。

为此，推进教育现代化建设，要求改变教育管理中的“行政”角色，从检查式管理转向服务式管理，还要建立科学的“放管服”一体化治理体系。尤其要注重科学使用教育督导、教育调查、教育评价以及教育研究等方法，为一线教育实践提供智力性支持。教育管理者不仅要督促与检查教育政策的实施，更要指导、帮助、激励和支持教育实践活动的开展，理顺政府、学校、社会之间的关系，促进教育多元参与的教育治理局面。教育不只是学校的事情，当代教育强调和重视全社会、全方位的参与。我国具有全社会重视教育的历史文化与传统，教育行政要更好地、有序地动员与发挥社会力量、民间力量及个人力量的参与。这与当前国际教育发展中提出的“公私合作伙伴关系”（public-private partnership，简称 PPP）思想是一致的。通过将教育行政与社会力量

(包括舆论)结合,确保学校办学的自主性和专业性。

3. 从直接管理转向多元管理

建设中国特色现代教育治理体系,要求教育行政对决策的关注必须是自上而下的;而教育管理对实施的关注可以是多元的,不只是自上而下的。必须将教育行政部门与教育管理部门适当分离,培育从事教育管理的非政府的独立机构,重视社会机构的教育管理参与,提高教育机构的自我管理能力。这样才能有助于产生科学的教育管理机制,充实中国特色教育治理体系建设的内容。

政府的教育管理必须大幅度减少过程性事务管理,在确立宏观顶层设计之后,需要实施结果为本的绩效管理。这是管理方式的变化,并不是减少政府的教育管理职能。结果为本的管理意味着要确立清晰的结果目标与测量目标的指标,引导教育实践者围绕目标及其指标而开展教育实践活动。过程性的事务管理往往会扼杀教育实践中的创新性和创造性。

教育管理必须由统一管理转向分类管理。教育工作是一种复杂的实践,教育管理一定不能采用"一刀切"方式。这包括,在自上而下的教育管理中,上级需要考虑各个下级部门的具体性;在各级各类教育的管理中,需要考虑到不同教育之间的差异性。

总之,教育行政体系与教育管理机制是国家教育迈向现代化的重要内容,也是推进教育现代化的重要手段,对此必须予以高度的重视,在教育对外开放的进程中,创建中国教育行政与管理的体系与机制。

(二)学校管理符合现代组织制度

学校是现代教育中的重要因素,学校现代化也是教育现代化的重要方面之一。现代社会发展为学校发展提供了更多的物质条件保障,但是,学校现代化并不只是学校校园建设与课堂教学设施的问题,最重要的是学校作为一个教育组织的建设问题，即现代学校制度建设的问题。在教育现代化的进程中，我们必须创建具有国际认可的现代学校制度与体系，体现出学校发展的国际性特征。

1. 遵循学校发展的国际性要求

美国著名教育研究者古德拉(John I. Goodlad)在 1984 年出版的《一个称为学校的地方：未来的展望》中，[①]从十个方面分析了 20 世纪 70 年代末 80 年代初的美国中小学校：学校的功能；学校在学生生活中的相关性；教师如何教学；与教学有关的环境；构成课程的活动、教材和评量；学习资源的分配(其中最重要的是时间)；平等；潜在课程(或者说隐性课程)；满意度；对资料的需求。该研究认为，学校是改革的单元，学校各个组成要件之间彼此互动、相互影响，同时，学校需要得到关怀(caring)，即学校需要得到大众一定程度的关怀，而不仅仅是家长的关怀。该研究对学校的阐述，包括学校改革与发展的建议，在观念与实践方面至今仍被广泛引用，为现代学校的发展指出了方向。

纵观当今国际教育发展与学校改革的实践与探索，不难发现，现代学校发展日益重视以下要求。

一是学校的自主。在现代组织学的框架下，学校机构是一种独立存在的组织，也就是古德拉所说的“单元”。无论它是公立学校，还是私立学校，学校有其自身的运转与发展体系，包括学校办学目标的确立、学校人员的组合、学校教与学的策略以及学校设施的建设等都有与众不同性，任何学校都是不一样的。1999 年美国通过《综合学校改革法案》，其中罗列出自主学校的 11 个成分：每个学校采用被证明是成功的模型；学校中应该使用被证明了的教、学和管理的方法；以一种有意义的方式整合教、学和管理三方面的方法；教职工应该有连续的

① 约翰·I.古德拉.一个称为学校的地方：未来的展望[M].梁云霞，译.台湾：美国麦格罗希尔股份有限公司台北分公司、联经出版事业股份有限公司，2008.

专业发展；教职工应该支持创新；正式与非正式的领导在学校内部广泛存在；家长和地方社区参与学校；学校正在发生的变化能够得到外部技术支持；按照一种短期依据使用可测量的基准；开展年度性评价；需要有一种机制鉴别和收集来自外部的所需资源。①

可以从两个角度看待学校的自主。一方面，要求学校内部全体人员认识到他们在学校发展中的主体角色地位，在学校实践活动中充分发挥自身（包括校长、教师与学生等）的主动性、积极性和创造性，组织开展适合本校情形的教育活动；另一方面，政府与外部社会认可每个学校是自主发展的组织机构，可以有自身独特的发展定位和与众不同的存在表现。但自主并不意味着政府不能干预学校，或者学校可以排斥政府或者外部社会的干预，学校还是要遵守政府的教育政策与接受必需的教育管理。这就是当今国际教育中普遍推崇的"学校为本的管理"。

二是学校的开放。在日益开放的现代社会中，教育早已经超越学校的框架与概念，教育不等于学校教育。同样，学校教育也不只是依赖学校才能完成，学校问题社会化与社会问题学校化，是当前学校面临的重要挑战。毫无疑问，封闭的学校和单一的学校教育难以培养出当今社会所期待的创新人才。作为正规教育的学校，必须加强与校外非正规教育机构之间的互动与合作。更关键的在于，学校要充分利用校外资源，包括物质资源、人力资源和教育资源等，而且利用学校所在区域与社区的环境开展活动。学校必须与外部机构建立合作伙伴关系，共同致力于培养学生与促进学生全面发展。同时，学校也要参与社会活动与提供社会服务，成为社会发展的参与者。学校与社会的互动，有助于增强社会对学校的了解和尊重，有助于获得社会对学校的

① BARBARA B, DEON F, HARRY AP. Making Schools Work: New Evidence on Accountability Reforms[R]. World Bank, 2011: 122 - 128.

支持，有助于发挥学校对社会发展的影响与贡献。所以，在现代教育中，校园或许是封闭的，但学校教育及其活动则都是开放的。

三是学校的更新。在讨论学校发展时，“更新”一词往往比“改革”更受欢迎。学校更新意味着学校通过内部学校组织体系及其活动的改进，解决学校发展实践中的问题，实现自我导向的提升。学校改革往往被理解成学校缺乏能力、做错事情、接受外部指令而进行的活动。确实，学校作为一个组织机构，有其自身的办学理念、学校文化、教育特色和服务对象，学校的可持续发展不是靠单一的个人力量或者简单的制度条例，而是学校全体人员的合作与努力和学校文化对人的感染、养成与作用。现代制度关注管事而不是管人，通过管事而育人。作为教育机构的学校，更要突出育人功能的存在。学校的更新意味着学校基于自身基础与自身问题的不断改变与提升，以满足外部社会对学校的期望。学校的更新，可以培育出高质量的教师队伍，可以形成有独特性的课程与教学体系，夯实学校持续发展的基础。

2. 加快推进现代学校制度建设

对照国际上现代学校发展的取向，当前我国各级各类学校在自主、开放和更新等方面明显不足，学校习惯于听从上级行政管理部门的安排和指挥，受到外部的批评多，支持少，大多数学校处于被动的、缺少自我的地位。这或许是产生“千校一面”的原因所在。创建现代学校制度，培育自主、开放和更新的现代学校，是推进我国学校国际化、现代化的重要举措。

一是国家尽快制订“学校基本法”。在当今开放的社会，影响学生发展的因素并不只是学校。要通过法律确立全社会对学校的正确认知，要建立政府、社会等对学校真正关心与有效支持的法律保障。通过法律确立学校是一个独立的存在、一个享有法律保护的组织。由此，保证学校（包括大学、中学和小学）的多元化存在，保障每个学校办学的自主性，确保学校的专业角色与地位，促进学校发展的创新与探索。

二是学校真正成为学生成长的场所。当今学生在学校中缺少归属感（尤其是以应试为目标的学校中），学校教育脱离学生生活的现实世界，学校成为学生"痛苦"的记忆对象。学校是学生学习的场所，也应该是学生生活的地方。中小学教育阶段是学生经历个人成长，学习社会交往，形成独立自我的阶段。在当前普及化教育的社会，学校教育必须超越单一的学术性知识目标与局限于片面追求"升学率"的筛选功能，朝着培养每个学生全人发展的使命而努力。关注与关怀每个学生，平等地对待每个学生，正确地满足每个学生的需求与愿望，为学生提供可选择的服务，创造安全的学校环境，尤其是心理安全的氛围，成为教师与学生共同愉悦生活的场所，这些都是学校改革与发展的关键所在。

三是创建有特色的学校教育。每个学校所在的区域、所拥有的教师、所面对的学生及其家庭都是不一样的。但是，学校在教育对象不一样（只是年龄一样）的情况下，实施的教育内容、教育活动与教育方式却基本上都是一样的，这就是"千校一面"的现状。如何根据所面对的学生差异性，包括学生背景、学生基础、学生需求等各个方面，设计并实施满足学生的群体特点、个体差异的学校教育，这才是学校发展的方向所在，或者说学校建设的追求。学校特色的产生和发展，是学校自主追求、社会和学生（包括家长）认可的结果，不能是政府的评定或者授牌的产物。

在教育全球化的背景下，学校发展并不是简单增加外国语教学或者请外教或者招收外国学生而已，办学条件的改善或者教师学历的提升等也只是学校现代化的一个方面而已。学校现代化的关键在于，学校要在办学理念、组织管理、课程设置、教学方法、校园文化以及与外界的伙伴关系等方面有世界上最先进的理念引领和有质量的实践行动。当然。其中也必须体现中国学校的优秀办学传统，传承中华优秀文明的教育思想、教育内容与教育方法。

总之，要以教育对外开放为契机，全面推进我国各级各类学校发展与创新。在办学过程中，不只是引进先进思想，还要引进教育资源、教育人才和教育机构等，这是提升中国学校国际影响力和中国教育现代化的具体举措。

六、积极成为国际教育发展援助国

2017 年 1 月，在世界经济论坛 2017 年年会开幕式上，习近平总书记在主旨演讲中指出："观察中国发展，要看中国人民得到了什么收获，更要看中国人民付出了什么辛劳；要看中国取得了什么成就，更要看中国为世界作出了什么贡献。"[①]2018 年 7 月，习近平总书记在北京会见联合国教科文组织总干事阿祖莱(Audrey Azoulay)时说，中方重视联合国教科文组织，坚定支持联合国教科文组织在促进世界发展中发挥的重要作用，愿深化双方合作，共同造福世界各国人民，特别是助力发展中国家教育、科技、文化事业进步。[②] 2018 年 9 月，习近平总书记在"中非合作论坛北京峰会"上提出重点实施"八大行动"计划，其中就包括，在非洲设立 10 个鲁班工坊，向非洲青年提供职业技能培训；支持设立旨在推动青年创新创业合作的中非创新合作中心；实施头雁计划，为非洲培训 1 000 名精英人才；为非洲提供 5 万个中国政府奖学金名额，为非洲提供 5 万个研修培训名额，邀请 2 000 名非洲青年来华

① 习近平. 习近平谈治国理政(第二卷)[M]. 北京：外文出版社，2017：483.

② 新华网. 习近平会见联合国教科文组织总干事阿祖莱[EB/OL]. (2018－07－16)[2020－07－08]. http://www.xinhuanet.com/politics/leaders/2018－07/16/c_1123134585.htm.

交流。[①] 显然，在教育对外开放的过程中，我国积极了承担大国应该担当的国际教育发展责任，参与国际教育援助，促进国际教育的全面发展。

（一）树立国际教育援助国的大国形象

教育是当前国际社会共同关注的主要领域，是全球反贫困的主要途径。“实现普及初等教育”是联合国千年发展目标之一。当前，国际社会在推进全球教育目标方面，采取了一系列共同的行动和措施，其中包括广泛的国际合作和援助，重点帮助和支持一些发展中国家发展教育。

在过去，中国一直是国际教育援助的受助对象，尤其是自 20 世纪 80 年代开始，在基础教育、师范教育、职业教育以及高等教育等各个领域，得到国际组织和外国政府的有偿与无偿援助，这对促进我国教育事业的发展产生了积极的影响。自 20 世纪 80 年代起，世界银行为中国高等院校发展、中国农村地区义务教育的普及、中国职业教育发展以及学前教育发展等都提供了贷款支持。同样，联合国儿童基金会与教育部合作，为中国义务教育发展、师范教育发展、远程教育发展、特殊教育发展以及学前教育发展等都提供了无偿的援助。此外，包括英国、加拿大、日本等发达国家在内的外国政府也为中国教育发展提供了资金与智力的支持。总之，我国教育事业发展取得了丰硕的成果，与改革开放 40 余年来国际组织、外国政府和国际社会对中国教育的积极援助和大力支持分不开。

近年来，我国综合国力极大增强，国际地位日益提高，并在国际事

---

① 新华网.习近平在 2018 年中非合作论坛北京峰会开幕式上的主旨讲话[EB/OL].(2018-09-03)[2020-07-08]. http://www.xinhuanet.com/world/2018-09/03/c_1123373881.htm.

务中发挥越来越重要的作用，全方位的外交政策显示了巨大的成就，教育领域的合作与交流也取得了丰硕的成果。在继续接受国际教育援助和支持的同时，我国也日益加大了对外的教育援助和支持，其中，典型的就是我国对非洲教育援助的承诺和行动计划。

2015 年 9 月，习近平总书记在参加联合国成立 70 周年峰会上宣布，为帮助发展中国家发展经济、改善民生，未来 5 年中国将向发展中国家提供“6 个 100”项目支持，其中就包括 100 所学校和职业培训中心。而且，5 年内，中国还向发展中国家提供 12 万个来华培训和 15 万个奖学金名额，为发展中国家培养 50 万名职业技术人员。①

开展国际教育援助行动，符合国家对外开放的整体战略，是全方位外交的重要组成部分。当前我国已经成为世界第二大经济体，处于“中等收入”国家行列，同时，国家教育发展处于世界中上行列水平。在经济上，国家有可能实现在满足本国教育发展需求的背景下，为其他国家和地区提供帮助和支持。尤其是随着我国企业的不断壮大以及这些企业社会责任心的提升，它们也能够结合自身企业的海外扩展，为当地的教育提供更多的帮助。

2018 年国务院新设直属机构“国家国际发展合作署”，这在一定程度上显示我国对外开放进入一个新时期，实现从受援国到援助国的转变。这一机构的成立将增强教育领域实施国际教育援助的领导力，建立国家层面的教育援外行动体系。从教育受援国到教育支援国的变化，体现了中国对国际社会长期支持中国教育发展的回报，也使中国教育能够在教育全球化的框架下，更好地确立自身的定位，提升在国际教育合作与交流活动中的地位和影响力。

---

① 人民网. 习近平联合国演讲：7 项承诺及“6 个 100”项目支持[EB/OL].（2015 - 09 - 28）[2020 - 07 - 08]. http://world.people.com.cn/n/2015/0928/c1002 - 27642788.html.

（二）在教育援助中深化中外人文交流

开展国际教育援助，是深层次拓展我国外交的重要领域，不仅能够提升国家形象，巩固与受援国之间的合作友谊和发展根基，更重要的是，能够主动把外交的重点和希望有计划地转化到切实可行的实践之中，即借助国际教育援助合作活动，增进我国与受援国家或者地区之间的友谊，更多地介绍和推广中国教育发展与改革的实践、经验与模式。

当前，国际教育援助主要有三种主要形式：一是国际组织的教育援助项目，如世界银行、联合国教科文组织、联合国儿童基金会以及联合国开发计划署等。这些国际组织把教育作为一个重要的领域，开展援助活动，包括无偿援助和贷款项目。二是国家政府的教育援助，主要是一些发达国家，包括美国、英国、日本、澳大利亚、加拿大、德国和一些北欧国家等。这些国家自 20 世纪 70 年代以后面向发展中国家开展诸多教育援助。第三类，非政府机构的教育援助，主要是一些非政府组织、基金会或者企业的教育援助项目。从目前的发展实践看，这些不同的援助类型也在不断发生变化，而且它们之间越来越多地呈现相互合作、融合等新趋向。我国的教育援外工作需要遵循国际教育援助的一些基本特点和符合发展的主要趋向。加强国际教育援助的研究，是我国做好教育援外工作的重要基础。

我国不仅是教育的受援国，其实也一直重视教育援外工作，把教育作为外交的一个重要方面。长期以来，我国在双边领域有着比较丰富的教育交流与合作实践，其中包括我国开展教育援助的一些内容。需要回顾分析我国在教育援外方面已有的实践，总结其中的经验和教训，为下一步开展更有针对性和有效性的教育援外工作提供基础。

经过近 40 年来接受国际教育援助的实践，我国对国际教育援助的背景、运作和趋势有了初步把握，也与开展国际教育援助的一些国际组织和专门机构建立了合作关系，目前已经具备开展多种形式教育援助活动的能力和基础。

总之，我国在参与教育援外的工作中，需要自信地将中国文化与中国教育的对外传播，纳入教育援外的内容体系，在援助的过程中推介中国文化精髓，传播当代中国价值观念，传授中国教育经验，促进中外教育的共同发展，以教育为载体推进共同构建人类命运共同体的目标实现。

（三）创建我国对外教育援助工作体系

从国家开展全方位外交和积极建设和谐世界的角度出发，教育援外作为我国教育领域合作与交流的重要形式，具有十分重大的战略意义和现实意义。从当前我国社会经济和教育发展的现状出发，做好教育援外工作并不是一件简单的事情，不仅需要整体的设计和规划，也需要切实可行的操作方案。为此，需要重点关注以下方面。

一是整合与协调各种教育援外活动，发挥援助的整体效应。随着对外开放的进一步加大，教育援外的内容和方式日益丰富，如政府援助、企业援助和非政府机构援助等，都需要在国家国际发展合作署的统一领导下，更有效地实现多部门合作和协调，如商务部、外交部、中联部、教育部等，需要中央与地方的协调（如与云南、广西等边境省份），也需要加强政府机构与非政府机构之间的协调。在教育部门内部也需要各方面的参与和合作，发挥专业机构参与和政府部门领导的合力，建立开展教育援外的协调机制或者落实具体的牵头部门，充分发挥各方面参与的作用，扩大教育援外的影响力。2016 年《推进共建“一带一路”教育行动》中明确提出，实施“丝绸之路”教育援助计划。指出要“统筹利用国家、教育系统和民间资源，为沿线国家培养培训教师、学者和各类技能人才。积极开展优质教学仪器设备、整体教学方案、配套师资培训一体化援助。加强中国教育培训中心和教育援外基地建设”。[①] 加强国内参与教育援外部门间的合作与统筹，是提高我国教育援外能力与水平的关键举措。

二是进一步明确新时代我国教育援外的行动策略，创建教育国际援助中国模式。《新时代的中国与世界》白皮书中指出，“中国坚持对外开放基本国策，奉行互利共赢的开放战略，不断提升发展的内外联动性，在实现自身发展的同时更多惠及其他国家和人民”[②]；开展教育援外不仅要使受援助国获得真正的受益，同时也要增强我国在教育合作与交流领域的国际影响力。因此，我们不能满足传统的双边教育援助活动，需要开发一些新的教育援助方式。从目前来看，可以考虑的选择有：(1) 如何利用国际组织的网络和平台，以政府名义参与国际教育援助活动？(2) 如何利用区域性的合作机制和平台开展面向地区的教育援助活动？如中阿教育论坛、中非教育论坛、亚太经济合作组织、上海合作组织等，都可以成为我国开展教育援助活动的重要平台。(3) 如何在国内培育参与实施教育援外工作的非政府机构、独立机构等？需要政府有计划地重点培养和扶植一些部门，未来的教育援外活动中，要使这些机构和组织走在一线。(4) 如何促使教育援外与中国海外企业合作、与海外爱国华侨社团等合作？教育援助不能只是依靠政府的力量，要充分利用这些企业和这些海外华侨的力量，要把教育援助与提升中国企业的海外影响力和发挥海外华侨的爱国热忱等因素有机地结合在一起。(5) 如何在教育援助活动中真正体现双赢的合作战略？教育援外活动要有助于提高中国教育专业工作者和

---

① 中华人民共和国教育部. 教育部关于印发《推进共建“一带一路”教育行动》的通知[EB/OL]. (2016-07-15)[2020-07-08]. http://www.moe.gov.cn/srcsite/A20/s7068/201608/t20160811_274679.html.

② 国新网.《新时代的中国与世界》白皮书(全文)[EB/OL]. (2019-09-27)[2020-07-08]. http://www.scio.gov.cn/zfbps/32832/Document/1665426/1665426.htm.

国内教育机构的专业水平，逐步提高这些人员和机构的国际影响。

总之，随着我国经济实力的不断壮大和国际地位的日益提升，我国在国际上需要承担更多的大国责任。相较于其他各个领域，教育可能是最受各方面欢迎的合作领域。当前，在全球全民教育进展缓慢与困难的情况下，我国必须有效运用对外教育援助的方式，参与推进国际教育发展的实践，作出一个大国应有的贡献。

参考文献

（一）英文文献

BARBARA B，DEON F，HARRY A P. Making Schools Work：New Evidence on Accountability Reforms[R]. World Bank，2011：122.

CANESTRARI，ALAN S，BRUCE A. MARLOWE. The Wiley international handbook of educational foundations[M]. New Jersey：John Wiley & Sons，2018：196－202.

CAREEREXPLORER. How to become a teacher assistant[EB/OL]. [2020－07－04]. https://www.careerexplorer.com/careers/teacher-assistant/how-to-become/.

CAREEREXPLORER. What does a teacher assistant do? [EB/OL]. [2020－07－04]. https://www.careerexplorer.com/careers/teacher-assistant/overview/.

DIVER C. The Optimal Precision of Administrative Rules[J]. The Yale Law Journal，1983(75)：543－675.

EDCAN NETWORK. Community-based teacher education[EB/OL]. [2020－07－04]. https://www.edcan.ca/articles/community-based-teacher-education/.

EUROPEAN COMMISSION. Proposal for a Council Recommendation on Key Competences for LifeLong Learning[EB/OL]. [2020－07－06]. https://eur-lex.europa.eu/legal-content/EN/TXT/PDF/? uri=CELEX:52018SC0014.

FACTS AND DETAILS. Eachers in Japan：skilled，respected and very busy[EB/OL]. [2020－07－04]. http://factsanddetails.com/japan/cat23/sub150/item831.html.

MAXWELL B，SCHWIMMER M. Professional ethics education for future teachers：A narrative review of the scholarly writings[J]. Journal of Moral Education，2016，45(3)：354－371.

MAXWELL B，TREMBLAY-LAPRISE A A，FILION M. A survey of ethics curriculum in

Canadian initial teacher education[J]. McGill Journal of Education, 2015, 50(1): 15-37.

OECD. OECD Education 2030 Project[EB/OL]. [2020-07-02]. http://www.oecd.org/education/2030/.

UNESCO. Leading SDG 4 - Education 2030[EB/OL]. [2020-07-02]. https://en.unesco.org/education2030-sdg4.

UNESCO. Rethinking Education: Towards a global common good? [R]. Paris: UNESCO, 2015.

UNITED NATIONS. Transforming Our World: The 2030 Agenda For Sustainable Development[R/OL]. [2020-07-02]. https://sustainabledevelopment.un.org/post2015/transformingourworld.

US DEPARTMENT OF EDUCATION. Teacher Preparation Program Reporting System [EB/OL]. [2020-07-02]. https://www2.ed.gov/documents/teacherprep/teacher-prep-reporting-guidance.pdf.

WORLD BANK. World Development Indicators: GNI per capita, Atlas method (current US $)[EB/OL]. (2017-8-2)[2017-8-31]. https://data.worldbank.org/indicator.

YUAN Z G. Dual Priority Agenda: China's Model for Modernizing Education[J]. ECNU Review of Education, 2018,1(1): 5-33.

（二）中文文献

艾伯特·马蒂内利. 现代化和可持续发展目标：以欧洲联盟为例[J]. 科学与现代化，2016(4)：1-26.

安雪慧. 县域内城乡义务教育教师资源配置差异和政策建议[J]. 教育发展研究，2013(8)：50-56.

班建武. 教师媒体道德形象的影响及原因、对策分析[J]. 教师教育研究，2007(6)：28-32.

包金玲. 中小学教师职业吸引力不足原因分析及应对策略[J]. 现代中小学教育，2018(11)：56-61.

保尔·朗格朗. 生涯教育入门[M]. 波多野完治，译. 东京：全日本社会教育联合会，1971.

北京市教育委员会. 北京市第十四届全民终身学习活动周工作总结[EB/OL]. (2019-01-11)[2020-07-09]. http://www.llaw.org.cn/h/gzzj/2019-01-11/6314.html.

伯尼·特里林，查尔斯·菲德尔. 21 世纪技能：为我们所生存的时代而学习[M]. 天津：天津社会科学院出版社，2011.

曹国永. 新时代加强高校师德师风建设的四个着力点[N]. 光明日报，2018 - 09 - 27(014).

柴华. 尚书(上)[M]. 哈尔滨：黑龙江人民出版社，2004.

陈广胜. 走向善治[M]. 杭州：浙江大学出版社，2007.

陈时见，王雪. 教师教育一体化课程体系的构建与实施[J]. 教育研究，2015(8)：109 - 112.

陈先哲. 从“超常规”到“新常态”：论我国高等教育发展方式转型[J]. 高等教育研究，2016(4)：1 - 8.

程刚，俞建伟. 高校内部教师申诉制度的研究与设计[J]. 教育研究，2009(5)：80 - 87.

程志，范爱华. 现代脑科学研究及其对教学设计的启示[J]. 现代远距离教育，2010(1)：22 - 24.

辞海编撰委员会. 辞海(第六版)[M]. 上海：上海辞书出版社，2009.

戴维·珀金斯. 为未知而教，为未来而学[M]. 杭州：浙江人民出版社，2015.

戴维·乔纳森，等. 学会用技术解决问题——一个建构主义者的视角[M]. 任友群，等，译. 北京：教育科学出版社，2007.

戴维·波普诺. 社会学(下)[M]. 刘云德，等，译. 沈阳：辽宁人民出版社，1987.

董鲁皖龙，焦以璇. 服务“一带一路”教育在行动[N]. 中国教育报，2019 - 04 - 25(003).

发展改革委网站. 两部门关于印发《支持社会力量发展普惠托育服务专项行动实施方案(试行)》的通知[EB/OL]. (2019 - 10 - 24)[2020 - 07 - 08]. http://www.gov.cn/xinwen/2019 - 10/24/content_5444458.htm.

樊华强，蒋亚娟. 聘任制视野下高校教师权利及其实现[J]. 现代教育管理，2012(5)：71 - 74.

范晓东. 博弈与遵从:“特岗计划”政策执行中府际间的权威治理[J]. 教师教育研究，2017，29(4)：24 - 30.

付八军. 学术资本转化：创业型大学的组织特性[J]. 教育研究，2016(2)：89 - 95.

高慧斌. 中小学教师职称制度改革特征与现状分析[J]. 教师教育研究，2016，28(6)：25 - 31.

谷贤林. 终身学习思潮的理论基础与价值取向[J]. 比较教育研究，2018(12)：52 - 58.

顾明远，鲁洁，王炳照，谈松华. 中国教育大百科全书(第1卷)[M]. 上海：上海教育出版社，2012.

顾明远. 教师的职业特点与教师专业化[J]. 教师教育研究，2004，16(6)：3 - 6.

顾明远. 教育大辞典(增订合编本)[M]. 上海：上海教育出版社，1998.

管培俊. 关于新时期高校人事制度改革的思考[J]. 教育研究，2014(12)：72 - 80.

光明日报. 以“四有”教师为目标做好学生“引路人”[EB/OL]. (2016 - 09 - 12)[2020 - 07 - 03]. http://www.xinhuanet.com//politics/2016 - 09/12/c_129277439.htm.

光明日报. 以精品奉献人民 用明德引领风尚[EB/OL]. (2019 - 03 - 06)[2020 - 07 - 03]. http://epaper.gmw.cn/gmrb/html/2019-03/06/nw.D110000gmrb_20190306_1-10.htm.

光明网. 建立健全决策权、执行权、监督权 既相互制约又相互协调的权力结构和运行机制[EB/OL]. (2017 - 12 - 27)[2020 - 07 - 08]. http://www.gmw.cn/01gmrb/2007-12/27/content_716072.htm.

郭炯，杨丽勤. 教育信息化促进教育系统性变革路径研究——基于教育部首批教育信息化优秀试点案例的分析[J]. 中国电化教育，2019(5)：41 - 48.

郭涛. 改革开放四十年我国终身教育价值取向的变迁研究[D]. 上海：华东师范大学，2019.

国家教育标准体系研究课题组. 国家教育标准体系的发展与完善[J]. 教育研究，2015(12)：4 - 11.

国新网.《新时代的中国与世界》白皮书(全文)[EB/OL]. (2019 - 09 - 27)[2020 - 07 - 08]. http://www.scio.gov.cn/zfbps/32832/Document/1665426/1665426.htm.

海德格尔. 演讲与论文集[M]. 孙周兴，译. 北京：生活·读书·新知三联书店，2005.

韩松航. 树立良好师德师风[N]. 中国教育报，2019 - 01 - 10(005).

韩小雨，庞丽娟，谢云丽. 中小学教师编制标准和编制管理制度研究——基于全国及部分省区现行相关政策的分析[J]. 教育发展研究，2010(8)：15 - 19.

何克抗. 21 世纪以来的新兴信息技术对教育深化改革的重大影响[J]. 电化教育研究，2019(3)：5 - 12.

何克抗. 学习"教育信息化十年发展规划"——对"信息技术与教育深度融合"的解读[J]. 中国电化教育，2012(12)：19 - 23.

和学新，等. 课程改革：新世纪的国际视野[M]. 北京：中国社会科学出版社，2018.

胡鞍钢，王洪川. 中国教育现代化：全面释放巨大红利[J]. 清华大学教育研究，2016，37(4)：1 - 8.

胡锦涛. 办好让人民群众满意的教育[M]//中共中央文献研究室. 十六大以来重要文献选编：下. 北京：中央文献出版社，2008.

胡锦涛. 坚定不移沿着中国特色社会主义道路前进 为全面建成小康社会而奋斗——在中国共产党第十八次全国代表大会上的报告[R]. (2017 - 10 - 30)[2020 - 07 - 02]. http://19.buaa.edu.cn/info/1007/1100.htm.

胡锦涛. 在全国优秀教师代表座谈会上的讲话[M]. 北京：人民出版社，2007.

胡森. 教育大百科全书[M]. 西南师范大学出版社，海南出版社，2006.

湖南省人民政府. 湖南省教育厅等九部门关于印发《湖南省老年教育发展规划(2019 - 2022

年)》的通知[EB/OL]. (2019-02-25)[2020-07-06]. http://www.hunan.gov.cn/hnszf/xxgk/wjk/szbm/szfzcbm_19689/sjyt_19696/gfxwj_19697/201906/t20190624_5365312.html.

华东师范大学比较教育研究所. 学会生存：教育世界的今天和明天[M]. 北京：教育科学出版社，1996.

黄兆信，王志强，刘婵娟. 地方高校创业教育转型发展之维[J]. 教育研究，2015(2)：59-66+157.

江世林，史燕儿. 学科融合提升学生综合素养[J]. 中国教育学刊，2017(9)：103.

江西省人民政府网站. 江西省全面保障乡村中小学教师待遇[EB/OL]. (2018-07-02)[2020-07-04]. http://www.moe.gov.cn/s78/A10/moe_601/201807/t20180705_342098.html.

江泽民. 教育必须以提高国民素质为根本宗旨[M]//江泽民. 江泽民文选：第 2 卷. 北京：人民出版社，2006.

姜宇，辛涛，刘霞，林崇德. 基于核心素养的教育改革实践途径与策略[J]. 中国教育学刊，2016(6)：29-32+73.

蒋纯焦. 从私塾到学校：中国基础教育机构现代转型的史与思[J]. 华东师范大学学报(教育科学版)，2015(2)：82-90.

焦楠. 从外延发展到内涵发展：学校发展观的时代转向[J]. 西北师大学报(社会科学版)，2016(11)：103-108.

孔颖达. 春秋左传正义[M]. 上海：上海古籍出版社，1990.

劳凯声. 教师职业的专业性和教师的专业权力[J]. 教育研究，2008(2)：7-14.

黎凤翔. 管子校注[M]. 北京：中华书局，2004.

李承先. 高等教育发展价值论——消费主义的批判与超越[J]. 教育发展研究，2008(23)：6-9.

李崇爱. 我国中小学教师招聘政策违法乱象检视[J]. 中国教育学刊，2016(2)：12-16.

李立国. 建立合理有序的高校教师流动机制研究[J]. 国家教育行政学院学报，2010(1)：49-53.

李楠，许门友. 内涵式发展趋势下的高等教育发展[J]. 教育评论，2013(1)：9-11.

李细珠. 张之洞与清末新政研究[M]. 北京：中国社会科学出版社，2015.

李元元. 深入推进高校内涵式发展[N]. 光明日报，2013-07-20(007).

李志峰，高春华. 高校办学自主权：下放还是回归[J]. 江苏高教，2011(3)：25-27.

联合国. 联合国千年宣言[EB/OL]. (2000-09-08)[2020-07-08]. http://www.un.org/

chinese/ga/55/res/a55r2. htm.

联合国教科文组织. 教育：财富蕴藏其中[M]. 北京：教育科学出版社，1996.

刘宝存. 美国产学研协同创新机制什么样[N]. 中国教育报，2015-03-10(009).

刘保存，张继桥. 改革开放四十年教育对外开放政策变迁的历史考察[J]. 高校教育管理，2018(6)：1-13.

刘海鸥，刘旭，姚苏梅，王妍妍. 基于大数据深度画像的个性化学习精准服务研究[J]. 图书馆学研究，2019(8)：68-74.

刘佳. 中国语境下：立德树人思想发展管窥[J]. 苏州大学学报（教育科学版），2019(1)：83-84.

刘涛，于璇. 考育结合：台湾地区中小学教师资格制度改革的经验与启示[J]. 教师教育研究，2018，30(5)：111-116.

刘振天. 从外延式发展到内涵式发展：转型时代中国高等教育价值革命[J]. 高等教育研究，2014，35(9)：1-7.

柳海民，王澍. 中国义务教育实施 30 年：成就、价值与展望[J]. 北京大学教育评论，2016(4)：174-184.

陆有铨. 皮亚杰理论与道德教育[M]. 北京：北京大学出版社，2012.

吕炜. 教师职业道德形象的审视与重塑[J]. 当代教师教育，2010，3(1)：86-89.

马金晶，苏强，靳玉乐. 新课程下学习方式转变的困境及对策[J]. 西南大学学报（社会科学版），2010，36(6)：67-70.

马陆亭. 高等学校自主办学的推进策略[J]. 国家教育行政学院学报，2008(1)：42-48.

马陆亭. 朴实地理解高等教育的内涵式发展——遵循事物最本质的属性[J]. 中国高教研究，2013(2)：3.

马谐，王晓曦，杨舒涵，陶云. 脑科学技术在教育研究中的功能与应用[J]. 现代教育技术，2019(7)：32-38.

迈克尔·富兰. 极度空间：整合科技、教育学和变革知识[M]. 于佳琪，黄雪锋，译. 重庆：西南师范大学出版社，2016.

毛泽东. 我们的教育方针[M]//中华人民共和国教育部，中共中央文献研究室. 毛泽东　邓小平　江泽民论教育. 北京：中央文献出版社，人民教育出版社，北京师范大学出版社，2002.

南国农. 让信息技术有效地推进教学改革[J]. 中国电化教育，2007(1)：5-8.

彭温豪博. 中小学教师职称制度的变革与发展趋势[J]. 上海教育科研，2019(2)：20-23.

祁占勇. 落实与扩大高校办学自主权的三维坐标——高校与政府、社会关系的重塑及内部治理结构的完善[J]. 高等教育研究，2013，34(5)：26 - 31.

钱冬明，管珏琪，祝智庭. 数字教育资源共建共享的系统分析框架研究[J]. 电化教育研究，2013(7)：53 - 70.

瞿振元. 实现高等教育现代化需要理论先行[J]. 中国高教研究，2013(12)：3 - 5.

饶从满. 信息社会背景下的教师终身学习体系建设——20 世纪 80 年代中期以来日本教师在职教育改革与发展[J]. 外国教育研究，2014(3)：100 - 109.

人民日报. 全国普通高校 2017 届毕业生预计 795 万人[EB/OL]. (2016 - 12 - 01)[2020 - 07 - 05]. http://www.moe.gov.cn/jyb_xwfb/s5147/201612/t20161201_290552.html.

人民日报. 中西部百万乡村教师生活补助提高，最高每月补助 2 000 元[EB/OL]. (2019 - 02 - 26)[2020 - 07 - 04]. https://baijiahao.baidu.com/s? id=1626510400092881370.

人民网. 胡锦涛在中国共产党第十八次全国代表大会上的报告[EB/OL]. (2012 - 11 - 08)[2020 - 07 - 08]. http://cpc.people.com.cn/n/2012/1118/c64094 - 19612151 - 5.html.

人民网. 老年大学"一座难求"[EB/OL]. (2019 - 11 - 12)[2020 - 07 - 06]. https://baijiahao.baidu.com/s? id=1649967424306220419&wfr=spider&for=pc.

人民网. 习近平对教师们有啥期望？[EB/OL]. (2015 - 09 - 09)[2020 - 07 - 04]. http://www.xinhuanet.com//politics/2015 - 09/09/c_1116514080.htm.

人民网. 习近平联合国演讲：7 项承诺及"6 个 100"项目支持[EB/OL]. (2015 - 09 - 28)[2020 - 07 - 08]. http://world.people.com.cn/n/2015/0928/c1002 - 27642788.html.

人民网. 习近平在欧美同学会成立 100 周年庆祝大会上的讲话[EB/OL]. (2013 - 10 - 21)[2020 - 07 - 08]. http://cpc.people.com.cn/n/2013/1022/c64094 - 23281641.html.

人民网. 习近平在庆祝中国共产党成立 95 周年大会上的讲话[EB/OL]. (2016 - 07 - 01)[2020 - 07 - 08]. http://cpc.people.com.cn/n1/2016/0702/c64093 - 28517655.html.

人民网. 向筑梦人致敬！习近平这样谈教师[EB/OL]. (2019 - 09 - 09)[2020 - 07 - 04]. http://edu.gmw.cn/2019 - 09/09/content_33147266.htm.

人民网. 中共中央关于全面推进依法治国若干重大问题的决定[EB/OL]. (2014 - 10 - 29)[2020 - 07 - 06]. http://politics.people.com.cn/n/2014/1029/c1001 - 25926893.html.

任友群. 创新教师教育体系建设 优化基础教育师资供给[N]. 学习时报，2019 - 10 - 25(001).

塞缪尔·亨廷顿. 文明的冲突与世界秩序的重建[M]. 周琪，等，译. 北京：新华出版社，1998.

山东省教育厅.关于建立我省基层中小学教师高级职称制度的通知[EB/OL].(2019－07－30)[2020－07－04]. http://edu.shandong.gov.cn/art/2019/7/30/art_107055_7735951.html.

山东省教育厅.省委办公厅 省政府办公厅关于推进基础教育综合改革的意见[EB/OL].(2014－12－30)[2020－07－04]. http://edu.shandong.gov.cn/art/2018/11/3/art_12044_7733154.html.

深圳新闻网.2020广东深圳市龙华区教育局校园招聘教师400人公告[EB/OL].(2020－06－25)[2020－07－04]. http://www.sz95559.com/szjy/155247.html.

生涯教育学会.生涯学习事典　增补版[M].东京：东京书籍，1990.

田贤鹏，陈恩伦.试论高校的办学自主权与内涵式发展的辩证关系[J].教育与职业，2014(10)：5－7.

田贤鹏.个性化教育与终身化学习：从《斯坦福2025》计划看未来教育模式变革[J].湖南师范大学教育科学学报，2017，16(1)：57－64.

田贤鹏，夏爽.斯坦福大学创新创业教育实施的特色之路及启示[J].现代教育管理，2016(12)：98－102.

田贤鹏.一流学科建设中的知识生产创新路径优化——基于知识生成论视角[J].学位与研究生教育，2018(6)：7－13.

托克维尔：论美国的民主　上卷[M]，董果良，译.北京：商务印书馆，1995.

托马斯·弗里德曼.世界是平的[M].何帆，等，译.长沙：湖南科学技术出版社，2006.

汪明帅.从“被发展”到“自主发展”：教师专业发展的现实挑战与可能对策[J].教师教育研究，2011，23(4)：1－6.

王本陆，王永红，等.中国教育改革开放40年：课程与教学卷[M].北京：北京师范大学出版社，2019.

王本陆.课程与教学论[M].北京：高等教育出版社，2017.

王建华.如何重建我们时代的高等教育[J].南京师范大学学报(社会科学版)，2017(2)：85－92.

王强.我国当前教师准入制度的问题成因与对策[J].教育发展研究，2016(22)：41－46.

王霆，曾湘泉.高校毕业生结构性失业原因及对策研究[J].教育与经济，2009(1)：1－4.

王晓辉.法国新世纪教育改革目标：为了全体学生成功[J].比较教育研究，2006(5)：22－27.

王枬.创新型教师培养与教师教育创新[J].国家教育行政学院学报，2012(9)：3－6.

王占仁.高校全面推进创新创业教育的争论与反思[J].教育发展研究，2015(14)：113－119.

邬志辉,陈昌盛. 我国义务教育阶段教师编制供求矛盾及改革思路[J]. 教育研究,2018(8):88-100.

吴延本,刘世华,陈定恕. 高等院校要加强标准化教育[J]. 中国高教研究,1993(3):85-86.

吴遵民. 现代国际终身教育论[M]. 北京:中国人民大学出版社,2007.

武芳,刘善槐. 如何跨越"高位波动陷阱":提高义务教育巩固率的国际比较研究[J]. 比较教育研究,2018(8):23-30.

习近平. 把思想政治工作贯穿教育教学全过程[EB/OL]. (2017-10-16)[2020-07-02]. http://www.moe.gov.cn/jyb_xwfb/xw_zt/moe_357/jyzt_2017nztzl/2017_zt11/17zt11_xjpjysx/201710/t20171016_316349.html.

习近平. 从小积极培育和践行社会主义核心价值观[EB/OL]. (2015-07-20)[2020-07-02]. http://cpc.people.com.cn/xuexi/n/2015/0720/c397563-27331775.html.

习近平. 坚持中国特色社会主义教育发展道路 培养德智体美劳全面发展的社会主义建设者和接班人[EB/OL]. (2018-09-10)[2020-07-02]. http://www.moe.gov.cn/jyb_xwfb/s6052/moe_838/201809/t20180910_348145.html.

习近平. 紧紧围绕坚持和发展中国特色社会主义 学习宣传贯彻党的十八大精神[EB/OL]. (2012-11-19)[2020-07-02]. http://cpc.people.com.cn/n/2012/1119/c64094-19615998-3.html.

习近平. 决胜全面建成小康社会 夺取新时代中国特色社会主义伟大胜利——在中国共产党第十九次全国代表大会上的报告[EB/OL]. (2017-10-27)[2020-07-02]. http://www.xinhuanet.com/2017-10/27/c_1121867529.htm.

习近平. 青年要自觉践行社会主义核心价值观 ——在北京大学师生座谈会上的讲话[EB/OL]. (2014-05-04)[2020-07-08]. http://old.moe.gov.cn/publicfiles/business/htmlfiles/moe/moe_176/201405/167911.html.

习近平. 树牢"四个意识"坚定"四个自信" 坚决做到"两个维护"勇于担当作为 以求真务实作风把党中央决策部署落到实处[N]. 人民日报海外版,2018-12-27(001).

习近平. 完善和发展中国特色社会主义制度 推进国家治理体系与治理能力现代化[N]. 人民日报,2014-2-18(001).

习近平. 习近平谈治国理政(第二卷)[M]. 北京:外文出版社,2017.

习近平. 在北京大学师生座谈会上的讲话[EB/OL]. (2018-05-02)[2020-07-08]. http://www.gov.cn/gongbao/content/2018/content_5294413.htm.

习近平. 在纪念五四运动100周年大会上的讲话[EB/OL]. (2019-04-30)[2020-07-03]. http://www.xinhuanet.com/politics/2019-04/30/c_1124440193.htm.

习近平. 做党和人民满意的好老师[EB/OL]. (2014-09-10)[2020-07-02]. http://cpc.people.com.cn/n/2014/0910/c64094-25629946.html.

习近平. 坚持中国特色社会主义教育发展道路　培养德智体美劳全面发展的社会主义建设者和接班人[EB/OL]. (2018-09-10)[2020-07-02]. http://www.moe.gov.cn/jyb_xwfb/s6052/moe_838/201809/t20180910_348145.html.

习近平. 完善和发展中国特色社会主义制度　推进国家治理体系与治理能力现代化[J]. 人民日报，2014-2-18(001).

习近平. 习近平谈治国理政(第二卷)[M]. 北京：外文出版社，2017.

习近平. 以信息化培育新动能　用新动能推动新发展　以新发展创造新辉煌[N]. 人民日报，2018-04-23(001).

肖正德. 城镇化进程中乡村教师生存境遇与改善策略[J]. 中国教育学刊，2011(8)：1-4.

新华社. 李克强主持召开新一届国务院第一次全体会议[EB/OL]. (2013-03-21)[2020-07-06]. http://www.gov.cn/guowuyuan/2013-03/21/content_2591099.htm.

新华社. 全国高校思想政治工作会议 12 月 7 日至 8 日在北京召开[EB/OL]. (2016-12-08)[2020-07-09]. http://www.gov.cn/xinwen/2016-12/08/content_5145253.htm#1.

新华社. 天津：政府向社会购买 14 类教育服务[EB/OL]. (2017-02-03)[2020-07-08]. http://www.gov.cn/xinwen/2017-02/03/content_5164981.htm.

新华社. 习近平：让互联网更好造福国家和人民[EB/OL]. (2016-04-19)[2020-07-06]. http://www.xinhuanet.com/politics/2016-04/19/c_1118672059.htm.

新华社. 习近平：在哲学社会科学工作座谈会上的讲话[EB/OL]. (2016-05-18)[2020-07-08]. http://www.xinhuanet.com//politics/2016-05/18/c_1118891128_3.htm.

新华社. 习近平发表贺词：中国将加强同世界各国的教育交流[EB/OL]. (2013-09-26)[2019-04-07]. http://www.gov.cn/ldhd/2013-09/26/content_2495491.htm.

新华社. 习近平在"一带一路"国际合作高峰论坛开幕式上的演讲[EB/OL]. (2017-05-14)[2020-07-08]. http://www.xinhuanet.com/2017-05/14/c_1120969677.htm.

新华社. 习近平在阿拉伯国家联盟总部的演讲(全文)[EB/OL]. (2016-01-22)[2020-07-08]. http://www.xinhuanet.com/world/2016-01/22/c_1117855467.htm.

新华社. 习近平主席在联合国日内瓦总部的演讲(全文)[EB/OL]. (2017-01-19)[2020-07-08]. http://www.xinhuanet.com/world/2017-01/19/c_1120340081.htm.

新华社. 中办、国办印发《关于推行地方各级政府工作部门权力清单制度的指导意见》[EB/OL]. (2015-03-24)[2020-07-08]. http://www.gov.cn/xinwen/2015-03/24/

content_2837962. htm.

新华社. 中共中央 国务院关于全面深化新时代教师队伍建设改革的意见[EB/OL]. (2018-01-31)[2020-07-04]. http://www. gov. cn/zhengce/2018-01/31/content_5262659. htm.

新华社. 中共中央 国务院关于深化教育教学改革全面提高义务教育质量的意见[EB/OL]. (2019-07-08)[2020-07-04]. http://www. gov. cn/zhengce/2019-07/08/content_5407361. htm.

新华社. 中共中央 国务院关于学前教育深化改革规范发展的若干意见[EB/OL]. (2018-11-07)[2020-07-08]. http://www. gov. cn/zhengce/2018-11/15/content_5340776. htm.

新华社. 中共中央 国务院印发《关于加强和改进新形势下高校思想政治工作的意见》[EB/OL]. (2017-02-27)[2020-07-04]. http://www. gov. cn/xinwen/2017-02/27/content_5182502. htm.

新华社. 中共中央办公厅 国务院办公厅印发《关于加强和改进中外人文交流工作的若干意见》[EB/OL]. (2017-12-21)[2020-07-08]. http://www. gov. cn/xinwen/2017-12/21/content_5249241. htm.

新华社. 中共中央办公厅 国务院办公厅印发《关于深化教育体制机制改革的意见》[EB/OL]. (2017-09-24)[2020-07-03]. http://www. gov. cn/zhengce/2017-09/24/content_5227267. htm.

新华社. 中共中央办公厅 国务院办公厅印发《关于深化新时代学校思想政治理论课改革创新的若干意见》[EB/OL]. (2019-08-14)[2020-07-05]. http://www. gov. cn/zhengce/2019-08/14/content_5421252. htm.

新华社. 中共中央办公厅、国务院办公厅印发《加快推进教育现代化实施方案(2018—2022年)》[EB/OL]. (2019-02-23)[2020-07-03]. http://www. gov. cn/xinwen/2019-02/23/content_5367988. htm.

新华社. 中共中央关于坚持和完善中国特色社会主义制度 推进国家治理体系和治理能力现代化若干重大问题的决定[EB/OL]. (2019-11-05)[2020-07-08]. http://www. 12371. cn/2019/11/05/ARTI1572948516253457. shtml.

新华社. 中共中央关于全面推进依法治国若干重大问题的决定[EB/OL]. (2014-10-28)[2020-07-07]. http://www. gov. cn/zhengce/2014-10/28/content_2771946. htm.

新华社. 中共中央国务院关于全面深化新时代教师队伍建设改革的意见[EB/OL]. (2018-01-31)[2020-07-04]. http://www. gov. cn/zhengce/2018-01/31/content_

5262659. htm.

新华社. 中国共产党第十七届中央委员会第四次全体会议公报[EB/OL]. (2009 - 09 - 18)[2020 - 07 - 08]. http://cpc. people. com. cn/GB/64093/64094/10080626. html.

新华网. 中国儿童发展纲要(2011—2020 年)[EB/OL]. (2011 - 08 - 08)[2020 - 07 - 03]. http://www. scio. gov. cn/ztk/xwfb/46/11/Document/976030/976030_2. htm.

新华网. 孔子故里山东曲阜将建设中国首座教师博物馆[EB/OL]. (2018 - 04 - 16)[2020 - 07 - 04]. http://www. moe. gov. cn/s78/A10/moe_601/201804/t20180417_333394. html.

新华网. 凝心铸师魂　立德育新人——以习近平同志为核心的党中央关心教师队伍建设纪实[EB/OL]. (2019 - 09 - 09)[2020 - 07 - 03]. http://www. xinhuanet. com/politics/leaders/2019 - 09/09/c_1124979499. htm.

新华网. 旗帜鲜明！习近平的“开放”箴言[EB/OL]. (2018 - 10 - 08)[2020 - 07 - 06]. http://www. xinhuanet. com/ttgg/2018 - 10/08/c_1123528418. htm.

新华网. 习近平：决胜全面建成小康社会　夺取新时代中国特色社会主义伟大胜利——在中国共产党第十九次全国代表大会上的报告[EB/OL]. (2017 - 10 - 27)[2020 - 07 - 08]. http://www. xinhuanet. com/politics/19cpcnc/2017 - 10/27/c_1121867529. htm.

新华网. 习近平：留学工作要适应国家发展大势[EB/OL]. (2014 - 12 - 13)[2020 - 07 - 08]. http://www. xinhuanet. com/politics/2014 - 12/13/c_1113631292. htm.

新华网. 习近平会见联合国教科文组织总干事阿祖莱[EB/OL]. (2018 - 07 - 16)[2020 - 07 - 08]. http://www. xinhuanet. com/politics/leaders/2018 - 07/16/c_1123134585. htm.

新华网. 习近平看望参加政协会议的文艺界社科界委员[EB/OL]. (2019 - 03 - 04)[2020 - 07 - 08]. http://www. xinhuanet. com/politics/2019lh/2019 - 03/04/c_1124192099. htm? agt=542&tdsourcetag=s_pcqq_aiomsg.

新华网. 习近平在 2018 年中非合作论坛北京峰会开幕式上的主旨讲话[EB/OL]. (2018 - 09 - 03)[2020 - 07 - 08]. http://www. xinhuanet. com/world/2018 - 09/03/c_1123373881. htm.

新华网. 习近平主持召开中央全面深化改革领导小组第十九次会议[EB/OL]. (2015 - 12 - 09)[2020 - 07 - 08]. http://www. xinhuanet. com/politics/2015 - 12/09/c_1117411357. htm.

新华网. 在庆祝改革开放 40 周年大会上的讲话[EB/OL]. (2018 - 12 - 18)[2020 - 07 - 08]. http://www. xinhuanet. com/2018 - 12/18/c_1123872025. htm.

新华网. 中共中央、国务院印发《中国教育现代化 2035》[EB/OL]. (2019 - 02 - 23)[2020 -

07 - 08]. http://www. xinhuanet. com/politics/2019 - 02/23/c_1124154392. htm.

新华网. 中共中央办公厅、国务院办公厅印发《加快推进教育现代化实施方案(2018—2022年)》[EB/OL]. (2019 - 02 - 23)[2020 - 07 - 08]. http://www. moe. gov. cn/jyb_xwfb/s6052/moe_838/201902/t20190223_370859. html.

新华网. 中共中央全会首次专题研究全面推进依法治国重大问题[EB/OL]. (2014 - 10 - 20)[2020 - 07 - 06]. http://theory. people. com. cn/n/2014/1020/c40531 - 25869336. html.

新华网. 中华人民共和国宪法[EB/OL]. (2018 - 03 - 22)[2020 - 07 - 08]. http://www. npc. gov. cn/npc/c30834/201803/79ccaa9ba1e24bbb848abf329ba94463. shtml.

新华网. 努力推动构建网络空间命运共同体——习近平主席致第六届世界互联网大会贺信引起热烈反响[EB/OL]. (2019 - 10 - 20)[2020 - 07 - 05]. http://www. xinhuanet. com/politics/leaders/2019 - 10/20/c_1125128992. htm.

新华网. 习近平向国际人工智能与教育大会致贺信[EB/OL]. (2019 - 05 - 16)[2020 - 07 - 05]. http://www. xinhuanet. com/politics/leaders/2019 - 05/16/c_1124502111. htm.

新华网. 习近平致国际教育信息化大会的贺信[EB/OL]. (2015 - 05 - 23)[2015 - 05 - 23]. http://www. xinhuanet. com/politics/2015 - 05/23/c_1115383959. htm.

刘耀明,熊川武. 论义务教育内涵性均衡发展的边界[J]. 华东师范大学学报(教育科学版),2011,29(1): 36 - 40.

熊大红,等. 政府信息服务模型和关键技术研究[J]. 情报杂志,2012(11): 166 - 169.

许慎. 说文解字[M]. 天津: 天津古籍出版社,1991.

荀悦,黄省曾,孙启治. 申鉴注校补[M]. 北京: 中华书局,2012.

荀悦. 申鉴[M]. 沈阳: 辽宁教育出版社,2001.

央广网. 习近平主持中共中央政治局第二十八次集体学习并讲话[EB/OL]. (2015 - 11 - 25)[2020 - 07 - 06]. http://china. cnr. cn/news/20151125/t20151125_520590357. shtml.

杨伯峻. 春秋左传注(三) [M]. 北京: 中华书局,2009.

杨小微,等. 从被动接受到主动学习: 教学改革发展之路[M]. 上海: 华东师范大学出版社,2018.

杨宗凯,吴砥,陈敏. 新兴技术助力教育生态重构[J]. 中国电化教育,2019(2): 1 - 5.

姚宏杰. 提升教育质量的执着追求[N]. 中国教育报,2019 - 09 - 25(001).

叶澜. 新世纪教师专业素养初探[J]. 教育研究与实验,1998(1): 41 - 46+72.

叶澜. "生命·实践"教育的信条[N]. 光明日报,2017 - 02 - 21(013).

叶澜.新世纪教师专业素养初探[J].教育研究与实验，1998(1)：41-46+72.

殷世东.创新型教师及塑造策略[J].天津市教科院学报，2001(1)：27-29.

俞可平.治理与善治[M].北京：社会科学文献出版社，2000.

袁贵仁.学习贯彻十八届三中全会精神：深化教育领域综合改革[EB/OL].(2013-12-17)[2020-07-02]. http://opinion.people.com.cn/n/2013/1217/c1003-23858553.html.

袁振国，等.从反正到立新：教育理念创新之路[M].上海：华东师范大学出版社，2018.

苑大勇.第三届国际学习型城市大会科克行动宣言[J].开放学习研究，2017(5)：63.

约翰·I·古德拉.一个称为学校的地方：未来的展望[M].梁云霞，译.台湾：美国麦格罗希尔股份有限公司台北分公司、联经出版事业股份有限公司，2008.

约翰·亨利·纽曼.大学的理想[M].徐辉，等，译.杭州：浙江教育出版社，2001.

詹姆斯·N·罗西瑙.没有政府的治理[M].张胜军，等，译.南昌：江西人民出版社，2001.

张贵新，饶从满.关于教师教育一体化的认识与思考[J].课程·教材·教法，2002(4)：58-62.

张家军，张佳丽.基于脑科学的课堂教学设计研究[J].教育理论与实践，2019，39(22)：56-59.

张鹏君.教师资格认证制度下师范生培养的困境与超越[J].当代教育科学，2019(9)：67-72.

张守营.社区老年教育不输于老年大学[N].中国经济导报，2017-08-05(B02).

张曙光.现代性论域及其中国话语[M].武汉：武汉大学出版社，2010.

张维迎.大学的逻辑[M].北京：北京大学出版社，2006.

张炜.改革开放40年教师职业吸引力嬗变的循证研究——基于教师教育现代化视角[J].教师教育研究，2018(2)：29-36.

张熙，潘志松.智能化进程中课程改革的现状、问题与展望[J].上海教育科研，2019(9)：87-90+52.

张应强.高等教育质量观与高等教育大众化进程[J].江苏高教，2001(5)：8-13.

赵婀娜.清华大学苏世民学者项目启动仪式在京举行[N].光明日报，2013-04-22(001).

赵建华，姚鹏阁.信息化环境下教师专业发展的现状与前景[J].中国电化教育，2016(4)：95-105.

赵学华.试论中国学校发展的内生机制[J].北京社会科学，1997(4)：106-112.

中共中央文献研究室.习近平总书记关于协调推进“四个全面”战略布局论述摘编[M].北京：中央文献出版社，2015.

中国互联网络信息中心. 第 44 次中国互联网络发展状况统计报告[R/OL]. [2020－07－08]. http://www. cac. gov. cn/pdf/20190829/44. pdf.

中国教育报. 2018 年全国教育经费总投入 46135 亿 [EB/OL]. (2019－05－01)[2020－07－07]. http://www. moe. gov. cn/jyb_xwfb/s5147/201905/t20190505_380543. html.

中国教育报. 福建：实施乡村园丁关爱工程[EB/OL]. (2019－01－22)[2020－07－04]. http://www. moe. gov. cn/jyb_xwfb/s5147/201901/t20190122_367614. html.

中国教育报. 广东：建教师教育创新实验区[EB/OL]. (2018－06－04)[2020－07－04]. http://www. moe. gov. cn/s78/A10/moe_601/201806/t20180604_338162. html.

中国教育报. 广西大力提升师范专业办学能力[EB/OL]. (2018－10－10)[2020－07－04]. http://www. moe. gov. cn/s78/A10/moe_601/201810/t20181010_350987. html.

中国教育报. 坚持把教师队伍建设作为基础工作——九论学习贯彻习近平总书记全国教育大会重要讲话精神[EB/OL]. (2018－09－21)[2020－07－03]. http://www. jyb. cn/zgjyb/201809/t20180921_1229983. html.

中国教育报. 教育部印发《关于实施卓越教师培养计划 2. 0 的意见》[EB/OL]. (2018－10－11)[2020－07－04]. http://www. moe. gov. cn/jyb_xwfb/s5147/201810/t20181011_351107. html.

中国教育报. 教育现代化 2035 呼应教育强国战略[EB/OL]. (2019－03－25)[2020－07－03]. http://www. jyb. cn/rmtzgjyb/201903/t20190325_219252. html.

中国教育报. 人工智能助推教师队伍建设行动启动[EB/OL]. (2018－09－03)[2020－07－04]. http://www. moe. gov. cn/s78/A10/moe_601/201809/t20180903_347027. html.

中国教育报. 提升教育质量的执着追求[EB/OL]. (2019－09－25)[2020－07－06]. http://www. moe. gov. cn/jyb_xwfb/moe_2082/zl_2019n/2019_zl69/201909/t20190925_400732. html.

中国教育报. 突破教育管理体制的瓶颈[EB/OL]. (2018－11－14)[2020－07－06]. http://www. moe. gov. cn/jyb_xwfb/moe_2082/zl_2018n/2018_zl89/201812/t20181205_362459. html.

中国教育报. 义务教育均衡发展的历史新征程[EB/OL]. (2019－12－18)[2020－07－07]. http://www. moe. gov. cn/jyb_xwfb/s5147/201912/t20191218_412501. html.

中国教育报. 郑州：首批 126 名教师住进公租房[EB/OL]. (2018－06－18)[2020－07－04]. http://www. moe. gov. cn/s78/A10/moe_601/201806/t20180620_340342. html.

中国教育报. 中办国办印发《关于做好新时期教育对外开放工作的若干意见》[EB/OL]. (2016－04－30)[2020－07－08]. http://www. moe. gov. cn/jyb_xwfb/s6052/moe_

838/201605/t20160503_241658. html.

中国教育报. 中国教育的发展动力——庆祝改革开放 40 年系列述评 · 深化改革篇[EB/OL]. (2018 - 12 - 10)[2020 - 07 - 06]. http://www. moe. gov. cn/jyb_xwfb/moe_2082/zl_2018n/2018_zl90/201812/t20181210_362815. html.

中国教育报. 打造终身教育体系的“上海经验”[EB/OL]. (2019 - 12 - 10)[2020 - 07 - 06]. http://www. moe. gov. cn/jyb_xwfb/moe_2082/zl_2019n/2019_zl29/201912/t20191210_411480. html.

中国青年报. 中国政府透明度发布　政府信息公开还要啃哪些硬骨头[EB/OL]. (2018 - 05 - 15)[2020 - 07 - 08]. http://www. xinhuanet. com/2018 - 05/15/c_1122831985. htm.

中国人大网. 关于第六个五年计划的报告(1982 年)[EB/OL]. (1982 - 11 - 30)[2020 - 07 - 03]. http://www. npc. gov. cn/wxzl/gongbao/1982 - 11/30/content_1478488. htm.

中国人大网. 中华人民共和国义务教育法[EB/OL]. (2019 - 01 - 07)[2020 - 07 - 03]. http://www. npc. gov. cn/npc/c30834/201901/21b0be5b97e54c5088bff17903853a0d. shtml.

中国网. 袁贵仁：到 2020 年我国高等教育毛入学率为 50%[EB/OL]. (2016 - 03 - 11)[2020 - 07 - 05]. http://www. moe. gov. cn/jyb_hygq/hygq_bzsy/201603/t20160311_233107. html.

中国新闻网. 全国现有老年学校 7 万多所　逾千万学员老有所学[EB/OL]. (2018 - 12 - 26)[2020 - 07 - 06]. http://www. chinanews. com/sh/2018/12 - 26/8713090. shtml.

中华人民共和国国务院新闻办公室. 中共中央关于全面深化改革若干重大问题的决定(全文)[EB/OL]. (2013 - 11 - 15)[2020 - 07 - 08]. http://www. scio. gov. cn/zxbd/nd/2013/document/1374228/1374228_3. htm.

中华人民共和国教育部. “当代教师风采”微视频评选结果揭晓[EB/OL]. (2017 - 09 - 01). http://www. moe. gov. cn/jyb_xwfb/xw_fbh/moe_2069/xwfbh_2017n/xwfb_20170901/sfcl_20170901/201709/t20170901_312863. html.

中华人民共和国教育部. 2017 年全国教育事业发展统计公报[1][EB/OL]. (2018 - 07 - 19)[2020 - 07 - 02]. http://www. moe. gov. cn/jyb_sjzl/sjzl_fztjgb/201807/t20180719_343508. html.

中华人民共和国教育部. 2018 年全国教育事业发展统计公报[1][EB/OL]. (2019 - 07 - 24)[2020 - 07 - 02]. http://www. moe. gov. cn/jyb_sjzl/sjzl_fztjgb/201907/t20190724_392041. html.

中华人民共和国教育部. 2018 年全国义务教育均衡发展督导评估工作报告[EB/OL].

(2019-03-26)[2020-07-02]. http://www.moe.gov.cn/fbh/live/2019/50415/sfcl/201903/t20190326_375275.html.

中华人民共和国教育部.创新中小学编制管理 提高编制使用效益——山东省、安徽省中小学教师编制改革经验介绍[EB/OL].(2019-04-17)[2020-07-04]. http://www.moe.gov.cn/s78/A10/moe_601/201904/t20190417_378467.html.

中华人民共和国教育部.福建加大师范教育支持力度[EB/OL].(2018-09-26)[2020-07-04]. http://www.moe.gov.cn/s78/A10/moe_601/201809/t20180926_349894.html.

中华人民共和国教育部.高等学校收费管理暂行办法[EB/OL].(1996-12-16)[2020-07-03]. http://www.moe.gov.cn/srcsite/A02/s5911/moe_621/199612/t19961216_81884.html.

中华人民共和国教育部.国家中长期教育改革和发展规划纲要(2010-2020年)[EB/OL].(2010-07-29)[2020-07-07]. http://www.moe.gov.cn/jyb_xwfb/s6052/moe_838/201008/t20100802_93704.html.

中华人民共和国教育部.国务院办公厅关于进一步调整优化结构 提高教育经费使用效益的意见[EB/OL].(2018-08-17)[2020-07-08]. http://www.moe.gov.cn/jyb_xxgk/moe_1777/moe_1778/201808/t20180827_346266.html.

中华人民共和国教育部.国务院办公厅关于转发教育部等部门特殊教育提升计划(2014—2016年)的通知[EB/OL].(2014-01-08)[2020-07-03]. http://www.moe.gov.cn/jyb_xxgk/moe_1777/moe_1778/201401/t20140120_162822.html.

中华人民共和国教育部.国务院关于《中国教育改革和发展纲要》的实施意见[EB/OL].(1994-07-03)[2020-07-03]. http://www.moe.gov.cn/jyb_sjzl/moe_177/tnull_2483.html.

中华人民共和国教育部.国务院关于加快发展现代职业教育的决定[EB/OL].(2014-05-02)[2020-07-03]. http://www.moe.gov.cn/jyb_xxgk/moe_1777/moe_1778/201406/t20140622_170691.html.

中华人民共和国教育部.国务院关于深化考试招生制度改革的实施意见[EB/OL].(2014-09-03)[2020-07-04]. http://www.moe.gov.cn/jyb_xxgk/moe_1777/moe_1778/201409/t20140904_174543.html.

中华人民共和国教育部.国务院关于印发“十三五”国家信息化规划的通知[EB/OL].(2016-12-15)[2020-07-05]. http://www.moe.gov.cn/s78/A16/s5886/xtp_left/s5895/201701/t20170103_293760.html.

中华人民共和国教育部. 国务院关于印发国家教育事业发展“十三五”规划的通知[EB/OL]. (2017－01－10)[2020－07－03]. http://www.moe.gov.cn/jyb_xxgk/moe_1777/moe_1778/201701/t20170119_295319.html.

中华人民共和国教育部. 教育部　财政部　国家发展改革委工业和信息化部　中国人民银行关于印发《构建利用信息化手段扩大优质教育资源覆盖面有效机制的实施方案》的通知[EB/OL]. (2014－11－24)[2020－07－05]. http://www.moe.gov.cn/srcsite/A16/s3342/201411/t20141124_179124.html.

中华人民共和国教育部. 教育部　中国教科文卫体工会全国委员会关于重新修订和印发《中小学教师职业道德规范》的通知[EB/OL]. (2008－09－01)[2020－07－04]. http://www.moe.gov.cn/s78/A10/s7058/201410/t20141021_178929.html.

中华人民共和国教育部. 教育部办公厅关于印发《教育部机关及直属事业单位教育数据管理办法》的通知[EB/OL]. (2018－01－23)[2020－07－07]. http://www.moe.gov.cn/srcsite/A03/s7050/201802/t20180211_327248.html.

中华人民共和国教育部. 教育部办公厅关于印发 2019 年中小学教学用书目录的通知[EB/OL]. (2019－05－14)[2020－07－04]. http://www.moe.gov.cn/srcsite/A26/moe_714/201906/t20190605_384649.html.

中华人民共和国教育部. 教育部等七部门关于印发《第二期特殊教育提升计划(2017－2020年)》的通知[EB/OL]. (2017－07－17)[2020－07－03]. http://www.moe.gov.cn/srcsite/A06/s3331/201707/t20170720_309687.html.

中华人民共和国教育部. 教育部等五部门关于印发《教师教育振兴行动计划(2018—2022年)》的通知[EB/OL]. (2018－03－22)[2020－07－04]. http://www.moe.gov.cn/srcsite/A10/s7034/201803/t20180323_331063.html.

中华人民共和国教育部. 教育部关于加强和改进普通高中学生综合素质评价的意见[EB/OL]. (2014－12－16)[2020－07－04]. http://www.moe.gov.cn/srcsite/A06/s3732/201808/t20180807_344612.html.

中华人民共和国教育部. 教育部关于全面深化课程改革　落实立德树人根本任务的意见[EB/OL]. (2014－04－08)[2020－07－03]. http://www.moe.gov.cn/srcsite/A26/jcj_kcjcgh/201404/t20140408_167226.html.

中华人民共和国教育部. 教育部关于深化基础教育课程改革进一步推进素质教育的意见[EB/OL]. (2010－06－01)[2020－07－05]. http://www.moe.gov.cn/srcsite/A26/s7054/201006/t20100601_92800.html.

中华人民共和国教育部. 教育部关于深入推进教育管办评分离促进政府职能转变的若干意

见[EB/OL]. (2015-05-06)[2020-07-07]. http://www.moe.gov.cn/srcsite/A02/s7049/201505/t20150506_189460.html.

中华人民共和国教育部. 教育部关于印发《督学管理暂行办法》的通知[EB/OL]. (2016-08-02)[2020-07-07]. http://www.moe.gov.cn/srcsite/A11/s8390/201608/t20160805_274102.html.

中华人民共和国教育部. 教育部关于印发《国家教育事业发展第十二个五年规划》的通知[EB/OL]. (2012-06-14)[2020-07-07]. http://www.moe.gov.cn/srcsite/A03/moe_1892/moe_630/201206/t20120614_139702.html.

中华人民共和国教育部. 教育部关于印发《基础教育课程改革纲要(试行)》的通知[EB/OL]. (2001-06-08)[2020-07-05]. http://www.moe.gov.cn/srcsite/A26/jcj_kcjcgh/200106/t20010608_167343.html.

中华人民共和国教育部. 教育部关于印发《教育信息化"十三五"规划》的通知[EB/OL]. (2016-06-07)[2020-07-05]. http://www.moe.gov.cn/srcsite/A16/s3342/201606/t20160622_269367.html.

中华人民共和国教育部. 教育部关于印发《教育信息化 2.0 行动计划》的通知[EB/OL]. (2018-04-18)[2020-07-05]. http://www.moe.gov.cn/srcsite/A16/s3342/201804/t20180425_334188.html.

中华人民共和国教育部. 教育部关于印发《普通高中课程方案(实验)》和语文等十五个学科课程标准(实验)的通知[EB/OL]. (2003-03-31)[2020-07-05]. http://www.moe.gov.cn/srcsite/A26/s8001/200303/t20030331_167349.html.

中华人民共和国教育部. 教育部关于印发《推进共建"一带一路"教育行动》的通知[EB/OL]. (2016-07-15)[2020-07-08]. http://www.moe.gov.cn/srcsite/A20/s7068/201608/t20160811_274679.html.

中华人民共和国教育部. 教育部关于印发《新时代高校教师职业行为十项准则》《新时代中小学教师职业行为十项准则》《新时代幼儿园教师职业行为十项准则》的通知[EB/OL]. (2018-11-14)[2020-07-04]. http://www.moe.gov.cn/srcsite/A10/s7002/201811/t20181115_354921.html.

中华人民共和国教育部. 教育部关于印发《依法治教实施纲要(2016—2020年)》的通知[EB/OL]. (2016-01-11)[2020-07-06]. http://www.moe.gov.cn/srcsite/A02/s5913/s5933/201605/t20160510_242813.html.

中华人民共和国教育部. 教育部关于做好2016届全国普通高等学校毕业生就业创业工作的通知[EB/OL]. (2015-12-01)[2020-07-05]. http://www.moe.gov.cn/srcsite/

A15/s3265/201512/t20151208_223786. html.

中华人民共和国教育部. 民办高等学校设置暂行规定[EB/OL]. (1993 - 08 - 17)[2020 - 07 - 03]. http://www. moe. gov. cn/srcsite/A02/s5911/moe_621/199308/t19930817_81912. html.

中华人民共和国教育部. 全国教育事业发展统计公报[EB/OL]. [2020 - 07 - 02]. http://www. moe. gov. cn/jyb_sjzl/sjzl_fztjgb/.

中华人民共和国教育部. 全国中小学校责任督学挂牌督导制度建立[EB/OL]. [2020 - 07 - 07]. http://old. moe. gov. cn//publicfiles/business/htmlfiles/moe/s3165/201310/158793. html.

中华人民共和国教育部. 扫除文盲工作条例[EB/OL]. [2020 - 07 - 06]. http://www. moe. gov. cn/s78/A02/zfs__left/s5911/moe_620/tnull_1383. html.

中华人民共和国教育部. 山西将建立教师个人师德报告制度[EB/OL]. (2018 - 03 - 12)[2020 - 07 - 04]. http://www. moe. gov. cn/s78/A10/moe_601/201803/t20180312_329677. html.

中华人民共和国教育部. 长沙：建立师德考核负面清单[EB/OL]. (2018 - 05 - 23)[2020 - 07 - 04]. http://www. moe. gov. cn/s78/A10/moe_601/201805/t20180529_337575. html.

中华人民共和国教育部. 中国教育改革和发展纲要[EB/OL]. (1993 - 02 - 13)[2020 - 07 - 07]. http://www. moe. gov. cn/jyb_sjzl/moe_177/tnull_2484. html.

中华人民共和国教育部. 中华人民共和国教育法[EB/OL]. [2020 - 07 - 07]. http://www. moe. gov. cn/s78/A02/zfs__left/s5911/moe_619/201512/t20151228_226193. html.

中华人民共和国教育部. 中华人民共和国民办教育促进法[EB/OL]. [2020 - 07 - 07]. http://www. moe. gov. cn/s78/A02/zfs__left/s5911/moe_619/201805/t20180508_335337. html.

中华人民共和国教育部. 2018 教育统计数据[EB/OL]. [2020 - 09 - 16]. http://www. moe. gov. cn/s78/A03/moe_560/jytjsj_2018/qg/201908/t20190812_394190. html.

中华人民共和国外交部. 变革我们的世界：2030 年可持续发展议程[EB/OL]. (2016 - 01 - 13)[2020 - 02 - 12]. https://www. fmprc. gov. cn/web/ziliao_674904/zt_674979/dnzt_674981/qtzt/2030kcxfzyc_686343/t1331382. shtml.

中华人民共和国中央人民政府. 2014 年政府工作报告[EB/OL]. (2014 - 03 - 05)[2020 - 07 - 06]. http://www. gov. cn/guowuyuan/2014zfgzbg. htm.

中华人民共和国中央人民政府. 2015 年政府工作报告[EB/OL]. (2015 - 03 - 05)[2020 -

07－06]. http://www.gov.cn/guowuyuan/2015zfgzbg.htm.

中华人民共和国中央人民政府. 2016年政府工作报告[EB/OL]. (2016－03－05)[2020－07－06]. http://www.gov.cn/guowuyuan/2016zfgzbg.htm.

中华人民共和国中央人民政府. 2017年政府工作报告[EB/OL]. (2017－03－05)[2020－07－06]. http://www.gov.cn/guowuyuan/2017zfgzbg.htm.

中华人民共和国中央人民政府. 关于印发深化教育督导改革转变教育管理方式意见的通知[EB/OL]. (2014－02－18)[2020－07－07]. http://www.gov.cn/gzdt/2014－02/18/content_2612480.htm.

中华人民共和国中央人民政府. 国务院办公厅关于进一步调整优化结构 提高教育经费使用效益的意见[EB/OL]. (2018－08－17)[2020－07－08]. http://www.gov.cn/zhengce/content/2018－08/27/content_5316874.htm.

中华人民共和国中央人民政府. 国务院办公厅关于新时代推进普通高中育人方式改革的指导意见[EB/OL]. (2019－06－11)[2020－07－04]. http://www.gov.cn/zhengce/content/2019－06/19/content_5401568.htm.

中华人民共和国中央人民政府. 国务院办公厅关于印发基本公共服务领域中央与地方共同财政事权和支出责任划分改革方案的通知[EB/OL]. (2018－01－27)[2020－07－07]. http://www.gov.cn/zhengce/content/2018－02/08/content_5264904.htm.

中华人民共和国中央人民政府. 国务院关于当前发展学前教育的若干意见[EB/OL]. (2010－11－24)[2020－07－03]. http://www.gov.cn/zhengce/content/2010－11/24/content_5421.htm.

中华人民共和国中央人民政府. 国务院关于鼓励社会力量兴办教育促进民办教育健康发展的若干意见[EB/OL]. (2016－12－29)[2020－07－07]. http://www.gov.cn/zhengce/content/2017－01/18/content_5160828.htm.

中华人民共和国中央人民政府. 国务院关于加快推进"互联网＋政务服务"工作的指导意见[EB/OL]. (2016－09－25)[2020－07－07]. http://www.gov.cn/zhengce/content/2016－09/29/content_5113369.htm.

中华人民共和国中央人民政府. 国务院关于进一步加强农村教育工作的决定[EB/OL]. (2003－09－17)[2020－07－06]. http://www.gov.cn/zhengce/content/2008－03/28/content_5747.htm.

中华人民共和国中央人民政府. 国务院关于进一步完善城乡义务教育经费保障机制的通知[EB/OL]. (2015－11－28)[2020－07－06]. http://www.gov.cn/zhengce/content/2015－11/28/content_10357.htm.

中华人民共和国中央人民政府. 国务院关于深化农村义务教育经费保障机制改革的通知[EB/OL].（2005－12－24）[2020－07－06]. http://www.gov.cn/zhengce/content/2008－03/28/content_5545.htm.

中华人民共和国中央人民政府. 国务院关于印发“十三五”国家老龄事业发展和养老体系建设规划的通知[EB/OL].（2017－02－28）[2020－07－06]. http://www.gov.cn/zhengce/content/2017－03/06/content_5173930.htm.

中华人民共和国中央人民政府. 国务院关于印发国家教育事业发展“十三五”规划的通知[EB/OL].（2017－01－10）[2020－07－07]. http://www.gov.cn/zhengce/content/2017－01/19/content_5161341.htm.

中华人民共和国中央人民政府. 国务院关于印发国家职业教育改革实施方案的通知[EB/OL].（2019－01－24）[2020－07－09]. http://www.gov.cn/zhengce/content/2019－02/13/content_5365341.htm.

中华人民共和国中央人民政府. 国务院关于印发新一代人工智能发展规划的通知[EB/OL].（2017－07－08）[2020－07－09]. http://www.gov.cn/zhengce/content/2017－07/20/content_5211996.htm.

中华人民共和国中央人民政府. 教育督导条例[EB/OL].（2012－09－09）[2020－07－08]. http://www.gov.cn/zwgk/2012－09/17/content_2226290.htm.

中华人民共和国中央人民政府. 上海浦东尝试政府购买教育服务推进均衡优质发展[EB/OL].（2009－04－20）[2020－07－08]. http://www.gov.cn/gzdt/2009－04/20/content_1290133.htm.

中华人民共和国中央人民政府. 中共中央　国务院印发《法治政府建设实施纲要（2015—2020 年）》[EB/OL].（2015－12－27）[2020－07－08]. http://www.gov.cn/gongbao/content/2016/content_2979703.htm.

中华人民共和国中央人民政府. 中华人民共和国政府信息公开条例[EB/OL].（2019－04－03）[2020－07－08]. http://www.gov.cn/zhengce/content/2019－04/15/content_5382991.htm.

钟启泉，崔允漷，张华. 为了中华民族的复兴为了每位学生的发展：基础教育课程改革纲要（试行）解读[M]. 上海：华东师范大学出版社，2001.

钟启泉. 课程的逻辑[M]. 上海：华东师范大学出版社，2008.

周光礼，薛欣欣. 改革开放 40 年中国教育督导制度回顾与展望[J/OL]. 湖南科技大学学报（社会科学版），2018(5)[2020－07－07]. http://edu.cssn.cn/jyx/jyx_jyglx/201903/t20190315_4848560_1.shtml.

朱宁波.国际课程与教学评价改革研究[M].大连：东北财经大学出版社，2016.

朱旭东.建构与新时代相匹配的教师教育体系[N].光明日报，2018－09－27(14).

朱永新，冯晓霞.中国教育改革大系·学前教育卷[M].武汉：湖北教育出版社，2015.

朱玉成.政府职能转变视角下的高等教育供给侧改革[J].高等教育研究，2016，37(8)：16－21.

祝智庭，彭红超，雷云鹤.解读教育数据智慧[J].开放教育研究，2017(5)：21－29.

后 记

Acknowledgement

2016年本人在教育部、上海市人民政府共建的教育经济宏观政策研究院暨华东师范大学国家教育宏观政策研究院任职，有幸参与了当时教育部受中央委托而开展的《中国教育现代化2030》的文本研制，对文本研制的要求与过程有一些了解。最初，文本研制遇到的首要问题也是关键问题是，预测或者前瞻未来国家发展与教育发展十分困难。2017年10月党的十九大召开，习近平总书记在大会上的讲话不仅系统全面地阐述了新时代中国特色社会主义思想，而且描述了2035年国家基本实现现代化的目标与措施，这为《中国教育现代化2035》的研制提供了强大支持。《中国教育现代化2035》正是在习近平新时代中国特色社会主义思想指导下，按照中国特色社会主义现代化分两步走的战略部署的要求，确立了"到2035年，总体实现教育现代化，迈入教育强国行列，推动我国成为学习大国、人力资源强国和人才强国，为到21世纪中叶建成富强民主文明和谐美丽的社会主义现代化强国奠定坚实基础"的中国教育现代化2035总体目标。围绕这个总体目标的实现，《中国教育现代化2035》提出了十大战略任务，全面规划了国家教育改革与发展的各项内容。中共中央、国务院颁发《中国教育现代化2035》的同时，中共中央办公厅、国务院办公厅也印发了《加快推进教育现代化实施方案(2018—2022年)》，具体部署当前教育现代化推进工作。

《中国教育现代化2035》对中国未来15年教育发展蓝图进行了系

统描绘。如何全面理解《中国教育现代化2035》规划文本，并转化为中国教育发展的行动指南与行动方案，是各级各地教育行政部门、各级各类学校、广大教育工作者面对的新课题。其实，《中国教育现代化2035》对于社会而言，是一个新的话题；对于国际而言，是一个中国特色。全面而科学地解读《中国教育现代化2035》文本，是教育理论研究者的分内之事，但也是一个严峻挑战。

本书在写作上，努力立足于《中国教育现代化2035》提出的观点、要求与任务，从学理上作进一步解释，但更注重结合当前教育发展的实践现状与未来教育改革的行动需求，提出加快推进国家教育现代化建设的行动路径、行动领域或者行动方法等，旨在为将《中国教育现代化2035》这一规划文本转化为教育现代化建设实践提出思考、建议与对策。

全书由十部分组成。"前言"从整体上对《中国教育现代化2035》的产生背景、内容特点以及实践建议予以简单论述；其余九章围绕《中国教育现代化2035》涉及的相关要求或领域予以阐述，努力从学术上讲中国故事。希望读者通过阅读本书能够了解国家教育改革与发展的目标、方向和责任，能够引导教育工作者积极投入到教育改革与发展的实践中，也希望海外读者能够明了中国教育现代化发展的进展与取向。

感谢参与本书各章撰写的各位年轻学者，他们是：第一章，王瑞德博士（上海教育科学研究院助理研究员）；第二章，李茂菊（华东师范大学教育学部教育学系博士生）；第三章，王丽佳博士（华东师范大学教育学部教育学系副教授）；第四章，许环环（华东师范大学教育学部教育学系博士生）；第五章，田贤鹏博士（江南大学人文学院教育系副教授）；第六章，赵冬冬（华东师范大学教育学部教育学系博士生）；第七章，董轩博士（华东师范大学教育学部教育学系副教授）、高晓晓（上海市徐汇区业余大学)；第八章，胡伶博士(上海市教育科学研究院副研究员)。本人撰写了“前言”与第九章(部分内容由博士生金晨起草)，并对其余各章内容进行了审读与完善。

感谢上海教育出版社袁彬副总编的鼓励和支持，使本人勇敢地承担本书撰写的主持工作；感谢上海教育出版社编辑董洪、钦一敏为本书的出版付出的辛勤劳动。感谢上海教育出版社出版本书。

本书在写作中参阅了诸多相关文献，引用和采用了诸多学者的观点和思想，在此一并致谢。鉴于本人学识学术学力的限制，本书尚不够完整，也存在不足，还望各位读者批评指正，不吝赐教。

朱益明

华东师范大学教育学部教育学系教授

华东师范大学基础教育改革与发展研究所研究员

2020 年 2 月 29 日

图书在版编目（CIP）数据

中国教育现代化2035：从规划到实践 / 朱益明，王瑞德著.
— 上海：上海教育出版社，2020.10（2023.5重印）
ISBN 978-7-5720-0318-9

Ⅰ. ①中… Ⅱ. ①朱… ②王… Ⅲ. ①教育现代化 - 研究 - 中国
Ⅳ. ①G52

中国版本图书馆CIP数据核字(2020)第198565号

策划编辑　董　洪
责任编辑　钦一敏
书籍设计　郑　艺

Zhongguo Jiaoyu Xiandaihua 2035: Cong Guihua Dao Shijian
中国教育现代化2035：从规划到实践
朱益明　王瑞德　等　著

出版发行　上海教育出版社有限公司
官　　网　www.seph.com.cn
地　　址　上海市闵行区号景路159弄C座
邮　　编　201101
印　　刷　上海展强印刷有限公司
开　　本　640 × 965　1/16　印张 26.5
字　　数　317 千字
版　　次　2020年11月第1版
印　　次　2023年5月第4次印刷
书　　号　ISBN 978-7-5720-0318-9/G·0237
定　　价　88.00 元

如发现质量问题，读者可向本社调换　电话：021-64373213